Edition <kes>

Mit der allgegenwärtigen IT ist auch die Bedeutung der Sicherheit von Informationen und IT-Systemen immens gestiegen. Angesichts der komplexen Materie und des schnellen Fortschritts der Informationstechnik benötigen IT-Profis dazu fundiertes und gut aufbereitetes Wissen.

Die Buchreihe Edition <kes> liefert das notwendige Know-how, fördert das Risikobewusstsein und hilft bei der Entwicklung und Umsetzung von Lösungen zur Sicherheit von IT-Systemen und ihrer Umgebung.

Die <kes> – Zeitschrift für Informations-Sicherheit – wird von der DATAKONTEXT GmbH im zweimonatigen Rhythmus veröffentlicht und behandelt alle sicherheitsrelevanten Themen von Audits über Sicherheits-Policies bis hin zu Verschlüsselung und Zugangskontrolle. Außerdem liefert sie Informationen über neue Sicherheits-Hard- und -Software sowie die einschlägige Gesetzgebung zu Multimedia und Datenschutz. Nähere Informationen rund um die Fachzeitschrift finden Sie unter www.kes.info.

Die Autoren der Zeitschrift und der Buchreihe Edition <kes> helfen den Anwendern in Basic- und Expert-Seminaren bei einer praxisnahen Umsetzung der Informations-Sicherheit: www.itsecuritycircles.de

Weitere Bände in dieser Reihe http://www.springer.com/series/12374

Heinrich Kersten · Gerhard Klett
Jürgen Reuter · Klaus-Werner Schröder

IT-Sicherheitsmanagement nach der neuen ISO 27001

ISMS · Risiken · Kennziffern · Controls

2., Aktualisierte Auflage

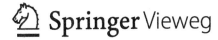 Springer Vieweg

Heinrich Kersten
CE-Consulting
Meckenheim, Deutschland

Gerhard Klett
GK IT-Security Consulting
Battenberg, Deutschland

Jürgen Reuter
Technologiezentrum Rhein-Main
Darmstadt, Deutschland

Klaus-Werner Schröder
IT-Sicherheitsberatung
Remagen, Deutschland

DIN-Normen wiedergegeben mit Erlaubnis von DIN Deutsches Institut für Normung e. V. Maßgebend für das Anwenden der DIN-Norm ist deren Fassung mit dem neuesten Ausgabedatum, die bei der Beuth Verlag GmbH, Am DIN Platz, Burggrafenstraße 6, 10787 Berlin, erhältlich ist.

ISSN 2522-0551   ISSN 2522-056X (electronic)
Edition <kes>
ISBN 978-3-658-27691-1   ISBN 978-3-658-27692-8 (eBook)
https://doi.org/10.1007/978-3-658-27692-8

Die Deutsche Nationalbibliothek verzeichnet diese Publikation in der Deutschen Nationalbibliografie; detaillierte bibliografische Daten sind im Internet über http://dnb.d-nb.de abrufbar.

Springer Vieweg
© Springer Fachmedien Wiesbaden GmbH, ein Teil von Springer Nature 2016, 2020
Springer Vieweg ist ein Imprint der eingetragenen Gesellschaft Springer Fachmedien Wiesbaden GmbH und ist ein Teil von Springer Nature.
Die Anschrift der Gesellschaft ist: Abraham-Lincoln-Str. 46, 65189 Wiesbaden, Germany

Vorwort

Dieses Buch behandelt das Management der Informationssicherheit auf der Basis der aktuellen Fassung[1] der Norm ISO/IEC 27001. Alle seit der ersten Auflage erfolgten Änderungen an dieser Norm und anderen Vorgabewerken wurden in dieser zweiten Auflage des Buches berücksichtigt.

Auch wenn der Titel nur die ISO 27001 nennt, muss zunächst festgestellt werden, dass es im Grunde um eine ganze Normenreihe geht, die als ISO/IEC 27000 bekannt und deren durchgängiges Thema die Informationssicherheit ist: die Sicherheit (bei) der Informationsverarbeitung in Organisationen.

Die ISO 27001 ist der zentrale Part dieser Reihe, weil hierin die Vorgaben für ein ISMS[2] dargestellt sind. Sie ist somit allen weiteren Normen dieser Reihe quasi übergeordnet. Die Reihe selbst beinhaltet eine Sammlung themenspezifischer bzw. branchenspezifischer Normen und ist sehr umfassend angelegt, allerdings erst zum Teil realisiert und publiziert.

Die ISO 27001 geht auf einen älteren britischen Standard (BS7799:1995) zurück und erschien erstmalig 2005 in englischer Sprache (deutsche Fassung 2008), sodann 2013 in neuer, überarbeiteter Fassung. Im März 2015 wurde diese Fassung auch in deutscher Sprache herausgegeben. Im Oktober 2014 und im Dezember 2015 erschienen zwei technische Korrekturen,[3] die Anlass für eine Neufassung 2017-06 der ISO 27001 und ISO 27002 in deutscher Sprache waren.

In die jeweiligen Überarbeitungen gingen vor allem Erfahrungen aus der Anwendungspraxis sowie mit vielen zwischenzeitlich stattgefundenen Audits ein. Manches wurde vereinfacht – andere sagen verwässert – vieles neu geordnet, einige Dinge erschienen erstmalig oder wurden stärker herausgestellt.

Vor diesem Hintergrund kann die Community inzwischen auf eine fast 25-jährige Erfahrung mit standardisierten Sicherheitsmanagement-Systemen zurückblicken.

Zwar kann sich die ISO 27001 nicht mit der weltweit erfolgreichsten Management-Norm ISO 9001 messen, jedoch hat sie ebenfalls eine hohe internationale Akzeptanz

---

[1] Stand: September 2019.

[2] *I*nformations*s*icherheits-*M*anagement*s*ystem.

[3] In Kap. 1 sind weitere Daten zum Versionsverlauf des Standards angegeben.

erreicht. Dies lässt sich daran erkennen, dass sie national und international in Ausschrei-
bungsunterlagen und Sicherheitskatalogen Eingang gefunden hat und inzwischen
ca. 40.000 Organisationen weltweit nach dieser Norm zertifiziert sind – mit stetig steigen-
der Tendenz.[4]

So positiv eine Norm zu bewerten ist, die sich an neue Erkenntnisse und dem Fort-
schreiten der Informationstechnologie (IT) anpasst: Die Anwender bzw. Nutzer sehen
Neufassungen immer skeptisch, weil dies in den allermeisten Fällen mit neuem Aufwand
verbunden ist – sei es, dass neue Sicherheitsmaßnahmen gefordert, methodische Ansätze
stärker reglementiert, oder auch „nur" dokumentative Anpassungen des eigenen Management-Systems erforderlich werden.

Um es vorwegzunehmen: Wer sich bisher nach der Normfassung von 2005/2008 gerichtet hat, wird an seiner Dokumentation zahlreiche Anpassungen vornehmen, einige
neue Controls (Sicherheitsanforderungen) umsetzen und einige Management-Aspekte
stärker als bisher berücksichtigen müssen. Die letzte Normanpassung (deutsch 2017-06)
erfordert dagegen nur geringen Aufwand bei der Umsetzung.

Im vorliegenden Buch wird der Hauptteil der ISO 27001 – die Beschreibung des
ISMS – in Kap. 2 eingehend kommentiert und an Beispielen erläutert. Daran schließt sich
die Darstellung besonderer Management-Verfahren an: Risikobeurteilung und -behand-
lung (Kap. 3), das Messen von Sicherheitskennzahlen (Kap. 4) und das Management interner und externer Audits (Kap. 5).

Das umfangreiche Kap. 6 kommentiert detailliert alle 114 Controls aus dem Anhang A
der Norm und gibt Hinweise und Beispiele für die Umsetzung.

Eine Herausforderung stellt für viele Organisationen die Einbeziehung von mobilen
IT-Systemen in ihre IT-Infrastruktur dar. In Kap. 7 erläutern wir deshalb, welche Anpas-
sungen diesbezüglich an einem ISMS vorzunehmen sind und wie sich das auf Leit- und
Richtlinien sowie Sicherheits- und Notfallkonzepte auswirken kann. Dieser „Abstieg" zur
Praxis macht viele der abstrakten Norminhalte verständlicher.

Im Kap. 8 erläutern wir eine Art Fahrplan für Organisationen, die sich an älteren Normfassungen orientiert haben und sich nun nach der aktuellen Fassung ausrichten wollen oder
sogar müssen: Wie kann man die notwendigen Anpassungen des ISMS effektiv angehen?

Da in Organisationen nicht nur das Sicherheitsthema, sondern viele andere Themen
(z. B. IT-Prozesse, Qualität, Umweltschutz, Compliance) zu managen sind, behandeln wir
in Kap. 9, wie die Integration der Informationssicherheit bzw. eines ISMS in ein überge-
ordnetes internes Kontrollsystem (IKS) zu bewerkstelligen ist.

Ein weiteres aktuelles – wenn auch nicht für alle Organisationen relevantes – Thema ist
in Deutschland das IT-Sicherheitsgesetz (2015). Es fordert für den Bereich kritischer Infrastrukturen, dass dort nachweislich eine der Bedeutung dieses Bereichs angemessene Informationssicherheit realisiert werden muss. Dabei sind regelmäßige Audits, z. B. auf der
Basis der ISO 27001 bzw. des BSI-Grundschutzes, vom Gesetz vorgeschrieben. Je nach
Branche bzw. Sektor kann auch eine Zertifizierung nach den genannten Standards

---

[4]Zahlen gemäß der offiziellen Statistik der ISO, letzter verfügbarer Stand 31.12.2017.

verpflichtend sein. Vor diesem Hintergrund erläutern wir in Abschn. 10.1 die Auswirkungen des Gesetzes auf die Anwendung der ISO 27001.

Mit Inkrafttreten der Datenschutz-Grundverordnung in der EU am 25. Mai 2018 sind auch bei der Verarbeitung personenbezogener Daten Anforderungen an die Informationssicherheit gestellt worden, die es bei der Umsetzung der ISO 27001 zu berücksichtigen gilt. Hierzu geben wir einige Informationen im Abschn. 10.2.

Das vorliegende Buch in der 2. Auflage soll zum Verständnis der aktuellen ISO 27001 beitragen und bei deren Umsetzung in der betrieblichen Praxis unterstützen. Es ist gleichzeitig eine Fortschreibung des älteren, bisher in vier Auflagen erschienenen Werkes „IT-Sicherheitsmanagement nach ISO 27001 und IT-Grundschutz" im gleichen Verlag.

Die Autoren bedanken sich herzlich für die Unterstützung durch Frau Dr. Kathke und das Lektorat bei Springer Vieweg.

Meckenheim, Deutschland   Heinrich Kersten
Battenberg, Deutschland   Gerhard Klett
Darmstadt, Deutschland   Jürgen Reuter
Remagen, Deutschland   Klaus-Werner Schröder
September 2019

Inhaltsverzeichnis

Verwendete Abkürzungen

ACL	Access Control List
BDSG	Bundesdatenschutzgesetz
BIA	Business Impact Analysis (Geschäftsauswirkungsanalyse)
BS	British Standard
bsi	British Standards Institution
BSI	Bundesamt für Sicherheit in der Informationstechnik
BYOD	Bring Your Own Device (Policy für das MDM)
CBT	Computer Based Training
CC	Common Criteria
CERT	Computer Emergency Response Team
CI	Configuration Item
CMDB	Configuration Management Data Base
COSO	Committee of Sponsoring Organizations of the Treadway Commission
DAC	Discretionary Access Control
DIN	Deutsche Institut für Normung e.V.
DLP	Data Leakage/Loss Prevention/Protection
DSFA	Datenschutz-Folgenabschätzung
DSGVO	Datenschutz-Grundverordnung der EU
EDI	Electronic Data Interchange
EN	European Norm
EnWG	Energiewirtschaftsgesetz
EVU	Energieversorgungs-Unternehmen
ID	Identifikation(sname)
IDS	Intrusion Detection System
IKS	internes Kontrollsystem
IPS	Intrusion Prevention System
ISAE	International Standard on Assurance Engagements
ISF	Information Security Forum
ISM	Information Security Management
ISMS	Information Security Management System

ISO	International Organization for Standardization
IT	Informationstechnik, informationstechnisches …
IT-SG	IT-Sicherheitsgesetz
KMU	kleines, mittelständisches Unternehmen
LAN	Local Area Network
MAC	Mandatory Access Control
MDM	Mobile Device Management
MTPD	Maximum Tolerable Period of Disruption
NA	Normabschnitt
NDA	Non Disclosure Agreement
NK	Normkapitel
NSTAC	National Security Telecommunications Advisory Committee
NTP	Network Time Protocol
PAN	Payment Account Number
PCI-DSS	Payment Card Industry Data Security Standard
PCMCIA	PC Memory Card International Association
PDCA	Plan-Do-Check-Act
PIN	Personal Identification Number
PTB	Physikalisch-Technische Bundesanstalt
QM	Quality Management
RBAC	Role Based Access Control
RZ	Rechenzentrum
SDM	Standard-Datenschutzmodell
SLA	Service Level Agreement
SoA	Statement of Applicability
SOX	Sarbanes-Oxley Act
SSL	Secure Socket Layer
TK	Telekommunikation(s-)
USB	Universal Serial Bus
USV	unterbrechungsfreie Stromversorgung
WBT	Web-based Training
WLAN	Wireless LAN (Local Area Network)
ZDA	Zertifizierungsdiensteanbieter

Einführung

1

▶ **Zusammenfassung** In diesem einführenden Kapitel wollen wir einen ersten Überblick über die ISO 27001 geben, einige Begriffe erläutern und mit einer ersten Checkliste für vorbereitende Aktivitäten schließen.

Zunächst ein wichtiger Hinweis: Im Folgenden werden wir häufig von *Sicherheit* sprechen und meinen damit die Informationssicherheit oder nach älterem Sprachgebrauch die IT-Sicherheit. Wenn keine Missverständnisse zu befürchten sind, lassen wir die Vorsilben „Informations-" oder „IT-" weg, um die Lesbarkeit zu verbessern.

Weiterhin: Mit *Organisation* bezeichnen wir Behörden, Unternehmen, Vereine, NGOs etc. Wenn wir den internen Aufbau einer Organisation und die internen Abläufe meinen, sprechen wir von *Aufbau- und Ablauforganisation*.

1.1 Historie und Informationen

Auch heute noch kann man in der ISO 27001 [1] und der ISO 27002 [2] vieles erkennen, das auf den älteren, zweiteiligen British Standard BS 7799 [3, 4] zurückgeht. Dieser nationale Standard wurde von der British Standards Institution (bsi)[1] herausgegeben und durch viele Guidelines ergänzt. Diese britische Fachbehörde – ein Key Player in diesem Kontext – ist auch in Deutschland vertreten und bietet unter www.bsigroup.com/de-DE/ deutschsprachige Seiten an, z. B. mit Informationen zur ISO 27001.

---

[1] Nicht zu verwechseln mit dem deutschen BSI = Bundesamt für Sicherheit in der Informationstechnik.

Abb. 1.1 Normenreihe ISO/
IEC 27000: Basisnormen

ISO 27000	Überblick und Begriffe
ISO 27001	ISMS-Anforderungen
ISO 27002	Leitfaden für Maßnahmen
ISO 27003	Anleitung zur Umsetzung
ISO 27004	Messen der ISMS-Leistung
ISO 27005	Risikomanagement
ISO 27007	Auditierung des ISMS
ISO 27008	Auditierung technischer Controls

Das britische bsi ist gleichzeitig eine international anerkannte Zertifizierungsstelle für ISO 27001 und damit eine der Stellen, die befugt sind, Auditoren zu qualifizieren und einzusetzen, um die Übereinstimmung einer Organisation mit der ISO 27001 im Rahmen einer Zertifizierung zu überprüfen.

Es sei an dieser Stelle schon erwähnt, dass in vielen Ländern nationale Strukturen mit Zertifizierungsstellen und lizenzierten Auditoren aufgebaut worden sind;[2] weiterhin existieren internationale Anerkennungsverträge, durch die in einem Land erteilte Zertifikate auch in anderen Vertragsländern anzuerkennen sind.[3] Genauere Informationen hierzu erhält man unter www.iso.org und www.iaf.nu.

Wer nähere Informationen, Interpretationen, Whitepapers und andere Hilfsmittel zur ISO 27000-Reihe sucht, ist bei www.iso27001security.com gut aufgehoben – allerdings liegen die Informationen überwiegend nur in englischer Sprache vor.

---

[2] Siehe für Deutschland: www.dakks.de, Services/Datenbank, Suchmaske „Managementsysteme 2".
[3] Nicht hierunter fallen Zertifizierungen durch das deutsche BSI nach dem Grundschutz-Standard. Auch wenn die Zertifikate als „ISO 27001-Zertifikat auf der Basis von IT-Grundschutz" bezeichnet werden, sind sie in dem zuvor geschilderten Sinne nicht international anerkannt und werden auch nicht in der ISO-Statistik berücksichtigt.

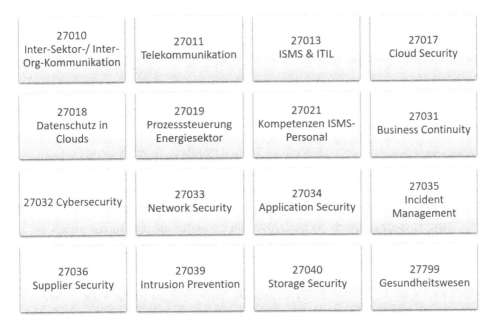

27010 Inter-Sektor-/ Inter-Org-Kommunikation	27011 Telekommunikation	27013 ISMS & ITIL	27017 Cloud Security
27018 Datenschutz in Clouds	27019 Prozesssteuerung Energiesektor	27021 Kompetenzen ISMS-Personal	27031 Business Continuity
27032 Cybersecurity	27033 Network Security	27034 Application Security	27035 Incident Management
27036 Supplier Security	27039 Intrusion Prevention	27040 Storage Security	27799 Gesundheitswesen

Abb. 1.2 Normenreihe ISO/IEC 27000: Sektor-/branchenspezifische Normen

1.2 Die Normenreihe

Die Normenreihe ISO 27000 ist sehr umfangreich und wird ständig weiter ausgebaut. In der Abb. 1.1 sieht man die Hauptnorm 27001 und die unterstützenden Normen 27002 bis 27008, die bestimmte Aspekte der Hauptnorm vertiefen. Die in der Abb. 1.1 fehlende Norm 27006 richtet sich (nur) an Zertifizierungsstellen.

Daneben gibt es eine umfangreiche Sammlung von Normen zu branchen- bzw. sektorspezifischen Aspekten sowie zu anderen Sicherheitsthemen. Die Abb. 1.2 gibt dazu einige Beispiele (Titel der Normen nur verkürzt wiedergegeben).

Die ISO 27001

Die zentrale Norm ISO 27001 besteht aus einem Hauptteil und einem umfangreichen Anhang A. Werfen wir zunächst einen Blick auf das Inhaltsverzeichnis des Hauptteils der (deutschen) ISO 27001 (vgl. Tab. 1.1).

Nach der thematischen Einführung (Kap. 0) und der Beschreibung des Einsatzgebietes der Norm (Kap. 1) wird auf die Basisnorm ISO 27000 dieser Reihe verwiesen (Kap. 2, 3), die das gesammelte Begriffskompendium für die Normenreihe enthält – übrigens die einzige Norm dieser Reihe, die kostenfrei[4] zum Download zur Verfügung steht.

---

[4] In englischer Sprache.

Tab. 1.1 Kapitelübersicht der
ISO 27001

Kap. 0	Einführung
Kap. 1	Anwendungsbereich
Kap. 2	Normative Verweise
Kap. 3	Begriffe
Kap. 4	Kontext der Organisation
Kap. 5	Führung
Kap. 6	Planung
Kap. 7	Unterstützung
Kap. 8	Betrieb
Kap. 9	Bewertung der Leistung
Kap. 10	Verbesserung

▶ **Tipp** Besorgen Sie sich die ISO 27000 und gehen Sie die dort verzeichneten Begriffe durch: Testen Sie, ob Ihr Begriffsverständnis zumindest grob mit der Norm übereinstimmt!

In den Kap. 4 bis 10 der ISO 27001 werden die Anforderungen an das Management der Informationssicherheit festgelegt. Diese Anforderungen sind jedoch so allgemein gehalten, dass man eher von einer Meta-Methode sprechen sollte, d. h. es handelt sich weder um ein direkt umsetzbares Arbeitsprogramm mit dem Ziel, Informationssicherheit herzustellen, noch sind die Methoden dafür festgeschrieben – sie sind vielmehr weitgehend durch den Anwender wählbar.

Dann überrascht auch nicht mehr die Tatsache, dass im Hauptteil der Norm weder konkrete technische noch andere Sicherheitsmaßnahmen im engeren Sinne aufgeführt sind.

Dieses abstrakte Vorgehen in der ISO 27001 lässt den Inhalt zunächst etwas spröde und sperrig erscheinen, jedenfalls hat man sich so weit von der Praxis gelöst, dass man mit Fug und Recht behaupten kann, die ISO 27001 sei

- anwendbar auf jede Art von Organisation (Behörden, Unternehmen, Vereine, NGOs etc.),
- beliebig skalierbar, d. h. auf kleinste bis auf allergrößte Organisationen (was erfahrungsgemäß auch stimmt!) und
- in jedem Land und länderübergreifend anwendbar.

Der letzte Punkt wird dadurch unterstützt, dass die Norm auf keine spezifischen nationalen Eigenheiten – etwa bestimmte Gesetze oder Mentalitäten – eingeht, sondern lediglich Aspekte behandelt, die in jedem Land eine gewisse Entsprechung finden, z. B. den Schutz des intellektuellen Eigentums oder personenbezogener Daten. Hierbei darf man keine Tiefe erwarten, vielmehr läuft es meist auf die Forderung nach der Erfüllung der jeweiligen nationalen Gesetze hinaus.

Diesen Punkt muss man in Betracht ziehen, wenn es z. B. darum geht, eine nach ISO 27001 zertifizierte Organisation aus einem anderen Land als Dienstleister einzusetzen. Ob ein solcher Dienstleister beispielsweise die deutschen Datenschutzbestimmungen (BDSG [6]) bzw. die Datenschutz-Grundverordnung der EU [7] erfüllt, erschließt sich **nicht** aus der Tatsache, dass der Dienstleister nach ISO 27001 zertifiziert ist und somit das entsprechende Datenschutz-Control[5] A.18.1.4 umgesetzt haben müsste. Letzteres besagt bestenfalls, dass die Organisation in *ihrem* Land die dort geltenden Bestimmungen erfüllt.

1.3   Das ISMS

Die Kap. 4 bis 10 der ISO 27001 beschreiben Anforderungen an ein System zum Management der Informationssicherheit, kurz: ISMS = Informations-Sicherheits-Management-System. Was ist mit *System* gemeint? Ist das gleichbedeutend mit dem Prozess des Sicherheitsmanagements?

Als Management-System für ein Thema X bezeichnet man allgemein alles, was eingesetzt wird, um die wesentlichen Ziele für das Thema X zu ermitteln, diese Ziele zu erreichen und ihre Aufrechterhaltung zu überwachen. Was setzt man dazu alles ein? Typisch ist,

- Ziele in Form von Leitlinien zu formulieren,
- Risiken und Chancen für diese Ziele zu analysieren,
- Rollen bzw. Verantwortlichkeiten für bestimmte (Teil-)Ziele zu definieren,
- Methoden oder Verfahren zu deren Erreichung zu vermitteln,
- den vom Thema X Betroffenen besondere Regelwerke oder Richtlinien aufzugeben,
- Prozesse bzw. Abläufe und dafür erforderliche Maßnahmen zu planen und umzusetzen,
- Überprüfungen der Zielerreichung zu planen, durchzuführen und auszuwerten.

Für eine Organisation ist das Thema „X = Informationssicherheit" Teil ihres gesamten Management-Systems, das sich möglicherweise auch um andere Themen wie Qualität, Umweltschutz, Compliance kümmern muss (vgl. Kap. 9). Dies wird natürlich erleichtert, wenn für alle Themen gleichartige Management-Systeme zum Einsatz kommen. Genau das ist das Ziel der aktuellen Management-Normen der ISO. Diese Vereinheitlichung führt zu Aufwands- und Kosteneinsparung und erhöht die Akzeptanz bei allen Betroffenen.

▶   **Tipp** Ist in Ihrer Organisation bereits ein anderes Management-System vorhanden – z. B. gemäß ISO 9001 [5] –, dann können Sie dessen „Architektur" auch für die ISO 27001 übernehmen.

---

[5] Aus dem Anhang A der Norm.

Vor diesem Hintergrund können wir schon an dieser Stelle ein typisches Missverständnis ausräumen und unsere Eingangsfragen beantworten: ISMS ist nicht eine Abkürzung für die Rolle *IT-Sicherheitsbeauftragte(r)* oder die Organisationseinheit *IT-Sicherheitsmanagement* oder den entsprechenden Prozess des IT-Sicherheitsmanagements! Diese Rolle bzw. Funktion und auch der Prozess sind lediglich Teile des ISMS, wie ein Blick auf die zuvor aufgezählten Punkte zeigt.

Der Anwendungsbereich[6] eines ISMS ist meist die gesamte Organisation. Es kommt aber auch vor, dass das ISMS beschränkt wird auf bestimmte Standorte, Geschäftsprozesse, Abteilungen etc. – was durchaus zulässig ist. Die Idee, hierdurch Aufwand einzusparen, hat sich aber in der Praxis als nicht sehr effektiv herausgestellt.

Wichtige Aufgaben eines ISMS sind:

- die Formulierung von (Sicherheits-)Zielen
- die Bestimmung der Assets
- die Risikobeurteilung
- die Risikobehandlung
- die kontinuierliche Verbesserung

Wir erläutern diese Aufgaben in den folgenden Abschnitten.

Sicherheitsziele

Sicherheitsziele werden in der Norm nur beispielhaft aufgezählt und sind meist mit den Begriffen Vertraulichkeit, Integrität und Verfügbarkeit verbunden.

- Die Vertraulichkeit von Informationen zu wahren meint, dass diese nur einem entsprechend autorisierten Personenkreis zur Kenntnis gelangen.
- Ähnlich meint die Wahrung der Integrität von Daten, dass nur autorisierte Änderungen vorgenommen werden dürfen.
- Bei der Verfügbarkeit geht es darum, dass Daten für autorisierte Zwecke ausreichend schnell zur Verfügung stehen müssen – genauer: Verzögerungen sind nur in akzeptablen Umfang zulässig.

Die Ziele der Integrität und Verfügbarkeit werden nicht nur für Daten, sondern analog auch für Systeme, IT-Anwendungen und Prozesse definiert.

Wer zur Kenntnisnahme oder Änderung autorisiert ist bzw. welche Verzögerung noch als akzeptabel angesehen wird, ist durch die jeweilige Organisation für ihre geschäftlichen Zwecke festzulegen. Möglicherweise existieren dazu auch Vorgaben in relevanten Gesetzen, Verträgen und anderen Standards.

Neben diesen drei klassischen Sicherheitszielen wird es bei Organisationen im Detail viele weitere Ziele geben. Im Zusammenhang mit dem Datenaustausch über Netzwerke

---

[6]Auch *Geltungsbereich* genannt, im Englischen: Scope.

werden beispielsweise die Authentizität von Absendern und des Datenursprungs, auch der Nachweis des Empfangs bzw. des Absendens von Daten gefordert.

Eine weitere Gruppe von Zielen stellen die Compliance-Ziele dar, bei denen es um die Einhaltung von Vorgaben gesetzlicher (z. B. BDSG) oder vertraglicher (z. B. SLAs) Art geht.

Jede Organisation ist frei, die für ihren geschäftlichen Kontext als relevant erachteten Ziele individuell festzulegen. Diese Ziele sind zu dokumentieren, was meist im Überblick in einer *Security Policy* erfolgt – im Deutschen meist als *Sicherheitsleitlinie* bezeichnet.[7]

Davon zu unterscheiden sind *Sicherheitsrichtlinien*, die ein spezielles Thema aus Sicht einer Zielgruppe behandeln: Als Beispiel sei eine Richtlinie für mobiles Arbeiten genannt, in der alle Grundsätze und Regeln für das Arbeiten mit Smartphone, Tablets & Co. für die Zielgruppe der Nutzer dargestellt werden.

Leitlinie

Wie sieht eine Leitlinie aus? Der Mindestumfang lässt sich durch die Übersicht in der Abb. 1.3 charakterisieren.

Im ersten Teil *Definition* wird die Organisation genannt, dann werden ihr organisatorischer Aufbau und ihre Standorte beschrieben.

Beim Geschäftszweck sollte die Geschäftätigkeit der Organisation dargestellt werden; das könnte z. B. durch die Beschreibung der vorhandenen Geschäftsprozesse geschehen. Der Geschäftszweck kann dabei die gesamte Geschäftätigkeit der Organisation umfassen, sich aber auch nur auf einzelne Teilbereiche beziehen. Im Ergebnis wird der

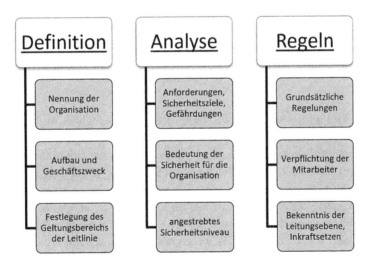

Abb. 1.3 Aufbau einer Sicherheitsleitlinie

---

[7] In der aktuellen deutschen Normfassung etwas unglücklich mit *Sicherheitspolitik* übersetzt.

Geltungsbereich der Leitlinie festgelegt. Im Grunde wird hier bereits die Entscheidung über den Anwendungsbereich des ISMS (den Scope) getroffen.

Unter *Analyse* werden die regulativen Anforderungen (Gesetze, Richtlinien, Konzernvorgaben, besondere Verträge) im Überblick dargestellt. Was die Sicherheitsziele anbetrifft, wird man in der Leitlinie keine detaillierte Darstellung wie in einem Sicherheitskonzept vorsehen – vielmehr geht es darum, Orientierung zu vermitteln. Hier können die Ziele der Vertraulichkeit, Integrität und Verfügbarkeit in Relation zu Kundendaten, personenbezogenen Daten, Projektdaten, Daten bestimmter Organisationsbereiche oder Anwendungen gesetzt werden. Hinzu kommen meist Anforderungen an die Verfügbarkeit von Systemen, Anwendungen und unterstützenden Einrichtungen. Daraus lassen sich sofort die relevanten Gefährdungen formulieren, indem man die Ziele sozusagen „negiert": Aus dem Ziel der Vertraulichkeit von Kundendaten wird dann die Gefährdung *Verlust der Vertraulichkeit von Kundendaten*.

Bei den grundsätzlichen Regelungen geht es im Abschnitt *Regeln* um

- die Erläuterung der Sicherheitsorganisation (Rollen, Aufgaben, Ansprechpartner, auch eingerichtete Gremien) und
- zentrale Grundsätze und Verfahren der Sicherheit wie etwa das Eigentümer-Prinzip für Assets, mögliche Klassifikationsschemata für Daten,
- wichtige Richtlinien (z. B. für mobiles Arbeiten mit oder ohne BYOD), die Lenkung dokumentierter Informationen (insbesondere von Aufzeichnungen).

Das gilt natürlich nur insoweit, als die genannten Sachverhalte in der Organisation zur Anwendung kommen.

Die Leitlinie schließt meist mit der Verpflichtung der Mitarbeiter zur Einhaltung der Regeln sowie einem Bekenntnis der Leitung, die Sicherheit bzw. das ISMS aktiv zu unterstützen.

Assets

Unter *Assets* wird alles verstanden, was für eine Organisation einen Wert darstellt. Dies können zunächst Grundstücke, Gebäude, Maschinen und Anlagen, Geschäftsprozesse sein – aber natürlich auch die sogenannten *Information Assets* (Informationswerte) wie Informationen/Daten, Systeme, Anwendungen, IT Services. Ergänzend kann man auch Soft Assets betrachten wie das Image oder die Kreditwürdigkeit einer Organisation.

Eine Anforderung der Norm ist, dass alle für die Organisation relevanten Information Assets erfasst bzw. inventarisiert werden müssen – etwa in Form einer Tabelle oder einer Datenbank. Dabei werden üblicherweise neben der Bezeichnung eines Assets weitere Daten erfasst, z. B. Angaben zum (Speicher-, Lager- oder Stand-)Ort eines Assets, eine Klassifizierung des Wertes sowie der Asset Owner. Diese Person, Rolle oder Organisationseinheit ist für das jeweilige Asset verantwortlich und auch primärer Ansprechpartner für alle Sicherheitsaspekte, die mit diesem Asset verbunden sind. Meist obliegt dieser

Funktion auch die Kontrolle über die Risiken, denen ein Asset ausgesetzt ist. Gelegentlich findet man aber auch eine Aufteilung in *Asset Owner* und *Risk Owner*.

Bei der Vielzahl von Assets in der Praxis ist die Inventarisierung durchaus aufwendig. Eine Methode zur Begrenzung des Aufwands besteht darin, gleichartige Assets (z. B. bestimmte Server) gemeinsam als *ein* Asset zu betrachten. Diese Gruppe wird dann als *ein* Element in die Inventarliste aufgenommen. Diese Gruppierung ist immer dann möglich, wenn gleichartige Assets (vergleichbarer Wert, vergleichbare Risiken) vorliegen.

Eine andere Idee ist die Einführung einer Hierarchie: Betrachtet eine Organisation ihre Geschäftstätigkeit als eine Gruppe von Geschäftsprozessen, könnten diese als Top Level Assets gesehen werden. Alles, was für den Betrieb eines Geschäftsprozesses erforderlich ist (Personal, IT, Anlagen, Standorte etc.), wird diesem Geschäftsprozess als Ressourcen zugeordnet. Damit hat man ein Ordnungssystem – eine Hierarchie mit den Stufen „Top Level" und „Ressourcen" – eingeführt. Dies macht die Inventarisierung nicht nur übersichtlicher, es beinhaltet auch ein Vorgehensmodell, nämlich die einzelnen Geschäftsprozesse sequenziell oder parallel abzuarbeiten, möglicherweise mit einer gewissen Priorisierung.

Die zuvor skizzierte Gruppierung kann sowohl bei den Top Level Assets wie auch bei den Ressourcen als zusätzliches Element genutzt werden.

Ein weiterer Punkt: An verschiedenen Stellen in der Organisation könnte es bereits Listen von Assets geben, auf die man zurückgreifen kann. Diese Situation liegt oft beim Asset Management (wenn existent), der Anlagenbuchhaltung oder bei der Einkaufsabteilung vor. Solche Listen zu nutzen hieße, nicht bei Null beginnen zu müssen ...

▶   Bevor Sie mit der Erfassung der Information Assets (nach der ISO-Norm) beginnen, sollten die Prozesse des Change Managements und des Configuration Managements aktiviert werden, d. h. jede Art von Änderungen im Detail bzw. an der Konfiguration komplexer Objekte muss formal beantragt und darf erst nach schriftlicher Genehmigung durchgeführt werden. Andernfalls werden die Daten über die Assets schnell „veralten".

Risikobeurteilung

Jede Änderung des Zustands einer Informationsverarbeitung wird als *Ereignis* (Event) bezeichnet. Handelt es sich um ein Ereignis, das zumindest theoretisch Auswirkungen auf die Sicherheit haben könnte, spricht man von einem *Sicherheitsereignis* (Security Event). Auswirkungen auf die Sicherheit liegen immer dann vor, wenn Sicherheitsziele einer Organisation beeinträchtigt werden können.

Ein *Sicherheitsvorfall* (Security Incident) ist ein Ereignis, bei dem eine hohe Wahrscheinlichkeit für Auswirkungen auf die Sicherheit besteht. In der Norm wird sehr genau zwischen Events und Incidents unterschieden.

Ein (Sicherheits-)*Notfall* ist ein Sicherheitsvorfall mit gravierenden oder sogar katastrophalen Auswirkungen auf die Sicherheit.

In der Informationssicherheit wird der mögliche Eintritt von Sicherheitsereignissen als Risiko angesehen. Ein Risiko wird in aller Regel als eine Kombination aus Eintrittswahrscheinlichkeit und Schadenhöhe definiert. Sind Eintrittswahrscheinlichkeit und Schadenhöhe zahlenmäßig bestimmbar, wäre das Produkt beider Zahlen ein solche Kombination.

In der Praxis lassen sich Risiken meist *nicht* auf diese Weise berechnen, weil hinreichend genaue Zahlen fehlen: Man legt deshalb für Eintrittswahrscheinlichkeit und Schadenhöhe jeweils Stufen fest, und betrachtet Risikoklassen als Kombination solcher Stufen. Im Kap. 3 geben wir einige Beispiele für solche Methoden.

Ein Risiko kann immer dann eintreten, wenn Schwachstellen vorhanden sind, d. h. wenn Sicherheitsmaßnahmen fehlen, ungeeignet konstruiert oder fehlerhaft angewendet werden. Bei den letzten beiden Fällen spricht man von konstruktiven bzw. operativen Schwachstellen.

Bei der *Risikoidentifizierung* geht es um die Ermittlung (Erfassung und Benennung) von einzelnen Risiken für die Informationswerte der Organisation, soweit sie im Anwendungsbereich des ISMS liegen. Diese Ermittlung muss im Zusammenspiel mit den Verantwortlichen (Asset Owner bzw. Risk Owner) für die einzelnen Informationswerte geschehen.

In der *Risikoanalyse* werden für jedes Risiko Schadenhöhe und die Eintrittshäufigkeit abgeschätzt bzw. klassifiziert, das Risiko wird dementsprechend festgelegt – z. B. in eine Risikoklasse eingeordnet.

Bei der *Risikobewertung* geht es um die Feststellung, welche Auswirkungen ein Risiko auf die Organisation hat: Meist geschieht dies durch eine Bewertung der Risiken mit Stufen wie TOLERABEL, MITTEL, GRAVIEREND, KATASTROPHAL.

In der Norm wird *Risikobeurteilung* als Zusammenfassung der Teilaktivitäten Risikoidentifizierung, Risikoanalyse und Risikobewertung betrachtet.

Gelegentlich taucht in der Norm auch das Wort *Chancen* auf: Eine Chance besteht immer dann, wenn ein Ereignis mit einer gewissen Wahrscheinlichkeit einen Nutzen zur Folge haben kann.

Risikobehandlung

Zur Behandlung ermittelter Risiken dienen nach Vorgaben der Norm *Optionen* und *Sicherheitsmaßnahmen*.

Typische Optionen zur Risikobehandlung sind

- die Risikoakzeptanz – man übernimmt einfach das Risiko ohne weitere Maßnahmen,
- die Risikoverlagerung – z. B. durch Verlagerung der betroffenen Informationsverarbeitung an einen sichereren Ort, an einen qualifizierten Dienstleister, oder durch Versicherung der möglichen Schäden,
- die Risikoreduktion – durch Einsatz geeigneter Sicherheitsmaßnahmen,
- die Risikovermeidung – z. B. durch Änderung des fraglichen Geschäftsprozesses und der unterstützenden IT, oder durch Einstellung des risikoreichen Geschäftsprozesses.

Sicherheitsmaßnahmen können aus sehr unterschiedlichen Bereichen kommen: rechtliche, organisatorische, personelle, infrastrukturelle und IT-Maßnahmen.

Bevor man solche Maßnahmen festlegt, sollten zunächst die Risiken priorisiert werden: Die vernünftige Vorgehensweise besteht darin, zunächst die am höchsten bewerteten Risiken zu behandeln, dann die Risiken der zweithöchsten Bewertungsstufe usw. Die unterste Bewertungsstufe bedarf möglicherweise keiner besonderen Maßnahmen, weil man die entsprechenden Risiken einfach toleriert.

Eine weitere wichtige Aktivität besteht darin, bereits *vorhandene* Sicherheitsmaßnahmen zu ermitteln: Viele Organisationen fangen nicht bei Null an, sondern haben in der Vergangenheit schon Sicherheitsmaßnahmen eingerichtet, diese aber nicht systematisch erfasst und dokumentiert.

Somit steht die Aufgabe an, alle vorhandenen Maßnahmen zu erfassen, dann zu überprüfen, ob die betrachteten Risiken damit bereits ausreichend reduziert werden oder ob neue bzw. stärkere Maßnahmen erforderlich werden – ggf. auch, ob eine andere Option zur Risikobehandlung gewählt wird. Diese Vorgehensweise wird seitens der Norm durch den Anhang A und das damit zusammenhängende *Statement of Applicability* (SoA) unterstützt. Wir behandeln es beim Überblick über den Anhang A.

Wie schon zum Ausdruck kam, muss nach der Festlegung der Sicherheitsmaßnahmen der Prozess der Risikobeurteilung erneut durchlaufen werden: Es werden auf diese Weise die verbleibenden Risiken[8] ermittelt und bewertet. Erst wenn eine ausreichende Reduktion vorliegt, wird man mit den vorhandenen und geplanten Maßnahmen „zufrieden" sein. Man kann dies von Risiko zu Risiko einzeln entscheiden – oder einen allgemeinen Schwellenwert für die Akzeptanz verbleibender Risiken festlegen. Der Schwellenwert wird in unserem Kontext meist eine der festgelegten Bewertungsstufen sein: Risiken einer bestimmten Stufe (und aller Stufen darunter) werden als akzeptabel angesehen.

Kontinuierliche Verbesserung
Einen Prozess der kontinuierlichen Verbesserung in das ISMS einzubauen, hat vor allem drei Gründe:

- Ein funktionierendes ISMS ist ein komplexes System, das meist nur schrittweise realisiert wird. Erst nach einiger Zeit – durchaus manchmal erst nach einigen Jahren – wird das ISMS die „volle Leistung" bringen. Bei jedem Schritt muss sich das ISMS verbessern.
- Im Laufe des Betriebs des ISMS, auch im Rahmen von Überwachungen und Audits, werden Unzulänglichkeiten, Fehler und Schwachstellen offenbar, so dass Änderungen, Reparaturen und Verbesserungen am ISMS erforderlich werden.

---

[8] Statt von *verbleibenden Risiken* sprechen wir im Deutschen oft von *Restrisiken*, was nicht ganz übereinstimmt. Wir ignorieren hier jedoch die Unterschiede.

Abb. 1.4 PDCA-Modell

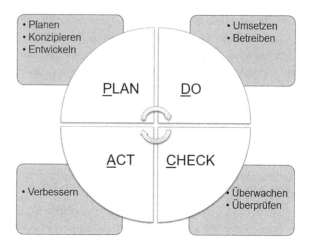

- Änderungen der Geschäftstätigkeit der Organisation oder des regulativen Umfelds haben fast immer Anpassungen und Ergänzungen beim ISMS zur Folge. Die Anpassung an neue Gegebenheiten ist ebenfalls als Verbesserung zu werten.

Die klassische Methode zur kontinuierlichen Verbesserung ist das *Plan-Do-Check-Act* (PDCA) (vgl. Abb. 1.4). Etwas verkürzt könnte man sagen: In der Phase P konzipiert man das ISMS und die gewünschte Sicherheit, in D setzt man das Konzept um, in C findet eine Überprüfung statt, in A werden die Prüfergebnisse sowie ggf. neue Anforderungen ausgewertet und führen möglicherweise zu Änderungsbedarf. Mit diesem steigt man wieder in P ein usw.

PDCA ist als *Regelkreis* zu verstehen, d. h. nach Durchlaufen der vier Phasen startet man wieder bei PLAN. Eine allseits akzeptierte Vorgehensweise ist, den Regelkreis mindestens einmal jährlich zu durchlaufen. Der Sollwert des Regelkreises ist die gewünschte Sicherheit, der man bei jedem Durchlaufen des PDCA wieder ein Stück näherkommt. Seine Wirkung entfaltet PDCA meist erst nach mehreren Jahren der Anwendung.

Die Anwendung der PDCA-Methode ist in der Neufassung der Norm nicht (mehr) vorgeschrieben. Die Forderung nach kontinuierlicher Verbesserung bleibt allerdings bestehen – sie kann ggf. auch mit anderen methodischen Ansätzen realisiert werden.

1.4   Der Anhang A

Der bekannte, längliche Anhang A der ISO 27001 enthält 114 sogenannte *Controls*, und zwar nach einem themenbezogenen Ordnungsraster. Auch wenn die deutschen Normfassungen hier von *Maßnahme* als Übersetzung von *Control* sprechen: Es handelt sich um einzelne *Sicherheitsanforderungen*, die eine Organisation zu erfüllen hat – und zwar immer dann, wenn die betreffende Anforderung im geschäftlichen Umfeld der Organisation relevant ist. Falls ein Control als irrelevant betrachtet wird, ist dies zumindest zu begründen.[9]

Welche konkreten Maßnahmen sind nun geeignet, diese Sicherheitsanforderungen aus dem Anhang A umzusetzen?

- Beispiele (!) für solche Maßnahmen findet man zunächst in der ISO 27002, und zwar nach dem gleichen Ordnungsraster wie im Anhang A.
- Findet man hier nichts Passendes, wird das eigene Sicherheitspersonal technische/organisatorische Maßnahmen entwerfen bzw. konzipieren.
- Darüber hinaus sind natürlich auch andere Quellen einsetzbar – z. B. die Kataloge des IT- Grundschutzes bzw. des neuen Grundschutz-Kompendiums[10] oder die Expertise externer Berater.

Streng genommen muss man die 114 Controls für jedes Asset aus der Inventarisierung abarbeiten: Die zugeordneten Maßnahmen zur Umsetzung eines Controls könnten bei bestimmten Assets unterschiedlich sein. Das verursacht natürlich einen erheblichen Aufwand. Hat man jedoch bei der Inventarisierung eine Hierarchie mit Top Level Assets und Ressourcen eingeführt, kann man die Vorgehensweise vereinfachen: Die Praxis hat gezeigt, dass es ausreicht, die Controls für die einzelnen Top Level Assets durchzuspielen – was fast immer eine überschaubare Liste darstellt.

Ist in der Organisation allerdings keine Prozess-Sicht eingeführt, wird es schwieriger. Eine IT-Abteilung könnte sich stattdessen an ihren IT-Anwendungen als Top Level Assets orientieren. Ist der Anwendungsbereich des ISMS aber die gesamte Organisation, dürfte dieser Ansatz nur eben den IT-Bereich abdecken und somit zu kurz greifen.

Die praktische Vorgehensweise sieht nun so aus, dass eine Tabelle erzeugt wird, in der in der ersten Spalte die 114 Controls eingetragen werden und anschließend für jedes Top Level Asset eine weitere Spalte vorgesehen wird. Für jedes Top Level Asset und jedes Control wird dann in das entsprechende Feld eingetragen, ob das betreffende Control relevant ist:

- wenn nein: eine Begründung,
- wenn ja: welche konkreten Maßnahmen (ggf. auch Optionen) zur Umsetzung des Controls geplant oder bereits vorhanden sind.

Da längliche Texte in einzelnen Tabellenfeldern unhandlich sind, trägt man besser nur Verweise auf ein Tabellenblatt mit Begründungen bzw. auf ein Tabellenblatt mit Maßnahmen ein.

---

[9] Die erforderlichen Angaben sind in dem „Technical Corrigendum 2" [9] zur 2015-er (deutschen) Normfassung präzisiert worden, vgl. dazu den Abschn. 8.2 in diesem Buch.

[10] Allerdings hat der IT-Grundschutz ein anderes Ordnungsraster, d. h. man muss hier zunächst eine Zuordnung zwischen den Controls und den Baustein- und Maßnahmengruppen in den BSI-Unterlagen herstellen. Dabei unterstützt die Zuordnungsliste [10] des BSI.

In der Maßnahmentabelle kann man auch weitere Spalten vorsehen, um klarzustellen, ob eine Maßnahme bereits vorhanden ist, teilweise vorhanden ist oder vollständig fehlt. Hieraus lassen sich weitere Daten (Umsetzungs- und Prüfpläne) generieren.

Es kann sein, dass für eine konkrete Organisation die 114 Controls und die darin behandelten Sicherheitsaspekte nicht alle Sicherheitsziele der Organisation abdecken. Die Lösung besteht dann darin, der obigen Tabelle der Controls sozusagen eigene Controls für die fehlenden Aspekte hinzuzufügen und damit bei den einzelnen Assets analog vorzugehen.

Dieses Tabellenkonstrukt ist nach Fertigstellung der zentrale Baustein für die Risikobehandlung. Für die geplanten Optionen und Maßnahmen lassen sich auch Kostenschätzungen ableiten (in die Maßnahmentabelle aufnehmen?), die wiederum in den Genehmigungsprozess bei der Leitung einfließen müssen.

Die Zusammenfassung dieser Daten wird als *Statement of Applicability*[11] (SoA) bezeichnet.

1.5   ISMS und Auslagerung

Betrachten wir die Informationsverarbeitung in einer Organisation, so wird schnell deutlich, dass man dabei von vielen Lieferanten und Dienstleistern abhängt. Wir nennen einige Stichwörter: Lieferanten für Hard- und Software, Wartungstechniker, EVU, Netzbetreiber, Internet-Provider, Outsourcing-Nehmer, Cloud-Dienstleister, Reinigungskolonne, Bewachungspersonal usw.

Für alle diese Fälle verwendet die Norm im Anhang A den Begriff *Lieferanten* und spricht von *Lieferantenbeziehungen*, die es zu managen gilt.

Die Frage ist, wie sich diese Gegebenheiten auf das ISMS der Organisation auswirken: Zunächst bleibt aus Sicht des ISMS die Gesamtverantwortung stets bei der Organisation selbst. Sicherheitsziele der Organisation müssen auf die einzelnen Lieferanten heruntergebrochen und dann vertraglich fixiert werden. Aus der Gesamtverantwortung ergibt sich aber weiter die Anforderung, die Einhaltung von Verträgen und Vereinbarungen regelmäßig (= gemäß einer festzulegenden Regel) zu überwachen.

Dies kann auf verschiedene Weise gelöst werden:

- Bei zertifizierten Lieferanten kann man möglicherweise mit Hinweis auf deren Zertifizierung (und die damit verbundene regelmäßige Auditierung) auf eine nochmalige Überprüfung verzichten.
- Hat man sich im Vertrag ein Inspektions- oder Prüfrecht vorbehalten, kann man die Überprüfung selbst oder mit einem beauftragten Auditor durchführen.

---

[11] Wie soll man das übersetzen? „Bericht zur Eignung" wäre ganz gut. Meist wird einfach von „SoA" gesprochen.

- Eventuell besteht auch die Möglichkeit, bestimmte Charakteristika einer Dienstleistung durch Messungen (Protokolle, Tickets, Aufzeichnungen) zu ermitteln, was in Verbindung mit einer entsprechenden Auswertung bereits zielführend sein kann.

Im Hinblick auf das ISMS kommt also die Aufgabe hinzu, die Vertragsbeziehungen zu managen, und zwar bei der Vertragsgestaltung, der Vertragsüberwachung und – nicht zu vergessen – auch bei der Vertragsbeendigung. Diese Punkte findet man im Anhang A in einer spezifischen Gruppe von Controls.

Für alle Vorgaben aus dem Hauptteil der Norm gilt, dass sie unverändert auf alles anzuwenden sind, was mit den Dienstleistungsbeziehungen zusammenhängt. Wir geben einige Beispiele:

- Die Prozesse der Risikobeurteilung sind auch für die Dienstleistungsbeziehungen anzuwenden.
- In die Lenkung dokumentierter Informationen sind alle Unterlagen und Aufzeichnungen über die Dienstleistungsbeziehungen aufzunehmen.
- Interne Audits und Management-Bewertungen müssen auch die Dienstleistungsbeziehungen berücksichtigen.

1.6 Checkliste

Bevor wir an die konkrete Ausgestaltung unseres ISMS herangehen, ist es sinnvoll, zur Vorbereitung die Punkte der Checkliste in der Tab. 1.2 zu klären.

Tab. 1.2 Checkliste zur Vorbereitung

Aktion	Gegenstand	Ja	Teilweise	Nein
1	Sind die Normen (27000, 27001, 27002) in aktueller elektronischer Form vorhanden?	☐	☐	☐
2	Sind die Vorteile und der Nutzen eines ISMS erläutert worden?	☐	☐	☐
3	Ist ein Grob-Abgleich mit ISO 27001 erfolgt? (Ziel: erste Aufwandsabschätzung)	☐	☐	☐
4	Ist eine Entscheidung zur Orientierung an der ISO 27001 getroffen worden?	☐	☐	☐
5	Denken wir in Management-Systemen? Existieren schon andere Management-Systeme?	☐	☐	☐
6	Ist der Begriff ISMS eingeführt?	☐	☐	☐
7	Denken wir in Geschäftsprozessen und IT-Anwendungen?	☐	☐	☐
8	Ist der Anwendungsbereich des ISMS (Scope) zumindest grob skizziert?	☐	☐	☐
9	Sind zumindest die Top Level Assets und deren Asset/Risk Owner erfasst worden?	☐	☐	☐
10	Wurden – zumindest grob – Sicherheitsziele für diese Assets festgelegt?	☐	☐	☐

Zusammenfassung

Nachdem wir nun einen Einblick in die ISO 27001 gewonnen und uns insbesondere eine Vorstellung von einem ISMS verschafft haben, sind wir gerüstet, im folgenden Kap. 2 die detaillierten Anforderungen an das ISMS durchzuarbeiten.

Literatur

1. DIN ISO/IEC 27001 (2017–06) Informationstechnik – IT-Sicherheitsverfahren: Informations-sicherheits-Managementsysteme – Anforderungen (Hinweis: Diese aktuelle deutsche Normfas-sung enthält die frühere Fassung 2015-03 mit der Korrektur [9].)
2. DIN ISO/IEC 27002 (2017–06) Informationstechnik – IT-Sicherheitsverfahren – Leitfaden für das Informationssicherheits-Management (Hinweis: Diese aktuelle deutsche Normfassung ent-hält die frühere Fassung 2016-11 und berücksichtigt die Korrektur [8].)
3. BS 7799-1 (1999) Information Security Management – Part 1: Code of Practice for Information Security Management, www.bsi-global.com
4. BS 7799-2 (2002) Specification for Information Security Management, www.bsi-global.com
5. DIN EN ISO 9001 (2015–11) Qualitätsmanagementsysteme – Anforderungen
6. BDSG: Bundesdatenschutzgesetz vom 30. Juni 2017 (BGBl. I S. 2097)
7. Datenschutz-Grundverordnung: VERORDNUNG (EU) 2016/679 DES EUROPÄISCHEN PAR-LAMENTS UND DES RATES vom 27. April 2016 zum Schutz natürlicher Personen bei der Verarbeitung personenbezogener Daten, zum freien Datenverkehr und zur Aufhebung der Richt-linie 95/46/EG, Amtsblatt der Europäischen Union L 119/1 vom 4.5.2016
8. International Standard ISO/IEC 27001:2014: TECHNICAL CORRIGENDUM 1 vom 15.09.2014
9. International Standard ISO/IEC 27001:2014: TECHNICAL CORRIGENDUM 2 vom 01.12.2015
10. Zuordnung ISO/IEC 27001 sowie ISO/IEC 27002 zum modernisierten IT-Grundschutz, www.bsi.bund.de/SharedDocs/Downloads/DE/BSI/Grundschutz/Kompendium/Zuordnung_ISO_und_modernisierter_IT_Grundschutz.html vom 20.04.2018

Die Anforderungen an ein ISMS

2

> ▶ **Zusammenfassung** In diesem Kapitel erläutern und kommentieren wir die An-
> forderungen aus dem Hauptteil der ISO 27001, und zwar genauer gesagt der
> Kap. 4 bis 10. Diese Anforderungen sind „nicht verhandelbar", d. h. sie müssen alle
> umgesetzt werden, wenn man mit der Norm übereinstimmen will. Sie beinhalten
> im Grunde eine – allerdings sehr abstrakte – Beschreibung bzw. Spezifikation ei-
> nes ISMS. Die Art und Weise der Umsetzung ist – bei Beachtung der gegebenen
> Randbedingungen – von der betreffenden Organisation jedoch frei wählbar.

Wenn wir im Folgenden von Sicherheit sprechen, meinen wir stets die Informationssicherheit. Weiterhin verkürzen wir der besseren Lesbarkeit wegen z. B. Informationssicherheitsleitlinie zu Leitlinie, Sicherheitsrichtlinie zu Richtlinie, Informationssicherheitsrisi-
kobeurteilung zu Risikobeurteilung usw.

**Wir referenzieren Anforderungen aus der Norm mit „NK" (Normkapitel) und
„NA" (Normabschnitt = Ebene unterhalb eines Kapitels).**

Wer die Erläuterungen mit der Norm genau abgleichen möchte, sollte sich die aktuelle
Fassung [1] der deutschen ISO 27001 besorgen und parallel lesen.

2.1 Kontext der Organisation (NK 4)

Das NK 4 besteht aus vier Normabschnitten, die wir im Einzelnen kommentieren wollen.

NA 4.1 – Verstehen der Organisation und ihres Kontextes

Was ist in diesem Zusammenhang mit *Kontext* gemeint? Je nach Art der Organisation geht
es um den Geschäftszweck bzw. die Geschäftstätigkeit eines Unternehmens oder die Aufgaben bzw. die Tätigkeit einer Non-Profit-Organisation (z. B. von Behörden).

© Springer Fachmedien Wiesbaden GmbH, ein Teil von Springer Nature 2020
H. Kersten et al., *IT-Sicherheitsmanagement nach der neuen ISO 27001*,
Edition <kes>, https://doi.org/10.1007/978-3-658-27692-8_2

Es sollen zunächst alle Themen bestimmt werden, die Zweck, Aufgabe bzw. Tätigkeit einer Organisation betreffen und Auswirkungen auf die Sicherheit haben können. Wir geben einige Stichwörter.

- Externe Themen:
  - Umfeld der Tätigkeit (gesetzliche Rahmenbedingungen, finanzielle Aspekte, Technologie-Einsatz bzw. -Abhängigkeiten, eingesetzte Lieferanten und Dienstleister, soziale/kulturelle Aspekte – vor allem bei international tätigen Organisationen)
  - Wettbewerbsaspekte (Tätigkeitsbereich: lokal, national, international; Schlüsselfaktoren für eine erfolgreiche Tätigkeit; Image-Aspekte; Beziehungen zu Auftraggebern, Kunden, Partnern; Art und Umfang bestehender vertraglicher Beziehungen)
- Interne Themen:
  - Aufbau- und Ablauforganisation
  - Zweck und Umfang der eingesetzten IT
  - bereits umgesetzte Standards und andere Vorgaben, z. B. bereits existierende Management-Systeme
  - Unterlagen und Ergebnisse aus früheren Aktivitäten zum Thema Sicherheit (z. B. Richtlinien, Konzepte, Risikoanalysen)
  - zur Verfügung stehende Ressourcen für das einzurichtende ISMS
  - evtl. vorhandene Ansätze für ein Risikomanagement (auch zu anderen Themen)
  - existierende interne Regelwerke zu speziellen Sicherheitsthemen – aber auch andere, z. B. für das Qualitätsmanagement, Projektmanagement usw.

Dabei gilt es zunächst, alle diesbezüglichen Informationen (Unterlagen, Notizen, Protokolle in schriftlicher bzw. elektronischer Form) zusammenzustellen.

NA 4.2 – Verstehen der Erfordernisse und Erwartungen interessierter Parteien

Wer verbirgt sich hinter den interessierten Parteien? Es handelt sich um Stellen, die einen Einfluss auf das ISMS einer Organisation haben. Wir zählen einige Beispiele auf:

- Gesetzgeber – Einfluss durch regulatorische Vorgaben
- eigener Konzern bzw. vorgesetzte Behörde – Einfluss durch Vorgaben und Richtlinien
- eigene Organisation – Einfluss durch Vorgaben z. B. aus dem Qualitätsmanagement oder dem Projektmanagement
- Dienstleister/Lieferanten – Einfluss durch die Art der Erbringung von Dienstleistungen bzw. den Gegenstand von Lieferungen
- Auftraggeber/Kunden – Einfluss durch vertragliche Vorgaben

Zunächst sind die relevanten Parteien zusammenzustellen. Mit den Informationen aus dem ersten Schritt (NA 4.1) sind anschließend die Anforderungen dieser Parteien an die Sicherheit bzw. das ISMS zu ermitteln: Dabei geht man Schritt für Schritt jede vorliegende Information zum Kontext und zu den interessierten Parteien durch und extrahiert

Anforderungen an die Sicherheit (falls vorhanden). Die Ergebnisse fasst man z. B. in Form einer Tabelle zusammen.

In diesem NA 4.2 wird der Fall behandelt, dass die genannten Parteien *Einfluss* auf das ISMS einer Organisation haben. Umgekehrt kann man sich fragen, was mit den Parteien passiert, die vom ISMS der Organisation *betroffen* sind, indem sie etwa von der Organisation Vorgaben zur Sicherheit erhalten: Das ist die typische Situation bei Lieferanten, Dienstleistern bzw. Providern, Kooperationspartnern usw. Die genannten Gruppen sind an dieser Stelle definitiv *nicht* gemeint – aber natürlich ist das Thema wichtig: Es wird in einer eigenen Controlgruppe (und an weiteren Stellen) im Anhang A der ISO 27001 behandelt.

NA 4.3 – Festlegen des Anwendungsbereichs des ISMS

Unter *Anwendungsbereich* verstehen wir den Bereich, für den das ISMS quasi *zuständig* ist – in der Regel die gesamte Organisation. Ein ISMS kann aber auch auf Teile davon, bestimmte Standorte oder einzelne Geschäftsprozesse beschränkt sein.

Unter Berücksichtigung der Ergebnisse zu NA 4.1 und NA 4.2 kann die Organisation den Anwendungsbereich nach ihren eigenen Vorstellungen festlegen. Hierbei ist jedoch zu beachten:

- Es macht keinen Sinn, Bereiche auszulassen, die z. B. nach NA 4.2 mit Sicherheitsanforderungen einer maßgeblichen Partei belegt sind.
- Der Anwendungsbereich darf keine Komponenten ausgrenzen, die seine Sicherheit beeinflussen (z. B. Auslassen eines genutzten sicherheitskritischen Cloud Services).
- Sind andererseits Komponenten nicht sicherheitsrelevant und auch nicht von der Sicherheit betroffen, könnte man sie vom ISMS ausnehmen.
- Es sollte nicht versucht werden, den Anwendungsbereich möglichst klein zu schneiden („marginalisieren") – ein Vorgehen, das gerne gewählt wird, um schnell eine Zertifizierung zu erreichen.
- Die Grenzen des Anwendungsbereichs sollen präzise festgelegt werden, und zwar durch Angabe der Schnittstellen zwischen Bereichen und Abläufen, die vom ISMS „verwaltet" werden, und solchen, die außerhalb liegen – insbesondere, wenn sie bei anderen Organisationen bzw. Parteien angesiedelt sind.

Werden Komponenten aus dem ISMS ausgegrenzt, wird dringend empfohlen, diese Ausnahmen präzise zu benennen und nachvollziehbare Begründungen für diese Aufteilung anzugeben.

Bleibt nur noch festzustellen, dass die Festlegung des Anwendungsbereichs und seiner Grenzen (einschließlich der genannten Begründungen) schriftlich erfolgen muss.

NA 4.4 – Informationssicherheitsmanagementsystem

Das mit den Ergebnissen aus NA 4.1, 4.2 und 4.3 umrissene ISMS muss in die Praxis überführt werden, d. h. es muss aufgebaut, verwirklicht, aufrechterhalten und fortlaufend verbessert werden. Diese Schritte stehen im Grunde für das allseits bekannte PDCA-Modell, das in der älteren Normfassung auch erwähnt wurde. In der neuen Norm-Fassung spricht man nur noch von dem Ziel der *kontinuierlichen Verbesserung*, das neben PDCA auch mit anderen Vorgehensweisen erreicht werden kann. PDCA ist also nicht mehr obligatorisch.

Auch wenn die aktuelle Normfassung dies nicht mehr explizit fordert: Wir empfehlen, das klassische PDCA anzuwenden – erst recht, wenn es bisher schon eingerichtet war. Im Ablauf muss man eine entsprechende Terminplanung für die vier Phasen vornehmen, die Arbeitsschritte durchführen und dokumentieren.

2.2   Führung (NK 5)

In diesem NK geht es um die Elemente der Führung durch die Leitung und das Management der Organisation.

NA 5.1 – Führung und Verpflichtung

Zunächst: Wer ist die im Normtext erwähnte *oberste Leitung*? Hierbei handelt sich um die oberste Führungsebene in der Organisation – Vorstand, Geschäftsführer, Behördenleiter usw. inklusive Stellvertreter.

Der NA 5.1 enthält einen umfangreichen Katalog von Aufgaben bzw. Pflichten (Normpunkte a bis h) und macht deutlich, dass die oberste Leitung die Informationssicherheit nicht als untergeordnete Aufgabe betrachten, nur in der IT-Abteilung ansiedeln oder etwa nur einem IT-Sicherheitsbeauftragten als Feigenblatt übertragen kann. Vielmehr ist umfassend Führung und Verantwortung in Bezug auf diese Aufgabe wahrzunehmen. Dazu gehören

- die Einrichtung und der Betrieb eines angemessenen ISMS mit ausreichenden Ressourcen (Normpunkte c und e),
- das Erstellen und Inkraftsetzen einer Leitlinie zur Informationssicherheit, die kompatibel mit der Geschäftstätigkeit ist bzw. diese geeignet berücksichtigt (Normpunkte a und d),
- das Einbeziehen der Informationssicherheit in alle Geschäftsprozesse, die Sicherheit benötigen (Normpunkt b),
- das Motivieren und Unterstützen aller Beteiligten, um zur Sicherheit beitragen, sie fortlaufend verbessern und bestehende Verantwortlichkeiten sachgerecht wahrnehmen zu können (Normpunkte f, g und h).

Natürlich werden die meisten Aufgaben an zuständige Personen oder Stellen delegiert: Während die ersten beiden Aufzählungspunkte meist dem Sicherheitsmanagement obliegen, liegt der dritte Punkt bei den jeweiligen Prozess-Verantwortlichen (Process Owner). Das Inkraftsetzen einer Leitlinie – Unterschreiben und Bekanntmachen – ist allerdings eine unmittelbare Pflicht der Leitung. Das Veranlassen aller Aufgaben, das Motivieren und

Unterstützen sowie die Kontrolle der Ergebnisse sind Kardinalaufgaben der Führung einer Organisation.

Wie kann man nun ggf. die Umsetzung von NA 5.1 nachweisen? Im Grunde dadurch, dass für die erläuterten Aufgaben schriftliche Nachweise vorhanden sind: Bei der Leitlinie ist das einfach (man kann sie vorweisen); zur Verfügung gestellte Ressourcen lassen sich anhand von Budget-Plänen und Personallisten belegen; die Delegation von Aufgaben lässt sich durch entsprechende Schreiben, E-Mails etc. nachweisen.

NA 5.2 – Politik

Die Anforderungen in NA 5.2 beziehen sich auf die *Leitlinie* zur Informationssicherheit, die hier etwas unglücklich mit „Politik" übersetzt wurde.

Es ist klar, dass eine Leitlinie nur Sinn macht, wenn sie sich auf den Geschäftszweck der Organisation bezieht, dafür grundlegende Sicherheitsziele vorgibt und die Einhaltung aller dazu notwendigen Vorgaben und Regelungen fordert. Weiterhin soll die Verbesserung der Sicherheit allen Betroffenen als Verpflichtung auferlegt werden. Dies umreißt den Mindestinhalt einer solchen Leitlinie. Ansonsten kann die Organisation die Leitlinie frei gestalten.

Der in der Leitlinie dargestellte Geschäftszweck kann die gesamte Geschäftstätigkeit der Organisation umfassen, sich aber auch nur auf einzelne Teilbereiche beziehen. Weitere Aspekte zum Thema *Leitlinie* finden Sie im Kap. 1 dieses Buches.

Selbstverständlich muss eine Leitlinie als dokumentierte Information (d. h. schriftlich) vorliegen und der Zielgruppe bekanntgemacht werden. Die Zielgruppe umfasst die von der Sicherheit Betroffenen, also die eigenen Mitarbeiter, ggf. beauftragtes Personal von Lieferanten und Dienstleistern und möglicherweise sogar externe Parteien (wie beispielsweise Kunden, Kooperationspartner, Aufsichtsbehörden).

Die Bekanntgabe ist an keine besondere Form gebunden. Es muss lediglich sichergestellt sein, dass alle Personen der vorgesehenen Zielgruppe erreicht werden. Unter dieser Voraussetzung kann eine Bekanntgabe über das Intranet der Organisation erfolgen – aber auch durch Versand (Brief, E-Mail) an die einzelnen Betroffenen. Eine gute Idee ist es, die Einführung einer solchen Leitlinie durch Schulungsaktivitäten zu unterstützen.

Beachten Sie zu diesem Fragenkreis auch die Vorgaben aus der Controlgruppe A.5.

NA 5.3 – Rollen, Verantwortlichkeiten und Befugnisse in der Organisation

Eine weitere Aufgabe der obersten Leitung besteht darin, für die Sicherheitsbelange Verantwortlichkeiten einzurichten, d. h. Rollen und deren Aufgaben und Befugnisse festzulegen.

Dies betrifft natürlich das Sicherheitsmanagement – im einfachsten Fall in Gestalt eines Sicherheitsbeauftragten und eines Vertreters –, aber dann auch das Asset Management, die Prozessverantwortlichen, Abteilungskoordinatoren, IT-Notfallbeauftragte, Backup-Manager, Compliance Manager usw.

Soweit durch die ISO 27001 (u. a. im Anhang A) keine Rollen explizit gefordert werden, kann die Organisation diese nach eigenem Ermessen auswählen und ihre Aufgaben

festlegen. Die Richtschnur ist, dass alle sicherheitsrelevanten Aufgaben einer verantwortlichen Stelle oder Rolle zugewiesen sein müssen. Der NA 5.3 nennt gleich zwei Funktionen, die einzurichten sind:

- Jemand muss dafür verantwortlich sein, dass die ISO 27001 eingehalten bzw. die Einhaltung überwacht wird.
- Die Aufgabe, Berichte über die Leistung und Wirksamkeit des ISMS zu erstellen und
  an die oberste Leitung zu übermitteln, muss zugewiesen werden.

Alle Rollen und Verantwortlichkeiten müssen auch innerhalb der Organisation bekanntgemacht werden – z. B. mittels der Leitlinie aus NA 5.2 oder auch im Rahmen von
Schulungsveranstaltungen.

2.3   Planung (NK 6)

Dieses Kapitel des Standards unterteilt sich in die beiden Themen

- NA 6.1: Maßnahmen zum Umgang mit Risiken und Chancen (mit drei Unterpunkten)
  und
- NA 6.2: Informationssicherheitsziele und Planung zu deren Erreichung.

Ein ganz wichtiger Punkt: Diese Abschnitte der Norm fordern die *Existenz und Gestaltung*
von Plänen oder dokumentierter Verfahren, und zwar zur Risikobeurteilung, zur Risikobehandlung und der Umsetzung von Maßnahmen. Es geht hier noch nicht um die *Anwendung* dieser Pläne oder Verfahren auf die Organisation; dies wird erst in NK 8 behandelt.

NA 6.1(1) – Maßnahmen zum Umgang mit Risiken und Chancen – Allgemeines

Im NK 4 ging es um die Ermittlung des geschäftlichen Kontextes der Organisation, bestehender Rahmenbedingungen und Erwartungen relevanter Parteien, die es zu erfüllen gilt –
soweit es die Informationssicherheit betrifft. Die Aufgabe des ISMS nach NA 6.1 ist es
nun, Risiken und Chancen dafür zu ermitteln, dass das ISMS

- die beabsichtigten Ergebnisse erreicht, d. h. seine Ziele erfüllt – darunter insbesondere
  die genannten Rahmenbedingungen und Erwartungen,
- unerwünschte Auswirkungen auf die Geschäftstätigkeit verhindert oder zumindest begrenzt und
- sich fortlaufend verbessert, was die Zielerreichung und die Anpassung an sich ändernde
  geschäftliche und regulative Rahmenbedingungen anbetrifft.

Zwar werden in der Praxis meist nur Risiken betrachtet – tatsächlich ist aber der Hinweis
auf Chancen absolut gerechtfertigt, wie einige Beispiel im Folgenden zeigen.

Wie muss das ISMS vor diesem Hintergrund aufgebaut werden? Wir wollen einige Beispiele nennen:

- Um Rahmenbedingungen und Erwartungen zu erfüllen, wird man dem ISMS aufgeben, die Bedingungen und Erwartungen z. B. tabellenartig zu erfassen, ihnen entsprechende Maßnahmen gegenüberzustellen, ihre Einhaltung und Wirksamkeit in irgendeiner Weise zu überprüfen und die Tabelle regelmäßig zu aktualisieren. Im Grunde hat man damit für die Belange der Informationssicherheit ein *Compliance Management* beschrieben.
- Um negative Auswirkungen auf die Geschäftstätigkeit zu verhindern oder zumindest zu begrenzen, sind zunächst mögliche Risiken zu ermitteln; dann sind zur Risikobehandlung geeignete Maßnahmen festzulegen und umzusetzen – ihre Wirksamkeit ist zu überprüfen. Kurzum: Hier geht es um die Risikobeurteilung, die Risikobehandlung und die Bewertung verbleibender Risiken. Diese drei Schritte werden in der Praxis meist mehrfach durchlaufen, bis die verbleibenden Risiken akzeptabel sind. Man könnte diese Aufgabe auch als *Risikomanagement* zusammenfassen. Das Thema behandeln wir im Detail im Kap. 3.
- Um den vorausgehenden Aufzählungspunkt sinnvoll bearbeiten zu können, wird es in der Praxis unvermeidlich sein, die Informationswerte der Organisation zu erfassen und diesen Datenbestand stets aktuell zu halten: *Asset Management*.
- Hilfreich ist es, wenn die Organisation ihre Geschäftstätigkeit als Prozesslandschaft gestaltet, d. h. die geschäftlichen Abläufe als Prozesse definiert und dokumentiert, mit einem angepassten Rollenmodell versieht und als Top Level Assets ansieht. Dann geht es in der Sicherheitsanalyse darum, diese Prozesse (inkl. ihrer IT-Anteile – wenn vorhanden) abzusichern. Diese ganzheitliche Vorgehensweise ist auch eine Chance zur Optimierung der Geschäftsprozesse.
- Ebenso eine Chance bietet das Ziel, sich fortlaufend zu verbessern – wie oben erläutert. Dafür ist z. B. das PDCA-Modell geeignet. Es muss geplant, vorbereitet, vermittelt und in die Praxis überführt werden.

Mit dieser Aufzählung haben wir Beispiele für Verfahren genannt, die in das ISMS „eingebaut" werden können. Es handelt sich offensichtlich um wichtige Teilprozesse und Komponenten des ISMS. Ihre Gestaltung und Umsetzung sind sorgfältig zu planen – genau das ist die praktische Anforderung dieses Normabschnittes.

Die Planung ist selbstverständlich auch zu dokumentieren und führt meist zu einem Dokument mit der Überschrift *ISMS-Leitlinie* oder *ISMS-Beschreibung*. Die obigen Aufzählungspunkte (Teilprozesse des ISMS) stellen im Grunde eine erste Gliederung eines solchen Dokumentes dar.

Besonders in größeren Organisationen sollte darauf geachtet werden, dass die zu gestaltenden Teilprozesse des ISMS mit Verfahren aus anderen Bereichen der Organisation abgeglichen werden, um Kosten und Aufwand zu begrenzen. Hierfür sind die oben genannten Themen Compliance Management, Asset Management, Risikomanagement prädestiniert; meist werden diese Aufgaben bereits an anderen Stellen in der Organisation für einen allgemeineren Kontext wahrgenommen. Dabei ist zu überlegen, ob die dort verwendeten Methoden auf die Informationsverarbeitung übertragen und angepasst werden können. Auch hierin bestehen wieder Chancen …

In den folgenden Normabschnitten geht es um die drei zentralen Teilaufgaben der Risikobeurteilung, der Risikobehandlung und der Umsetzungsplanung.

NA 6.1(2) – Maßnahmen zum Umgang mit Risiken und Chancen – Risikobeurteilung

Dieser Abschnitt betrachtet das Verfahren der *Risikobeurteilung* und bezieht sich im Normpunkt a auf festzulegende Kriterien. Was ist damit gemeint?

1. Kriterien, nach denen Risiken klassifiziert werden können: Meist werden dazu Risikoklassen eingeführt – hierarchische Klassen (z. B. geordnet nach der Risikohöhe) oder nicht-hierarchische Klassen (z. B. eine Unterscheidung nach finanziellen und Image-Schäden). Solche Klassen dienen dazu, Risiken zu gruppieren und die Risikolage einer Organisation leichter überschauen zu können. Zumindest innerhalb hierarchischer Klassen lassen sich Risiken nach ihrer „Höhe" sortieren, sie werden miteinander vergleichbar.
2. Kriterien zur Bewertung von Risiken bzw. Risikoklassen: Zu wissen, in welche Klasse ein Risiko einzusortieren ist, ist nur der erste Schritt. Danach ist zu bewerten, welche Auswirkung ein Risiko auf die Organisation hat: Ist es vernachlässigbar bzw. tolerabel oder – anderes Extrem – katastrophal? Dazwischen wird es noch mehrere Abstufungen geben. Kurzum: Wir benötigen (hierarchische) Bewertungsstufen. Statt auf einzelne Risiken können sie sich direkt auf eine ganze Risikoklasse beziehen. Mit den Bewertungsstufen kann auch eine Priorität bei der Behandlung von Risiken festgelegt werden – zunächst die Risiken der höchsten Stufe, dann der zweithöchsten Stufe usw.
3. Schließlich braucht man Verfahrensregeln: In der untersten Bewertungsstufe (Typ TOLERABEL) macht man wahrscheinlich gar nichts, d. h. die so bewerteten Risiken werden schlicht akzeptiert – ein Beispiel für eine Risikoakzeptanzregel. Bei der höchsten Klasse (Typ KATASTROPHAL) wird man – neben der direkten Information der Leitungsebene – möglicherweise verlangen, dass die entsprechenden Risiken auf jeden Fall um (mindestens) eine Stufe reduziert werden müssen. Bei den Stufen zwischen diesen beiden Extremen wird es andere Verfahrensregeln geben: z. B. Optionen für die weitere Risikobehandlung (Verlagerung von Risiken zu einem Dienstleister?) oder eine Präferenz für bestimmte Maßnahmenarten (technische Maßnahmen vor Verhaltensregeln?).

Die Kriterien, Klassen, Stufen und Regeln – ihre Anzahl, Abgrenzung untereinander, konkrete Ausgestaltung – sind von der Organisation festzulegen (Normpunkte a1 und a2). Hier macht die Norm keine weitergehenden Vorgaben. In einschlägigen Veröffentlichungen findet man dazu vielfältige Gestaltungsmöglichkeiten. Wir stellen einige Beispiele im Kap. 3 vor.

Im Normpunkt b) gibt es dann noch die Anforderung, die Kriterien, Klassen, Stufen und Regeln so zu gestalten, dass bei wiederholter Durchführung der Risikobeurteilung identische, zumindest aber vergleichbare Ergebnisse erzielt werden. Dieser Punkt ist allerdings schwierig umzusetzen: Es geht nicht zuletzt auch um die Qualifikation und Erfahrung der eingesetzten Analysten und ihren Zugang zu sicherheitsrelevanten Informationen – Punkte, die z. B. im Rahmen der Awareness-Programme Berücksichtigung finden könnten.

Alle Kriterien, Klassen, Stufen und Regeln sind zu dokumentieren (letzter Satz aus dem fraglichen Normtext) und durch die oberste Leitung der Organisation offiziell in Kraft zu setzen.

Im Normpunkt a) wird noch das Aufrechterhalten angesprochen: Die festgelegten Kriterien, Klassen, Stufen und Regeln sind periodisch auf Sinnhaftigkeit, Anwendbarkeit und Eignung für die Organisation zu überprüfen und ggf. anzupassen.

Man erkennt, dass das Management der Kriterien zur Risikobeurteilung einen wichtigen Teilprozess innerhalb des ISMS darstellt.

Nochmal zur Sicherheit: Die Anforderungen der Norm an dieser Stelle sind nicht so zu verstehen, dass die Risikobeurteilung für die Organisation bereits *durchgeführt* werden muss – vielmehr geht es darum, ein entsprechendes Verfahren zu definieren, bekanntzugeben und in Kraft zu setzen. Die praktische Anwendung wird erst in NK 8 gefordert.

Abschn. 6.1(3) – Maßnahmen zum Umgang mit Risiken und Chancen – Risikobehandlung

Ähnlich wie im vorherigen Normabschnitt geht es auch hier um das *Verfahren* der Risikobehandlung, das zu entwerfen, bekanntzugeben ist und schlussendlich in Kraft gesetzt werden muss.

Die Anforderungen an ein solches Verfahren werden genannt: Zunächst wird eine Aufteilung der Risikobehandlung in Optionen (Anforderung a) und Maßnahmen (Anforderung b) vorgenommen.

Das Verfahren soll so aussehen, dass zunächst für jedes ermittelte Risiko eine grundsätzliche Option zur Behandlung ausgewählt wird. Typische Beispiele dafür sind:

- Akzeptanz des Risikos ohne weitere Maßnahmen
- Beseitigung des Risikos z. B. durch Abändern oder Einstellen des betreffenden Geschäftsprozesses
- Verlagerung des Risikos auf einen Dienstleister
- Absichern des Risikos durch eine Versicherung
- Reduktion des Risikos durch Wahl geeigneter Maßnahmen

Optionen, die eine Organisation als grundsätzlich nutzbar ansieht, sind festzulegen und zu beschreiben. Dabei kann es durchaus vorkommen, dass – z. B. wegen Sicherheitsbedenken –

bestimmte Optionen nicht angewendet werden sollen, etwa die Nutzung von kommerziell angebotenen Cloud Services (Fall „Verlagerung des Risikos auf einen Dienstleister").

Im Übrigen sei nochmal darauf hingewiesen, dass man zwar operationelle Risiken an einen Dienstleister verlagern kann, aber die Gesamtverantwortung für die Risiken dabei nicht an den Dienstleister übergeht, sondern bei der eigenen Organisation verbleibt.

Der zweite Verfahrensschritt besteht darin, die zur Umsetzung einer Option notwendigen vertraglichen, organisatorischen, personellen, technischen und sonstigen Maßnahmen auszuwählen und festzulegen. Hier kann es Präferenzen für bestimmte Maßnahmenarten, Ausschlüsse bestimmter Maßnahmengruppen, Anforderungen an die Benutzerfreundlichkeit oder die Komplexität usw. geben. Solche bei der Maßnahmenauswahl zu beachtende Vorgaben sind Teil des zweiten Verfahrensschrittes und sind entsprechend zu dokumentieren.

Jede Organisation kann die einzelnen Maßnahmen nach eigenem Ermessen festlegen. Dabei können die ISO 27002 [2], das Grundschutz-Kompendium des BSI [5], Branchen-Kataloge (z. B. im Zusammenhang mit dem neuen IT-Sicherheitsgesetz [4]) oder andere Quellen zu Rate gezogen werden.

Eine Sonderstellung hat der Anhang A der ISO 27001 mit seiner umfassenden Liste von Controls: Normpunkt c) verlangt, dass bei der Maßnahmenauswahl ein Vergleich mit den Controls aus Anhang A zu erfolgen hat, um keine wichtigen Aspekte und Maßnahmen zu übersehen. In der Praxis könnte das so erfolgen, dass in einer Tabelle für jedes Control die vorhandenen bzw. geplanten Maßnahmen eingetragen werden. Dabei sind Entscheidungen, was umgesetzt oder nicht umgesetzt wird, oder dass einzelne Controls nicht anwendbar sind, entsprechend zu begründen. Dieses Vorgehen ist streng genommen für jedes Asset bzw. jede Gruppe gleichartiger Assets anzuwenden. Auf diese Weise entsteht eine umfassende Tabelle von Controls, Optionen und Maßnahmen, die Statement of Applicability (SoA) genannt wird und als *Erklärung zur Anwendbarkeit* übersetzt wurde. Diese Tabelle ist mit den Asset Ownern bzw. Risk Ownern zu erarbeiten. Dieser Verfahrensschritt entspricht dem Normpunkt d).

Normalerweise wird anschließend die Risikobeurteilung erneut durchgeführt, und zwar unter der Annahme, dass alle vorgesehenen Maßnahmen umsetzt sind. Im Ergebnis erhält man die verbleibenden Risiken nach Maßnahmenumsetzung. Nun stellt sich die Frage, ob diese verbleibenden Risiken ausreichend niedrig sind, um akzeptiert zu werden – oder weitere Maßnahmen erforderlich werden. Man erkennt: Hier sind eventuell „mehrere Runden zu drehen". Hat man die Akzeptanz aller verbleibenden Risiken erreicht, liegt der Organisation im Ergebnis ein umfassender Plan zur Behandlung der Risiken vor: der *Risikobehandlungsplan*. Dieser Plan ist nach Mitzeichnung durch die Asset Owner bzw. Risk Owner der obersten Leitung zur Genehmigung vorzulegen. Damit sind die Normpunkt e) und f) abgedeckt.

Das zuvor skizzierte Verfahren der Risikobehandlung ist nicht das einzig mögliche – man ist auch an dieser Stelle frei, anders vorzugehen, muss aber dann die Erfüllung der Normpunkte a) bis f) nachweisen. Grundsätzlich ist das gewählte Verfahren der Risikobehandlung zu dokumentieren.

Auch hier nochmal der Hinweis: Die praktische Anwendung des Verfahrens ist erst Gegenstand in NK 8.

NA 6.2 – Informationssicherheitsziele und Planung zu deren Erreichung

Die Umsetzung aller Optionen und Maßnahmen wird selten zentral erfolgen, sondern an die jeweils sachlich Zuständigen delegiert werden. Dabei kann es sich um Rollen (Funktionen, Beauftragte) oder Organisationseinheiten handeln. Ausgehend von den Sicherheitszielen für die Organisation (z. B. aus der Sicherheitsleitlinie) können jeder Rolle und Hierarchie-Ebene spezifische Sicherheitsziele zugewiesen und vermittelt werden; vielleicht lässt sich die Zielerreichung sogar in irgendeiner Weise messen. Analog lassen sich Anforderungen, Risiken und vorgesehene Optionen und Maßnahmen der Risikobehandlung auf die jeweilige Rolle bzw. Ebene der Organisation herunterbrechen. Dabei ist es wichtig, jede Rolle bzw. Ebene präzise und förmlich mit der Umsetzung zu beauftragen, und zwar unter Nennung der Ziele und Maßnahmen, der zur Verfügung stehenden Ressourcen, entsprechender Terminvorgaben usw. Die entsprechenden (schriftlichen) Aufträge sind aufzubewahren und kommen bei der späteren Prüfung bzw. Bewertung der Ergebnisse wieder zum Einsatz.

Das gleiche Verfahren ist anzuwenden, wenn Vorgaben, Risiken, Optionen oder Maßnahmen geändert werden.

Im Grunde geht es hier also um den Umsetzungsplan und die dezentrale Verantwortung bei seiner Realisierung.

2.4   Unterstützung (NK 7)

Dieses NK behandelt unterstützende Elemente und Ressourcen für das ISMS.

NA 7.1 – Ressourcen

NA 7.1 richtet sich zunächst an die oberste Leitung, die ausreichende Ressourcen bereitstellen muss, um das ISMS einrichten, betreiben, überprüfen und verbessern zu können – vorausgesetzt, man möchte mit der ISO 27001 übereinstimmen. Man beachte, dass sich hinter dieser Forderung zwei Aspekte „verbergen":

- Zunächst müssen die erforderlichen Ressourcen für das ISMS (Personal, Prozesse, Expertisen, Aus- und Fortbildung, Test- und Überprüfungsverfahren) bereitgestellt werden – und zwar für dessen Lebenszyklus (PDCA). Diese Ressourcen lassen sich bereits in der Planungsphase des ISMS abschätzen.
- Weiterhin sind diejenigen Ressourcen zu betrachten, welche zur Umsetzung des Risikobehandlungsplans, also der im SoA dokumentierten und bisher nicht umgesetzten Maßnahmen erforderlich sind. Die Schätzung von Aufwand und Kosten erfolgt nach Fertigstellung des SoA und sollte mit diesem zur Genehmigung vorgelegt werden.

Zu den Ressourcen zählen Personal, Wissen/Expertisen, Organisationsmittel, Infrastruktur/Technik. Das Budget muss auch Expertise, Aus- und Fortbildung, Tests und Audits einschließen – insbesondere, wenn hierbei externe Unterstützung in Betracht gezogen wird.

NA 7.2 – Kompetenz

Kurz und knapp: Wer für die Organisation sicherheitsrelevante Tätigkeiten durchführt, muss über eine entsprechende Kompetenz (Wissen, Erfahrung und Übung) verfügen. Insoweit wird gefordert,

- zunächst für jede sicherheitsrelevante Tätigkeit die erforderlichen Kompetenzen zu bestimmen und zu dokumentieren (Normpunkt a),
- vorgesehenes Personal im Hinblick auf diese Kompetenzen zu überprüfen (Normpunkt b)
- und – wenn vorhandene Kompetenzen nicht ausreichend sind – entsprechend für die gewünschte Erhöhung zu sorgen (Normpunkt c).

Letzteres kann über Schulungen, Lehrgänge und Trainingsmaßnahmen, Coaching und Beratung erfolgen. Sollten solche Maßnahmen aus irgendwelchen Gründen nicht zum Ziel führen, muss ggf. anderes Personal eingesetzt oder sogar externes Personal beauftragt werden.

Diese kompetenzsichernden Maßnahmen sind stets in Bezug auf ihre Wirksamkeit hin zu bewerten: am besten durch einen einfachen Abgleich der Kompetenzen vor und nach den Maßnahmen. Die Bewertung muss erkennen lassen, dass die erforderlichen Kompetenzen erreicht worden sind.

Für alle Personen mit sicherheitsrelevanten Tätigkeiten sollen Nachweise über die vorhandenen Kompetenzen (Normpunkt d) archiviert werden: Ausbildungsabschlüsse/Zeugnisse, Teilnahmebescheinigungen an Veranstaltungen und Seminaren, Aufzeichnungen über bisherige berufliche Tätigkeiten, Projekterfahrungen usw.

NA 7.3 – Bewusstsein

Diese Anforderung besagt, dass jede für die Organisation oder im Auftrag der Organisation tätige Person die geltende Sicherheitsleitlinie und die eigene Verantwortung für die Informationssicherheit kennen muss. Zur eigenen Verantwortlichkeit gehört auch die Einhaltung von Richtlinien, falls solche für die in Frage kommenden Tätigkeiten existieren.

Die Organisation ist hier gefragt, über Briefings, Veranstaltungen, Computer- oder Web-based Training für ausreichende Information zu sorgen und das Bewusstsein entsprechend zu schärfen. Insbesondere sind Leit- und Richtlinien der Organisation geeignet zu vermitteln. Der Aufbau und Betrieb einer Info-Börse mit wichtigen Sicherheitsinformationen, Berichten über Vorkommnisse und anstehende Audits, Schulungs- und Trainingsangeboten können ebenfalls zum Sicherheitsbewusstsein beitragen.

Zum Sicherheitsbewusstsein zählt auch die Kenntnis der Folgen für die Organisation und die eigene Person, wenn Vorgaben nicht eingehalten werden. Hierunter fallen Auflagen hinsichtlich ergänzender Trainingsmaßnahmen, Disziplinar- und Abmahnverfahren, Vertragsstrafen (bei externem Personal) usw.

Abschn. 7.4 – Kommunikation
Dieser Abschnitt erscheint auf den ersten Blick ein wenig seltsam. Gehen wir schrittweise vor: Gegenstand der hier gemeinten Kommunikation ist das ISMS einer Organisation. In Bezug darauf gibt es eine Reihe von Kommunikationsbeziehungen, z. B. zwischen Sicherheitsmanagement und oberster Leitung, Prozess-Verantwortlichen, Datenschutz- und Compliance-Beauftragten, aber auch mit Kunden und eingesetzten Dienstleistern, Meldestellen, Aufsichtsbehörden, Presse. Wo dies notwendig ist oder geboten erscheint, sollen solche Kommunikationsbeziehungen formal etabliert werden. Wo eine Kommunikation unerwünscht oder unzulässig ist, muss sie dagegen entsprechend untersagt oder zumindest einem Genehmigungsvorbehalt unterworfen sein.

Untersagt oder zumindest eingeschränkt werden kann z. B. die Kommunikation über Sicherheitsvorkommnisse mit Außenstehenden (z. B. der Presse).

Im Detail soll festgelegt werden, wer mit wem kommuniziert bzw. kommunizieren darf, über welche Themen und zu welchen Anlässen dies geschieht und wie, d. h. in welcher Form die Kommunikation zu erfolgen hat. Anlässe können sich z. B. durch besondere Vorkommnisse, durch geänderte Vorgaben, anstehende Audits, neue Maßnahmen und Richtlinien ergeben.

Typische Formen der Kommunikation sind folgende:

- Einseitige, gezielte Informationsweitergabe (z. B. Bericht des Sicherheitsmanagements an die oberste Leitung; Meldung von Vorkommnissen an eine Aufsichtsbehörde oder an Kunden)
- Breit gestreute Informationsweitergabe (z. B. durch Veröffentlichung von Sicherheitsinformationen auf einem Web-Server)
- Beteiligungs- und Mitzeichnungsverfahren (etwa bei der Abstimmung eines Sicherheitskonzeptes, der Verabschiedung einer Leitlinie)
- Informationseinholung (bspw. Interviews von Prozess-Verantwortlichen durch das Sicherheitsmanagement, die Abfrage von CERT-Informationen, die Einbeziehung von Berater-Know-how)

Am besten geht man so vor, dass man eine Tabelle mit den Kommunikationsbeziehungen erstellt und den Gegenstand, die Kommunikationspartner, den jeweiligen Anlass und die Art der Kommunikation einträgt. Diese Tabelle wird anfänglich eher einen geringen Umfang haben, aber im Laufe der Zeit anwachsen.

NA 7.5(1) – Dokumentierte Information – Allgemeines
Was meint *dokumentierte Information*? Die Norm versteht hierunter jede schriftlich, d. h. in lesbarer Form, vorliegende Information – unabhängig von der Art des Datenträgers.

Beim Normpunkt a) geht es um dokumentierte Information, die von der ISO 27001 explizit gefordert wird – vor allem die Rollen- und Prozessbeschreibungen, Leitlinien, Konzepte (Risikobeurteilung und Risikobehandlung, SoA), Richtlinien und ggf. Arbeitsanweisungen.

Unter b) ist die Information gemeint, aus der sich die Wirksamkeit des ISMS ableiten lässt: Das sind in aller Regel Aufzeichnungen und darauf basierende Auswertungen. Wir nennen einige Stichwörter:

- Daten über (sicherheitsrelevante) Ereignisse und Vorkommnisse – z. B. in Form von Tickets von Incident Management-Systemen
- Berichte über Tests, Audits, Prüf- und Überwachungsaktivitäten
- Protokolle der Zugangskontrolle (Zutritt, Zugriff, Nutzung), Protokolle von Firewalls, Routern oder IDS/IPS-Systemen
- Besprechungsprotokolle, Nachweise über Awareness-Maßnahmen, Besucherlisten

Dabei spielt es keine Rolle, ob es sich um automatisiert oder manuell erstellte Aufzeichnungen handelt.

Die Organisation ist gemäß der ISO 27001 verpflichtet, solche dokumentierten Informationen im Rahmen ihres ISMS zu erstellen bzw. zu erfassen und für Auswertungen verfügbar zu machen.

NA 7.5(2) – Dokumentierte Information – Erstellen und Aktualisieren
Dieser Abschnitt behandelt die einfachsten Anforderungen an ein Dokumentenmanagement, nämlich die

- genaue Kennzeichnung von Dokumenten (Ersteller, Datum, Version, Änderungsgrund etc.),
- Auswahl eines geeigneten Formats (Text, Grafik, Audio/Video) und Mediums (Papier oder andere Datenträger) für die Informationsspeicherung.

Bei Format und Medium ist ggf. auch das Problem der Langzeit-Archivierung der Informationen zu berücksichtigen. Dabei sind auch Typ und Version der Bearbeitungssoftware und des genutzten Betriebssystems aufzuzeichnen.

Diese Vorgaben gelten bei der Erstellung, aber auch jeder weiteren Änderung von Dokumenten.

Im folgenden NA 7.5(3) wird ausdrücklich erwähnt, dass diese Vorgaben auch dann anzuwenden sind, wenn es sich um für das ISMS relevante Informationen *externer* Herkunft handelt.

NA 7.5(3) – Dokumentierte Information – Lenkung dokumentierter Information
Hier wird die *Lenkung von Informationen* behandelt, d. h.

- die Sicherstellung der Verfügbarkeit der Informationen überall dort, wo sie benötigt werden, und zu jedem beabsichtigten Zeitpunkt,
- die Sicherstellung der Eignung der Informationen für die jeweiligen Adressaten,
- der Schutz vor unbefugtem Zugang und vor Verlust,
- die Kontrolle über Änderungen.

Um diese Ziele zu erreichen, muss die Organisation entsprechende Verfahren und Maßnahmen einrichten.

Um die Verfügbarkeit zu gewährleisten, muss die Information verteilt werden bzw. auffindbar sein, d. h. an bekannter Stelle zugreifbar sein.

Die Eignung erreicht man durch eine zielgruppen- bzw. zweckorientierte Darstellung in Verbindung mit einem Feedback- und Überarbeitungsprozess.

Beim Schutz kommen die bekannten technischen Sicherheitsmaßnahmen (Verschlüsselung, Zugriffsschutz, Entdeckung von Integritätsverlust, Backup- und Archivverfahren) zum Tragen. Speziell beim Zugriffsschutz ist ggf. nach lesendem und schreibendem Zugriff zu unterscheiden. Dokumentierte Informationen im Zusammenhang mit IT-Systemen (Manuale, Software, Konfigurationsdaten, Netzpläne, Protokolldaten) sind besonders schutzbedürftig und dürfen eher nicht für die Allgemeinheit zugänglich sein.

Im Rahmen der Änderungskontrolle von dokumentierter Information ist auf eine Genehmigung bzw. Freigabe von Änderungen, die Erstellung einer Versionshistorie und ausreichend intensiven Review-Verfahren (vor Freigabe) abzustellen.

2.5   Betrieb (NK 8)

Nachdem die Anforderungen aus NA 4.2 erfüllt und die Verfahren aus NK 6 etabliert worden sind, geht es jetzt um deren Anwendung auf die Organisation, d. h. um die tatsächliche

- Erfüllung der relevanten (gesetzlichen, vertraglichen und anderen) Vorgaben mit den dafür geplanten Maßnahmen,
- Durchführung der Risikobeurteilung (Risikoidentifizierung, -analyse und -bewertung) für die eigene Organisation,
- Durchführung der Risikobehandlung (mit Optionen und Maßnahmen) und Akzeptanz der verbleibenden Risiken,
- (dezentrale) Umsetzung aller Optionen und Maßnahmen aus der Risikobehandlung.

NA 8.1 – Betriebliche Planung und Steuerung
Die aufgezählten Realisierungsschritte sind terminlich, personell, finanziell und andere Ressourcen betreffend zu planen und dann dementsprechend auszuführen.

Dabei sind Aufzeichnungen über die Abarbeitung der Pläne, benötigte Ressourcen, Budgeteinhaltung oder -überschreitung, Schwierigkeiten und Probleme bei der Umsetzung anzufertigen und aufzubewahren. Hiermit lassen sich unter anderem die Einhaltung der Pläne und der Bedarf an Nachbesserungen und Korrekturen belegen.

Die gleichen Planungs- und Kontrollschritte sind erforderlich, wenn geplante Änderungen an Vorgaben anstehen oder die Risikobetrachtung, bestimmte Optionen oder Maßnahmen geändert werden sollen. Sind unvorhersehbare (ungeplante) Änderungen eingetreten und mussten sofort umgesetzt werden, ist *nachträglich* zumindest eine Analyse der Auswirkungen vorzunehmen; wenn dies noch möglich ist, sind schadenmindernde Maßnahmen zu ergreifen.

Ein Punkt findet besondere Beachtung: Bei ausgelagerten Prozessen und Prozessanteilen wird in der Praxis meist alles auf den Dienstleister abgewälzt – die ISO 27001 legt Wert darauf, dass die gleiche Planung und Kontrolle wie bei eigenen Prozessen angewendet wird.

NA 8.2 – Risikobeurteilung

Im NA 8.2 geht es um Anlässe und Zeitpläne für die Risikobeurteilung. Zunächst muss es eine grundsätzliche Regel bzw. einen Plan geben (z. B. Durchführung einmal jährlich). Darüber hinaus muss die Risikobeurteilung bei (sicherheits)erheblichen Änderungen wiederholt werden – wenn möglich schon bei der Planung der Änderungen.

Die Durchführung der Risikobeurteilung (Anlass, Termin) und ihre Ergebnisse sind aufzuzeichnen. Die Unterlagen sind zu archivieren.

NA 8.3 – Risikobehandlung

Hier geht es analog um das Verfahren der Risikobehandlung, das ja stets nachrangig zur Risikobeurteilung zu durchlaufen ist und somit den gleichen Planungs- und Aufzeichnungsregeln unterliegt.

2.6   Bewertung der Leistung (NK 9)

Im NK 9 geht es um die Bewertung der vorhandenen Sicherheit und der Wirksamkeit des ISMS. Dabei wird auf drei Ebenen „gearbeitet":

- Ebene 1 – Überwachung, Messung, Analyse und Bewertung durch die für die Sicherheit zuständigen Stellen bzw. Rollen der Organisation (NA 9.1)
- Ebene 2 – Überprüfung und Bewertung der Sicherheit durch eine von der operativen Sicherheit unabhängigen Stelle (internes Audit) (NA 9.2)
- Ebene 3 – Bewertung des ISMS durch die oberste Leitung (NA 9.3)

NA 9.1 – Überwachung, Messung, Analyse und Bewertung
Diese Anforderung besteht aus zwei Arbeitstakten: Für die Sicherheit der Organisation und die Wirksamkeit ihres ISMS sind relevante Daten

- durch Überwachung und Messung zu erfassen und
- dann zu analysieren und zu bewerten.

Wir erschließen uns diese Punkte durch einige zentrale Fragen (und Antworten).

Was muss überwacht oder gemessen werden (Normpunkt a)? Die Organisation kann nach eigenem Ermessen festlegen, welche Sachverhalte bzw. Parameter sie überwachen und messen will, soweit man damit die Sicherheit der Organisation und die Wirksamkeit des ISMS analysieren und bewerten kann. Im Kap. 4 geben wir einige Beispiele.

Welche Methode wird für die Überwachung bzw. Messung jeweils eingesetzt (Normpunkt b)? Auch hier kann sich die Organisation nach eigenem Ermessen für bestimmte Überwachungs- bzw. Messmethoden entscheiden. Je nach Gegenstand der Überwachung bzw. Messung können unterschiedliche Methoden zum Einsatz kommen – es ist allerdings darauf zu achten, dass die Methoden zu aussagekräftigen und vergleichbaren Daten führen. Weiterhin muss jede eingesetzte Methode bei *wiederholter Durchführung* zu möglichst gleichen Resultaten führen, die erfassten Daten müssen reproduzierbar sein. Dies verbietet z. B. eine „Messung" allein durch subjektive Wahrnehmung einer einzelnen Person. Die Idee ist vielmehr, objektive Methoden einzusetzen, also z. B. technische Größen durch Messgeräte, besondere Messanordnungen und anderweitige Datenerfassung zu messen (Monitoring) oder für Management-Aspekte einen spezifischen Prüf- oder Fragenkatalog abzuarbeiten. Dieser könnte Ortsbegehungen, Inspektionen von technischen Gegebenheiten (z. B. von Log-Files) und Interviews von Personal beinhalten. Eine weitere Variante besteht darin, „Messungen" im Stil der ISO 27004 [3] durchzuführen – wir behandeln diesen Punkt und die Verwendung entsprechender Templates im Kap. 4 dieses Buches.

Wann und durch wen erfolgt die Überwachung? Beim Monitoring werden Daten oft kontinuierlich oder in kurzen regelmäßigen Abständen gemessen und aufgezeichnet. Bei der Überwachung von Management-Aspekten geht es mehr um punktuelle Datenerhebungen in bestimmten – meist längeren – Abständen. Sobald feststeht, was, wie und wann überwacht bzw. gemessen werden soll, muss festgelegt werden, in wessen Verantwortung dies zu erfolgen hat, d. h. die Aufgaben sind Rollen oder Personen zuzuweisen, die sich dann entsprechender Prüfeinrichtungen und Prüfmittel bedienen können. Eine grundsätzliche Anforderung besteht in der Aufzeichnung aller Aktivitäten und Ergebnisse; die Aufzeichnungen sind zu archivieren und gelten als Nachweis der Normerfüllung.

Wann und durch wen erfolgt die Analyse und Bewertung der Ergebnisse? Wie häufig bzw. zu welchen Anlässen die Analyse und Bewertung zwischenzeitlich erfasster Daten erfolgen soll, hat die Organisation festzulegen, und zwar unabhängig von den Terminen bzw. Intervallen der Überprüfung bzw. Messung. Eine Bewertung im Hinblick auf die Sicherheit der Organisation und Wirksamkeit des ISMS wird man z. B. einmal im Quartal oder auch nur einmal jährlich durchführen. Engere Abstände sind vor allem bei häufigen Änderungen (der Geschäftstätigkeit und Rahmenbedingungen, des ISMS und der Sicherheitsmaßnahmen) sinnvoll.

Analyse und Bewertung müssen immer in schriftlicher Form (z. B. in einem Bericht) erfolgen, um verwertbar zu sein und dieser Norm zu genügen.

Hinsichtlich des Personals ist es ein guter Ansatz, eine Trennung vorzusehen: Für die Überwachung/Messung sollten andere Personen zuständig sein als für die Analyse/Bewertung. Dabei ist zu organisieren, wie die Überwachungs-/Messdaten an das Personal für die Analyse/Bewertung weitergeleitet, Analyse-/Bewertungsergebnisse an höhere Hierarchiestufen kommuniziert werden müssen.

NA 9.2 – Internes Audit

NA 9.2 verlangt die Planung, Umsetzung und regelmäßige Durchführung von internen Audits.

Was die Objektivität der Durchführung und die Reproduzierbarkeit der Ergebnisse, sowie die erforderlichen Aufzeichnungen anbetrifft, gelten die gleichen Vorgaben wie im NA 9.1. Neu hinzu kommt allerdings der Aspekt der Unparteilichkeit bzw. Unabhängigkeit: Interne Audits sollen von unabhängigen Auditoren durchgeführt werden, d. h. in aller Regel, dass diese nicht selbst operativ in der Sicherheit bzw. im ISMS tätig sein sollten. Insofern kämen Revisoren, Mitarbeiter anderer Organisationsbereiche oder auch Beauftragte für andere Themen (z. B. ein QM-Beauftragter) in Frage. Es könnte auch der Einsatz externer Auditoren erwogen werden.

Diese Audits sind punktuelle, allerdings regelmäßig und anlassbedingt zu wiederholende Prüfungen. Die diesbezüglichen Ausführungen zum NA 9.1 gelten auch hier sinngemäß.

Was ist nun der Gegenstand dieser Audits? Es soll überprüft werden, ob das ISMS entsprechend der Planung eingerichtet wurde, auftragsgemäß arbeitet, wirksam ist und die Vorgaben der ISO 27001 einhält.

Zur Bewältigung dieser Aufgaben soll die Organisation ein Auditprogramm aufsetzen, in dem ggf. unterschiedliche Audits vorgesehen, ihr Gegenstand, ihre Häufigkeit, das zuständige Personal sowie die Art der Dokumentation und Berichterstattung festgelegt sind.

Jedes Audit ist terminlich, inhaltlich und vom Ablauf her zu planen (Auditplan), der tatsächliche Ablauf, die Feststellungen und Ergebnisse sind zu dokumentieren (Auditbericht). Im Auditbericht sind insbesondere festgestellte Defizite aufzuführen und zu bewerten, falls erforderlich sind Korrekturmaßnahmen vorzusehen und zu terminieren; ihre Umsetzung ist im Nachgang nachzuweisen.

Zum komplexen Thema der effektiven Planung und Durchführung von Audits geben wir Hinweise im Kap. 5 dieses Buches.

NA 9.3 – Managementbewertung

Die oberste Leitung muss das ISMS regelmäßig bewerten und ggf. Entscheidungen über mögliche Verbesserungen und notwendige Veränderungen treffen. Das Ziel der Managementbewertung ist, die Eignung, Angemessenheit und Wirksamkeit des ISMS zu bewerten und aufrechtzuerhalten.

Alle hiermit verbundenen Aktivitäten können delegiert werden (z. B. an Sicherheitspersonal).

Bei der Erledigung dieser Aufgabe sind natürlich entsprechende schriftliche Nachweise erforderlich, die z. B. in Form eines Bewertungsberichts zusammengeführt werden. Dieser muss in der finalen Fassung die Unterschrift der obersten Leitung tragen, die damit ihrer Kontrollaufgabe nachkommt.

NA 9.3 macht ziemlich präzise Vorgaben über den Inhalt der Managementbewertung bzw. eines solchen Berichtes:

- Zunächst ist zu klären (Normpunkt a), welchen Status Aufträge aus früheren Managementbewertungen haben. Sind sie als erledigt zu betrachten und korrekt umgesetzt worden? Oder gibt es noch Lücken – und was sind ggf. die Ursachen? Im Ergebnis könnten Termine gesetzt, ggf. Prioritäten geändert, fehlende Ressourcen bewilligt werden; es kann auch ein Auftrag als obsolet erkannt und zurückgezogen werden.
- Wichtige Änderungen am geschäftlichen Kontext[1] oder an organisationseigenen Vorgaben müssen dargestellt werden (Normpunkt b), soweit sie Auswirkungen auf das ISMS haben können.
- Im Normpunkt c) wird gefordert, alle Erkenntnisse („Rückmeldungen") über die Sicherheit einzubeziehen: Dies könnte Abweichungen von den Vorgaben der ISO 27001 bzw. eine unzureichende Behebung derselben, Ergebnisse von Überwachungen, Messungen und Audits betreffen – natürlich auch Informationen über vorhandene Schwachstellen und Risiken, die Behandlung derselben (Normpunkt e), sowie eingetretene Sicherheitsvorfälle.
- Hierbei sind nicht nur eigene Erkenntnisse, sondern auch Rückmeldungen interessierter Parteien – insbesondere von Aufsichtsbehörden, Kunden und Dienstleistern – zu berücksichtigen (Normpunkt d).

Eine Aus- und Bewertung dieser Erkenntnisse führt entweder zu einer Art Freizeichnung („Weiter so!") oder zu einer Liste geplanter Änderungen und Verbesserungen am ISMS und an den Sicherheitsmaßnahmen. Wichtig ist, für die geplanten Änderungen Termine vorzugeben und die notwendigen Ressourcen zeitgerecht zur Verfügung zu stellen –

---

[1] S. die Erläuterungen zum NK 4.

andernfalls verfehlt die Managementbewertung ihren Zweck, insbesondere wird es nicht zu einer fortlaufenden Verbesserung (Normpunkt f) kommen.

2.7   Verbesserung (NK 10)

Im NK 10 geht es zunächst um das Problem der Nicht-Konformität des ISMS zu den Anforderungen der ISO 27001. Eine solche Abweichung kann zufällig bekannt werden, durch eine Überprüfung (z. B. im Rahmen eines internen Audits) gezielt festgestellt worden sein oder Dritten aufgefallen sein.

NA 10.1 – Nichtkonformität und Korrekturmaßnahmen

Die wichtigste Anforderung lautet, sich mit einer Abweichung (sofort) auseinanderzusetzen: Es ist zu überlegen, ob eine detailliertere Überwachung erforderlich ist (um den Sachverhalt genauer zu erfassen), welche Korrekturmaßnahmen eingesetzt werden können, ob bis zur Umsetzung ggf. Nachteile für die Organisation entstehen könnten und wie damit umzugehen ist (Normpunkt a).

Der Normpunkt b verlangt eine Bewertung von möglichen Maßnahmen zur Beseitigung der Ursachen einer Abweichung. Dazu soll sie genauer überprüft, eine Ursachenermittlung (wie konnte es dazu kommen) durchgeführt, sowie eine Analyse vorgenommen werden, ob die Abweichung auch an anderer Stelle vorhanden ist oder in ähnlicher Form nochmal auftreten kann.

Für alle Maßnahmen gilt: Sie müssen gegenüber den negativen Folgen einer fortbestehenden Abweichung angemessen sein: Abweichungen mit kleinen Folgen sollen nicht zu Maßnahmen z. B. mit hohen Kosten führen.

Die Normpunkte c, d, e verlangen, dass die vorgesehenen Maßnahmen umgesetzt und in ihrer Wirksamkeit überprüft werden. Möglicherweise sind dafür auch Änderungen am ISMS und seinen Prozessen erforderlich.

Wie üblich ist auch hier wieder alles zu dokumentieren bzw. aufzuzeichnen: die Abweichung selbst, ihre Ursachen und ihre Behandlung, die Überprüfung der Wirksamkeit der getroffenen Maßnahmen.

NA 10.2 – Fortlaufende Verbesserung

In vielen vorausgehenden Abschnitten der Norm war schon die Rede von der fortlaufenden bzw. kontinuierlichen Verbesserung der Sicherheit und des ISMS einer Organisation. In diesem letzten Normabschnitt 10.2 geht es um eine Art Zusammenfassung: Bei einer Organisation muss die fortlaufende Verbesserung der Eignung, der Angemessenheit und der Wirksamkeit des ISMS erkennbar sein.

Die *Eignung* ist gegeben, sobald das ISMS mit seinem Personal, seinen Verfahren und Maßnahmen in der Lage ist, die Informationssicherheit zielgerichtet zu steuern und zu beeinflussen. Besteht das ISMS beispielsweise nur aus einem einzigen IT-Sicherheitsbeauftragten, dem die Aufgabe nur pro forma zugewiesen wurde, der aber über keine Entscheidungsmöglichkeiten oder Ressourcen verfügt, ist die Eignung sicher nicht gegeben. Haben wir ein ISMS, dessen Anwendungsbereich zwar das ganze Unternehmen umfasst, das sich aber nur mit der IT-Abteilung beschäftigt, kann es die Steuerung der Informationssicherheit nur partiell wahrnehmen – auch hier wäre eine Eignung nicht gegeben. Die gleiche Situation liegt vor, wenn ein ISMS z. B. über kein Verfahren der Lenkung dokumentierter Informationen verfügt.

Die *Wirksamkeit* eines ISMS bezieht sich immer auf die internen/externen Vorgaben zur Informationssicherheit und die Sicherheitsziele der Organisation. Das ISMS ist als wirksam anzusehen, wenn es nach einer gewissen Anlaufzeit die Vorgaben erfüllen und die Sicherheitsziele erreichen kann und diese Situation danach fortlaufend aufrechterhält.

Schwieriger ist das Thema der *Angemessenheit*: Geht es bei einer größeren Organisation um Informationswerte (Assets), bei denen Verluste katastrophale Auswirkungen haben können, wäre ein Minimalansatz für ein ISMS (ein Sicherheitsbeauftragter mit wenigen Verfahren und Steuerungsmöglichkeiten) sicher nicht angemessen. Existieren dagegen kaum Informationswerte mit hohen und höchsten Risiken, wäre ein ISMS mit viel Personal, Ressourcen und hohem Organisationsgrad eher als überzogen und damit ebenfalls als nicht angemessen anzusehen.

Die geschilderten Negativ-Beispiele haben zweifelsfrei Verbesserungspotenzial – hier muss z. B. für einen Auditor erkennbar sein, dass die Organisation reagiert und eine Verbesserung plant und diese Planung sukzessive umsetzt. Passiert trotz Kenntnis der Lage nichts, sind die Anforderungen des Normabschnitts 10.2 nicht erfüllt – ebenso wenig, wenn zwar eine Planung existiert, diese aber nicht in der geplanten Zeit umgesetzt wird.

2.8   Checkliste

Die Checkliste in der Tab. 2.1 gibt einen Überblick über die ISMS-Anforderungen; man kann damit den Umsetzungsgrad grob erfassen kann.

Fazit

Man erkennt in der Rückschau, dass die Anforderungen aus dem Hauptteil der ISO 27001 meist Dinge betreffen, die man ohnehin in einer Organisation umgesetzt hat. Neu ist an vielen Stellen sicherlich, dass diese Elemente explizit benannt, dokumentiert und nachprüfbar sein müssen. Einiges dürfte allerdings auch neu sein – z. B. die Vorgaben aus NK 9 und NK 10.

Falls man mit der Umsetzung bei Null startet, dürfte die Einrichtung eines entsprechenden ISMS einen nicht unerheblichen Aufwand zur Folge haben. Insofern gilt: Alles verwenden und einordnen, was bereits an anderer Stelle existiert!

Tab. 2.1 Checkliste ISMS-Anforderungen

Abschnitt	Gegenstand	erledigt	teilweise	fehlt
4.1–4.2	Geschäftlichen Kontext ermitteln und aufbereiten	□	□	□
4.3	Scope des ISMS festlegen, Schnittstellen klären	□	□	□
4.4	ISMS umsetzen	□	□	□
5.1	Führung und Engagement: Etablieren	□	□	□
5.2	Adäquate Leitlinie erstellen, in Kraft setzen	□	□	□
5.3	Organisation, Zuständigkeiten und Befugnisse festlegen, Rollen besetzen	□	□	□
6.1	Verfahren der Risikobeurteilung und -behandlung festlegen/ dokumentieren	□	□	□
6.2	Umsetzung planen	□	□	□
7.1–7.3	Leitungsaufgaben: Ressourcen, Kompetenzen, Kommunikation	□	□	□
7.4	„Dokumentierte Informationen" planen	□	□	□
7.5	Awareness-Programme planen	□	□	□
8	Risikobeurteilung und -behandlung durchführen, Maßnahmen umsetzen	□	□	□
9.1	Überwachung, Messung und Auswertung aufsetzen	□	□	□
9.2	Interne Audits planen	□	□	□
9.3	Managementbewertung aufsetzen	□	□	□
10	Prozess der kontinuierlichen Verbesserung einrichten	□	□	□

Literatur

1. DIN ISO/IEC 27001 (2017–06) Informationstechnik – IT-Sicherheitsverfahren: Informations-sicherheits-Managementsysteme – Anforderungen
2. DIN ISO/IEC 27002 (2017–06) Informationstechnik – IT-Sicherheitsverfahren – Leitfaden für das Informationssicherheits-Management
3. ISO/IEC 27004 (2016–12) Information technology – Security techniques – Information security management – Measurement
4. IT-Sicherheitsgesetz: Gesetz zur Erhöhung der Sicherheit informationstechnischer Systeme vom 17.07.2015, Bgbl. Teil I, 31 vom 24.07.2015
5. IT-Grundschutzkompendium, Final Draft, Ausgabe 2019, www.bsi.de

Risikomanagement 3

▶ **Zusammenfassung** Die Analyse von und der Umgang mit bestehenden Risiken für die Informationssicherheit ist ein zentrales Anliegen der Norm und für jede Organisation eine unerlässliche Aufgabe. Andererseits sind vorhandene Vorgehensmodelle nicht immer leicht anzuwenden – sei es, weil sie in unübersichtlichen Zahlenwerken enden oder weil ihr Ergebnis scheinbar wenig aussagefähig ist. In diesem Kapitel werden wir uns zunächst mit dem Risikomanagement als Aufgabe und dann mit einigen Beispielen für die Methodik der Risikoanalyse und -bewertung auseinandersetzen.

3.1 Risikomanagement als Aufgabe

In diesem Abschnitt beziehen wir uns weitestgehend auf *Unternehmen* – die Ausführungen sind sinngemäß natürlich auch für andere Arten von Organisationen anwendbar.

Als Risiko wird ein möglicher, zu erwartender Schaden bezeichnet. Zu einer sinnvollen Unternehmensstrategie gehört es, diese Risiken im Vorfeld abzuschätzen und den Umgang mit ihnen festzulegen. In der Regel werden Aktionen festgelegt, die zum Ziel haben, das Restrisiko[1] (dazu später mehr), das immer existieren wird, auf einen akzeptablen Wert zu reduzieren.

Welche Aktionen nun genau vorzunehmen sind und wie das Restrisiko definiert ist, wird zuvor in der – mit den Unternehmenszielen harmonisierten – Risikostrategie festgelegt. Beispielsweise kann es Strategie eines Unternehmens sein, Risiken, die eine Bedrohung der Vertraulichkeit von Informationen beinhalten, besonders stark zu minimieren – während

---

[1] Verbleibendes Risiko.

© Springer Fachmedien Wiesbaden GmbH, ein Teil von Springer Nature 2020   39
H. Kersten et al., *IT-Sicherheitsmanagement nach der neuen ISO 27001*,
Edition <kes>, https://doi.org/10.1007/978-3-658-27692-8_3

Risiken für die Verfügbarkeit von Teilen der IT-Infrastruktur toleranter behandelt werden. Risikobeurteilung, Risikobehandlung und Adaption der Maßnahmen zur Reduzierung des Restrisikos an die sich ständig ändernde Organisationsstruktur sind die wesentlichen Inhalte des Risikomanagements. Es hat sich in der Praxis als vorteilhaft erwiesen, den Prozess für das Risikomanagement nach dem Plan-Do-Check-Act-Modell (PDCA) auszurichten und dieses zyklisch mindestens einmal im Jahr zu durchlaufen. Nachdem der Prozess für das Risikomanagement etabliert wurde, haben wir in der Check-Phase des PDCA-Modells die Wirksamkeit der implementierten Schutzmaßnahmen zu überprüfen.

Wir haben ein sogenanntes *Self Assessment* – eine Selbsteinschätzung – der Effektivität unserer Schutzmaßnahmen durchzuführen.

Dieses Self Assessment wird von einigen Gesetzen, Standards und Regularien explizit gefordert, beispielsweise von der ISO 27001 [3] oder vom Sarbanes-Oxley Act [1]. Das Self Assessment wird als offizielles Statement der Geschäftsleitung von den Auditoren oder Prüfern in Form von Tests auf Vollständigkeit, Korrektheit und Gültigkeit überprüft. Abweichungen der Tests werden als *Issue* dokumentiert: Es wird je nach Größe der Abweichung zwischen kleinen (*Minor Issues*) und größeren Abweichungen (*Major Issues*) unterschieden. Je nach Gesetz oder Regularium, für das ein Self Assessment durchgeführt wird, bedeuten *eine* größere Abweichung oder mehrere kleinere Abweichungen bereits, dass die Compliance nicht gegeben ist.

Für die Implementierung des Prozesses wird die Beschreibung von Aufgaben und Zuständigkeiten benötigt, die zweckmäßigerweise in Form von Rollen definiert werden. In diesem Kapitel wollen wir uns anschauen, welche Rollen für das Risikomanagement in der Praxis benötigt werden und welche Aufgaben die einzelnen Rollen zu erfüllen haben.

Als Rolle bezeichnen wir eine Funktion in einem Unternehmen, der Rechte und Pflichten zur Erfüllung bestimmter Aufgaben zugewiesen sind. Eine Rolle kann in der Praxis durch eine Person oder auch durch mehrere Personen ausgefüllt werden. Typischerweise hat jeder „Beauftragte" einen Vertreter, so dass wir meist zumindest zwei Personen als Besetzung für eine Rolle haben. Sinnvollerweise legt man sich eine Liste der Funktionen bzw. Rollen im Unternehmen an, die für das Thema Risikomanagement wesentlich sind. Dazu zählen der Risikomanager, der IT-Risikoanalyst bzw. Risikokoordinator sowie die Risikobeauftragten in Form von Experten und Fachverantwortlichen für einzelne Einheiten unserer Organisation. Für jedes Element dieser Liste ist es sinnvoll, eine Rollenbeschreibung zu erstellen, in der folgende Informationen enthalten sind:

- eine Übersicht über die der Rolle zugewiesenen Aufgaben und Verantwortlichkeiten,
- die notwendigen Anforderungen an Ausbildung, Berufserfahrung und Spezialkenntnisse eines Rolleninhabers (Anforderungsprofil),
- Angaben zur Aufrechterhaltung dieser Qualifikationen im Sinne von Aus- und Fortbildung,
- Verweise auf Arbeitsanweisungen und Checklisten für die jeweilige Rolle.

Für jede Rolle im Rollenverzeichnis ist eine entsprechende Arbeitsanweisung erforderlich, in der die Aufgaben Schritt für Schritt zumindest soweit präzisiert sind, dass eine korrekte und nachvollziehbare Abwicklung der Tätigkeiten gewährleistet ist. Es ist sinnvoll, im Rollenverzeichnis in einer weiteren Spalte die aktuellen Namen der Rolleninhaber und deren Vertreter („Besetzungsliste") sowie die Namen der Genehmiger der Rollenbesetzung einzutragen und diese Eintragungen entsprechend zu pflegen. Diese Eintragungen werden häufig von Auditoren und Prüfern angefordert, da in zahlreichen Gesetzen und Regularien der Prüfpunkt „Rollen und Verantwortlichkeiten" (Roles and Responsibilities) zu finden ist.

Welche Aufgaben sind nun für das Risikomanagement von Wichtigkeit?

Risikoplanung

Ganz zu Anfang, sozusagen als „Grundstein" für ein effizientes Risikomanagement, steht die Planung des Risikomanagementprozesses. Die Prozess-Schritte müssen nachweisbar mit Verantwortlichkeiten, Dokumentationsform und Berichterstattung festgelegt werden. Diese Aufgaben werden in der Praxis häufig unter dem Begriff *Risikoplanung* zusammengefasst – was etwas missverständlich ist: Es wird kein Risiko geplant, sondern ihre Analyse, der Umgang mit ihnen und ihre Überwachung.

Risikoanalyse

Die nächste Aufgabe nach der Planung ist eine möglichst vollständige Analyse aller relevanten Risiken und deren Ursachen. Die Betonung liegt hier auf „relevant". Die Erfahrung zeigt, dass man sich leicht in Nebensächlichkeiten verlieren kann und wichtige Gefahrenherde übersieht. Der Standard unterscheidet hier die Risikoidentifizierung (= Benennen und Beschreiben von Risiken) von der eigentlichen Risikoanalyse (= Abschätzung der Risiken).

Risikobewertung

An die Analyse der Risiken schließt sich als weitere Aufgabe des Risikomanagements die Bewertung der Risiken bezüglich ihrer möglichen Auswirkungen auf die Organisation an. Für eine priorisierte Abarbeitung ist es sinnvoll, eine gewichtete Liste der festgestellten Risiken aufzustellen. Für die Gewichtung werden, wie wir noch sehen werden, Risikokennzahlen verwendet, die unter anderem aus den erwarteten Schäden abgeleitet werden.

▶ In der neuen deutschen Normfassung werden Risikoidentifizierung, Risikoanalyse und Risikobewertung gemeinsam als *Risikobeurteilung* bezeichnet.

Risikostrategie und Risikobehandlung

Die nächste Aufgabe im Risikomanagement ist, Handlungsalternativen und Entscheidungsspielräume zu schaffen, d. h. eine Risikostrategie festzulegen. Grundlegend für die Festlegung der Risikostrategie im Detail ist u. a. die Vorgabe „risikoavers" – prinzipiell

Risiken vermeiden – und „risikoaffin" – Risiken eingehen, wenn gute Gründe (z. B. Kosten) dafürsprechen.

Zu planen ist, was gegen bestimmte Risiken unternommen werden kann, wie effektiv die Wirkung ist und was dies in der Summe kostet (Handlungsanweisung, Anschaffung, Installation, Betrieb, Wartung, Dokumentation, Überprüfung), bevor sich ein Schaden eingestellt hat.

Die Planungen führen meist zur Aufstellung eines Maßnahmenkatalogs. Für die Umsetzung der Maßnahmen sind Verantwortliche zu bestimmen.

Checkliste

Im Maßnahmenkatalog sollte für jede Maßnahme aufgeführt sein:

- die Bezeichnung der Maßnahme,
- eine aussagefähige Beschreibung der Maßnahme,
- die Kosten der Maßnahme für Implementierung, Betrieb, Wartung und Überprüfung,
- die Effekte der Maßnahme bezüglich Reduzierung des Schadens und/oder der Eintrittswahrscheinlichkeit der entsprechenden Bedrohung,
- eine Beschreibung, wie sich die Wirksamkeit (Effektivität) der Maßnahme testen lässt,
- der Verantwortliche für die Effektivität der Maßnahme.

Risikoüberwachung

Eine weitere Aufgabe im Risikomanagement ist die Überwachung der identifizierten Risiken bezüglich ihrer Entwicklung und Tendenz. Risiken sind zeitlichen Änderungen unterworfen, ihre Gewichtung ändert sich, sie können ganz verschwinden oder plötzlich auftreten. Ein Beispiel für Letzteres wäre die Bedrohung durch Ransomware (Erpressungstrojaner).

Ebenfalls von Wichtigkeit bei der Risikoüberwachung ist die Überprüfung der Wirksamkeit der Maßnahmen, die zur Risikominimierung implementiert werden. Erweisen sich getroffene Maßnahmen als inadäquat oder schlimmstenfalls als nicht funktionstüchtig, oder werden Schwachstellen bekannt, ändern sich naturgemäß auch die mit ihnen verbundenen Risiken.

Rollen

Die Rollen Risikomanager, Risikokoordinator und Risikobeauftragter können in kleineren Organisationen ein- und derselben Person zugeordnet werden. Bei umfangreicheren Risikobetrachtungen, die in der Risikostrategie geplant werden, stößt man allerdings sehr rasch an personelle Grenzen.

Betriebliches Risikomanagement ist ein Teil der Unternehmensführung, der stark an Bedeutung gewonnen hat. Gründe dafür sind das sich schnell wandelnde und damit risikobehaftete globale wirtschaftliche Umfeld eines Unternehmens und die gleichzeitig komplexer werdenden internen Zusammenhänge mit ihrer zunehmenden Anfälligkeit gegen Fehler.

Um einen nachhaltigen Unternehmenserfolg zu gewährleisten, muss ein in die Unternehmensführung integriertes Risikomanagement Wagnisse und Mutwilligkeiten ebenso wie etwaige Fehler reduzieren. Darüber hinaus ist es auch für externe Anspruchsgruppen – insbesondere für Shareholder – wichtig, die aktuelle wirtschaftliche Situation im Unternehmen richtig einschätzen zu können und auf dieser Basis ihre Investitionsentscheidungen zu treffen.

Um der sich verschärfenden Risikosituation Rechnung zu tragen, wurden in den letzten Jahren verschiedene gesetzliche Regelungen getroffen, die unter den Begriff der *Corporate Governance* fallen. Corporate Governance bezeichnet ganz allgemein eine „gute" Unternehmensführung und einen fairen Umgang mit allen Interessensgruppen, wie Shareholder und Stakeholder.[2]

Innerhalb des allgemeinen Risikomanagements ist das IT-Risikomanagement ein wesentlicher Bestandteil und darf nicht als simple Maßnahme des Gebäudeschutzes, der Internet-Security etc. verstanden werden.

Die Verantwortung des Managements erstreckt sich auf die drei Bereiche

- Management Commitments,
- Ressourcenmanagement sowie
- Schulung, Sensibilisierung und Kompetenzen,

deren Inhalte und Beauftragung wir uns nun zuwenden wollen.

Im Rahmen des Management Commitments hat das Management

- zu gewährleisten, dass Ziele und Pläne definiert werden,
- dafür Sorge zu tragen, dass die notwendigen Rollen und Verantwortlichkeiten etabliert werden,
- die Bedeutung von Risikomanagement für das Unternehmen an alle Beteiligte zu kommunizieren,
- hinreichend Ressourcen für die Entwicklung, Umsetzung, den Betrieb und die Wartung des Risikomanagements bereitzustellen,
- Entscheidungen über akzeptierte Restrisiken zu treffen und das Review des Risikomanagements zu leiten.

Insbesondere etabliert die Unternehmensleitung den Risikomanager und stattet ihn mit den entsprechenden Kompetenzen aus.

Im Rahmen des Ressourcenmanagements ist durch das Management Vorsorge zu treffen, dass

- ausreichend Ressourcen für die Etablierung, Implementierung, den Betrieb und die Erhaltung des Risikomanagements zur Verfügung gestellt werden,

---

[2]Hiermit sind die im Hauptteil der ISO 27001 vorkommenden „interessierten Parteien" gemeint.

- Prozesse und Verfahren des Risikomanagements den Geschäftsanforderungen entsprechen,
- Gesetze und vertragliche Verpflichtungen eingehalten werden,
- eine angemessene Sicherheit durch die korrekte Anwendung der implementierten Maßnahmen aufrechterhalten wird,
- (falls notwendig) Überprüfungen erfolgen und entsprechend der Ergebnisse der Überprüfungen reagiert wird, sowie die Effektivität des Risikomanagements verbessert wird.

Diese Aufgaben werden in der Praxis überwiegend an den Risikomanager delegiert, der nach organisatorischer Zuordnung entweder direkt an die Geschäftsführung oder in größeren Unternehmen an eine entsprechende Stabstelle berichtet.

Der Risikomanager hat in der Regel Weisungsbefugnis gegenüber dem Risikokoordinator, dessen Rolle als Hauptaufgabe die Durchführung und Koordination der Risikoanalyse mit den Risikobeauftragten der Fachabteilungen beinhaltet.

Im Rahmen von Schulung, Sensibilisierung und Kompetenzen soll sichergestellt werden, dass

- das für das Risikomanagement verantwortliche Personal die entsprechenden fachlichen Kompetenzen besitzt,
- diese Kompetenzen durch entsprechende Schulungen oder die Einstellung von Personal aufgebaut werden,
- die Effektivität der Schulungen überprüft wird,
- eine Aufzeichnung über Schulungen, Fähigkeiten, Erfahrungen und Qualifikationen erfolgt.

Auch diese Aufgaben werden in der Praxis überwiegend an den Risikomanager übertragen, der entsprechende Schulungspläne entwirft und die Schulungen koordiniert. Wichtig ist hier für die Erfüllung von Compliance-Anforderungen, die Teilnahme und das Feedback der Teilnehmer über Inhalt und Verständlichkeit der Schulungen – Themen, die zur Effektivität von Schulungen gehören – zu dokumentieren: Schulungen sind nutzlos, wenn sie kaum besucht werden und wenn der Inhalt für die meisten Teilnehmer unverständlich war.

Management Review des Risikomanagements

Es muss ein regelmäßiges Review erfolgen, um die Tauglichkeit, Angemessenheit und Effizienz des Risikomanagements sicherzustellen. Als Basis für dieses Review hat die Unternehmensführung die Erstellung folgender Reports zu beauftragen:

- Resultate der ISMS-Audits und -Reviews
- Feedback, Status der Maßnahmen

- relevante Bedrohungen oder Schwachstellen, die für Risiken ursächlich sind, die bisher nicht ausreichend behandelt wurden
- Überprüfung der Konformität zum etablierten Risikomanagementprozesses sowie zur aktuellen Gesetzgebung oder anderen Regulierungsvorgaben
- Konformität zu Anforderungen an die Informationssicherheit
- Stand der Umsetzung und Wartung
- Wirksamkeit der Maßnahmen

Die Ergebnisse des Management-Reviews fließen ein in

- Verbesserungsvorschläge hinsichtlich der Effizienz des Risikomanagements,
- die Optimierung bestehender Abläufe,
- die Bereitstellung notwendiger Ressourcen und
- die kontinuierliche Verbesserung des Risikomanagements.

Letzteres ist ein wesentliches Qualitätsmerkmal und soll durch die konsequente Umsetzung der Strategie zum Risikomanagement, der Maßnahmen, der Resultate aus Überprüfungen zur Effektivität sowie der Ergebnisse aus dem Management Review erreicht werden. Hierbei wird unterschieden zwischen

- korrigierenden Maßnahmen zur Beseitigung von Defiziten (Ressourcenengpässe, Schwachstellen, unzureichend berücksichtigte Risiken bei der Umsetzung und dem Betrieb des Risikomanagements), um ihr wiederholtes Auftreten zu vermeiden, sowie
- vorbeugenden Maßnahmen, um sich vor zukünftigen Defiziten zu schützen.

Risikomanagement in der Unternehmensorganisation
In Großunternehmen ist es üblich, das Management aller Risiken einer eigenen Abteilung „Corporate Risk Management" zu übertragen. Diese Abteilung gehört meist zu den Stabsabteilungen und berichtet direkt an die Geschäftsleitung. Sehr selten werden die Fachabteilungen mit dieser Aufgabe betraut. Der Grund hierfür ist in dem fast immer unvermeidlichen Interessenskonflikt zu sehen, der sich einstellt, wenn die eigene Organisation auf vermeintliche Schwachstellen und wahrscheinliche Schäden objektiv analysiert werden soll.

Kleine und mittelständische Unternehmen (KMU) leisten sich in der Regel kein Corporate Risk Management. Hier wird diese Aufgabe häufig dem Sicherheitsbeauftragten zusätzlich übertragen. Ist der Sicherheitsbeauftragte in der IT angesiedelt, wird es mit großer Wahrscheinlichkeit ebenfalls zu dem erwähnten Interessenskonflikt kommen. Außerdem hat der Sicherheitsbeauftragte, der häufig noch die Funktion des Datenschutzbeauftragten übernimmt, kaum Zeit, sich dem Risikomanagement mit der notwendigen Sorgfalt zu widmen.

Besser ist es, das Risikomanagement innerhalb der Qualitätssicherung oder dem Controlling zu etablieren. Wie wir in den ersten Abschnitten sahen, hat das Risikomanagement über die Compliance einen direkten Bezug zur Qualitätssicherung, in der die für ein objektives Risikomanagement notwendige Unabhängigkeit gegenüber den Fachabteilungen gegeben ist.

Bestellung des Risikomanagers

Die Bestellung des Risikomanagers erfolgt durch die Unternehmensleitung, die im Rahmen der Compliance ein effektives Risikomanagement zu verantworten hat.

Die Bestellung, d. h. die Besetzung der Rolle des Risikomanagers mit einem geeigneten Kandidaten und die Übertragung der notwendigen Kompetenzen, ist von der Geschäftsführung im Unternehmen zu kommunizieren.

Die Rolle des Risikomanagers stellt hohe Anforderungen an den Rolleninhaber – nicht nur fachlicher Natur. Der Rolleninhaber muss sich mit den Sicherheitszielen des Unternehmens in hohem Maße identifizieren. Der Risikomanager kennt im Detail die Schwachstellen des Unternehmens und die wahrscheinlichen Auswirkungen eines entsprechenden Angriffs mit Ausnutzung dieser Schwachstellen. Einen ungeeigneten Bewerber mit dieser Aufgabe zu betrauen, kann und wird fatale Folgen haben. Kandidaten mit einer gewissen „Großzügigkeit" im Umgang mit Details sind ebenfalls ungeeignet. Nur durch die akribische und exakte Analyse möglicher praxisrelevanter Risiken ist ein effizientes Risikomanagement möglich.

Zuletzt soll noch erwähnt werden, dass die Rolle des Risikomanagers auch durch einen Externen besetzt werden kann. Es gibt zahlreiche Sicherheitsunternehmen auf dem Markt, die entsprechende Dienstleistungen und Fachkräfte anbieten. Hier muss aber bedacht werden, dass ein Externer, der eventuell auch noch den Wettbewerber betreut, tiefen Einblick in das „Intimleben" der eigenen Organisation erhält. Das Risiko des Informationsabflusses ist hier erheblich.

Kompetenzen und Aufgaben

Sehen wir uns nun die Aufgaben und die damit verbundenen Kompetenzen des Risikomanagers in der Zusammenfassung an. Die nachfolgende Liste erhebt keinen Anspruch auf Vollständigkeit, je nach Art des Unternehmens sind aufgeführte Aufgaben obsolet oder es können weitere hinzukommen. Die wichtigsten Aufgaben des Risikomanagers sind:

- In Abstimmung mit und nach Vorgaben der Geschäftsleitung ist die Risikostrategie des Unternehmens zu erstellen und in Kraft zu setzen.
- Aus der Risikostrategie und den Vorgaben aus dem Compliance Management sind der Risikomanagementprozess und alle dazu gehörenden Begleitdokumente zu entwickeln, im Unternehmen abzustimmen und der Umsetzung zuzuführen.
- Das Thema *Risk Awareness* ist zu planen und umzusetzen.
- Ein zentrales Risiko-Informationssystem ist einzurichten und aktuell zu halten.

- Die exakte Analyse der Risiken ist nach Vorgabe durchzuführen und eine aussagefähige Risikobewertung ist vorzunehmen.
- Es sind Maßnahmenkataloge zu erstellen, die entsprechenden Maßnahmen sind umzusetzen – im Einklang mit dem von der Geschäftsführung noch akzeptierten Restrisiko.
- Die identifizierten Risiken sind zu überwachen und entsprechende Reports von den dedizierten Risikobeauftragten und dem Risikokoordinator anzufordern.
- Es ist ein Reporting aufzubauen und zu betreiben, darin eingeschlossen die Verfahren zur Generierung von Nachweisen über die effektive Funktion der implementierten Maßnahmen zur Risikoreduzierung.
- Eine Wartung aller Elemente des Risikomanagements (Dokumentation, Maßnahmen, Prozesse) ist zu planen und durchzuführen.
- Zur Erfüllung dieser Aufgaben benötigt der Risikomanager – neben den entsprechenden Zugangsberechtigungen und ggf. Zugriffsrechten – Weisungsbefugnis gegenüber dem Risikokoordinator und den Beauftragten für die Einzelrisiken.

Zu Letzterem: Der Risikomanager muss mit der Kompetenz ausgestattet sein, Vorgaben für die Umsetzung und Kontrollen von Maßnahmen zu erlassen und die Einhaltung der Vorgaben in seinem Bereich zu überwachen.

3.2 Verfahren der Risikobeurteilung

Im Standard ISO 27005 [4] wird auf das IT-Risikomanagement Bezug genommen, der Prozess ist jedoch sehr allgemein gehalten und kann somit auch als Grundlage für ein allgemeines Risikomanagement dienen.

Die ISO 27005 legt auch hier das Element der kontinuierlichen Verbesserung zugrunde, z. B. ein Vorgehen nach PDCA (Plan-Do-Check-Act).

In der **Plan-Phase** werden die Grundlagen für das gesamte weitere Vorgehen gelegt, deshalb ist sie auch mit Abstand die umfangreichste der vier Phasen.

Die Risikobeurteilung besitzt innerhalb der Compliance eine zentrale Rolle. Sie fällt gänzlich in die Plan-Phase. Wie eine Risikobeurteilung im Einzelnen durchzuführen ist, wird in dieser Norm jedoch nicht beschrieben, es werden jedoch sechs Prozessschritte genannt, die im Zuge des Risikomanagements durchgeführt werden müssen:

- Identifikation und Analyse der Risiken
- Bewertung der Risiken
- Identifikation und Bewertung der Möglichkeiten, mit den Risiken umzugehen
- Auswahl von Maßnahmenzielen und Maßnahmen
- Erstellung eines Eignungsberichtes
- Zustimmung des Managements

In der **Do-Phase** sollen lediglich die in der Plan-Phase erarbeiteten Maßnahmen umgesetzt werden. Was sich hier in einem Satz zusammenfassen lässt, bringt in der Praxis einen bedeutenden Aufwand mit sich.

Sind die Maßnahmen implementiert, so beginnt die **Check-Phase**. Hier wird die bisher umgesetzte Sicherheitspolitik bewertet. Es ist denkbar, die Prozessperformance zu messen oder mittels eingesetzter Monitoringprozesse zu versuchen, Prozessfehler aufzudecken. Häufig werden in dieser Check-Phase interne Audits durchgeführt.

Die **Act-Phase** dient dazu, Verbesserungspotenzial, welches in der Check-Phase erkannt wurde, umzusetzen und Fehler zu beseitigen.

Wir wollen nun einige Methoden zur Risikobeurteilung erläutern. Jede Organisation ist grundsätzlich frei, sich eine Methode auszusuchen, die den eigenen Vorstellungen entspricht, oder selbst eine Methode zu entwickeln – es sei denn, Vorschriftengeber erzwingen eine spezielle Methode. Ansonsten sollte man auf leichte Vermittelbarkeit und Akzeptanz in der Organisation, die Skalierbarkeit und die leichte Anpassbarkeit bei neuen und geänderten Risiken achten. Die ISO 27001 verweist neben der ISO 27005 auch auf den Standard ISO 31000 [5].

3.2.1 IT-Grundschutz und Erweiterung

Wir beginnen mit dem Verfahren des Schutzbedarfs aus dem IT-Grundschutz des BSI und stellen anschließend eine einfache Erweiterung vor.

Der IT-Grundschutz unterscheidet bei den zu schützenden Objekten (Assets)[3] die beiden Fälle

- normaler Schutzbedarf (Stufe NORMAL), wobei dann auf eine individuelle, detaillierte Risikoanalyse verzichtet wird, weil die Auswirkungen möglicher Schäden von vornherein als tolerabel angesehen werden, und
- höherer Schutzbedarf (Stufen HOCH und SEHR HOCH), bei dem Schäden beträchtliche bzw. existenziell bedrohliche Auswirkungen haben können und demzufolge eine ergänzende detaillierte Risikoanalyse erforderlich wird.

Der Schutzbedarf kann beim gleichen Schutzobjekt für die Ziele[4] der Vertraulichkeit, Integrität und Verfügbarkeit unterschiedlich eingeschätzt werden, so dass ein Schutzobjekt nicht nur *einen* Schutzbedarf aufweist.

Die klassische Vorgehensweise besteht in der Vererbung des Schutzbedarfs: Ein Geschäftsprozess vererbt seinen Schutzbedarf auf die daran beteiligten IT-Anwendungen,

---

[3] Hier: Geschäftsprozesse, IT-Anwendungen, IT-Systeme, IT-Räumlichkeiten und Netzwerkverbindungen.

[4] Beim IT-Grundschutz als *Grundwerte* bezeichnet.

jede IT-Anwendung vererbt ihren Schutzbedarf auf die genutzten IT-Systeme, diese wiederum auf die Räumlichkeiten, in denen sie aufgestellt sind. Vererben sich auf ein Objekt mehrere Schutzbedarfe, so wird das Maximum als maßgebend angenommen – es sei denn, es wird bei Kumulation vieler Schutzobjekte eine höhere Stufe als sinnvoll erachtet. Darüber hinaus gibt es noch das Verteilungsprinzip, das meist zur Anwendung kommt, wenn aufgrund von Redundanzen der Schutzbedarf der einzelnen redundanten Objekte in Sachen Verfügbarkeit sinkt.

Das verbindende Netzwerk wird in Sachen Schutzbedarf nach einer etwas abgewandelten Methode analysiert, bei denen Verbindungsstrecken nach „Außenverbindung", „keine Übertragung sensibler Daten", sodann aber wieder nach hoher Vertraulichkeit, Verfügbarkeit und/oder Integrität klassifiziert werden.

Was die Maßnahmenauswahl anbetrifft, sind bei normalem Schutzbedarf Sicherheitsmaßnahmen aus dem Grundschutz-Kompendium [6] des BSI auszuwählen, während bei höherem Schutzbedarf aufbauend darauf individuelle Maßnahmen konzipiert werden sollen.

Für die Details zu diesem Vorgehensmodell sei auf die ausführlichen Unterlagen des BSI unter www.bsi.de verwiesen.

Wie lässt sich dieses Verfahren mit den Begriffen der ISO 27001 charakterisieren?

- Es gibt eine eingeschränkte Auswahl von möglichen Assets.
- Es sind offensichtlich drei Stufen (NORMAL, HOCH, SEHR HOCH) für die Bewertung der Schadenauswirkungen festlegt, die bei einem Asset auftreten können.
- Interessanterweise wird die Häufigkeit eines Schadeneintritts außer Acht gelassen, so dass sich in der Begriffswelt der ISO 27001 mit den obigen drei Stufen noch keine Risikobewertung ergibt.
- Eine Risikoanalyse – normalerweise *vor* der Risikobewertung durchzuführen – wird nur im Zusammenhang mit höherem Schutzbedarf durchgeführt.
- Bei der Risikobehandlung bleibt unklar, welchen Beitrag die Maßnahmen des Grundschutz-Kompendiums zur Risikoreduktion leisten.
- Im Anschluss an die Risikobehandlung fehlt ein entscheidendes Element, nämlich ein durchgängig anwendbares Verfahren zur Bestimmung von verbleibenden Risiken (verkürzt: Restrisiken).

Insoweit hat der IT-Grundschutz eher Einstiegscharakter und noch Entwicklungspotenzial. Wir stellen im Folgenden eine einfache Erweiterung vor, mit der man sich den ISO-Vorstellungen nähern kann.

Für die obigen Schutzbedarfsstufen vergeben wir Punkte: (N)ORMAL = 1, (H)OCH = 2, (S)EHR HOCH = 3. Wir gehen nun aus von einem Asset, dessen Schutzbedarf bestimmt werden soll, und zwar differenziert nach den drei Grundwerten Vertraulichkeit, Integrität und Verfügbarkeit. Dazu schauen wir auf die Tab. 3.1, deren Bildungsgesetz leicht zu durchschauen ist: Die eingetragene Punktzahl ergibt sich immer als Summe der Punkte für die drei Grundwerte.

Tab. 3.1 Kumulierter Schutzbedarf

Vertraulichkeit		N			H			S		
Integrität		N	H	S	N	H	S	N	H	S
Verfügbarkeit	N	3	4	5	4	5	6	5	6	7
	H	4	5	6	5	6	7	6	7	8
	S	5	6	7	6	7	8	7	8	9

Tab. 3.2 Risikoklassen

Häufigkeit		Selten			Häufiger			Oft			Sehr oft		
Exponiertheit		N	M	H	N	M	H	N	M	H	N	M	H
Kumulierter Schutzbedarf	3	0	1	2	1	2	3	2	3	4	3	4	5
	4	1	2	3	2	3	4	3	4	5	4	5	6
	5	2	3	4	3	4	5	4	5	6	5	6	7
	6	3	4	5	4	5	6	5	6	7	6	7	8
	7	4	5	6	5	6	7	6	7	8	7	8	9
	8	5	6	7	6	7	8	7	8	9	8	9	10
	9	6	7	8	7	8	9	8	9	10	9	10	11

Die ermittelte Punktzahl 3 ... 9 betrachten wir als den *kumulierten Schutzbedarf* für unser Asset. Er drückt aus, wie wertvoll ein Asset zur Erreichung der Grundwerte (Sicherheitsziele) ist bzw. welche Auswirkungen eine Verletzung eines Grundwerts zur Folge hat.

Nun kommen wir zu den Risiken: Ein identifiziertes Risiko wirkt sich erst dann aus, wenn wir diesem Risiko – z. B. wegen vorhandener Schwachstellen – tatsächlich ausgesetzt sind. Dabei gilt offensichtlich die Regel: Ein Risiko, dem man nicht ausgesetzt ist, braucht nicht betrachtet zu werden – ebenso eine Exponierung (z. B. durch eine Schwachstelle), zu der kein identifiziertes Risiko besteht. Für alle anderen Fälle wollen wir die Exponierung E als NIEDRIG (1), MITTEL (2) oder HOCH (3) klassifizieren.

Analog geben wir uns für die Häufigkeit H des Eintritts eines Risikos eine Klassifizierung z. B. nach SELTEN (1), HÄUFIGER (2), OFT (3), SEHR OFT (4) vor. Mit diesen Einschätzungen bestimmen wir nun einen Zahlenwert aus der Tab. 3.2.

Die ermittelte Zahl 0 ... 11 ist im Grunde eine Risikoklasse, d. h. auf die skizzierte Weise haben wir ein identifiziertes Risiko in eine Risikoklasse einsortiert und damit eine Risikoabschätzung vorgenommen.

Jetzt fehlt natürlich noch eine Bewertung der Auswirkungen bei Eintritt eines Risikos: Da diese bereits beim kumulierten Schutzbedarf berücksichtigt wurden, genügt nun im einfachsten Fall eine Einteilung nach TOLERIERBAR (Risikoklasse 0 ... 2), MITTEL (3 ... 5), BETRÄCHTLICH (6 ... 8) und KATASTROPHAL (9 ... 11).

3.2.2 Ein Beispiel aus ISO 27005

Das Beispiel zum erweiterten Schutzbedarf aus dem vorausgehenden Abschnitt geht zurück auf ein Verfahren aus einem Anhang der ISO 27005. Dieses Verfahren wird auch im *Free ISO Toolkit*[5] verwendet.

Jedes Asset wird im Hinblick auf Vertraulichkeit, Integrität und Verfügbarkeit bewertet. Dazu wird ein dreistufiges Schema aufgesetzt, in dem Punktzahlen vergeben werden, und zwar: 1 = NIEDRIG, 2 = MITTEL, 3 = HOCH. Die Stufen sagen aus, dass niedrige, mittlere oder hohe Anforderungen gestellt sind. Als Beispiel könnte ein Geschäftsprozess als Asset eine Einstufung von 2 bei der Vertraulichkeit, 1 bei der Integrität und 3 bei der Verfügbarkeit erhalten.

Nach dem Schema aus der Tab. 3.3 wird daraus eine Gesamtbewertung für jedes Asset ermittelt. Dabei ergibt sich jeweils eine Punktzahl zwischen 3 und 9 – die Summe aus den Punktzahlen für unsere drei Sicherheitsziele.

In ähnlicher Weise werden nun Bedrohungen charakterisiert. Die (Stärke, Schwere oder) Auswirkung einer Bedrohung wird wiederum mit drei Stufen 1 = NIEDRIG, 2 = MITTEL, 3 = HOCH bewertet.

Da eine Bedrohung nur dann zu einem Risiko führt, wenn sie auf eine ausnutzbare Schwachstelle trifft, wird analog jede für ein Asset zu betrachtende Schwachstelle nach

- S = 1 = SCHWER AUSNUTZBAR,
- N = 2 = NORMAL AUSNUTZBAR,
- L = 3 = LEICHT AUSNUTZBAR

bewertet. Schwachstellen der Stufe L sind natürlich besonders risikoträchtig.

Die Punktzahlen für Asset-Bewertung, Bewertung der Auswirkung der Bedrohung und Ausnutzbarkeit werden nun miteinander multipliziert und liefern einen Schadenindex (Tab. 3.4).

Tab. 3.3 Asset-Bewertung

Vertraulichkeit		NIEDRIG			MITTEL			HOCH		
Integrität		N	M	H	N	M	H	N	M	H
Verfügbarkeit	NIEDRIG	3	4	5	4	5	6	5	6	7
	MITTEL	4	5	6	5	6	7	6	7	8
	HOCH	5	6	7	6	7	8	7	8	9

---

[5] www.iso27001security.com/html/iso27k_toolkit.html.

Tab. 3.4 Schadenindex

Schwere der Bedrohung		NIEDRIG			MITTEL			HOCH		
Ausnutzbarkeit/Exponiertheit		S	N	L	S	N	L	S	N	L
Asset-Bewertung	3	3	6	9	6	12	18	9	18	27
	4	4	8	12	8	16	24	12	24	36
	5	5	10	15	10	20	30	15	30	45
	6	6	12	18	12	24	36	18	36	54
	7	7	14	21	14	28	42	21	42	63
	8	8	16	24	16	32	48	24	48	72
	9	9	18	27	18	36	54	27	54	81

In dieser Bilanzierung ist noch keine Betrachtung der Häufigkeit des Schadeneintritts eingeflossen. Wir geben deshalb zunächst eine Klassifizierung von Eintrittshäufigkeiten anhand von Punktzahlen vor – etwa nach folgendem Schema:

- 1 = seltener als 1 × pro Jahr
- 2 = seltener als 1 × pro Quartal
- 3 = seltener als 1 × pro Monat
- 4 = seltener als 1 × pro Woche
- 5 = häufiger als 1 × pro Woche

Diese Punktzahl multiplizieren wir mit dem Schadenindex und erhalten auf diese Weise Ergebnisse zwischen 3 und 405 (= 5 × 81), welche ein Maß für das Risiko darstellen. Dieses muss nun noch bewertet werden – z. B. so, dass man den Zahlenbereich 3 … 405 in Klassen wie TOLERABEL, MITTEL, GRAVIEREND und KATASTROPHAL einteilt. Diese Einteilung wie auch die anderen Festlegungen in den beiden Tabellen kann man natürlich an die Bedürfnisse der jeweiligen Organisation anpassen.

3.2.3 Die Scorecard-Methode

Eine *detailliertere* Risikoanalyse erfordert einen nicht unbeträchtlichen Einsatz von Ressourcen. Zur wirtschaftlich sinnvollen Gestaltung können Risiken gemäß ISO 27005 nach einem „Combined Approach" in einem mehrstufigen Verfahren ermittelt werden. Dabei werden in den ersten Stufen vereinfachte Abschätzungen, zum Beispiel mit Hilfe von *Scorecards* eingesetzt.

Mit den Scorecards werden alle Risiken abgeschätzt; darunter auch diejenigen, die wirtschaftlich zunächst von geringer Bedeutung sind. Nur Risiken, bei denen das erwartete Schadenausmaß eine festgelegte Höhe übersteigt, werden in einer nachfolgenden Stufe einer Detaillierung unterzogen.

Dabei wird der Prozess der Risikoidentifizierung und -analyse in folgende Teilschritte strukturiert:

- Definition des Risiko-Objektes/Subjektes
- Definition der Teilrisiken
- Beschreibung der relevanten Bedrohungsszenarien mit Abschätzung des Schadenausmaßes im Eintrittsfall und der Eintrittswahrscheinlichkeit
- Aufstellen von Schwachstellen- und Maßnahmenlisten (Vulnerabilities/Safeguards)
- Ermittlung des Risikos

Definition des Risiko Objektes/Subjektes (Value Asset)

Als erster Schritt ist präzise zu definieren, für welche Objekte und/oder Subjekte der Erwartungswert eines Schadens – nichts anderes ist ein Risiko – ermittelt werden soll. Eine möglichst genaue Eingrenzung erleichtert bzw. ermöglicht die für weitere Schritte benötigte Erhebung der Daten. Risiko-Objekte können Infrastrukturservices und – darauf aufbauend – Kundenservices sein. Kundenservices bedienen sich meist eines oder mehrerer elementarer Services wie Auftragseingang, Versandinformationen etc.

Subjekte sind agierende Personen, die Teil der Wertschöpfungskette sind; beispielsweise Administratoren, Experten usw. Viele Risiken lassen sich zur vereinfachten weiteren Betrachtung in Teilrisiken zerlegen, die sich spezifischer auf Objekte (Infrastruktur, Prozesse etc.) oder Subjekte beziehen. Als nächstes sind die Bedrohungen für jedes Teilrisiko auszulisten.

Bevor wir die weiteren Elemente und Schritte im Einzelnen erläutern, wollen wir zunächst zum besseren Verständnis die gesamte Struktur der Risikoanalyse vorstellen. Ein Risiko ist ein erwarteter Schaden und wird von drei Variablen bestimmt:

- dem größten Schaden, der sich bei der Manifestation einer Bedrohung ergibt,
- der Wahrscheinlichkeit, mit dem diese Bedrohung und damit der Schaden eintritt und
- der für diese Bedrohung vorhandenen Ausnutzbarkeit von Schwachstellen.

Diese drei Variablen sind zu bestimmen beziehungsweise „praxistauglich" abzuschätzen. Dabei geht man in der ISO 27005 davon aus, dass jedem Schaden eine Bedrohung vorausgeht – ein Szenario, bei dessen Realisierung sich der Schaden mit einer bestimmten Wahrscheinlichkeit einstellt. Allerdings muss das betrachtete Risiko-Objekt, auf das die Bedrohung zielt, für diese Bedrohung exponiert sein.

Um an die benötigten Daten zu gelangen, stehen dem Risikomanager mehrere Grundmethoden zur Verfügung. In der Praxis werden oft mehrere kombiniert, zum Beispiel:

- standardisierte Befragungen
- Prüfung entsprechender Dokumente und Unterlagen
- Betriebsbesichtigungen, interne Audits
- Zuhilfenahme interner und externer Informationsquellen

In der Praxis hat es sich als vorteilhaft erwiesen, standardisierte Befragungen in Form von Interviews durchzuführen. Die standardisierte Befragung bedient sich grundsätzlich eines Fragebogens, der je nach Einsatzgebiet sehr umfangreich gehalten sein kann. Darin werden sowohl allgemeine, als auch branchen- oder systemspezifische Sachverhalte angesprochen und abgefragt. Diese Fragebögen sind aus zwei Gründen standardisiert: Zum einen sollen die Fragen für alle Befragten einer Analyse gleich sein, zum anderen dürfen sich die Fragen bei mehrmaliger Durchführung nicht ändern. Beides bringt den Vorteil der Vergleichbarkeit. Dabei sollte darauf geachtet werden, dass die Fragen möglichst neutral formuliert sind.

Der große Vorteil der standardisierten Befragung liegt in ihrer universellen Einsetzbarkeit, denn solche Fragebögen oder Interviews lassen sich in nahezu allen Branchen anwenden. Doch trägt diese Art der Risikoidentifikation neben der möglichen Subjektivität, die sich nie gänzlich ausschließen lässt, einen weiteren Nachteil in sich. Es ist nicht möglich, sämtliche Risiken, insbesondere abteilungsspezifische, durch eine standardisierte Befragung abzudecken.

Eine standardisierte Befragung kann, wenn sie selbsterklärend aufgebaut ist, auch ohne einen Interviewer ausgeführt werden. Es wird ein Fragebogen entworfen, der nach einer vorherigen telefonischen Ankündigung den betreffenden Mitarbeitern zugesendet wird. Bei dem Ausfüllen der Fragebögen besteht allerdings die Gefahr, dass sich der Befragte nur auf das schnelle Ausfüllen des Fragebogens konzentriert und seine Antworten nicht länger überdenkt oder hinterfragt. Ein Fragebogen bietet sich bei einer großen Zahl von Außenstellen an, bei denen es unwirtschaftlich wäre, Interviewer zu entsenden.

Bedrohungen (Threats)

Jedes Objekt und Subjekt, für welches ein Teilrisiko ermittelt werden soll, ist Bedrohungen ausgesetzt, bei deren Manifestierung ein Schaden entsteht. Im nächsten Prozessschritt der Risikoanalyse werden für jedes Teilrisiko realistische Bedrohungen (oft auch Bedrohungsszenarien) aufgelistet. Die vorgegebenen Bedrohungskategorien und Bedrohungsbeispiele werden als *Bedrohungskatalog* bezeichnet und dienen dem Interviewer während der Risikoanalyse als Leitfaden. Der Erstellung dieses Risikokataloges kommt also eine wichtige Rolle zu.

Im Anhang D der ISO 27005 („Examples of Vulnerabilities") sind einige IT-spezifische Schwachstellen aufgeführt, denen sich Bedrohungen entnehmen lassen. Diese sind sicher nicht als ausreichend zu bezeichnen, da sie nur einen beschränkten Bereich des Scopes einer IT-Risikoanalyse abdecken.

Das BSI bietet mit seinem IT-Grundschutz eine sehr umfangreiche Abhandlung über den Umgang mit IT-Sicherheit an. Zum Grundschutz gehören das Grundschutz-Kompendium mit 47 sog. elementaren Gefährdungen (=Gefährdungen, die bei fast allen Organisationen vorliegen) und der sehr ausführliche ältere Gefährdungskatalog. Letzterer ist in fünf Gefährdungsklassen eingeteilt und enthält über 600 verschiedene Gefährdungen. Unter diesen Gefährdungen sind aber Schwachstellen (Vulnerabilities), „echte" Bedrohungen und allgemeine Gefahren bunt gemischt und müssen für die weitere Verwendung sortiert werden.

Wie wir bereits wissen, reicht es nicht aus, die Bedrohungen zu identifizieren, um ein Risiko ermitteln. Es wird zusätzlich mindestens die Eintrittswahrscheinlichkeit und die zu erwartende Schadenhöhe benötigt, um mittels einer Risikoformel eine Risikohöhe zu bestimmen. Für diese Risikoanalyse werden diese beiden bisher genannten Kennzahlen jeweils zweimal erfragt – einmal, ohne dass Sicherheitsmaßnahmen getroffen sind, und ein weiteres Mal mit getroffenen Sicherheitsmaßnahmen. Auf diese Weise lässt sich recht einfach erkennen, wie gut und in welche Richtung die Sicherheitsmaßnahmen wirken.

Die Schwachstellen müssen explizit aufgeführt werden. Zu jeder von ihnen wird eine weitere Kennzahl namens *Ease of Exploitation* erfragt. Diese wird in der ISO-Nomenklatur auch als *Level of Vulnerabilities* bezeichnet. Im Deutschen bedeutet dieser Begriff etwa *Einfachheit der Ausnutzbarkeit* einer Schwachstelle. Diese Erklärung erscheint jedoch bei einigen Bedrohungen, insbesondere sei hier höhere Gewalt genannt, als wenig sinnvoll. In diesen Fällen wird Ease of Exploitation wie folgt interpretiert: Wie einfach entwickelt sich aus dieser Schwachstelle ein ernster Schaden?

Neben den bereits implementierten wird auch nach weiteren möglichen Sicherheitsmaßnahmen und ihrer Wirkung gefragt. Auf diese Weise werden die Verantwortlichen motiviert, über eine weitere Verbesserung der Risikosituation nachzudenken, und haben gleichzeitig die Möglichkeit, ihre Vorschläge an das Management heranzutragen. Wie den vorangegangenen Ausführungen zu entnehmen ist, muss die Geschäftsleitung das verbleibende Restrisiko durch Unterschrift akzeptieren. Der Bericht enthält auch eine Zusammenfassung von möglichen zusätzlichen Sicherheitsmaßnahmen. Zu jedem Bedrohungsszenario sind im nächsten Schritt Kenngrößen über das Bedrohungspotenzial zu ermitteln.

Schadenausmaß (S) (Impact)

Wie wir oben bereits festgestellt haben, ist jede Bedrohung – wenn sie denn eintritt – mit einem Schaden verbunden, ansonsten ist sie irrelevant und wird nicht weiter betrachtet. Als erste wichtige Kenngröße ist das Schadenausmaß zu ermitteln. Je nach vorliegendem Datenmaterial kann es die Festlegung des Schadenausmaßes vereinfachen, wenn zunächst der Gesamtschaden in Teilschäden zerlegt wird und später die Teilschäden aufsummiert werden. Zur Abschätzung des Schadenausmaßes lässt sich beispielsweise die Tab. 3.5 verwenden, die sich am Umsatz oder Budget für den betrachteten Infrastruktur- oder Kundenservice orientiert.

Tab. 3.5 Beispiel zur Abschätzung des Schadens

Schadenausmaß	Qualitativer Wert	Quantitativer Wert
Kleiner 5 % vom BU	niedrig	20 %
Zwischen 5 % und 20 % vom BU	mittel	40 %
Zwischen 20 % und 40 % vom BU	hoch	60 %
Größer 40 % vom BU	sehr hoch	80 %

BU = Budget/Umsatz

Eintrittswahrscheinlichkeit (P) (Likelihood)

Für jede Bedrohung ist die Eintrittswahrscheinlichkeit zu ermitteln. In den meisten Fällen kann diese nur über relative Häufigkeiten (Frequency) abgeschätzt werden, da es oft kein verlässliches Zahlenmaterial gibt. Ergebnis der Abschätzung ist eine reelle Zahl zwischen 0 und 1 (bzw. 0 % und 100 %) für die Eintrittswahrscheinlichkeit. „0" bedeutet, die Bedrohung manifestiert sich nie; „1" heißt, sie tritt unmittelbar mit absoluter Sicherheit ein. Falls wir eine qualitative Abschätzung mit einer Metrik (niedrig, mittel, hoch, sehr hoch) verwenden, ist das gleichbedeutend mit einer entsprechenden Unterteilung des Intervalls [0,1] und kann als eine Zahl abgebildet werden. Eine entsprechende Metrik kann beispielsweise wie in Tab. 3.6 aussehen und dient zur Unterstützung der Abschätzung.

Bei anderen beobachteten Häufigkeiten kann zwischen den Einträgen in der Tab. 3.6 extrapoliert werden; dabei reichen Angaben in ganzen Prozenten und in Abstufungen von 5 % völlig aus. (also 5 %–10 %–15 % usw. und nicht 17,84 %). Im letzten und wichtigsten Schritt ist die *Exponierung* unseres betrachteten Objektes oder Subjektes zu ermitteln.

Aufstellen von Schwachstellen-/Maßnahmen-Listen (Vulnerabilities and Safeguards)

In den vorausgegangenen Schritten wurden zu jedem Objekt die Bedrohungen aufgelistet und deren Potenzial, nämlich Schadenausmaß und Eintrittswahrscheinlichkeit, abgeschätzt. Was zur Risikoermittlung noch fehlt, ist eine Maßzahl, die angibt, wie sehr das betrachtete Objekt oder Subjekt gegenüber der Bedrohung verletzbar oder exponiert ist. Die Verletzlichkeit ist unmittelbar mit der Fragestellung verknüpft, welche Schwachstellen das Objekt oder Subjekt gegenüber der Bedrohung besitzt und welche Schutzmaßnahmen bereits getroffen wurden.

Erfasst man bei den Schutzmaßnahmen deren Kosten, können neben der Risikoanalyse unmittelbar Kosten-Nutzen Vergleiche erstellt werden.

Zur Ermittlung der Verletzlichkeit werden zu jeder Bedrohung Listen der Schwachstellen des Objektes oder Subjektes und der Schutzmaßnahmen (Safeguards) erstellt. Bei den Schwachstellen wird die Ausnutzbarkeit (Ease of Exploitation), bei den Schutzmaßnahmen die Schutzwirkung (Protection Effect) abgeschätzt. Gibt es für eine Schwachstelle eine Schutzmaßnahme oder mehrere, so wird ihre Ausnutzbarkeit entsprechend den Schutzwirkungen der Maßnahme(n) vermindert. Bei mehreren Schutzmaßnahmen ist die verbleibende Ausnutzbarkeit das Minimum der einzelnen reduzierten Ausnutzbarkeiten.

Tab. 3.6 Abschätzung der Eintrittswahrscheinlichkeit

Beobachtete Häufigkeit	Qualitativer Wert	Quantitativer Wert
Einmal pro Jahr	niedrig	20 %
Zweimal pro Jahr	mittel	40 %
Einmal pro Monat	hoch	60 %
Häufiger als einmal pro Woche	sehr hoch	80 %

In der Tab. 3.6 sind die Angaben in der Zeile hoch/60 % so zu lesen: „Höchstens einmal pro Monat, aber häufiger als zweimal pro Jahr"

Tab. 3.7 und Tab. 3.8 verwenden wir für die Erfassung der Ausnutzbarkeit und der Schutzwirkung.

Bei implementierten Schutzmaßnahmen reduziert sich die Ausnutzbarkeit der Schwachstellen nach der Tab. 3.9.

Ermittlung des Risikos

Bei quantitativ vorliegenden Werten für Schaden (S), Eintrittswahrscheinlichkeit (P) und Ausnutzbarkeit von Schwachstellen (v) lassen sich die Teilrisiken durch eine einfache Produktbildung berechnen. Das Teilrisiko für die i-te Bedrohung des Schutzobjektes ergibt sich aus:

$$T_i := S_i * P_i * v_i$$

Tab. 3.7 Abschätzung der Ausnutzbarkeit

Ausnutzbarkeit von Schwachstellen	Qualitativer Wert	Quantitativer Wert
Schwachstelle ist neu und nur wenigen Experten bekannt.	niedrig	20 %
Schwachstelle ist neu, wird aber in Fachforen bereits erwähnt.	mittel	40 %
Schwachstelle ist bekannt und wird nicht nur in Fachforen erwähnt.	hoch	60 %
Schwachstelle ist bekannt und es sind Methoden zur Ausnutzung allgemein beschrieben.	sehr hoch	80 %

Tab. 3.8 Abschätzung der Schutzwirkung von Schutzmaßnahmen

Schutzwirkung von Schutzmaßnahmen	Qualitativer Wert	Quantitativer Wert
Schutzmaßnahme reduziert **geringfügig** entweder das Schadenausmaß **oder** die Eintrittswahrscheinlichkeit	niedrig	20 %
Schutzmaßnahme reduziert **merklich** entweder das Schadenausmaß **oder** die Eintrittswahrscheinlichkeit	mittel	40 %
Schutzmaßnahme reduziert **merklich** das Schadenausmaß **und** die Eintrittswahrscheinlichkeit	hoch	60 %
Schutzmaßnahme reduziert **stark** entweder das Schadenausmaß **oder** die Eintrittswahrscheinlichkeit	sehr hoch	80 %

Tab. 3.9 Abschätzung der verbleibenden Ausnutzbarkeit von Schwachstellen

	Schutzwirkung von Schutzmaßnahmen		
Ausnutzbarkeit von Schwachstellen	niedrig	mittel	hoch
niedrig	niedrig	–	–
mittel	niedrig	niedrig	–
hoch	mittel	mittel	niedrig
sehr hoch	hoch	hoch	mittel

Die Berechnung des Gesamtrisikos aus den Einzelrisiken kann auf mehrere Arten erfolgen – wie das geschieht, ist in der Risikostrategie festzulegen (siehe nachfolgende Beispiele).

Falls die Werte für Schaden, Eintrittswahrscheinlichkeit und Ausnutzbarkeit qualitativ (was meistens der Fall ist) vorliegen, erfolgt die Abschätzung der Teilrisiken für eine Bedrohung gemäß ISO 27005 mittels individuell zu erstellender Tabellen – wie etwa nach dem Beispiel der Tab. 3.10.

Das aus der Tab. 3.10 ermittelte Risiko kann maximal die Kennzahl 9 haben, die Zuordnung zu qualitativen Werten kann der Tab. 3.11 entnommen werden.

Umgang mit Risiken, Maßnahmen zur Risikoreduktion
Nachdem die Risiken bekannt und abgeschätzt sind, lassen sich Maßnahmen zur stufenweisen Reduktion des Risikos treffen. Die Reduktion des Risikos lässt sich in folgenden Stufen vornehmen:

1. Risikovermeidung
2. Proaktive Schutz- und Abwehrmaßnahmen
3. Schadenbegrenzung
4. Schaden- bzw. Risikoüberwälzung
5. Akzeptanz des Restrisikos

Tab. 3.10 Abschätzung des Risikos

Eintrittswahrscheinlichkeit		Niedrig				Mittel				Hoch				Sehr hoch			
Ausnutzbarkeit der Schwachstellen		N	M	H	S	N	M	H	S	N	M	H	S	N	M	H	S
Schaden	Niedrig	0	1	2	3	1	2	3	4	2	3	4	5	3	4	5	6
	Mittel	1	2	3	4	2	3	4	5	3	4	5	6	4	5	6	7
	Hoch	2	3	4	5	3	4	5	6	4	5	6	7	5	6	7	8
	Sehr hoch	3	4	5	6	4	5	6	7	5	6	7	8	6	7	8	9

Tab. 3.11 Beispiel der Zuordnung von Risikokennzahlen zu qualitativem Risiko

Risiko Kennzahl	0–1	2–4	5–7	8–9
Risiko	niedrig	mittel	hoch	sehr hoch
Erwartungswert des Schadens	kleiner 5 % vom BU	zwischen 5 % und 20 % vom BU	zwischen 20 % und 40 % vom BU	größer als 40 % vom BU

BU = Budget/Umsatz

1. Risikovermeidung Es liegt nahe, Risiken dadurch zu reduzieren, indem man ihnen aus dem Weg geht. Risikovermeidung bedeutet beispielsweise:

- Wegfall/Verzicht besonders gefährdeter Prozesse
- Unterlassen bestimmter Handlungen oder Vorgänge, die als zu riskant eingestuft werden.
- Veränderungen des Systementwurfs, so dass das Risiko gefährdeter Funktionalitäten reduziert wird.

2. Proaktiver Schutz Ein völliger Verzicht auf risikoträchtige Funktionen und Handlungen ist nicht oder nur unter starker Einschränkung der Funktionalität möglich. In dieser Situation liegt der Schwerpunkt auf der Konzipierung und Realisierung von Schutz- und Abwehrmaßnahmen. Beispiele solcher Maßnahmen in der IT sind:

- Firewalls
- Zutrittskontrolle
- starke Authentifizierung
- Zugangs- und Zugriffskontrolle
- Verschlüsselung
- Integritätsprüfungen

3. Schadenbegrenzung Als klassisches Beispiel von Schadenbegrenzung lässt sich die Verschlüsselung von sensiblen Daten anführen. Verschlüsselung verhindert nicht unmittelbar den Diebstahl und die unberechtigte Weitergabe der Daten an Dritte; der dadurch entstehende Schaden wird aber drastisch vermindert, da diese Daten nicht im Klartext vorliegen und ein hoher Aufwand bei vorausgesetzter starker Kryptografie nötig ist, um diese Daten ohne Kenntnis des Schlüssels in Klartext zu überführen

4. Überwälzung von Risiken Versicherungen dienen in erste Linie dazu, Risiken mit hohem Schadenpotenzial, aber geringer Eintrittswahrscheinlichkeit abzudecken. Bekannte Versicherungskonzerne bieten zunehmend eine große Bandbreite von speziellen Versicherungen an – darunter auch „Computerversicherungen". Damit kann ein Großteil des nach Realisierung von Schutz- und Abwehrmaßnahmen noch verbleibenden Restrisikos abgedeckt werden. Computerversicherungen unterteilen sich beispielsweise in:

- Elektronik-(Sach-)Versicherungen: die klassischen Geräteversicherungen gegen Bedienungsfehler, Brand, Überspannungen, Kurzschluss, Wasser, Sabotage, Vandalismus etc.
- Datenträgerversicherungen
- Betriebsunterbrechungsversicherungen und
- Computer- und Datenmissbrauchsversicherungen; zum Beispiel bei Schäden durch Computerviren.

Bei diesen Versicherungsarten füllt das „Kleingedruckte" mehrere Seiten und ist sehr genau zu prüfen, da für das Einstehen der Versicherung im Schadenfall viele Randbedingungen erfüllt sein müssen.

Ein anderes Beispiel für eine Überwälzung von Risiken stellt die Einschaltung von Dienstleistern (z. B. Outsourcing oder Inanspruchnahme von Cloud-Services) dar, sofern vertraglich geregelt ist, dass z. B. finanzielle Risiken durch den Dienstleister getragen werden.

5. Risikoakzeptanz Nach der Durchführung aller zuvor beschriebenen Schritte bleibt immer noch ein Restrisiko, dessen vollständige Eliminierung unmöglich oder dessen weitere Reduzierung wirtschaftlich nicht sinnvoll ist. Das Restrisiko ist so exakt wie möglich zu ermitteln, bewusst von der Leitungsebene in Kauf zu nehmen und ständig zu überwachen. Bei wachsendem Restrisiko sind weitere Maßnahmen zu ergreifen; bei fallendem Restrisiko können Maßnahmen eingespart werden. Dieser Prozess ist die Kernaufgabe der Risikoüberwachung in der Check Phase.

3.2.4 Angriffspotenzial nach ISO 15408

Zum Abschluss dieses Kapitels bringen wir ein Beispiel für eine Risikobilanzierung, die sich vor allem für Risiken eignet, bei denen es um absichtliche bzw. vorsätzliche Handlungen („Angriffe") von Personen („Angreifer") geht.

Damit ein solcher Angriff erfolgreich ausgeführt werden kann, benötigt ein Angreifer ausreichendes *Angriffspotenzial*; dieses lässt sich z. B. charakterisieren durch die für einen erfolgreichen Angriff

- erforderlichen Fachkenntnisse,
- benötigte Zeit,
- erforderlichen (Spezial-)Werkzeuge,
- notwendige sich bietende Gelegenheit (Kenntnis über besondere Umstände, die Zuarbeit von Mitarbeitern der attackierten Organisation usw.).

Auf diesen Bewertungsfaktoren beruht eine Klassifizierung nach ISO 15408. Dabei werden Tab. 3.12 und Tab. 3.13 zugrunde gelegt.

Die Einträge „–" in der Tab. 3.13 deuten an, dass diese Kombination als unzulässig angesehen wird.

Wertet man diese beiden Tabellen für einen bestimmten Angriff aus und addiert die beiden Punktzahlen, so erhält man mit der Summe (= A) eine Charakterisierung des Angriffspotenzials von Angreifern. Den Punktzahlen ordnet man eine Klassifizierung mit vier Stufen zu (s. Tab. 3.14).

Die Stärke einer Sicherheitsmaßnahme besteht nun gerade darin, dass sie Angriffe mit einem bestimmten Angriffspotenzial abwehrt:

Tab. 3.12 Auswertung von Zeit und Gelegenheit

Zeitbedarf	Zuarbeit von Mitarbeitern der Organisation		
	keine	IT-Anwender	IT-System-Administrator
Minuten	0	12	24
Tage	5	12	24
Monate/Jahre	16	16	24

Der Bewertungsfaktor „Gelegenheit" wurde hier auf die „Zuarbeit von Innentätern" verkürzt

Tab. 3.13 Auswertung von Fachkenntnissen und Werkzeugen

Fachkenntnisse	Verfügbare Werkzeuge		
	keine	normale	spezielle
Laie	1	-	-
Versierte Person	4	4	-
Experte	6	8	12

Tab. 3.14 Auswertung von Angriffspotenzial und Stärke der Maßnahme

Angriffspotenzial	Punktzahl	Stärke
NIEDRIG	$A \leq 1$	nicht einmal NIEDRIG
MITTEL	$1 < A \leq 12$	NIEDRIG
HOCH	$12 < A \leq 24$	MITTEL
SEHR HOCH	$24 < A$	HOCH

- Ist eine Sicherheitsmaßnahme bereits durch ein niedriges Angriffspotenzial ($A \leq 1$) überwindbar, besitzt sie nicht einmal die Stärke NIEDRIG.
- Ist dagegen mindestens mittleres Angriffspotenzial ($1 < A \leq 12$) erforderlich, um sie zu überwinden, besitzt sie die Stärke NIEDRIG – analog für die weiteren Stufen (s. Tab. 3.14).

Aus der Festlegung der Begriffe *Stärke* und *Angriffspotenzial* ist leicht ableitbar, wie verbleibende Risiken bzw. Restrisiken zu bestimmen sind. Hat man bspw. eine Maßnahme der Stärke MITTEL getroffen, um Angriffe mit einem Angriffspotenzial MITTEL oder geringer abzuwehren, besteht das Restrisiko darin, dass die Maßnahme von Angreifern mit einem Angriffspotenzial HOCH oder höher attackiert wird. Es ist nun zu überprüfen, ob es solche Angreifer überhaupt gibt und ob diese die betrachtete Organisation im Fokus haben. Ist dies nicht der Fall, kann man das Restrisiko akzeptieren. Im anderen Fall müssen neue bzw. verbesserte Maßnahmen aufgesetzt werden.

Dazu ein Beispiel: Werden alle Mitarbeiter einer Organisation – aus welchen Gründen auch immer – als vertrauenswürdig gelten, kann man trotz möglicherweise hohem Angriffspotenzial Bedrohungen durch Innentäter ausschließen. Man muss also das Angriffs-potenzial mit einer Bewertung der Plausibilität eines Angriffs verbinden.

Man beachte, dass es bei dieser Methode nur um den Aspekt des erfolgreichen bzw. nicht-erfolgreichen Angriffs geht. Die Häufigkeit z. B. eines erfolgreichen Angriffs geht nicht in die Betrachtung ein.

Angaben zur Stärke von (technischen) Sicherheitsmaßnahmen findet man in den Reports von IT-Produkten, die nach der ISO 15408 (Common Criteria [2]) zertifiziert worden sind. Diese Aussagen lassen sich in einem Sicherheitskonzept bei der Auswahl von Maß-nahmen sehr gut verwenden.

Zusammenfassung

Neben der Gestaltung des Verfahrens des Risikomanagements haben wir Vorgehensweisen erläutert, mit denen die Risikobeurteilung gemäß ISO 27001 (Risikoidentifizierung, -ana-lyse und -bewertung) durchgeführt werden kann. Diese sind nur als Beispiel zu sehen – einige weitere findet man in der ISO 27005 und der ISO 31000. Es ist einer Organisation zudem freigestellt, eine eigene Vorgehensweise zu entwickeln – sie muss jedoch den Grundsätzen der ISO 27001 bzw. ISO 27005 genügen.

Literatur

1. Sarbanes-Oxley Act: Sarbanes-Oxley Act of 2002, (US) PUBLIC LAW 107–204 – JULY 30, 2002
2. Common Criteria for Information Technology Security Evaluation, www.commoncriteriaportal. org [auch als ISO/IEC 15408 erschienen, www.iso.org]
3. DIN ISO/IEC 27001 (2017–06) Informationstechnik – IT-Sicherheitsverfahren: Informations-sicherheits-Managementsysteme – Anforderungen
4. ISO/IEC 27005 (2018–07) Information technology – Security techniques – Information security risk management
5. DIN ISO 31000 (2018–10) Risikomanagement – Leitlinien
6. IT-Grundschutzkompendium, Final Draft, Ausgabe 2019, www.bsi.de

Sicherheit messen

4

> ▶ **Zusammenfassung** Ähnlich wie beim Qualitätsmanagement nach ISO 9001 kann es auch im Rahmen der Informationssicherheit hilfreich sein, geeignete Kennzahlen zu messen, um Aussagen über die reale Sicherheit der Organisation und weitere Aspekte zu erhalten. Wir wollen in diesem Kapitel die Grundlagen für solche Messungen und eine Reihe von Beispielen dazu erläutern.

4.1 Ziele

Was könnte Ziel solcher Messungen sein? Typischerweise geht es darum, den Erfüllungsgrad von Anforderungen festzustellen, und zwar bei

- gesetzlichen bzw. vertraglichen Anforderungen und eigenen organisatorischen Regeln (Compliance, Ordnungsmäßigkeit),
- technischen Vorgaben und Standards (Interoperabilität, Konformität, Performance),
- Management-Standards etwa im Hinblick auf den Reifegrad der IT-Prozesse oder die (IT) Governance.

Weiterhin spielen Vorgaben zur Wirtschaftlichkeit eine Rolle (Budgeteinhaltung, Kosten-Nutzen-Analysen). Dabei ist aus Sicht der Leitung einer Organisation der vernünftige Mitteleinsatz ein wichtiges Kriterium: Lohnt sich z. B. in einem konkreten Fall der Einsatz und Betrieb teurer Sicherheitstechnik? Stehen Risiken und Investitionsaufwand in einem sinnvollen Verhältnis? Dies kann vor der Beschaffung von Technik, aber auch während ihrer Nutzung Gegenstand der Erörterung sein.

© Springer Fachmedien Wiesbaden GmbH, ein Teil von Springer Nature 2020   63
H. Kersten et al., *IT-Sicherheitsmanagement nach der neuen ISO 27001*,
Edition <kes>, https://doi.org/10.1007/978-3-658-27692-8_4

Im operativen IT-Betrieb geht es auch um Abweichungen von Soll-Werten, die zu Fehlerzuständen, Ausfällen und Verlusten führen können. Sie sollen möglichst frühzeitig erkannt werden, um zielgerichtet gegensteuern zu können.

Man erkennt, dass die Zielrichtungen für Messungen sehr unterschiedlich sein können. Wir wollen uns hier jedoch auf das Kap. 9 der ISO 27001 beziehen, in dem eine *Leistungsbewertung des ISMS* gefordert wird. Dabei geht es vor allem um die *Wirksamkeit* des ISMS – was auch die Wirksamkeit der vorhandenen Sicherheitsmaßnahmen einschließt.

Die Bewertung soll sich natürlich auf erhobene bzw. gemessene Daten stützen: Insoweit ist in der Praxis zu unterscheiden zwischen der *Messung* und der anschließenden *Bewertung* der „Messergebnisse".

4.2   Überwachen und Messen

Aus dem ISMS heraus muss der Auftrag erteilt werden, bestimmte Gegenstände und deren Attribute zu überwachen bzw. zu messen. Was bedeutet das?

Ein Beispiel: Es könnte um die *Wirksamkeit einer bestimmten organisatorischen Maßnahme* gehen. Dies wäre der (Mess-)*Gegenstand*. Die Wirksamkeit der Maßnahme kann an vielen Aspekten gemessen werden: Die Maßnahme muss zunächst als solche bei den Betroffenen bekannt sein; ihre Einhaltung könnte an Aufzeichnungen bzw. Protokollen beurteilt werden; Vorfälle, die sich aus der Nichtbeachtung der Maßnahme ergeben, könnten ausgewertet werden usw. Jeder dieser aufgezählten Aspekte stellt ein *Attribut* des Gegenstandes dar.

Wir betrachten als Beispiel das Attribut der *Bekanntheit* dieser Maßnahme. Durch Interviews wird überprüft, ob die Betroffenen die organisatorische Maßnahme kennen: Bezogen auf die Gesamtheit der Betroffenen wird der prozentuale Anteil von Personen, die die Maßnahme kennen, eine interessante Zahl darstellen, deren Bewertung Folgeaktionen (z. B. intensivere Schulungen) auslösen kann, die (hoffentlich) die Wirksamkeit der organisatorischen Maßnahme verbessern.

Die genannten Interviews können auch im Rahmen von (Management-)Audits erfolgen, die durch eine von der operativen Sicherheit *unabhängigen* Stelle ausgeführt werden.

Im Zusammenhang mit den Anforderungen der Norm gibt es einige wichtige Feststellungen:

- Die Organisation kann nach eigenem Ermessen festlegen, welche Gegenstände und Attribute sie überwachen bzw. messen will, soweit diese zur Analyse und Bewertung der Wirksamkeit des ISMS ausreichend beitragen.
- Die Art und Weise der Messung ist ebenfalls durch die Organisation wählbar. Jedoch sind einige Rahmenbedingungen einzuhalten: Die Messungen müssen bei Wiederholung zu gleichen Resultaten[1] führen und unabhängig davon sein, *wer* sie durchführt.

---

[1] Sofern sich im Zeitablauf die Umstände nicht geändert haben.

- Messungen müssen kontinuierlich durchgeführt oder zumindest regelmäßig wiederholt werden.
- Messungen können durch eigenes Sicherheitspersonal erfolgen – aber natürlich auch delegiert werden.
- Messungen sind aufzuzeichnen (Ablauf und Ergebnisse), die Aufzeichnungen sind über einen festzulegenden Zeitraum aufzubewahren – zumindest solange, bis alle Bewertungen der Ergebnisse abgeschlossen sind, vermutlich aber länger.

Was die Art und Weise von Messungen anbetrifft, kann es gehen um

- die Messung technisch-physikalischer Größen (z. B. Temperatur, Stromspannung, Bandbreite von Übertragungskanälen) sowie um
- die Erfassung von Daten aus Management-orientierten und technischen Audits.

Management-Audits in punkto Sicherheit behandeln wir in Kap. 5. Wir geben noch einige Beispiel für *technische* Audits:

- Inspektion der Filterregeln bei Firewalls/Routern und Abgleich mit den geplanten Einstellungen (Messung: Grad der Einhaltung der Vorgaben)
- Inspektion und Auswertung der Protokolle wichtiger IT-Komponenten, die über Störungen, Unregelmäßigkeiten, sicherheitsrelevante Vorkommnisse Auskunft geben (Messung: Häufigkeit, Auswirkungen, Behebungsdauer)
- Überwachung von Datenkanälen im Hinblick auf den Abfluss vertraulicher Daten (Messung: Menge der abgeflossenen Daten, ihr Vertraulichkeitsgrad)
- Durchführung von Penetrationstests zur Entdeckung von Sicherheitslücken/Schwachstellen bei Firewalls, wichtigen Servern und Anwendungen (Messung: Kritikalität von Schwachstellen, Behebungsdauer)

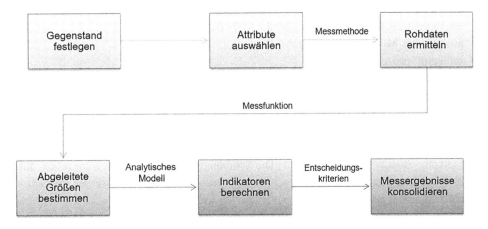

Abb. 4.1 Messung von Kennzahlen

Wir wollen nun Messungen nach der einschlägigen Norm ISO 27004 [2] planen. Die Abb. 4.1 zeigt die wesentlichen Schritte bzw. Arbeitspakete.

Der Anhang der ISO 27004 enthält dazu Vorlagen, die bei der Planung und Dokumentation von Messungen unterstützen.

Der erste Schritt betrifft die Auswahl des *Gegenstands* der Messung. Dabei wird man sich auf Teilprozesse des ISMS und zumindest auf die Controls aus dem Anhang A der ISO 27001 beziehen. Bei der Vielzahl von Controls kann man sich sicher auf solche beschränken, die mit den hohen und höchsten Risiken für die Organisation verknüpft sind. Die ohnehin vorhandene Priorisierung von Risiken kann diese Auswahl steuern.

Für unser Eingangsbeispiel (Wirksamkeit einer organisatorischen Maßnahme) erkennt man sofort, wie die ersten drei Schritte aus der Abb. 4.1 umzusetzen sind.

Awareness

Wir wählen ein weiteres sehr einfaches Beispiel: Im Hauptteil der ISO 27001 geht es in NK 7.3 und im Control A.7.2.2 um das Thema *Awareness*.

Wir betrachten dazu den Teilaspekt der *Sensibilisierung* des Personals und stellen uns vor, dass zur Sensibilisierung Veranstaltungen bzw. Schulungen erfolgen. Bei den Veranstaltungen werden Teilnehmerlisten geführt, die anschließend auszuwerten sind: Die Zahl der tatsächlichen Teilnehmer wird zur Zahl der gewünschten Teilnehmer ins Verhältnis gesetzt. Wir wollen annehmen, dass ein Ergebnis oberhalb von 90 % als ausreichend, unterhalb von 60 % als gravierendes Problem erachtet wird. Zwischen 60 % und 90 % wird die Ursache in der unzureichenden Werbung für die Veranstaltungen gesehen. Bei diesem Beispiel stellt sich das Schema der Abb. 4.1 so dar:

- Gegenstand: Sensibilisierung des Personals
- Attribut: Abdeckungsgrad erfolgter Schulungen
- Methode: Zählen anhand von Teilnehmerlisten
- Rohdaten: A = Anzahl der Mitarbeiter, für die eine Sensibilisierung erforderlich ist, T = Anzahl der Mitarbeiter, die an mindestens einer Veranstaltung teilgenommen haben
- abgeleitete Größe: prozentualer Anteil = 100*T/A
- analytisches Modell: keine Vorgabe[2]
- Indikator: prozentualer Anteil
- Entscheidungskriterien: Indikator oberhalb 90 % – ok, zwischen 60 % und 90 % – unbefriedigend, unterhalb 60 % – gravierendes Defizit.

Die hieraus abzuleitenden Folgemaßnahmen könnten so aussehen:

- Indikator zwischen 60 % und 90 %: Die Schulungen werden intensiver beworben, auf die Notwendigkeit der Teilnahme wird hingewiesen, die Schulungen werden im nächsten Jahr erneut angeboten.

---

[2] Entfällt in diesem einfachen Beispiel.

- Indikator unter 60 %: Es erfolgt ein Bericht an die Leitungsebene; im Rahmen der Managementbewertung erfolgt der Auftrag, das Schulungssystem grundlegend zu verbessern.

Bei diesem einfachen Beispiel erkennt man, dass formal Daten erhoben werden, die über die *inhaltliche* Qualität der Schulungen nichts aussagen. Es erscheint vielmehr so, dass allein die Teilnahme an den Schulungen bereits zu einer erhöhten Sensibilisierung führt. Davon kann in der Praxis natürlich nicht ausgegangen werden. Was könnte die Messung verbessern?

Besser wäre es, würde man z. B. für jede Gruppe vergleichbarer Arbeitsplätze *spezifische* Awareness-Pläne aufstellen und in Form von Schulungen umsetzen (Teilnahmepflicht!). Unter dieser Prämisse wäre die obige Messung aussagekräftiger – allerdings würde auch der Aufwand steigen.

Es wäre alternativ ein Verfahren denkbar, bei dem Schulungsteilnehmer in bestimmten Abständen nach den Schulungen Kontrollfragen beantworten müssen. Die Auswertung der Antworten würde das Kernanliegen treffen, nämlich nicht die formale Teilnahme, sondern die tatsächlich erworbenen Kenntnisse zu messen.

Sicherheitsrelevante Kenntnisse zu besitzen ist wichtig – bringt aber nichts, wenn sich daraus keine Verhaltensänderungen ergeben. Diesen Aspekt kann man nur *indirekt* messen: Vorbildliches Verhalten müsste sich auf die Zahl und Schwere von Sicherheitsvorfällen auswirken, was wiederum anhand von Auszeichnungen zu messen wäre.

Diese Beispiele lassen erkennen, dass man erst im Ergebnis einer genauen Analyse einen sinnvollen Messgegenstand festlegen sollte – möglicherweise kann er erst in der Kombination mehrerer Attribute richtig beurteilt werden.

Passwörter

Ein weiteres, methodisch ähnliches Beispiel: Wir betrachten als Messgegenstand die *Güte der Passwörter*, die von den Mitarbeitern einer Organisation verwendet werden. Wir nehmen an, dass Passwortregeln erlassen wurden, um zu kurze oder leicht zu erratende Passwörter zu vermeiden. Wir setzen voraus, dass die von den Nutzern gewählten Passwörter sich in den entsprechenden Systemen auf Übereinstimmung mit den geltenden Passwortregeln testen lassen.

Dann könnte eine Messung aufgesetzt werden, die den Anteil regelgerechter bzw. nicht regelgerechter Passwörter ermittelt. Das Attribut der Passwortgüte wäre dann der *Übereinstimmungsgrad mit den Passwortregeln* der Organisation. Eine solche Messung könnte im Zusammenhang mit den Controls A.9.2.4, A.9.3.1 und A.9.4.3 interessant sein, bei denen es um das Passwort-Management geht.

Man darf hierbei jedoch nicht den Fehler machen, bei einer so ermittelten hohen Passwortgüte auf die Sicherheit der Systeme gegenüber Hackerangriffen zu schließen. Das Knacken von Passwörtern ist ja bestenfalls *eine* Vorgehensweise der Hacker – unter vielen anderen. Wichtig wäre es jedenfalls, im Rahmen eines zentralen Identity und Access Managements starke Authentisierungsverfahren zu realisieren, bei denen mehrere Authentisierungsmerkmale gekoppelt werden (z. B. Passwort mit Fingerabdruck, PIN mit dem Besitz einer dazu passenden Smartcard).

Incident Management

Wir betrachten als nächstes Beispiel die Controlgruppe A.16, die sich dem Incident Management widmet: Wir stellen uns vor, dass die Organisation ein flächendeckendes Ticket-System eingeführt hat. Jedes Sicherheitsvorkommnis wird in einem Ticket erfasst und einer ordnungsgemäßen Bearbeitung zugeführt. Es könnte für die Organisation eine wichtige Kennziffer sein, wie lange die Bearbeitung von Tickets im Durchschnitt dauert. Eine einfache Mittelwertbildung aus allen gemessenen Bearbeitungszeiten unterschlägt allerdings die Information, ob es sich bei einem Incident um einen Vorfall mit unerheblichen, beträchtlichen oder gravierenden Folgen handelte.

Wir wollen dies dadurch berücksichtigen, dass die Bearbeitungsdauer eines Tickets mit der Schwere des Vorfalls gewichtet wird. Als „Schwere" dient die Klassifizierung des Tickets, die z. B. im Rahmen des Ticket-Systems mit 1 = KATASTROPHAL bis 10 = UNERHEBLICH vergeben wird. Die folgende Auflistung zeigt wieder die Schritte:

- Gegenstand: Incident Management
- Attribute: durchschnittliche (gewichtete) Bearbeitungsdauer von Tickets
- Methode: Erheben nach Aufzeichnungen des Ticket-Systems
- Rohdaten: für jedes Ticket T das Datum und die Uhrzeit $u(T)$ der Anlage des Tickets sowie seiner Erledigung $v(T)$
- abgeleitete Information: Dauer der Bearbeitung des Tickets T aus $D(T) = v(T) - u(T)$ [z. B. in Stunden gemessen]
- analytisches Modell: Jeder Klassifizierungsstufe K des Ticket-Systems wird eine Gewichtung $g_K = 1/K$ zugeordnet. Für jedes Ticket T mit der Schwere K wird die Bearbeitungsdauer $D(T)$ mit g_K multipliziert: $G(T) = g_K * D(T)$.
- Indikator: Mittelwert aus allen so errechneten Zahlen $G(T)$.

Wir ersparen uns, Entscheidungskriterien anzugeben, da diese für jede Organisation nur individuell festlegbar sein dürften. Erscheint die durchschnittliche Bearbeitungsdauer als zu hoch, könnte eine Folgemaßnahme darin bestehen, einen höheren Personaleinsatz und/oder eine intensivere Schulung der Vorfallbearbeitung vorzusehen.

Die Frage ist allerdings, ob *ein* Mittelwert über alles nicht zu grob ist. Man könnte das obige Beispiel natürlich „aufbohren", indem man die Mittelwerte für jede Klassifizierungsstufe K = 1 … 10 separat ermittelt – im Ergebnis sieht man die mittlere Bearbeitungsdauer für jede Klasse von Ereignissen. Will man die Ergebnisse etwas stärker bündeln, wäre an eine Gruppenbildung zu denken – etwa Gruppe 1 mit K = 1 … 3, Gruppe 2 mit K = 4 … 7 und Gruppe 3 mit K = 8 … 10.

Auch das Bekanntwerden einer *Schwachstelle* in Sachen Sicherheit kann ein Sicherheitsvorkommnis sein: Speziell für die IT-bezogenen Schwachstellen erhält man oft Input durch CERT-Dienste oder aus anderen Quellen. Man kann analog für die Dauer der

Schwachstellenbearbeitung eine eigene Kennziffer vorsehen: Statt der Klassifizierung K von Tickets würde man die von den CERT-Diensten kommende Risikoklassifizierung (meist NIEDRIG, MITTEL, HOCH) als Gewichtungsfaktor verwenden, wobei man bei g_K für NIEDRIG = 1/10, MITTEL = 1/5, HOCH = 1 setzen könnte.

Mobile Infrastruktur

Viele Organisationen nutzen heute eine mobile Infrastruktur, in der Nutzer mit mobilen IT-Systemen Daten der Organisation nutzen und bearbeiten dürfen. Wir wollen in diesem Zusammenhang einige Beispiele für Messungen darstellen. Wir stellen uns vor, dass eine Organisation einen speziellen MDM-Server und eine entsprechende Verwaltungssoftware (MDM-System) einsetzt, um die „im Feld" eingesetzten Geräte managen und überwachen zu können.

Aktuelle mobile Geräte erfassen, wie häufig bestimmte installierte Apps genutzt wurden. Diese Daten können vom MDM-System abgerufen werden, sobald ein mobiles Gerät eine Verbindung zum Netz der Organisation aufgebaut hat. Über das MDM-System lässt sich dann eine Auswertung über alle verwalteten Geräte durchführen. Anhand des so ermittelten durchschnittlichen Nutzungsgrads kann entschieden werden, ob die betreffende App wirklich erforderlich ist, eingespart oder durch eine kostengünstigere App ersetzt werden kann.

Bei der Kostenbetrachtung sind ggf. auch Kosten für Update- und Patch-Prozesse zu berücksichtigen, die je nach App unterschiedlich hoch sein könnten.

In den meisten Organisationen gibt es Regeln über zulässige bzw. unzulässige Apps. Das geschilderte Monitoring der App-Nutzung kann auch offenlegen, ob bzw. bis zu welchem Grad diese Regeln eingehalten werden.

Ähnlich kann auch die mobile Nutzung bestimmter externer Services überwacht werden, und zwar sowohl Nutzungshäufigkeit und -dauer als auch Verfügbarkeit des Service, Anzahl und Schwere von Fehlersituationen usw.

Ein weiteres gravierendes Problem ist das Abhandenkommen mobiler Geräte bzw. ihre anschließende Nutzung durch Unbefugte. Da dies für eine Organisation schwere Konsequenzen haben kann, ist meist geregelt, dass ein Verlust – gleich welcher Ursache (Verlieren- oder Liegenlassen, Diebstahl) – umgehend an zentraler Stelle zu melden ist. Diese Meldestelle könnte eine Messung aufsetzen, wie häufig ein Verlust vorkommt, was die Ursache war und ob dies erkennbar zu Sicherheitsproblemen geführt hat.

Über einige MDM-Systeme lassen sich Auswertungen dahingehend anstellen, inwieweit bei der Nutzung mobiler Geräte Abweichungen von Sicherheitsrichtlinien aufgetreten sind. Beispiele für solche Richtlinien sind eine geforderte Passwort-Mindestlänge, Verbot der Nutzung des Geräts als lokaler (privater) Hotspot, die unzulässige Ablage vertraulicher Daten im Gerät, keine Verwendung von Geräten mit Status jailbroken oder rooted.

Alle diese Messungen folgen weitgehend dem Schema unter *Awareness* und brauchen deshalb hier nicht ausführlicher behandelt werden. Deshalb ein etwas anderer Fall:

Vertraut man nicht den kommerziellen Anbietern von Cloud-Diensten, sondern setzt eine organisationseigene Cloud ein, wird man darüber auch das Backup-Problem für die mobilen Systeme lösen wollen. Dabei besteht das Backup-Verfahren darin, Daten auf den mobilen Systemen regelmäßig auf Nutzer-Anforderung oder automatisiert in der Cloud zu sichern. Hierbei wird protokolliert, bei welchem Gerät ein Backup erfolgte, wann das Backup stattgefunden hat, ob dabei Fehler aufgetreten sind (z. B. Verbindungsabbruch usw.).

Nehmen wir an, Messgegenstand wäre der ordnungsgemäße Ablauf des Backups. Geräte-Identifikation und Datum/Uhrzeit eines erfolgreichen Backups als Rohdaten sind dazu aber allein noch nicht aussagekräftig: Hätte ein mobiles Gerät für einen längeren Zeitraum keine Verbindung zur Cloud – z. B. weil das Gerät über längere Zeit nicht eingeschaltet war oder am Arbeitsort kein geeignetes Netzwerk[3] erreichbar war –, kann auch kein Backup erfolgt sein. Ein solcher Fall kann nicht als Verstoß gegen die Backup-Regeln gewertet werden. Anders wäre es, wenn nachweislich zu relevanten Zeiten Verbindung zur Cloud bestanden hätte: Dann wären ja ein Backup möglich gewesen.

Fazit: Erst aus dem Vergleich zwischen geplanten Backup-Zeitpunkten und den Zeiten bestehender Verbindung zur Cloud kann auf „OK" (ordnungsgemäß) oder „Nicht-OK" (nicht-ordnungsgemäß) geschlossen werden.

Setzt man dies so um, liegen nach einer gewissen Zeit für jedes zu betrachtende mobile Gerät Datensätze vom Typ „Gerät XYZ – Backup-Datum XX.XX.XX – Bewertung OK/ Nicht-OK" vor.

Wie wertet man das aus? Eine Organisation könnte

- singulär auftretende nicht ordnungsgemäße Backups tolerieren und erst bei einer Häufung weitergehende Aktionen veranlassen, oder
- nicht ordnungsgemäße Backups dann als besonders kritisch bewerten, wenn seit dem letzten Backup eine große Datenmenge geändert wurde (setzt voraus, dass die Menge der gesicherten Daten protokolliert wird).

Für diese Fälle sind mit den Datensätzen entsprechende Berechnungen durchzuführen, bevor man für ein einzelnes Gerät auf eine regelgerechte oder nicht-regelgerechte Anwendung des Backup-Verfahrens schließen kann.

Im Negativ-Fall würde man eine detaillierte Untersuchung veranlassen, um die Ursachen festzustellen, und sie dann entsprechend zu beheben: z. B. stärkere Awareness-Maßnahmen für die Nutzer der mobilen Systeme – bei gravierenden Fällen eventuell sogar disziplinarische Maßnahmen.

Nun kommt eine Erschwernis hinzu: Nutzer in einer mobilen Infrastruktur verfügen meist über mehrere mobile Geräte (Smartphone, Tablet, Notebook) und nutzen die in den Geräten vorhandene Synchronisierungsmöglichkeit (über eine Cloud), d. h. der relevante Datenbestand ist auf allen Systemen eines Nutzers (mehr oder weniger) identisch. Es wäre

---

[3] Wenn beispielsweise im Mobilgerät bei „Synchronisation" nur WLAN eingestellt ist.

somit eher zielführend, das Backup-Verfahren nicht pro Gerät, sondern pro Nutzer zu bewerten. Die Auswertung verlagert sich also vom mobilen Gerät zum Nutzer, weil es ausreichend sein dürfte, dass das Backup kritischer Daten von *einem* seiner Geräte angestoßen wird.

Unsere Datensätze „Gerät XYZ – Backup-Datum XX.XX.XX – Bewertung OK/ Nicht-OK" aus der Messung müssen deshalb mit den Nutzer-IDs verknüpft werden, was mit entsprechenden Stammdaten in einem MDM-System möglich ist.

Kapazitätsmanagement

Speziell beim Sicherheitsziel der Verfügbarkeit ist es wichtig, Daten über die Nutzung bzw. Auslastung von Ressourcen zu gewinnen. Dabei kann es um Speicherauslastung bei Storage Systemen, die Auslastung von Datenübertragungskanälen, Transaktionsleistungen von Anwendungen usw. gehen.

Bei der Datenübertragung wäre beispielsweise das Verhältnis der übertragenen Datenmenge zur Bandbreite eines Kanals (pro Zeiteinheit) ein wichtiger Indikator, um frühzeitig Engpässe und drohende Verfügbarkeitsverluste zu erkennen.

Im Zusammenhang mit einer mobilen Infrastruktur und mobilen Endgeräten kommt diesem Problem auch insofern Bedeutung zu, als Update-, Patch- und Backup-Prozesse „Over-the-Air" ablaufen und damit je nach Anzahl mobiler Geräte eine hohe Last bei der Kommunikation produzieren können. Auslastungszahlen können bei der Planung dieser Prozesse (Zeitpunkte und Verteilung auf die mobilen Geräte) unterstützen – und stellen gleichzeitig ein Szenario für Messungen im Sinne der ISO 27001 dar.

Business Continuity Management

Dieses Thema ist sehr umfassend und hat sehr viele Aspekte bzw. Attribute für eine Messung. Wir wollen hier nur einige Stichwörter im Zusammenhang mit dem Notfallmanagement angeben, aus denen sich Kennziffern entwickeln lassen:

a) Durchführung von Notfallübungen – Beispiele für Messgegenstände:
   - Anzahl durchgeführter Übungen im Vergleich zur Planung
   - prozentualer Anteil erfolgreich durchgeführter Übungen (im Vergleich zu allen durchgeführten Übungen)
b) Effektivität der Notfallbehandlung – Beispiele für Messgegenstände:
   - durchschnittliche Dauer der Notfallbehebung/Vergleich zu bestehenden SLAs
   - statistische Streuung der Behebungsdauer abhängig vom ausführenden Team.
   - Anteil der (erfolgreichen) System-Wiederanläufe, die präzise nach Notfallhandbuch abgewickelt wurden, im Vergleich zu allen Wiederanlaufversuchen
   - Anteil der Wiederanläufe, bei denen das Verfahren im Notfallhandbuch nicht wirksam oder anwendbar war, im Vergleich zu allen Wiederanlaufversuchen

Interne Audits

Nach Normabschnitt 9.2 sind *interne Audits* durchzuführen. Wie ist die Wirksamkeit dieses Teilprozesses des ISMS einzuschätzen? Hierzu sind zunächst geeignete Attribute festzulegen. Wir betrachten zwei Beispiele:

Attribut 1 behandelt die zeitnahe *Behebung* von Feststellungen aus internen Audits: In jedem Auditbericht wird es Feststellungen geben, die unterschiedlich hoch eingestuft sind und entsprechend Folgeaktionen auslösen sollen. Typisch wäre etwa eine Klassifizierung nach NORMABWEICHUNG, HINWEIS und EMPFEHLUNG. Normabweichungen müssen kurzfristig behoben werden; Hinweise verlangen meist Korrekturmaßnahmen, deren Ausgestaltung, Umsetzung und Termin noch festgelegt werden können, aber dann plangerecht erfolgen müssen; über die Umsetzung oder Ablehnung von Empfehlungen muss zumindest zeitnah und begründet entschieden werden.

Unter Berücksichtigung der Anzahl der Beanstandungen, ihrer Klassifizierung (als Gewichtung) und der Dauer ihrer Behebung lässt sich eine Kennzahl über die zeitnahe Behebung von Feststellungen aus Audits definieren – sicherlich eine relevante Kennzahl: Audits durchzuführen, ohne sich um die zeitnahe Erledigung von Feststellungen bzw. Beanstandungen zu kümmern, kann kein wirksames Verfahren sein.

Das gleiche Schema könnte angewendet werden für Messungen bei technischen Audits – z. B. bei regelmäßig durchgeführten Pen-Tests.

Attribut 2 behandelt eher die *Auswirkungen* von Audit-Feststellungen auf die Organisation. Jede Feststellung wird einer von 6 Stufen zugeordnet:

* Stufe 0: Es besteht kein Handlungsbedarf.
* Stufe 1: Es besteht ein abstrakter Handlungsbedarf, weil sich die Feststellung nur auf eine formale Anforderung der Norm bezieht.
* Stufe 2: Es wurde ein konkreter Sicherheitsmangel festgestellt, der allerdings keine Konsequenzen für die Organisation nach sich zieht.
* Stufe 3: Es wurde ein konkreter Sicherheitsmangel festgestellt, der potenziell Konsequenzen für die Organisation nach sich ziehen kann.
* Stufe 4: Es wurde ein konkreter Sicherheitsmangel festgestellt, bei dem mit empfindlichen Konsequenzen zu rechnen ist.
* Stufe 5: Es wurde ein konkreter Sicherheitsmangel festgestellt, der gravierende Auswirkungen haben kann oder sogar Katastrophenpotenzial besitzt.

Anhand solcher „weichen" Stufen lassen sich die Feststellungen eines Audits bzw. Assessments in einer strukturierten Form, komfortabel und auf überzeugende Weise präsentieren – wobei hier der Übergang zum nachfolgenden Thema *Bewertung* fließend ist.

Fazit: Aus den Beispielen erkennt man, dass unterschiedliche Messarten existieren: Die im vorhergehenden Abschnitt skizzierten „weichen" Verfahren (Soft-Metrics), die Beispiele mit objektiven Zählungen oder auch technischen Messungen (Hard-Metrics) sowie Beispiele mit dem Erfüllungsgrad von Vorgaben wie Standards und Richtlinien (Konformitätsmetrik).

4.3 Messungen bewerten

Im Grunde ist im Schema der ISO 27004 bereits eine Bewertung enthalten – schließlich werden anhand der Indikatorwerte bereits Entscheidungen getroffen. Dies konzentriert sich allerdings zunächst nur auf die einzelnen gemessenen Attribute eines Messgegenstands. Hat man für einen Messgegenstand mehrere Attribute festgelegt und gemessen, muss eine übergreifende Bewertung erfolgen: Erst hiermit lässt sich die Wirksamkeit in Bezug auf den *Messgegenstand* als Ganzes beurteilen.

Noch ein Schritt weiter: Hat man sich auf eine bestimmte Anzahl von Messungen bei ISMS-Teilprozessen und wichtigen Controls verständigt und diese durchgeführt, muss eine Bewertung dahingehend erfolgen, ob alle Messergebnisse die Wirksamkeit des *ISMS als Ganzes* bestätigen oder widerlegen.

Damit erkennt man drei Ebenen der Aus- und Bewertung:

a. Bewertung bezogen auf ein Attribut
b. Bewertung des Gegenstands als Ganzes
c. Bewertung aller Gegenstände in Bezug auf das ISMS

Wer soll diese Bewertungen durchführen?

Wie die Einzelergebnisse unter a. zu bewerten sind, muss nach ISO 27004 bereits vorab im Schema der Messungen festgelegt werden und kann somit durch das Personal erfolgen, das die Messungen durchführt bzw. überwacht.

Die übergreifende Bewertung b. *aller* Attribute *eines* Messgegenstandes könnte z. B. durch die Organisationseinheit erfolgen, in deren Zuständigkeitsbereich der Messgegenstand fällt. Geht es etwa um die Wirksamkeit einer Infrastrukturmaßnahme (z. B. Stromversorgung mit USV und Netzersatzanlage), wäre entsprechend die Abteilung „Haustechnik" zuständig.

Die Leistungsbeurteilung c. des ISMS als Ganzes sollte durch das Sicherheitsmanagement vorbereitet werden, indem die Ergebnisse aller Messungen entsprechend aufbereitet werden. Eine abschließende, formelle Beurteilung wird dann durch die Leitungsebene der Organisation im Rahmen der *Managementbewertung* erfolgen – vergleichen Sie dazu die Ausführungen in Kap. 2 dieses Buches zu Normabschnitt 9.3!

Generell wäre es eine gute Vorgehensweise, für die Durchführung der Messungen und der Aus- und Bewertung (zumindest nach b. und c.) *Rollentrennungen* vorzusehen, um ein Beitrag zur „Objektivität" der Verfahren und Ergebnisse zu leisten.

Wie häufig sind die Bewertungen durchzuführen?

Hier gibt es keine durch die Norm festgelegte Regel, d. h. die Organisation kann eine solche nach eigenem Ermessen festlegen. Dazu sei noch der Hinweis gegeben, dass sich meist aus dem Intervall der Managementbewertungen und der Phasen der kontinuierlichen Verbesserung (PDCA) ein Zeitraster bzw. eine Regel ableiten lässt:

Bei den Managementbewertungen sollte die Qualität im Vordergrund stehen – und nicht die Häufigkeit. In den seltensten Fällen macht es Sinn, diese etwa in monatlichem

Abstand durchzuführen: Bei diesem kurzen Intervall dürfte kaum genügend Datenmaterial entstanden sein, um eine aussagekräftige Bewertung vornehmen zu können, andererseits wird die häufige Bewertung zu einer nervenden Pflicht. Die praktische Erfahrung zeigt, dass derartige Bewertungen ein- bis zweimal jährlich durchgeführt werden sollten.

Wendet man PDCA an, so ist man in der Pflicht, für die einzelnen Phasen geeignete Termine zu planen. In den Phasen (insbesondere bei Check und Act) wird man auf bestimmte Messergebnisse und ihre Bewertung zurückgreifen wollen, d. h. es ergeben sich daraus sinnvolle Zeitpunkte für die durchzuführenden Bewertungen.

Die Bewertung muss immer in schriftlicher Form (z. B. in einem Bericht) erfolgen. Für die entsprechenden Unterlagen sollte eine Aufbewahrungsfrist festgelegt werden.

Unabhängig von dem skizzierten Zeitschema können einzelne Messergebnisse und ihre Bewertung auch „zwischendurch" ein wichtiger Input für das Risikomanagement, für die Anforderung von Personal und anderer Ressourcen oder für die Vorbereitung und Absicherung von Management-Entscheidungen sein. Es macht insoweit Sinn, das gesamte Schema ordentlich zu organisieren und die wesentlichen Kennzahlen auf Abruf bereitzuhalten.

Zusammenfassung

Es ist sinnvoll, die Messung von Kennzahlen *programmatisch* durchzuführen, d. h. eine Planung (was soll gemessen werden) aufzusetzen, deren Dokumentation (z. B. ein standardisiertes Template) und ein einheitliches Gerüst für die Umsetzung (Messtechniken und Zeitpunkte, Rollen, Datenerfassung, -auswertung und -archivierung, Bewertung und Zeitpunkte) festzulegen.

In der ISO 27004 findet man Anleitungen und weitere Beispiele zur operativen Durchführung von Messungen – aber auch Hinweise für die Analyse der erhobenen Daten, die Bewertung der Ergebnisse und die ständige Verbesserung des Messprogramms.

Literatur

1. DIN EN ISO 9001 (2015–11) Qualitätsmanagementsysteme – Anforderungen
2. ISO/IEC 27004 (2016–12) Information technology – Security techniques – Information security management – Measurement

▶ **Zusammenfassung** Audits durchzuführen ist eine anerkannte Methode, um die Übereinstimmung mit Vorgaben, z. B. Standards, zu überprüfen. In unserem Kontext geht es um Audits des ISMS einer Organisation. Normerfordernis ist die regelmäßige Durchführung interner Audits. Zusätzlich werden externe Audits notwendig, falls man eine Zertifizierung anstrebt. Wir besprechen im Folgenden die Vorbereitung, Durchführung, Auswertung, Gemeinsamkeiten und Unterschiede solcher Audits.

Die Durchführung von Audits ist eine traditionsreiche und anerkannte Methode, um einen Istzustand mit einem Sollzustand abzugleichen. Ursprünglich wurde diese Methode eingesetzt, um die Geschäftsbücher zu prüfen. Die Prüfung erfolgte mündlich durch öffentlichen Vortrag. So erklärt sich die Herkunft vom lateinischen *auditus*.

In unserem Zusammenhang geht es um die Feststellung des aktuellen Zustands des ISMS und den Vergleich mit seinem Sollzustand. Ein solcher Vergleich kann praktisch zu jeder Zeit durchgeführt werden und wird daher verschiedene Ergebnisse liefern. Da ein Audit nicht zweckfrei durchgeführt werden sollte, kommt es also darauf an, vor der Durchführung eines Audits Klarheit über die Verwendung der Ergebnisse zu gewinnen. Viele der in diesem Kapitel behandelten Aspekte bei der Vorbereitung, Durchführung und Auswertung von Audits sind weitgehend unabhängig vom konkreten Standard und können daher auch in anderen Bereichen, etwa im Umweltmanagement oder im Dokumentenmanagement nützlich sein. Im Vordergrund unserer Betrachtungen steht jedoch ISO 27001 [1].

© Springer Fachmedien Wiesbaden GmbH, ein Teil von Springer Nature 2020   75
H. Kersten et al., *IT-Sicherheitsmanagement nach der neuen ISO 27001*,
Edition <kes>, https://doi.org/10.1007/978-3-658-27692-8_5

5.1   Ziele und Nutzen

Konformität zu Standards

Die erste Frage im Zusammenhang mit Audits betrifft den Sollzustand: Was soll sinnvollerweise als Sollzustand verlangt werden? Eine Antwort liegt auf der Hand: Der Standard schreibt ihn vor. Das ist gleichzeitig auch eine recht objektive Antwort, denn Standards berücksichtigen langjährige internationale Erfahrungen. Sie beschreiben den Stand der Technik und bieten damit eine Messlatte, an der man sich ohne größeres Risiko orientieren kann. Darüber hinaus bieten sie einen großen Vorteil: Sie lassen den erreichten Stand in der eigenen Organisation vergleichbar werden mit dem Stand anderer Organisationen, die sich ebenfalls am Standard orientieren.

Eine weitere Motivation zur Anwendung von Standards ist ihre internationale Akzeptanz und damit die Möglichkeit für international tätige Organisationen, die eigene Qualifikation weltweit angemessen darzustellen. Hierbei ist allerdings zu beachten, dass bei der Anwendung von Standards durchaus nationale Eigenheiten eine Rolle spielen und geringfügige Unterschiede in der Anwendung der Standards bedingen können. Dessen ungeachtet hat man hinsichtlich der internationalen Anerkennung natürlich mit einem ISO-Standard beste Karten. Da ISO 27001 auch als DIN-Standard veröffentlicht wurde, gilt dies natürlich auch, wenn nur die nationale Anerkennung erforderlich ist.

Idealerweise sollte ein Standard in unserem Kontext festlegen,

* welche Eigenschaften das ISMS haben soll,
* wie diese Eigenschaften zu überprüfen sind und
* unter welchen Rahmenbedingungen eine solche Prüfung stattfinden soll.

Je präziser diese Punkte festgelegt werden, umso mehr werden Einheitlichkeit und Vergleichbarkeit gefördert.

Bei der ISO 27001 ist im Wesentlichen der erste Punkt in der Aufzählung behandelt worden, d. h. es wird beschrieben, welche (Mindest-)Anforderungen ein ISMS erfüllen soll. Auf die Frage, wie die Eigenschaften zu prüfen sind, geht der Standard nur durch Angabe der Methode ein. Im NA 9.2[1] wird festgelegt, dass interne Audits in Übereinstimmung mit einem *Plan* durchgeführt werden sollen. Dabei soll geprüft werden, ob die eigenen Anforderungen an das ISMS und die Anforderungen der ISO 27001 erfüllt werden. Die Ergebnisse sollen in einer Managementbewertung ausgewertet werden. Weitere Rahmenbedingungen werden nicht festgelegt. Allerdings ist ISO 27001 eine Zertifizierungsnorm. Dies bedeutet, dass die Rahmenbedingungen durch das Zertifizierungsschema einer Zertifizierungsstelle festgelegt werden können. Das Zertifizierungsschema legt auch fest, wie die Eigenschaften des ISMS geprüft werden sollen. Es ist nicht überraschend, dass die

---

[1] NA = Normabschnitt, Abschnitt der ISO 27001.

uns bekannten Zertifizierungsschemata die Durchführung von zweistufigen Audits vorsehen. Im Audit der Stufe 1 wird festgestellt, ob alle Dokumentationsanforderungen des ISMS erfüllt sind. Das Audit der Stufe 2 prüft anschließend, ob die dokumentierten Regeln und Verfahren des ISMS auch tatsächlich angewendet werden.

Die klare Gliederung des ISO 27001 macht es möglich, sich relativ schnell einen Überblick zu verschaffen, wie weit man noch von der vollen Konformität entfernt ist oder wo noch Defizite bestehen. Der Erfüllungsgrad ist quasi messbar. In der Praxis stellt man allerdings fest, dass Organisationen sich anfangs nur mit den Maßnahmenzielen und Maßnahmen aus dem normativen Anhang A des ISO 27001 beschäftigen. Das ist zu kurz gegriffen. Wer wirklich konform zum Standard sein möchte, muss sich ebenfalls mit den Kapiteln 4 bis 10 des ISO 27001 beschäftigen, die vornehmlich Anforderungen an das Management-System stellen.

Prüfungen des ISMS erfolgen im Rahmen von Audits, deren Rahmenbedingungen von anderen Normen der Normenreihe adressiert werden:

- ISO 27006 [2] beschreibt Anforderungen an Stellen, die Audits und Zertifizierungen durchführen. Dieser Teil dürfte für die *Betreiber* eines ISMS eher sekundär sein. Diese Norm enthält jedoch Orientierungen für den erforderlichen Prüfaufwand, indem sie die Auditdauer in Abhängigkeit von der Größe des ISMS festlegt.
- ISO 27007 [3] behandelt das Thema „Management-Audit eines ISMS" und ist damit relevant für interne und externe Audits.
- ISO TR 27008 [4] betrifft das technische Audit bei IT-Systemen, Netzwerken etc.

Für Betreiber eines ISMS ist im Hinblick auf die durchzuführenden internen Audits somit mindestens ISO 27007 relevant und sollte den Auditoren vorliegen. Für grundsätzliche Fragen zu Audits verweisen die obigen Standards noch auf ISO 19011 [5], die man sich ebenfalls besorgen sollte.

Nutzen von Audit und Zertifizierung
Die Konformität zu ISO 27001 kann wichtig sein, um gesetzlichen Anforderungen (z. B. im KonTraG oder im IT-Sicherheitsgesetz) zu genügen, externe Vorgaben von Kunden, Aufsichtsbehörden oder Banken zu erfüllen, oder kann generell Vorbedingung dafür sein, an Ausschreibungen teilnehmen zu können. Seit einigen Jahren ist festzustellen, dass das Thema der Informationssicherheit vermehrt auch in den Blick der Gesetzgebung rückt. Insbesondere in Regelungen für kritische Bereiche der staatlichen Vorsorge finden Anforderungen zum Betrieb eines ISMS zunehmend Eingang (s. hierzu auch das Kap. 10 dieses Buches).

Unabhängig von solchen konkreten Forderungen und Anlässen weist eine Konformität zum Standard immer eine entsprechende Kompetenz der Organisation in Sachen Informationssicherheit aus. Dies ist nicht nur für die Organisation selbst ein wichtiger Aspekt. Auch andere Unternehmen, die auf der Suche nach geeigneten Partnern sind, können sich bei der Auswahl auf Konformitätsnachweise zu Standards stützen. In bestimmten

Bereichen der Industrie wird dies seit längerer Zeit praktiziert, beispielsweise in der Automobilindustrie und – mit einer fachlich ganz anderen Ausrichtung – in Firmen, die im Bereich der Auftragsverarbeitung tätig sind und für die daher die europäische Datenschutz-Grundverordnung gilt.

Im Fall von Rechtsstreitigkeiten oder sogar Regress-Forderungen mit der Begründung unzureichender Informationssicherheit dürfte man mit nachgewiesener Konformität zum Standard immer gute Argumente haben.

Im Verlauf und als Ergebnis eines Audits kann durchaus festgestellt worden sein, dass Defizite vorhanden sind oder in einigen Punkten Abweichungen vom Standard vorliegen. Auch diese Feststellung sollte nicht als negatives Moment verstanden werden. Vielmehr wurde ein klar umrissenes Verbesserungspotenzial identifiziert, das Gegenstand der weiteren Arbeit sein wird. In einigen Fällen wird es ausreichend und zielführend sein, ein Defizit abzustellen, in anderen Fällen wird es wichtig sein, sich auch mit den Ursachen einer Abweichung zu beschäftigen – etwa, weil ein ganzer Prozess sich als verbesserungsbedürftig erweist.

Wenn sich das ISMS als praktikabel, wirksam und gefestigt erwiesen hat, kommt schnell der Punkt, an dem man überlegt, sich zusätzlich einem *externen* Audit zu unterziehen und sich ggf. sogar zertifizieren zu lassen. Nach einem erfolgreichen externen Audit ist das für die Informationssicherheit zuständige Personal in gewissem Sinne entlastet, da unabhängige Experten bestätigt haben, dass in Sachen Informationssicherheit alles in Ordnung ist.

Die Ergebnisse eines Audits müssen immer in einem schriftlichen *Auditbericht* festgehalten werden: Die rein mündliche Mitteilung von Ergebnissen ist weder konform zu ISO 19011, noch für die Organisation verwertbar. Auf einige Details des Auditberichtes werden wir in Abschn. 5.6 näher eingehen.

Dass ein Auditbericht an vielen Stellen Interna der Organisation beschreibt und beurteilt, versteht sich von selbst. Will man nun seine Konformität zum Standard Dritten gegenüber nachweisen, müsste man den Auditbericht weitergeben und legt damit vielleicht (zu) viel offen. Hier ist es sinnvoll, den Auditbericht einer unabhängigen und vertrauenswürdigen Zertifizierungsstelle vorzulegen, die auf dieser Basis ein anerkanntes Zertifikat über die Konformität ausstellen wird. Dieses enthält keine kritischen Interna und eignet sich deshalb zur Weitergabe an Dritte und zum Nachweis der Erfüllung von externen Vorgaben. Aus Gründen der Anerkennung und Vergleichbarkeit sollte stets eine akkreditierte Zertifizierungsstelle ausgewählt werden.

Wir haben die Erfahrung gemacht, dass Firmen, die in bestimmten Branchen arbeiten, z. B. für Finanzdienstleister, während eines Jahres eine Reihe von externen Audits bestehen müssen. Alle beschäftigen sich mit ähnlichen Themen, werden aber von Auditoren durchgeführt, die für unterschiedliche Prüfbereiche anerkannt sind. Aus Sicht der betroffenen Firmen brächte hier die Wiederverwendbarkeit von Auditergebnissen sicher Zeit- und Kostenvorteile. Wie man eine allgemeine Normierung und branchenspezifische Anforderungen in einer Normierung vereinen kann, zeigt sich unter anderem auch am Beispiel der ISO 27000-Normenreihe. Neben der Basisnorm ISO 27001 gibt es eine Reihe branchenspezifischer Spezialnormen, in denen besondere Anforderungen spezifiziert werden, denen ein ISMS in einer Organisation genügen soll, die in dieser Branche tätig ist. Beim Audit können dann beide Normen zugrunde gelegt werden. Der Vorteil ist, dass die Spezialnorm lediglich Ergänzungen und Präzisierungen der ISO 27001 enthält, so dass in der Tat mit einmaligem Auditaufwand alles Erforderliche geprüft werden kann. Ein ggf. erteiltes Zertifikat weist dann sowohl die Konformität zur ISO 27001 als auch die Konformität zur Spezialnorm aus.

Inzwischen gehört eine ISMS-Zertifizierung in bestimmten Regionen (z. B. in Asien) schon fast zum Normalfall. Man erkennt dies, wenn man die Auswertungen der ISO[2] zur 27001-Norm inspiziert und dabei feststellt, dass die meisten Zertifikate in Ländern wie Japan, China, Großbritannien und Indien erteilt wurden – mit einigem Abstand folgen dann erst USA und Deutschland.

Bei der angegebenen Webadresse finden Sie unter „ISMS Certification Process" auch eine Liste der international tätigen, akkreditierten Zertifizierungsstellen (darunter auch die aus „Germany").

Ein weiterer Grund zur Beteiligung einer Zertifizierungsstelle liegt darin, dass sie Verfahren zur Anerkennung qualifizierter Auditoren besitzt, solche in Listen führt und damit die Auswahl von qualifizierten Auditoren erleichtert. Anerkannte Auditoren unterliegen meist einer Überwachung durch die Zertifizierungsstelle und können eine Lizenz der Zertifizierungsstelle vorweisen.

An dieser Stelle sei auf eine wesentliche Neuerung hingewiesen. Es ist unzulässig, dass eine Organisation – für ein Zertifizierungsverfahren – einen Auditor selbst auswählt, mit ihm einen Vertrag zur Auditierung des ISMS abschließt und erst später die Zertifizierungsstelle auswählt und beauftragt. In ihrer amtlichen Mitteilung vom 12. Juli 2018 hat die Deutsche Akkreditierungsstelle GmbH verfügt, dass ein direkter Vertrag zwischen der zu auditierenden Organisation und dem Auditor im Regelfall eine unzulässige Gefährdung der Unparteilichkeit darstellt. Der richtige Weg ist, sich im Bedarfsfall an die akkreditierte Zertifizierungsstelle zu wenden, die dann den Auditor vorschlägt und festlegt.

Audits – richtig und qualifiziert durchgeführt – bieten immer die Möglichkeit, aus neutraler Sicht eine wertvolle Einschätzung der Konformität und der realen Sicherheit zu erhalten. Im Grunde gilt dies gleichermaßen für interne und externe Audits.

Gelegentlich hört man allerdings die Meinung, bei internen Audits würden viel häufiger die Augen zugedrückt und vorhandene Defizite heruntergespielt oder gar nicht benannt. Die Erfahrung der Autoren mit diesem Punkt ist jedoch eine andere: Interne Audits werden oft von Angehörigen der Organisation durchgeführt, die die Verhältnisse in der Organisation über längere Strecken bestens kennen und keinen Grund haben, Defizite zu übersehen. Interne Audits können allerdings auch von einem externen Auditor durchgeführt werden, wenn beispielsweise in der Organisation keine geeignete Person dafür vorhanden ist oder auch aus Gründen der Unabhängigkeit.

---

[2] www.iso.org/iso/home/standards/certification/iso-survey.htm.

Allerdings bleibt das Problem, dass außerhalb der Organisation interne Audits *allein* als Nachweis der Erfüllung eines Standards nicht akzeptiert werden dürften.

5.2   Die Rahmenbedingungen

Die Entscheidung, sich auditieren zu lassen, kann von der Leitung der Organisation ausgehen – aber auch vom Sicherheitsmanagement. Um einen solchen Vorschlag zu unterstützen, wird man die Vorteile und den Nutzen für die Organisation herausstellen – und natürlich auch den damit verbundenen Aufwand beziffern müssen.

Nach der grundsätzlichen Entscheidung, sich einem internen oder externen Audit zu unterziehen, sind eine Reihe weiterer Details festzulegen, und zwar:

- Nach welcher Strategie werden Audits geplant und durchgeführt?
- Was soll der Gegenstand des Audits sein?
- Welcher Typ von Audits wird bevorzugt? Terminlich abgestimmte und/oder inhaltlich geplante Audits, oder gar unangemeldete und inhaltlich nicht abgestimmte Audits?
- Welche Auditoren sollen das Audit durchführen?
- Welcher interne Aufwand entsteht und welche internen/externen Kosten sind durch das Audit zu erwarten?
- Wie wird das Audit formal vereinbart?
- Ist eine Zertifizierung (jetzt oder bei einem späteren Audit) beabsichtigt?
- Welche Kosten fallen für die Zertifizierungsstelle an?

Wir werden die aufgezählten Punkte im Folgenden erörtern.

Strategie
Es ist in der Regel nicht sinnvoll, sich ein einziges Mal auditieren zu lassen. Vielmehr müssen solche Überprüfungen regelmäßig wiederholt werden – schon, um dem Gedanken der kontinuierlichen Verbesserung Rechnung zu tragen.

Folglich ist es auch bei der Zertifizierung so, dass sie zeitlich limitiert ist und nur durch die Wiederholung von Audits aufrechterhalten oder verlängert werden kann. Die Dauer der Gültigkeit eines Zertifikats wird bei den Zertifizierungsstellen unterschiedlich gehandhabt. Manche bevorzugen es, eine zwei- oder dreijährige Gültigkeit vorzusehen, aber dennoch innerhalb dieses Zeitraumes jährliche Überprüfungsaudits zu verlangen. Andere Stellen beschränken die Gültigkeit von vornherein auf ein Jahr und verlangen zur jährlichen Neuausstellung eines Zertifikats jeweils die Durchführung eines erneuten Audits. Unbeschadet solcher Verfahren gilt die wichtige Regel, dass sicherheitsrelevante Änderungen beim ISMS der Zertifizierungsstelle mitzuteilen sind und eine sogenannte anlassbedingte Prüfung zur Folge haben können.

Tab. 5.1 Auditplanung

8 Wochen vorher	Inhaltliche Vorbereitung
6 Wochen vorher	Information an alle Mitarbeiter über die Planung
4 Wochen vorher	internes Audit (auch als Probelauf)
3 Wochen vorher	Managementbewertung
2 Wochen vorher	nochmalige Information an alle Mitarbeiter mit Verhaltensregeln für das externe Audit, ggf. in Form einer Info-Veranstaltung

Vor diesem Hintergrund kann nur dringend angeraten werden, Auditierungen langfristig zu planen. Turnusmäßige Audits wird man dabei z. B. immer auf den gleichen Monat im Jahr legen und dabei möglichst einen Monat auswählen, bei dem die Belastung durch andere Tätigkeiten geringer ist. Entscheidet man sich zusätzlich zu internen Audits auch für externe Audits, sollte man die Terminplanung so vornehmen, dass man vom externen Audittermin ausgeht und von da ab rückwärts plant – beispielsweise wie in der Tab. 5.1 angegeben. Wir werden auf diese Schritte im Abschn. 5.3 näher eingehen.

Auditgegenstand

Die Planung wird fortgesetzt mit der Festlegung des Gegenstandes des Audits. Dies kann zum Beispiel eine einzelne Organisationseinheit sein, ein Geschäftsprozess oder ein besonders wichtiges Maßnahmenziel. In der Regel sollte aber hier die gesamte Organisation und ihr ISMS gewählt werden. Dies sollte insbesondere für das erste interne Audit der Fall sein, bei dem nicht so sehr die Tiefenprüfung als vielmehr die Breitenprüfung im Vordergrund stehen wird. Der Auditgegenstand kann auch durch branchenspezifische Normen bestimmt sein, wie beispielsweise für Anbieter von Cloud Services (ISO 27017 [6]) oder für den Energiesektor (ISO 27019 [7]).

Mit der Bestimmung des Auditgegenstandes hängt auch der Typ des Audits eng zusammen, das geplant wird.

Typ des Audits

Hierzu müssen wir etwas ausholen: Audits lassen sich unter zwei völlig verschiedenen Gesichtspunkten in Typen einteilen. Der eine Gesichtspunkt ist der Reifegrad des zu auditierenden ISMS. Hier unterscheiden wir:

- Preaudit (auch Readiness Audit genannt): Audits dieses Typs werden in aller Regel im Rahmen der Einführungsphase eines ISMS durchgeführt, wenn alle als wesentlich identifizierten Prozesse, Regeln und Maßnahmen, die das ISMS ausmachen, eingeführt sind. Ziel ist hier die Feststellung, ob das ISMS der (eigenen) Organisation bereits den Reifegrad erreicht hat, den es für eine Konformitätsprüfung gegenüber der Norm benötigt.

- Internes Audit: Ein solches ist Gegenstand des NK 9[3] und wurde schon im Kap. 2 besprochen. Hier kommen in der Regel interne Auditoren zum Zuge (wenngleich eine Beauftragung Externer möglich ist).
- Zertifizierungsaudit: Hier ist der Name Programm. Ein Zertifizierungsaudit wird durchgeführt, wenn die Zertifizierung angestrebt wird und das ISMS eingeführt ist. Im Benehmen mit der ausgesuchten Zertifizierungsstelle wird ein externer Auditor oder ein externes Auditorenteam das Zertifizierungsaudit durchführen.
- Überwachungsaudit: Audits dieses Typs werden bei bestehender Zertifizierung entsprechend den Regeln der Zertifizierungsstelle durchgeführt. Sie finden in der Zeit zwischen Gültigkeitsbeginn und -ende des Zertifikats statt. Der zeitliche Abstand beträgt in der Regel jeweils 12 Monate. Es wird ebenfalls von externer Seite durchgeführt.
- Re-Zertifizierungsaudit: Um auch nach Gültigkeitsende eines Zertifikats die Normerfüllung kontinuierlich belegen zu können, wird rechtzeitig vor Zertifikatsablauf wiederum ein Zertifizierungsaudit durchgeführt, damit im Erfolgsfall ein neues Zertifikat ausgestellt werden kann. Auch hier werden wieder externe Auditoren tätig.

Der zweite Gesichtspunkt liefert eine Einteilung nach Umfang und möglicher Vorbereitung auf ein Audit. Hier unterscheiden wir:

- Nur terminlich abgestimmtes Audit: Bei dieser verbreiteten Art eines Audits bleibt die Auswahl der inhaltlichen Schwerpunkte den Auditoren überlassen.
- Terminlich und inhaltlich abgestimmtes Audit: Dieser Audittyp bietet sich an, wenn man sich in der Einführungsphase des ISMS befindet. Ein zeitlich und inhaltlich abgestimmtes Audit bietet dem Auditierten die Möglichkeit, sich recht gut vorzubereiten. Das ist in der Einführungsphase gerade gewünscht und am ehesten zielführend. Es geht ja vornehmlich nicht darum, *alle* Lücken oder Defizite zu finden, sondern positiv den erreichten Grad der Normerfüllung festzustellen. Zur zeitlichen und inhaltlichen Abstimmung gehört natürlich auch die Vereinbarung, wo das Audit stattfinden soll, was bei einem ISMS von Bedeutung ist, das mehrere Standorte umfasst, an denen ggf. unterschiedliche Aspekte des ISMS eine Rolle spielen.

  Audits dieser Art haben grundsätzlich den Nachteil, dass sich die Organisation darauf einstellen kann – im Extremfall ist zum Audittermin alles in Ordnung, vorher und nachher ist das Sicherheitsniveau eher bescheiden. Erfahrungsgemäß ist dies aber eher nicht die Regel.
- Audit ohne vorherige Abstimmungen: Solche „Überraschungsaudits" sind vor allem dort sinnvoll, wo es auf permanente Aufrechterhaltung einer hohen Sicherheit und eines kontinuierlich hohen Sicherheitsbewusstseins aller Mitarbeiter ankommt. Bei Organisationen mit verschiedenen Standorten bleibt selbst die Auswahl des Standorts offen. Die Durchführung von nicht abgestimmten Audits sollte vorher reiflich überlegt werden. Sie

---

[3] NK = Normkapitel, Kapitel der ISO 27001.

sollten nur durchgeführt werden, wenn die Organisation und die betroffenen Mitarbeiter schon Erfahrung mit dem ISMS haben. Wo der Vorteil eines ISMS auch für die tägliche Arbeit erkannt wurde, sollten Audits ohne vorherige Abstimmung allerdings kein Problem darstellen. In Bereichen, in denen noch Akzeptanzprobleme bestehen, könnte diese Art Audit aber zu (vermeidbaren) Problemen führen.

Aus der Auditpraxis ergeben sich einige Empfehlungen, in welcher Weise die vorgestellten Audittypen miteinander kombiniert werden können oder sollten.

Preaudits sollten als terminlich und inhaltlich abgestimmte Audits durchgeführt werden. Man lernt den erreichten Stand der Normerfüllung kennen. Insbesondere besteht eine recht hohe Sicherheit, alle Aspekte zu identifizieren, die eine Konformität zum Standard verhindern. Dies ist selbst dann wertvolle Information, wenn (noch) keine Zertifizierung beabsichtigt ist. Preaudits können von eigenen Mitarbeitern durchgeführt werden, wenn die benötigten Kompetenzen bereits aufgebaut wurden. Es spricht aber auch nichts gegen eine Durchführung von externer Seite. Es sollten vorher allerdings alle notwendigen Vereinbarungen zur Vertraulichkeit getroffen werden.

Zertifizierungsaudits sollten ebenfalls als terminlich und inhaltlich abgestimmte Audits durchgeführt werden. Das ISMS ist schon eingeführt und arbeitet. Beim ersten Zertifizierungsaudit sind externe Auditoren von der Zertifizierungsstelle ausgesucht worden, aber auf Seiten der zu auditierenden Organisation ist man noch nicht vertraut mit ihnen. Für beide Seiten entsteht die Situation des Kennenlernens. Übrigens besteht hinsichtlich der inhaltlichen Abstimmung ohnehin nicht viel Spielraum. Ein Zertifizierungsaudit prüft die Einhaltung der Norm bezüglich der Kapitel 4 bis 10 der ISO 27001 und zumindest stichprobenartig die Berücksichtigung der Maßnahmenziele und Maßnahmen aus dem Anhang A, wobei auch diesbezüglich eine Vollständigkeit beabsichtigt ist.

Überwachungsaudits werden in der Regel inhaltlich von der ausgewählten Zertifizierungsstelle mitbestimmt, indem das Zertifizierungsschema bestimmte Schwerpunktsetzungen vorsehen kann. Sie können daher als terminlich abgestimmte Audits durchgeführt werden, ohne dass die inhaltliche Ausrichtung völlig unklar bliebe. Bei einer Gültigkeitsdauer des Zertifikats von drei Jahren sind meist zwei Überwachungsaudits im Abstand von jeweils 12 Monaten durchzuführen. Die Schwerpunktsetzung wird dann so gewählt, dass die Maßnahmenziele und Maßnahmen aus dem Anhang A jeweils zur Hälfte, die Kap. 4 bis 10 der ISO 27001 meist vollständig geprüft werden.

Re-Zertifizierungsaudits können in aller Regel als zeitlich abgestimmte Audits durchgeführt werden, ohne dass man große Probleme befürchten müsste. Inzwischen liegt mehrjährige Erfahrung im Betrieb des ISMS vor, auch ist man mit den Besonderheiten der Auditsituation bereits vertraut. Da auch hier wieder alle Aspekte der Norm geprüft werden, ist inhaltlich hinreichende Klarheit vorhanden.

Für die Durchführung als „Überraschungsaudit" eignen sich nach unserer Einschätzung am ehesten interne Audits, wenn bereits einige Erfahrung mit dem ISMS gesammelt wurde. In Bereichen, in denen ein hohes Sicherheitsbewusstsein und ein überdurchschnittlich hohes Maß an Sicherheit erforderlich sind, sollten interne Audits stets als Überra-schungsaudit durchgeführt werden.

Weitere allgemeine Hinweise für die Durchführung interner und externer Audits kann man der ISO 27007 und der ISO 19011 entnehmen. Auditoren sollten sich damit vertraut machen.

In den zurückliegenden Jahren hat sich ein weiteres Differenzierungsmerkmal für den Typ eines Audits entwickelt. Insbesondere größere Organisationen, deren ISMS relativ gleichartig an mehreren Standorten betrieben wird, bedienen sich intern der Möglichkeiten, die Videokonferenzen zur Abstimmung bieten, wenn einerseits Mitar-beiter aus verschiedenen Standorten beteiligt werden sollen, andererseits aber mög-lichst wenig Zeit durch Reisetätigkeiten benötigt werden soll. Der Wunsch liegt nahe, Videokonferenzen auch im Rahmen von Audits einsetzen zu können. Hierfür wurde der Begriff des Teleaudits geprägt. In der Tat ist es möglich, Videokonferenzen, Webmee-tings und Fernzugriffe, z. B. auf Dokumente, auch im Rahmen von ISMS-Audits ein-zusetzen. Dafür gelten jedoch auch normativ bestimmte Beschränkung, deren wich-tigste ist, dass Teleaudits höchstens 30 % der Zeitdauer ausmachen dürfen, die insgesamt für Audits vor Ort vorzusehen ist. Diese Regelung ist bereits in der ISO 27006 [2] verankert.

Auditoren auswählen
Wer kommt als Auditor für ein ISMS in Frage?

Betrachten wir zunächst interne Audits. Es ist aufgrund der Prinzipien der Neutralität und Objektivität klar, dass Sicherheitsverantwortliche das Audit *nicht* durchführen. Ebenso können keine Mitarbeiter aus solchen Abteilungen herangezogen werden, die selbst an der Realisierung der Informationssicherheit beteiligt sind. Insbesondere dürfte das für die IT-Abteilung bzw. das Rechenzentrum gelten.

Prinzipiell geeignet wären – bei entsprechender Erfahrung mit dem Thema Informati-onssicherheit – Mitarbeiter der Revision, des Qualitätsmanagements oder ähnlicher Quer-schnitts- oder Stabsfunktionen. Es kann sinnvoll sein, neben den Auditoren auch einen IT-Spezialisten im Auditteam zu haben, der z. B. technische Sicherheitsaspekte präzise beurteilen kann.

Dabei gilt es stets, Personen mit entsprechenden Kenntnissen und Fähigkeiten auszu-wählen. Auch die persönlichen Voraussetzungen spielen eine Rolle. Die Auditoren sollen in der Lage sein, die Audits objektiv und unparteiisch durchzuführen. Da die Auditoren eine Kontroll- und Bewertungsaufgabe zu erfüllen haben, sollten sie höflich, korrekt und bestimmt auftreten, ohne dabei überheblich zu wirken.

Da auch die Handlungen von Vorgesetzten ggf. Gegenstand der Überprüfung sein kön-nen, sollten Auditoren diesen Vorgesetzten nicht unterstellt sein. Das Management sollte auch dafür sorgen, dass die internen Auditoren ihre Auditorentätigkeit im Rahmen des Auditplans weisungsfrei ausüben können.

Wenn die Zertifizierung beabsichtigt ist oder das ISMS bereits zertifiziert ist, wird der externe Auditor beim Zertifizierungs- oder Überwachungsaudit nach objektiven Nachweisen fragen, wie und warum die internen Auditoren ausgewählt wurden. Es ist daher ratsam, die Vorgehensweise und die Auswahlgründe zu dokumentieren.

Dass man für *externe* Audits nur qualifizierte Auditoren einsetzen möchte, versteht sich von selbst. Woran kann man eine solche Qualifikation erkennen? Lassen Sie sich Qualifikationsnachweise vorlegen, wie z. B. über

- Schulungen oder Abschlüsse von anerkannten Institutionen,
- Akkreditierungen bei einschlägigen Instituten bzw. Zertifizierungsstellen oder
- durchgeführte Referenzprojekte.

Auch bei Auditoren, die auf den Akkreditierungslisten einschlägiger Institutionen bzw. Zertifizierungsstellen stehen, kann es von Interesse sein nachzufragen, ob bereits Audits in der speziellen Branche der Organisation durchgeführt worden sind. Jeder Auditor sollte zudem mit einer Verfahrensbeschreibung (oder vergleichbarem Material) aufwarten können, in der er seine Vorgehensweise beschreibt.

Wie bereits oben angegeben, wird im Rahmen von Zertifizierungsverfahren die Zertifizierungsstelle den Auditor benennen. Als zu auditierende Organisation können Sie sich selbstverständlich die o. g. Nachweise für den ausgesuchten Auditor auch von der Zertifizierungsstelle vorlegen lassen.

Der Anspruch, qualifizierte Auditoren einzusetzen, ist nicht immer leicht zu erfüllen. Als ab 2017 Zertifizierungen nach dem IT-Sicherheitskatalog gemäß § 11 Absatz 1a EnWG durchzuführen waren, standen anfangs zwar qualifizierte Auditoren für ISO 27001 zur Verfügung, jedoch fehlten in den meisten Fällen fundierte Kenntnisse im Bereich der Energieversorger. Das Problem wurde gelöst, indem interessierte ISO 27001-Auditoren eine Zusatzqualifikation erwerben mussten und die ersten Zertifizierungen durch ausgewiesene Fachexperten begleitet wurden.

Seien Sie besonders skeptisch, wenn Ihnen ein potenzieller Auditor anbietet, Sie zunächst durch Übernahme von Dokumentationsarbeiten und Hilfestellung bei der Implementierung von Maßnahmen zu unterstützen, bevor er dann das Audit durchführt. Ein Audit ist nur dann normengerecht, wenn es *personell getrennt* von einer Beratung und Unterstützung erfolgt. Andernfalls läge ein Verstoß gegen das Gebot der Neutralität und Objektivität vor – schließlich macht es keinen Sinn, wenn ein Auditor seine eigene Arbeit oder seine eigenen Vorschläge überprüft. Ist eine Zertifizierungsstelle beteiligt, wird sie darauf achten, dass die Auditoren keine Beratung bzw. Unterstützung zur Implementierung eines ISMS leisten.

Dass Auditoren Beratung insofern leisten, als einzelne Anforderungen des Standards oder festgestellte Defizite inhaltlich erläutert werden, ist unkritisch und gehört zu ihrer normalen Aufgabe.

Minimalanforderung wäre deshalb, dass die Auditorentätigkeit einerseits und Beratungs-/Unterstützungsleistungen andererseits personell getrennt sind. Nebenbei: Akkreditierte Zertifizierungsstellen für ISO 27001 dürfen ebenfalls keine Beratung durch eigene Mitarbeiter anbieten – eine generelle Besonderheit bei Managementnormen.

Aufwandsschätzung

Aufwand entsteht bei der Vorbereitung, Durchführung und Auswertung eines Audits. Dieser Aufwand lässt sich anhand der in den weiteren Abschnitten geschilderten Abläufe leicht ermitteln.

Nicht zum Aufwand gerechnet werden darf, was zur Erfüllung des Standards erforderlich ist (Dokumentationsarbeiten, Umsetzung von Maßnahmen) oder aufgrund des Ergebnisses eines Audits einer Korrektur bedarf, da dieser Aufwand ja unabhängig von der Durchführung eines Audits ist.

Soweit die Theorie – in der Praxis sieht es natürlich so aus, dass alle noch vor dem Audit zu beseitigenden Defizite und alles, was nachträglich zu reparieren ist, in die Ermittlung des Aufwands einbezogen wird, was die Kosten (scheinbar) in die Höhe treiben kann.

Bei externen Audits und bei einer Zertifizierung fallen darüber hinaus externe Kosten an, die wir im folgenden Abschnitt erläutern.

Vereinbarung eines Audits

Ein *externes* Audit mit dem Ziel der Zertifizierung muss auf der Basis einer schriftlichen Vereinbarung mit der ausgesuchten, akkreditierten Zertifizierungsstelle durchgeführt werden, in der alle wichtigen Eckdaten und Bedingungen erfasst sind. Es wird empfohlen, auch *interne* Audits mit einer entsprechenden Vereinbarung zu regeln. Zu den Eckdaten und Bedingungen zählen:

Gegenstand und Ziel des Audits Welcher Gegenstand bzw. Anwendungsbereich soll dem Audit zugrunde liegen? Welcher Standard stellt die Messlatte dar? Welche weiteren Vorgaben sollen angewendet werden? Was ist das Ziel des Audits?

Namen der Auditoren Die Vereinbarung sollte alle beteiligten Auditoren namentlich aufführen, um dem Umstand vorzubeugen, dass qualifizierte Auditoren avisiert werden, dann aber tatsächlich Vertreter entsendet werden, die nicht über die erforderlichen Qualifikationen bzw. Erfahrungen verfügen.

Vom Auftraggeber erwartete Dokumentation Es sollte zwischen allen Beteiligten Klarheit darüber bestehen, welche Dokumentation zur Vorbereitung des Audits und zur Erfüllung der Vorgaben des Standards erwartet werden. Dabei ist es sehr hilfreich, wenn diese Dokumente nicht nur benannt, sondern zumindest stichwortartig beschrieben werden, um Missverständnissen vorzubeugen. Es stellt die Motivation der Beteiligten meist auf eine harte Probe, wenn das Verfahren durch permanente Nachforderung von Dokumentation und schriftlichen Nachweisen in die Länge gezogen wird oder gar nicht zum Abschluss gebracht werden kann.

Termine, Orte und Inhalt eines Audits Legen Sie die Art des von Ihnen gewünschten Audits in der Vereinbarung fest: Das eine Extrem: terminlich, räumlich (Standorte) und inhaltlich abgestimmte Audits. Das andere Extrem: Überraschungsaudits. Bei einem mehrere Standorte umfassenden ISMS kann es zu Wechselwirkungen zwischen Gegenstand und Ziel des Audits einerseits und den sinnvoll auszuwählenden Standorten andererseits kommen. Bei einer Vielzahl von Standorten, an denen jeweils gleiche oder sehr ähnliche Aspekte des ISMS bedient oder umgesetzt werden, kann die Bildung einer Stichprobe sinnvoll sein. Dem kann entgegenstehen, dass innerhalb eines Auditzyklus[4] alle Standorte einmal besucht worden sein sollten. Auch diese Aspekte sollten in der Vereinbarung geregelt sein.

Wenn branchenspezifische Standards berücksichtigt werden sollen, kann es dort besondere Festlegungen zu den zu auditierenden Standorten geben. Beispielsweise kennt man im Energiesektor die Unterscheidung zwischen dauerhaft besetzten und nicht dauerhaft besetzten Standorten. Die Vorgaben für die Auswahl der Stichproben sind für diese Standorttypen unterschiedlich und müssen entsprechend berücksichtigt werden.

Schriftlicher Auditplan Ein schriftlicher Auditplan, der der Organisation vorab zugesandt wird, macht keinen Sinn bei Überraschungsaudits, aber in allen anderen Fällen – und sollte deshalb dann auch angefordert werden. Unabhängig davon muss ohnehin jedes normgerechte Audit von den Auditoren vorab für eigene Zwecke geplant werden, so dass kein (zu zahlender) Zusatzaufwand entsteht.

Behandlung von Feststellungen Niemand wünscht es sich, dennoch ist es normale Praxis: Beim Audit werden Defizite festgestellt – die es zu lösen gilt. Dabei gibt es natürlich einfache, mittlere oder schwere Probleme. Auditoren sollten ein Verfahren zur Klassifizierung von Feststellungen haben. Diese Klassifizierung muss die Auswirkungen der Feststellungen auf das Ergebnis des Audits (und die Zertifizierung) beschreiben. Bei manchen Zertifizierungsstellen verwendet man eine Klassifizierung mit drei Stufen: Empfehlung, Hinweis, Abweichung. *Empfehlung* meint das, was das Wort ausdrückt: Die Organisation muss dem nicht folgen, sollte dies aber dann begründen können. Ein *Hinweis*, auch Nebenabweichung genannt, stellt ein temporär tolerierbares Defizit dar, das durch eine Maßnahme in festgelegter Zeit behoben werden muss, verhindert aber nicht die Zertifizierung. Eine *Abweichung* (oder analog Hauptabweichung) ist dagegen ein nicht tolerierbares Defizit, widerspricht dem zugrunde liegenden Standard und

---

[4] Etwa im Rahmen einer Zertifizierung ein Zertifizierungsaudit und zwei Überwachungsaudits.

verhindert bis zu seiner Behebung die Zertifizierung bzw. kann eine bestehende Zertifizierung aussetzen.

In der Praxis kommt es gelegentlich zu unterschiedlichen Einschätzungen und Bewertungen einer Feststellung. Meist geht es dabei um die Frage: Hinweis oder Empfehlung? Daher sei an dieser Stelle ein Wort an die Auditoren gerichtet: Sie müssen als Auditor unter Bezugnahme auf eine konkrete normative Anforderung *begründen*, wie und warum Sie zu Ihrer Bewertung der Feststellung kommen.

Vertraulichkeit Aus Sicht der auditierten Organisation besteht meist der Wunsch, dass alle bei einem Audit gewonnen Informationen vertraulich gehandhabt werden sollen. Auch wenn Auditoren grundsätzlich zur Vertraulichkeit verpflichtet sind, ist es eine gute Praxis, in der Vereinbarung eine entsprechende Klausel aufzunehmen. Es ist klar, dass die Auditoren und die ihnen zuarbeitenden Personen sowie bei einer Zertifizierung auch die Zertifizierungsstelle zur Kenntnisnahme und zum Einblick in Unterlagen, Aufzeichnungen und Nachweise befugt sind. Bei der Herausgabe von Nachweisen, z. B. in Form von Kopien, können darüber hinaus Datenschutzaspekte (oder allgemein: schutzwürdige Interessen Dritter) zu bedenken sein. Um ein Beispiel zu geben: Nehmen wir an, dass die Ausübung sicherheitskritischer Tätigkeiten im Geltungsbereich des ISMS an die Vorlage eines polizeilichen Führungszeugnisses geknüpft ist. Das wird in den Unterlagen zum ISMS entsprechend beschrieben sein. Ein Auditor ist daher berechtigt, sich das Führungszeugnis für eine bestimmte Person als Nachweis vorlegen zu lassen. Es ist aber nicht erforderlich, ihm eine Kopie des Führungszeugnisses auszuhändigen. Dennoch wird der Auditor im Auditbericht bestätigen, dass ihm das Führungszeugnis vorgelegt hat.

Zeitnahe Erstellung eines Auditberichts Es gilt die Regel: „Kein Audit ohne zeitnahen schriftlichen Auditbericht!" Die Vereinbarung sollte einen Termin enthalten, wann spätestens der Auditbericht dem Auftraggeber vorgelegt werden wird. Dies könnte z. B. maximal zwei Wochen nach dem Audit sein. Ist der Zeitraum länger, besteht die Gefahr, dass der Bericht immer weniger konkret wird, weil sich die Auditoren schlicht nicht mehr an alle Details erinnern, oder Feststellungen enthält, von denen beim Audit nicht die Rede war.

Interaktion mit einer Zertifizierungsstelle Ist eine Zertifizierung vorgesehen, sollte die Vereinbarung mit der Zertifizierungsstelle neben den Namen der Auditoren auch die Angabe enthalten, ob diese Auditoren angestellte Mitarbeiter oder extern sind. Informieren Sie sich über die Bedingungen und Kosten, die mit einer Zertifizierung verbunden sind! Ist dazu ein eigener Antrag bei der Zertifizierungsstelle erforderlich? Gehen Sie im Nachgang zur Zertifizierung irgendwelche Pflichten ein? In der Regel werden Sie eine Informationspflicht übernehmen und gravierende Änderungen an Ihrem ISMS der Zertifizierungsstelle anzeigen müssen.

▶   Inzwischen gibt es in Deutschland Organisationen, die ISMS-Zertifikate mit gegenüber der Norm stark reduzierten Anforderungen[5] an das ISMS anbieten. Entsprechende Zertifizierungsprogramme sind möglicherweise nicht akkreditiert oder unterliegen aus anderen Gründen nicht der nationalen und internationalen Anerkennung, wie sie bei originären ISO27001-Zertifikaten besteht. Wenn für Sie eine solche Anerkennung wichtig ist, sollten bereits im Angebot entsprechende Regelungen enthalten sein. Unabhängig davon können die „alternativen" Zertifizierungsprogramme durchaus sinnvoll sein, um das Sicherheitsniveau in einem Unternehmen Schritt-für-Schritt zu erhöhen.

Erneute Auditierung Wie schon gesagt, ist ein Audit selten eine einmalige Aktion. In der Vereinbarung sollte deshalb festgehalten werden: In welchen Abständen sind erneut Audits durchzuführen? Welchen Umfang haben diese? Können außerplanmäßige Audits notwendig werden und, wenn ja, bei welchen Anlässen? Nehmen Sie diese Absprachen in die Vereinbarung auf!

Beschwerdeverfahren Es kann nicht ausgeschlossen werden, dass Sie entweder mit der Leistung der Auditoren, den erzielten Ergebnissen oder der Abwicklung des Auftrags nicht einverstanden sind. Wie geht man dann vor? Sie sollten zunächst prüfen, ob ihr Auftragnehmer ein Beschwerdeverfahren besitzt und wie es aussieht. Ist ein solches nicht vorhanden, nehmen Sie ein solches explizit in die Vereinbarung auf! Ganz sicher existiert ein Beschwerdeverfahren bei akkreditierten Zertifizierungsstellen. Bevor Sie juristische Schritte unternehmen, sollten Sie den Weg der Beschwerde gehen. Akkreditierte Zertifizierungsstellen haben oft ein Lenkungsgremium mit einem Beschwerdeausschuss, in dem Experten verschiedener Unternehmen und Behörden vertreten sind und in dem versucht wird, eine neutrale Klärung Ihrer Beschwerde herbeizuführen. In der Regel wird die Beschwerde anonymisiert behandelt, um sicherzustellen, dass auf die Entscheidung nur sachliche Erwägungen Einfluss haben.

Kosten des Verfahrens Eine transparente Darstellung aller Kosten (inkl. Reisekosten) bei externen Audits ist selbstverständlich. Prüfen Sie, ob Kosten für die Zertifizierung in der Vereinbarung enthalten sind, oder ob diese von Ihnen separat zu tragen sind. Auch für interne Audits wird man eine Aufwandsschätzung vornehmen; ggf. wird ein interner Auditor eine Entlastung seiner Kostenstelle erreichen wollen.

In den Anhängen B und C der ISO 27006 [2] finden sich Hinweise zur Abschätzung des Aufwandes für ein ISMS-Audit. Die in Anhang B angegebene Zeittafel (Audit Time Chart) gibt die erforderliche Zeitdauer für ein Erstaudit des ISMS in Abhängigkeit von der

---

[5]Als Beispiel sei eine Initiative des Bayerischen IT-Sicherheitsclusters genannt, wobei ein speziell auf kleine und mittlere Unternehmen zugeschnittenes Programm in Anlehnung an ISO 27001 entwickelt wurde. Es trägt den Namen „Informationssicherheit in zwölf Schritten" (ISIS12) und soll eine Vorstufe für ein vollständiges ISMS darstellen.

Anzahl der Beschäftigten an. Gemeint ist hierbei nicht die Gesamtzahl der Beschäftigten der Organisation, sondern nur der Teil, der im Geltungsbereich des ISMS arbeitet. Im Anhang C werden zudem Hinweise gegeben, aufgrund welcher Faktoren und in welcher Weise die Auditdauer sich verlängern oder verkürzen kann. Daher kann ein Blick in die ISO 27006 auch für den Betreiber des ISMS interessant sein.

Trennung von Beratung und Unterstützung Falls seitens eines Dienstleisters eine Auditorentätigkeit sowie Beratung und Unterstützung für die Einrichtung des ISMS angeboten werden, sollte das Trennungsgebot beachtet werden: Auditoren dürfen nicht gleichzeitig prüfen und beraten/unterstützen. Die Zertifizierungsstelle sollte vorab informiert werden, damit geprüft werden kann, ob die ggf. notwendige Lizenzierung des gewünschten Auditors durch die Zertifizierungsstelle vorhanden ist. Die Vereinbarung mit dem Dienstleister soll sich auf die gewünschte Beratung beschränken. Die Vereinbarung mit der Zertifizierungsstelle soll die Auditierung und die Zertifizierung umfassen. Der Vertrag mit dem konkreten Auditor wird dann von der Zertifizierungsstelle geschlossen.

5.3 Vorbereiten eines Audits

Wir gehen nunmehr davon aus, dass alle Festlegungen (Auditgegenstand, Auditoren, Tag, Dauer und Ort des Audits, schriftliche Vereinbarung) getroffen wurden. Weiterhin liegt ein Auditplan vor, aus dem der zeitliche Ablauf des Audits und die erforderliche Mitwirkung von Mitarbeitern der auditierten Organisation ersichtlich sind. Den groben Zeitplan aus der Tab. 5.1 wollen wir nun etwas detaillierter behandeln und die einzelnen Vorbereitungsschritte durchgehen.

Bekanntgabe des Audits
Alle Mitarbeiter der Organisation (zumindest diejenigen, die vom Gegenstand des Audits betroffen sind) müssen informiert werden, dass ein internes oder externes Audit stattfinden wird. Dabei sollte man mitteilen, welchem Ziel das Audit dient, was der Gegenstand ist, wie die weitere Terminplanung aussieht.

Diese Informationen am schwarzen Brett auszuhängen, hat sich als wenig effektiv erwiesen, da nicht alle Mitarbeiter hier regelmäßig hinschauen. Dringend anzuraten ist es, die genannten Informationen in einer E-Mail an alle zu senden – wir gehen dabei von einer Büroumgebung aus, in der das Medium E-Mail jedem zur Verfügung steht. In einer Produktionsumgebung muss ggf. ein anderes adäquates Kommunikationsmedium gewählt werden.

Bei den einzelnen Schritten des Zeitplans wird es vor jedem Schritt nochmal eine Erinnerung per E-Mail geben, z. B. vor dem Probelauf oder vor der internen Veranstaltung. Die Bekanntgabe des Termins dient auch der Unterrichtung aller derjenigen Mitarbeiter, die im ISMS eine Stellvertreterfunktion für eine Aufgabe übernommen haben.

Erstellen und Aktualisieren von Unterlagen

Vor allem beim Erstaudit ist man sich noch sehr unsicher, ob die vorhandene Dokumentation den Anforderungen des Standards oder der Auditoren genügt.

> ▶ **Tipp** Zur Vorbereitung auf ein **Erst-Audit** kann es sinnvoll sein, sich Beratung und Unterstützung einzukaufen, d. h. externe Berater hinzuzuziehen, die Erfahrung im Umgang mit dem betreffenden Standard haben. Hier kann man Fragen zum Verständnis der Anforderungen des Standards stellen, sich kritische Dokumente schreiben oder (besser:) dabei unterstützen lassen, vorhandene Unterlagen einer Vorprüfung unterziehen lassen und eine Einschätzung erhalten, wie weit man noch von der Konformität entfernt ist. Solche Dienstleistungen in Anspruch zu nehmen hilft, unnötigen Aufwand zu vermeiden und Unsicherheiten auszuräumen.

Grundsätzlich ist anhand der vertraglichen Vereinbarung mit der Zertifizierungsstelle zu prüfen,

- welche Unterlagen und Nachweise benötigt werden und ob diese vorhanden sind (gegebenenfalls sind kurzfristig noch fehlende Unterlagen bereit zu stellen),
- ob sie inhaltlich aktuell sind,
- ob sie formal in Ordnung sind (z. B. Angaben zum Versionsstand, korrekte Versionshistorie, aktuelle Referenzen in den Anhängen),
- ob sie einen Freigabevermerk tragen (d. h. ordnungsgemäß in Kraft gesetzt worden sind),
- ob die Unterlagen nachweislich den Personen zugestellt wurden, die sie benötigen,
- ob ältere Fassungen aus dem Verkehr gezogen worden sind.

Abgesehen vielleicht vom ersten Aufzählungspunkt oben sollte man diesen Check bei jeder Art von Audit vornehmen. Zusätzlich sollte man prüfen, ob sich zwischenzeitlich der Firmenname oder Organisations- und Rollenbezeichnungen geändert haben, ob Änderungen an der IT-Landschaft (z. B. am Netzplan) oder organisatorische Umstrukturierungen vorgenommen worden sind. Diese müssen in der Dokumentation nachgezogen werden. Geänderte Dokumente sind zur Anwendung freizugeben!

In Sachen Dokumentation geht es darum, dass diese in sich konsistent und schlüssig ist und den Anforderungen des Standards genügt. Da die Organisation ihre ISMS-Leitlinie und ihre Sicherheitsziele selbst festlegt, kann es z. B. *nicht* Aufgabe der Auditoren sein, eine andere Ausrichtung der Leitlinie, andere Sicherheitsziele oder andere Risikobewertungen zu fordern.

> ▶ Nicht zu vergessen: Bei früheren Audits könnten Korrektur- und Vorbeugemaßnahmen vereinbart worden sein, die sich die Auditoren beim nächsten Audit hinsichtlich ihrer Wirksamkeit anschauen wollen. Solche Maßnahmen sollten umgesetzt worden sein, schriftliche Nachweise sollten die Wirksamkeit belegen.

Wenn die Dokumentation so auf den neusten Stand gebracht worden ist, kann sie vereinbarungsgemäß an die Auditoren gesandt werden.

Teilnehmer

Grundsätzlich sind an dem Audit eines ISMS immer folgende Rollen beteiligt:

- die (internen oder externen) Auditoren,
- die Leitung der zu auditierenden Organisation (zumindest für die Arbeitstakte Begrüßung und Einführung, Kenntnisnahme der Ergebnisse),
- das Sicherheitsmanagement (sollte die Sitzungsleitung und Moderation übernehmen) und
- Verantwortliche für bestimmte Sachgebiete (nur soweit nach Auditplan erforderlich oder nützlich).

Aus dieser Aufzählung ergibt sich der Verteiler für die per E-Mail zu sendenden Einladungen und weiteren Informationen. Den betreffenden Personen sollte die Anwesenheitspflicht möglichst frühzeitig bekannt gegeben werden. Denken Sie auch an die Benachrichtigung der Stellvertreter.

Bei ihrer Prüftätigkeit vor Ort sollten Auditoren natürlich begleitet werden, und zwar nicht in Mannschaftsstärke, sondern stets in einem angemessenen Verhältnis zur Zahl der Auditoren. Und denken Sie daran: Auch für externe Auditoren gilt die Besucher- und Zutrittsregelung. Ggf. erforderliche Abweichungen sollten als Ausnahme zuvor genehmigt sein. Ein Auditor könnte auf den (naheliegenden) Gedanken kommen, sich die Ausnahmegenehmigung zeigen zu lassen.

Verhaltensregeln

Die Erfahrung zeigt, dass die positive Einstellung der Mitarbeiter zum Audit und die Beachtung einiger weniger Verhaltensregeln eine gute Grundlage für ein erfolgreiches Audit darstellen. Negativ wird sich immer auswirken, wenn

- die Auditoren sich nicht ernst genommen fühlen,
- die Mitarbeiter über das Audit und dessen Gegenstand gar nicht informiert sind,
- Fragen der Auditoren nicht, nur teilweise, nicht korrekt oder gar widersprüchlich beantwortet werden,
- ungefragt Auskünfte zu allen möglichen Sachverhalten gegeben werden,
- am Tag des Audits mit der Sicherheit offensichtlich sehr lässig oder sogar fahrlässig umgegangen wird.

Hier gilt es, die Mitarbeiter besonders bei den ersten Audits mit geeigneten Verhaltensregeln vertraut zu machen – deshalb auch der Hinweis auf einen Probelauf bzw. eine entsprechende Info-Veranstaltung.

Ein wichtiger Faktor für erfolgreiche Audits stellt dabei die Sprachdisziplin dar: Ein Sicherheitsverantwortlicher übernimmt die Gesprächsleitung für die Organisation und fordert auf Fragen der Auditoren einzelne Angehörige der Organisation zu Auskünften auf. Es gilt der Grundsatz: Auditoren fragen, wir antworten! Angehörige der Organisation lassen sich insbesondere nicht auf Diskussionen untereinander ein, widersprechen sich nicht gegenseitig und äußern sich nur zu den von Ihnen vertretenen Sachverhalten.

Probelauf

Ein Probelauf wird dringend empfohlen – zumindest dann, wenn ein externes Audit ins Haus steht. Um den Aufwand in Grenzen zu halten, könnte man das ohnehin durchzuführende interne Audit als Probelauf ansehen. Planen Sie ruhig einen Härtetest, indem Sie Prüfgegenstände und den genauen Termin des Probelaufs nicht kommunizieren, sondern allen eine entsprechende Überraschung bereiten.

Als günstiger Zeitpunkt für den Probelauf hat sich ein Abstand von ca. 4 Wochen zum „offiziellen" Audit bewährt. Dies gibt einerseits Zeit, manche festgestellten Mängel noch zu korrigieren, andererseits bleiben der Probelauf und die gewonnenen Erfahrungen den Mitarbeitern noch in Erinnerung. Wenn der Probelauf als internes Audit gemäß der Normanforderung aus Abschn. 9.2 der ISO 27001 durchgeführt wird, sollte er in Übereinstimmung mit Abschn. 9.3 der Norm durch eine Managementbewertung ergänzt werden. Die Managementbewertung sollte innerhalb der ca. 4 Wochen durchgeführt werden, damit das Protokoll darüber beim Audit bereits als Nachweis vorgelegt werden kann.

Es ist klar, dass auch ein internes Audit einen Auditbericht verlangt, in dem die festgestellten Mängel aufgeführt sind. Beheben Sie solche Mängel durch entsprechende Korrektur- und Vorbeugemaßnahmen! Externe Auditoren werden sich immer auch die internen Auditberichte der Organisation ansehen und das Verfahren auf Tauglichkeit und Normenkonformität prüfen. Berichte nicht vorzulegen oder nur solche, die zum Urteil „alles in Ordnung" gekommen sind, fällt den Auditoren spätestens beim zweiten Mal auf: Die Erfahrung zeigt einfach, dass so etwas nichts mit der Realität zu tun hat. Es ist kein Makel, wenn Defizite festgestellt oder offengelegt werden, sondern eher schon, wenn später hieraus keine geeigneten Schlüsse gezogen werden.

5.4   Durchführung eines Audits

Audits haben den Charakter eines Snapshots: Das Audit kann nur den IST-Zustand zum Zeitpunkt des Audits ermitteln, die Zeit zwischen zwei Audits dagegen nur anhand von schriftlichen Unterlagen beurteilen. Weiterhin kann ein Audit nie alle Aspekte vollständig prüfen, d. h. es beschränkt sich auf eine mehr oder weniger qualifizierte Stichprobe. Erst nach mehreren Audits dieser Art ergibt sich für die Auditoren ein vollständiges Bild.

Ablauf eines Audits

Der grundsätzliche Ablauf eines Audits stellt sich meist wie folgt dar:

- Planung: In einer gemeinsamen Sitzung der Beteiligten wird die Auditplanung (Audit-gegenstand, Ziel und Ablauf des Audits, erforderliche Personen) nochmal durchgesprochen und hierüber ein Einvernehmen hergestellt. In Vorbereitung auf ein Audit können die Auditoren Checklisten erstellen, nach denen sie im Audit vorgehen wollen, um den IST-Stand des ausgewählten Ausschnitts aus dem ISMS festzustellen.
- Inhalte: Dann geht es mit fachlichen Erörterungen weiter. Die Organisation stellt insbesondere die Änderungen gegenüber dem letzten Audit dar, die Auditoren stellen Fragen dazu und zur Dokumentation und äußern ggf. Korrekturwünsche.
- Prüfung: Nun kommt der Punkt „Überprüfung der Übereinstimmung von Dokumentation und Realität": Durch *Interviews* und *Ortsbegehungen* werden objektive Nachweise gesammelt und Defizite aufgedeckt.
- Ergebnisdarstellung: In diesem Arbeitstakt am Ende des Audits werden die Prüfergebnisse zusammengefasst und präsentiert; dann wird die weitere Vorgehensweise zur Behebung von Feststellungen besprochen.

Interviews Interviews werden mit Mitarbeitern der Organisation (auf unterschiedlichen Ebenen) geführt, um z. B. das Sicherheitsbewusstsein, die Kenntnis und Einhaltung von Verfahrensregeln, den Zugang zu wichtigen Dokumenten zu prüfen. Ebenso wird dadurch festgestellt, inwieweit die Mitarbeiter mit den Regelprozessen vertraut sind. Fragen nach dem Verhalten in Ausnahmesituationen gehören ebenfalls zum Repertoire der Auditoren.

Interviews haben für die Befragten stets etwas von einer Prüfungssituation. Erfahrene Auditoren wissen das und stellen ihre Vorgehensweise darauf ein. In unserem Zusammenhang geht es um die Prüfung von Sachverhalten, nicht um ein Urteil über Personen.

Ortsbegehungen Bei den Ortsbegehungen werden die Auditoren die Verhältnisse in der Praxis inspizieren, d. h. sich bestimmte Räumlichkeiten (z. B. das Rechenzentrum) oder Arbeitsplätze, vielleicht auch bestimmte Abläufe (z. B. Entwicklung, Produktion, Vertrieb) oder die Konfiguration einzelner IT-Systeme ansehen wollen. Beim Abgleich zwischen Dokumentation und Praxis können sich unerwartete Fragen ergeben und diesbezüglich Defizite festgestellt werden: Bei einem Audit kann alles passieren!

Wenn die Reihenfolge dieser Prüftakte dem Auditplan entnommen werden kann, sollte man bei der Vorbereitung den Weg durch die Liegenschaften vorplanen und mindestens einmal vorab selbst gehen, um vielleicht neuralgische Punkte auszumachen. Denken Sie daran, diesen Weg beim späteren Audit einzuhalten und keinen Rundgang durch die gesamte Firma zu machen: Je mehr Sie zeigen, desto mehr Angriffsfläche bieten Sie. Es wäre nicht das erste Audit, bei dem erst aufgrund unbedachter Rundgänge Abweichungen erkannt wurden.

Bei einem auf mehrere Standorte verteilten ISMS ist zu berücksichtigen, dass Fahrten zwischen den Standorten erforderlich sein können. Ebenso muss bedacht werden, dass die

Auswahl der zu besuchenden Standorte auch nach dem Stichprobenprinzip vorgenommen werden kann.

Gelegentlich kommt es vor, dass sich die Ortsbegehungen deshalb etwas zäh gestalten, weil man beispielsweise zahlreiche Zutrittskontrollen passieren muss oder Schlüssel für bestimmte Räumlichkeiten erst besorgt werden müssen. Dies ist aber kein Problem – es zeigt den Auditoren nur, dass die Sicherheit tatsächlich gelebt wird. Bedenken Sie aber, in derartigen Fällen genug Zeit einzuplanen, damit das Audit auch inhaltlich erfolgreich verlaufen kann.

Ergebnisdarstellung Im Anschluss an die Ortsbegehung werden die Auditoren sich untereinander darüber abstimmen wollen, wie sich das Ergebnis des Audits insgesamt darstellt, welche Defizite im Auditbericht aufzuführen sind und wie diese klassifiziert werden. In der abschließenden *gemeinsamen* Sitzung teilen die Auditoren das Ergebnis der Prüfungen dann der Organisation zumindest mündlich mit. Besser ist es jedoch, wenn alle Feststellungen einschließlich Klassifizierung z. B. handschriftlich auf einem geeigneten Formblatt notiert und der Organisation übergeben werden. Der spätere Auditbericht wird dann diesbezüglich keine Überraschungen mehr enthalten.

Die Auditoren werden der Organisation stets Gelegenheit geben, zu erkannten Problemen Stellung zu nehmen. Missverständnisse sollten unverzüglich ausgeräumt werden. Die auditierte Organisation wird je nach Art eines Defizits bereits Korrektur- und Vorbeugemaßnahmen benennen können oder sich in schwierigen Fällen einige Tage Bedenkzeit erbitten und ihre Maßnahmen dann schriftlich mitteilen. Oft werden für benannte Korrekturmaßnahmen Absprachen darüber getroffen, wann diese Maßnahmen umgesetzt sein werden und wie dies gegenüber den Auditoren nachzuweisen ist. Bei gravierenden Abweichungen kann es vorkommen, dass sich die Auditoren das Recht einer nochmaligen Nachprüfung vor Ort vorbehalten.

Schlussendlich sollte ein Termin für die Zusendung des Auditberichtes abgestimmt werden.

▶   **Tipp** Ein Auditplan ist zwar keine absolut festgezurrte Richtlinie: Dennoch kann der Moderator der Organisation (etwa der IT-Sicherheitsbeauftragte) grundsätzlich auf Einhaltung des Auditplans achten und z. B. bei erheblichen Zeitüberschreitungen hierauf aufmerksam machen.

Umgang mit festgestellten Defiziten
Wie geht man mit festgestellten Defiziten um – sei es, dass sie sich auf die Dokumentation beziehen, oder, dass sie sich während des Audits ergeben haben? Folgende Vorgehensweise kann empfohlen werden:

- Zeigen Sie keine Enttäuschung oder gar Verärgerung, bleiben Sie cool!
- Hinterfragen Sie die Feststellungen und andere kritische Äußerungen der Auditoren, um deren Anliegen genau zu verstehen!

- Lehnen Sie Forderungen nicht brüsk ab, sondern argumentieren Sie sachlich (ggf. mit Angemessenheit und Kosten, Sicherheitswert, Akzeptanz, Praktikabilität)!
- Schlagen Sie bei berechtigter Kritik leicht umzusetzende Korrekturmaßnahmen vor und testen Sie die Reaktion der Auditoren!
- Vermeiden Sie, bei Korrekturmaßnahmen zu kurze Erledigungstermine zu vereinbaren – damit ist niemandem geholfen!
- Versuchen Sie ggf. bei der Klassifikation, Defizite durch gute Argumente herunterzustufen!

Sobald Sie den Auditbericht erhalten haben, überprüfen Sie, ob die Inhalte mit dem beim Audit genannten Ergebnis übereinstimmen. Wenn es hier gravierende Abweichungen gibt, sollten Sie Einwände gegen den Bericht geltend machen. Halten Sie in jedem Fall vereinbarte Termine für Korrekturmaßnahmen ein und erbringen Sie die vereinbarten Nachweise. Eine Hilfe kann es sein, wenn die Korrekturmaßnahmen auf der Agenda der nächsten Managementbewertung stehen.

5.5   Typische Defizite

In diesem Abschnitt wollen wir einige Erfahrungen aus realen Audits nach ISO 27001 zusammentragen und typische Defizite benennen. Bei der Planung eines Audits kann dies eine wichtige Orientierungshilfe darstellen. Wir behandeln dazu einige Themen aus dem ISMS, ohne Vollständigkeit anzustreben.

Leitlinie und Organisation   Beginnen wir mit Feststellungen zu den Leitlinien und zur Organisation. Die Erfahrungen dabei sind:

- Die Leitungsebene lässt sich nicht einbinden: Leitlinien werden nicht in Auftrag gegeben oder erstellte Leitlinien nicht per Unterschrift in Kraft gesetzt, es gibt keinen genehmigten Ressourcenplan für die Informationssicherheit, eine offizielle Sicherheitsorganisation ist nicht erkennbar, es wurde kein Berichtswesen installiert.
- Die Abteilungen der Organisation spielen nicht mit: kein Interesse an der Mitwirkung, keine Transparenz der Abläufe bei den Geschäftsprozessen vorhanden bzw. erwünscht, es werden keine Beiträge zur Sicherheitsplanung geleistet, der Grad der Maßnahmenumsetzung ist und bleibt unbekannt, es herrscht kein Informationsfluss in der Organisation, insgesamt besteht eine unklare Sicherheitslage.
- Mitarbeiter sind nicht ausreichend informiert und motiviert, kennen die Leitlinie(n) nicht, es sind keine Schulungen geplant, die Betroffenen kennen ihre Sicherheitsverantwortung nicht, einschlägige Unterlagen sind am Arbeitsplatz nicht vorhanden.
- Das Sicherheitsmanagement ist notorisch überlastet, hat widersprüchliche Aufgaben, ist demotiviert und fungiert nur als Aushängeschild.

- Kooperationspartner und Kunden haben keine transparenten Vorgaben, es bestehen unklare Schnittstellen und keine präzisen Vereinbarungen, beiderseits vorhandene Leitlinien sind inkompatibel.

Anwendungsbereich Man erlebt auch Audits, bei denen unklar ist, ob und wie der Anwendungsbereich des ISMS festgelegt wurde – oder ob er nur nicht dokumentiert wurde. Vor dem Hintergrund, möglichst schnell ein Zertifikat zu bekommen, wird der Anwendungsbereich häufig auch zu klein geschnitten (d. h. umfasst nicht die wesentlichen risikobehafteten Geschäftsprozesse).

Kontinuierliche Verbesserung Bei der Inspektion der kontinuierlichen Verbesserung konnte festgestellt werden, dass

- das PDCA-Modell[6] nur als Theorie aufgefasst und nicht überall verstanden bzw. angewendet wurde,
- die vier Phasen gar nicht oder nicht vollständig durchlaufen wurden,
- die Zeitabstände für einen Komplettdurchlauf aller vier Phasen zu lang oder zu kurz waren,
- keine Nachweise (Aufzeichnungen, Protokolle, Auswertungen) darüber existierten, dass die Phasen des PDCA überhaupt durchlaufen worden sind,
- unklar ist, welchen Realisierungsstand einzelne Verbesserungsmaßnahmen aktuell haben,
- der Regelkreis einfach nicht funktionierte.

Interne Audits Bei den vom Standard verlangten internen Audits lagen typische Defizite vor:

- Es existierte keine Auditplanung.
- Die Audits wurden gar nicht oder in zu langen Abständen durchgeführt.
- Interne Audits wurden nicht norm- und fachgerecht (Ablauf und Inhalte) durchgeführt.
- Teilweise führte das Sicherheitspersonal die Audits selbst durch.
- Es wurde kein Auditbericht erstellt.
- Feststellungen wurden nicht ausgewertet, ihre Erledigung nicht nachverfolgt.
- Es werden stets die gleichen Aspekte betrachtet.
- Es werden nur Maßnahmenziele und Maßnahmen nach Anhang A der Norm geprüft.
- Es wird nur in der Zentrale geprüft, andere relevante Standorte bleiben außen vor.

---

[6] In der älteren Normfassung spielte der Begriff PDCA-Modell eine zentrale Rolle. In der aktuellen Fassung taucht dieser Begriff nicht mehr auf. Der dem PDCA-Modell zugrundeliegende Gedanke der kontinuierlichen Verbesserung des ISMS durch eine geeignete Abfolge von Aktivitäten wurde jedoch beibehalten und bildet nun das Kap. 10 der Norm. Wir nutzen den Begriff PDCA, um zu betonen, dass sich die Norm in dieser Hinsicht nicht wirklich geändert hat.

Informationswerte Bei den Informationswerten (Assets) wurden folgende Erfahrungen gemacht:

- Informationswerte waren überhaupt nicht identifiziert und erfasst worden.
- Verzeichnisse waren veraltet oder unvollständig.
- Es existierten in der gleichen Organisation unterschiedliche Verzeichnisse von Informationswerten.
- Die Verzeichnisse waren zu detailliert (nicht geeignet gruppiert) oder zu stark abstrahiert.
- Informationswerte waren keinem verantwortlichen Eigentümer zugeordnet.
- Sie trugen keine Einstufung hinsichtlich ihres Wertes bzw. Schutzbedarfs für die Organisation.

Risiken Teils als Folge der zuvor geschilderten Defizite war festzustellen:

- Es wurden nicht alle typischen relevanten Risiken identifiziert.
- Risiken und Schwachstellen wurden nicht für *alle* Informationswerte betrachtet.
- Es existierte kein dokumentierter einheitlicher Maßstab für die Risikoanalyse, d. h. für die Abschätzung der Risiken.
- Die Risikoanalyse war zu detailliert bzw. scheingenau; die angenommenen Zahlen waren teilweise weit von der Realität entfernt (nach oben oder nach unten).
- Der Stand der durchgeführten Risikobeurteilung war stark veraltet, regelmäßige Aktualisierungen waren nicht erkennbar.
- Es existierten keine vernünftigen Risikoschwellen bzw. Risikoklassen bzw. diese wurden nicht fortgeschrieben.
- Änderungen an Prozessen und technische Änderungen wurden nicht in die Risikoanalyse einbezogen.
- Die Rückwirkung von Fremdvergaben („Outsourcing") auf das ISMS wurde nicht in die Risikoanalyse einbezogen.
- Es war erkennbar, dass Schwellenwerte und Risikoklassen nachträglich „justiert" worden waren, um Risiken in der Bewertung günstiger erscheinen zu lassen.
- Bekanntgewordene Sicherheitsvorfälle wurden nicht ausgewertet.

Maßnahmen Bei der Auswahl von Sicherheitsmaßnahmen ergab sich oftmals folgende Beanstandungen:

- Die Begründungen, warum bestimmte Maßnahmen ausgewählt wurden, fehlten oder waren nicht nachvollziehbar.
- Die Begründung lautete gelegentlich, dass die Maßnahme in irgendwelchen Katalogen empfohlen wird. Dort, wo dies als Standardbegründung festzustellen war, ergab sich eine riesige Liste von Maßnahmen, deren Sinnhaftigkeit nicht begründbar war.

- Maßnahmen waren z. T. überzogen, nicht wirksam, hoben sich gegenseitig auf oder behinderten sich – meist vor dem Hintergrund, dass die Bereiche der Organisation unterschiedlich vorgingen oder sogar nichts voneinander wussten.
- Eine Validierung von Maßnahmen im Hinblick auf Praktikabilität und Akzeptanz war nicht erfolgt.
- Der rote Faden, nämlich die Zuordnung Informationswerte → Risiken → Maßnahmen → verbleibende Risiken, war nicht erkennbar.
- Es gab keine Vorgehensweisen zur Feststellung der Wirksamkeit von Maßnahmen. Das betraf auch Korrekturmaßnahmen.

Verbleibende Risiken Dieses Thema erschien als eines der schwierigsten und wurde meist erst gar nicht angegangen, zumindest aber zeigten sich folgende Defizite:

- Eine Beurteilung verbleibender Risiken wurde nur summarisch angegeben, nicht aber für die Einzelrisiken.
- Die Angabe von verbleibenden Risiken war nicht begründet oder nicht nachvollziehbar.
- Gelegentlich wurden verbleibende Risiken „manipuliert", um sie klein erscheinen zu lassen.
- Es existierten keine Schwellenwerte für noch akzeptable oder nicht mehr akzeptierbare Risiken.
- Ermittelte verbleibende Risiken wurden der Leitung nicht zur Kenntnis gegeben oder von dieser nicht zur Kenntnis genommen.
- Ein Risikobehandlungsplan existierte nicht.
- Es fehlte die ausdrückliche Erklärung zur Akzeptanz der verbleibenden Risiken.

Umsetzung Bei der Umsetzung der Maßnahmen gab es eine zentrale, sehr häufig vorkommende Kritik: Die Praxis unterschied sich vielfach von der Konzeption, d. h. eine Überprüfung, ob die konzipierten Maßnahmen (korrekt) umgesetzt worden waren, fand weder anfänglich noch periodisch statt. Auch fehlten Überlegungen, wie die Wirksamkeit einer Maßnahme gemessen werden könnte. Das hatte zur Folge, dass keine Aussagen zur Effektivität von Maßnahmen gewonnen werden konnten.

Dokumentierte Information Bei der Dokumentation zeigten sich die üblichen Schwächen, die man auch schon vom Qualitätsmanagement kennt: nicht auffindbar, alter Stand, mehrere Versionen, keine Freigabe, unklarer Status, kein Verantwortlicher. Will man den Betreiber eines ISMS beim Audit etwas unter Stress setzen, muss man nur akribisch nach der Dokumentation, oder noch besser nach den Aufzeichnungen fragen. Will man den Stressfaktor noch etwas erhöhen, fragt man nach den Auswertungen der Aufzeichnungen.

5.6   Auditbericht und Auswertung

Im Nachgang zum Audit verfassen die Auditoren, ggf. unterstützt von den hinzugezogenen Spezialisten, einen Auditbericht für das Management der Organisation. Der Auditbericht dient der Beschreibung des Audit-Ablaufs, des verwendeten Inputs und insbesondere der Darstellung der festgestellten Probleme und Abweichungen vom Sollzustand. Der Auditbericht gibt ebenfalls den von der Organisation vorgeschlagenen und von den Auditoren als zielführend bewerteten Maßnahmenplan einschließlich der vereinbarten Umsetzungstermine wieder. Auf diese Weise wird der Auditbericht zu einem Dokument, das bei der Vorbereitung des nächsten regelmäßigen (internen, externen) Audits als Grundlage dient.

Das Management der Organisation verwendet seinerseits den Auditbericht, um die Art und Weise des Abstellens der festgestellten Mängel zu beschließen, zu beauftragen und zu kontrollieren. Die Abstellung der Mängel soll ohne unvertretbare Verzögerung erfolgen. Wenn während des Abschlussgespräches beim Audit bereits Termine vereinbart wurden, sollte das verantwortliche Management die Einhaltung der Termine kontrollieren.

Ein guter Auditbericht zeichnet sich dadurch aus, dass er in verständlicher Sprache beschreibt, was wie mit welchem Ergebnis geprüft wurde. Werden Abweichungen von der Norm festgestellt, so benennen die Auditoren die normative Anforderung, beschreiben den vorgefundenen Zustand, und zwar sowohl die Dokumentation als auch die Umsetzung betreffend, und geben nötigenfalls, also in allen nicht offensichtlichen Fällen, eine Begründung, warum die Norm nicht erfüllt wird. Die Auditoren bewerten, ob es sich bei einer Feststellung um einen Hinweis (oder im anderen Sprachgebrauch um eine *Nebenabweichung*) oder eine Abweichung (respektive *Hauptabweichung*) handelt und begründen diese Bewertung.

Auf diese Weise bilden die regelmäßigen internen (und ggf. externen) Audits gewissermaßen eine Kette, an der man die schrittweise Entwicklung und Verbesserung des ISMS ablesen kann.

▶   **Das nächste Audit kommt bestimmt!**   Beachten Sie deshalb die folgenden Empfehlungen:

Dokumentieren Sie jede Änderung am ISMS sofort und achten Sie darauf, dass Ihre Sicherheitsdokumente stets aktuell sind.

Vor sicherheitsrelevanten Änderungen sollten Sie Ihre Auditoren um eine Einschätzung bitten, ob diese Änderungen irgendwelche Probleme bei der Konformität verursachen könnten. Die Auditoren werden bei ihrer Einschätzung auch berücksichtigen, ob und ggf. welche Nebenwirkungen es auf Normerfordernisse gibt, die nicht im Fokus der Änderung stehen.

Sammeln Sie Sicherheitsnachweise nicht erst wenige Tage vor dem Audit, sondern kontinuierlich. Machen Sie sich Gedanken darüber, wie Sie diese Nachweise archivieren und wie Sie einen schnellen Zugriff realisieren können.

Beachten Sie, dass in der neuen Normfassung verstärkt Wert auf Messbarkeit und Effektivität von Maßnahmen gelegt wird, und erheben Sie daher Messwerte kontinuierlich. Vergleichen Sie hierzu auch das Kap. 4.

Literatur

1. DIN ISO/IEC 27001 (2017–06) Informationstechnik – IT-Sicherheitsverfahren: Informations-sicherheits-Managementsysteme – Anforderungen
2. ISO/IEC 27006 (2015–10) Information technology – Security techniques – Requirements for bodies providing audit and certification of information security management systems
3. ISO/IEC 27007 (2017–10) Information technology – Security techniques – Guidelines for information security management systems auditing
4. ISO/IEC TS 27008 (2019–01) Information technology – Security techniques – Guidelines for auditors on information security management systems controls
5. DIN EN ISO 19011 (2018–10) Leitfaden zur Auditierung von Managementsystemen
6. ISO/IEC 27017 (2015–12) Information technology – Security techniques – Code of practice for information security controls based on ISO/IEC 27002 for cloud services
7. ISO/IEC 27019 (2017) Information technology – Security techniques – Information security controls for the energy utility industry (Entwurf einer deutschen Übersetzung: 2018–08)

Die Controls im Anhang A

6

> ▶ **Zusammenfassung** Die Controls im Anhang A der ISO 27001 sind normativ,
> d. h. sie sind allesamt zu bearbeiten – was nicht zwangsläufig heißt, dass alle
> umgesetzt werden müssen. Nach einem kurzen Überblick kommentieren wir
> alle Controls der neuen Normfassung und geben Hinweise und Beispiele zu
> ihrer Umsetzung.

6.1 Überblick

Der Anhang A der ISO 27001 [3] ist ein Katalog mit 14 Sicherheitsthemen, 35 Maßnahmenzielen und 114 Controls. Die Abb. 6.1 zeigt die Struktur dieses umfänglichen
Anhangs – ausgehend von einem der 14 Sicherheitsthemen.

Jedes Sicherheitsthema (im Bild **Thema**) wird zunächst auf ein Ziel oder mehrere
(**Ziel 1**, **Ziel 2**, ...) heruntergebrochen. Mit der Erreichung dieser Ziele soll das Thema
abgedeckt sein.

Jedes Ziel wird nun durch eine variierende Anzahl von Controls (= Sicherheitsanforderungen) beschrieben, d. h. die Idee ist, dass bei Erfüllung bzw. Umsetzung der zugeordneten Controls das übergeordnete Ziel erreicht werden kann.

Anhang A ist *normativ*,[1] d. h. alle Controls müssen „bearbeitet" werden, aber nur die
für die Organisation relevanten Controls müssen umgesetzt werden! Controls, die man als
nicht relevant erachtet, müssen entsprechend markiert werden; die Kennzeichnung als
„nicht relevant" muss jeweils begründet werden!

In der Tab. 6.1 bringen wir zur ersten Orientierung eine Übersicht über die behandelten
14 Themen. Wundern Sie sich nicht, dass die Nummerierung mit der Nr. 5 beginnt – das

---

[1] Beachten Sie zu diesem Punkt auch die Ausführung in Abschn. 8.3.

© Springer Fachmedien Wiesbaden GmbH, ein Teil von Springer Nature 2020
H. Kersten et al., *IT-Sicherheitsmanagement nach der neuen ISO 27001*,
Edition <kes>, https://doi.org/10.1007/978-3-658-27692-8_6

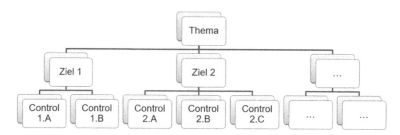

Abb. 6.1   Struktur des Anhangs A der ISO 27001

Tab. 6.1   Übersicht Anhang A

5	Informationssicherheitsrichtlinien
6	Organisation der Informationssicherheit
7	Personalsicherheit
8	Verwaltung der Werte
9	Zugangssteuerung
10	Kryptografie
11	Physische und umgebungsbezogene Sicherheit
12	Betriebssicherheit
13	Kommunikationssicherheit
14	Anschaffung, Entwicklung und Instandhaltung von Systemen
15	Lieferantenbeziehungen
16	Handhabung von Informationssicherheitsvorfällen
17	Informationssicherheitsaspekte beim Business Continuity Management
18	Compliance

ist in der Norm tatsächlich so angegeben. Der Grund ist vermutlich in der ISO 27002 [4] zu sehen, in der die ersten vier Kapitel andere Inhalte aufweisen und erst ab Kapitel 5 auf die Controls eingegangen wird – hier wollte man wohl die Nummerierung angleichen.

▶ **Tipp** Diese zweite Norm ISO 27002 gibt viele Erläuterungen und Beispiele zu den Anforderungen der ISO 27001 und deren Umsetzung. Wenn man beim Abstraktionsgrad der Controls im Anhang A ins Schleudern gerät – ein Blick in die ISO 27002 macht vieles klarer. Insoweit die Empfehlung: Besorgen Sie sich auch die deutsche Fassung der ISO 27002!

Einige Anmerkungen:

Die Überschrift *Informationssicherheitsrichtlinien* (5) greift etwas zu kurz, es sind alle Vorgaben für die Informationssicherheit gemeint, insbesondere auch z. B. Leitlinien.

Personalsicherheit (7) ist eher gemeint im Sinne von *Personelle Sicherheit* – es geht um die Sicherheit der Organisation im Verhältnis zu Mitarbeitern und Fremdpersonal.

Für *Verwaltung der Werte* (8) verwenden wir in der Praxis oft den Begriff *Asset Management*.

Die *Zugangssteuerung* (9) ist abgeleitet vom englischen Terminus *Access Control*. Die Anforderungen beziehen sich auf den Zutritt zu Räumlichkeiten mit informationsverarbeitenden Einrichtungen, den logischen und physischen Zugriff auf Informationen (und Daten) und informationsverarbeitende Einrichtungen sowie deren Nutzung.

Die längliche Formulierung *Physische und umgebungsbezogene Sicherheit* (11) umfasst Aspekte der Infrastruktursicherheit.

Bei *Betriebssicherheit* (12) geht es nicht etwa um die Betriebssicherheit von elektrischen Geräten oder anderen Anlagen, sondern um die Sicherheit betrieblicher Prozesse – Beispiele: Patch-Management, Backup/Restore, Schwachstellenmanagement usw.

Zu den *Lieferanten* (15) zählen auch Dienstleister jeder Art, d. h. hierunter fallen Cloud-Anbieter, Outsourcing-Nehmer aber auch Reinigungs- und Entsorgungsfirmen.

Für den Begriff *Informationssicherheitsvorfälle* (16) ist auch die englische Bezeichnung *(Security) Incidents* gebräuchlich, d. h. hier geht es um das Incident Management.

Das Thema Nr. 17 dreht sich um die Aufrechterhaltung der Informationssicherheit auch unter widrigen Umständen, etwa in Krisen- und Katastrophenszenarien. Unser klassisches IT-Notfallmanagement fällt hierunter.

Der Begriff *Compliance* (18) meint die Übereinstimmung mit relevanten Gesetzen und Verträgen, aber auch mit Standards zu technischen und Management-Aspekten.

6.2   Die einzelnen Controls ...

Wir besprechen nun alle Ziele und Controls zu den genannten 14 Themen.

6.2.1   Informationssicherheitsrichtlinien (A.5)

Das Wort *Richtlinien* ist einem umfassenden Sinne zu verstehen: Zumeist findet man in Organisationen eine *Sicherheitsleitlinie*,[2] in der die allgemeine Ausrichtung der Organisation in Sachen Informationssicherheit dargestellt ist, die Ziele und Strategien zu ihrer Erreichung sowie einige grundlegende Regeln und Verfahren festgelegt sind.

Ergänzt wird eine solche Leitlinie vielfach durch themenspezifische *Sicherheitsrichtlinien*.[3] Hierin beschrieben sind die in der Organisation geltenden Sicherheitsregeln und -maßnahmen zu dem jeweiligen Thema; die Richtlinien adressieren meist eine bestimme

---

[2] Genauer: *Informationssicherheitsleitlinie*, gelegentlich auch *IT-Sicherheitsleitlinie* genannt; englische Bezeichnung: *(Information) Security Policy*.

[3] Solche Richtlinien werden im Englischen ebenfalls unter *Policy* einsortiert, z. B. die ISMS-Richtlinie wird *ISMS Policy* genannt.

Zielgruppe – zumindest die von dem Thema jeweils Betroffenen. Die folgende Aufzählung gibt einige typische *Beispiele* für solche Richtlinien:

- Sicherheitsgerechtes Verhalten am Arbeitsplatz – Zielgruppe: alle Mitarbeiter
- Viren-/Malware-Schutz – Zielgruppe: PC-Nutzer
- E-Mail-Sicherheit – Zielgruppe: E-Mail-Nutzer
- Sicheres mobiles Arbeiten – Zielgruppe: Nutzer mobiler Geräte (für dienstliche Zwecke)
- Einstellung/Ausscheiden/Funktionswechsel von Mitarbeitern – Zielgruppe: Personalstelle
- Zugriffskontrolle – Zielgruppe: System-Administration
- Kryptografie – Zielgruppe: IT-Nutzer in sensiblen Projekten
- Datenschutzrichtlinie – Zielgruppe: alle Mitarbeiter
- Outsourcing & Cloud Services – Zielgruppe: Projektleiter und Nutzer
- ISMS-Richtlinie[4] – Zielgruppe: Sicherheitspersonal

Wichtig: Diese Aufzählung ist nicht vollständig; andererseits ist sie nicht so zu verstehen, dass alle genannten Richtlinien vorhanden sein müssen; die Organisation ist frei, für sie relevanten Richtlinien zu erstellen und in Kraft zu setzen.

Nun kommen wir zu den Zielen und Anforderungen der einzelnen Controls.

Ziel A.5.1 – Vorgaben der Leitung für Informationssicherheit:
Vorgaben und Unterstützung für die Informationssicherheit sind seitens der Leitung in Übereinstimmung mit geschäftlichen Anforderungen und den relevanten Gesetzen und Vorschriften bereitgestellt.

Dieses Ziel besagt, dass die Leitung der Organisation den Betroffenen Vorgaben und Unterstützung bei der Informationssicherheit geben soll, und zwar vor dem Hintergrund der Tätigkeiten der Organisation und unter Beachtung der geltenden relevanten Gesetze, Verträge, Konzernrichtlinien usw.

Wie dieses Ziel – aus Sicht der Norm – erreicht werden soll, beschreiben die nachfolgenden beiden Controls.

Control A.5.1.1 – Informationssicherheitsrichtlinien:
Ein Satz Informationssicherheitsrichtlinien ist festgelegt, von der Leitung genehmigt, herausgegeben und den Beschäftigten sowie relevanten externen Parteien bekanntgemacht.

Zu dem hier genannten *Satz* von Richtlinien zählen die zu Anfang dieses Kapitels aufgeführte Leitlinie und die genannten Beispiele für Richtlinien. Bei der Erstellung von Leit- und Richtlinien sollte bedacht werden, dass diese für den jeweiligen Adressatenkreis

---

[4] Diese Richtlinie aus der früheren Normfassung beschreibt u. a. die Aufbau- und Ablauforganisation des ISMS, anzuwendende Risikoklassen und Akzeptanzkriterien.

relevante Informationen bieten, für diesen zugänglich und verständlich sind. Die Erstellung der Richtlinien wird meist an zuständige (fachkundige) Stellen bzw. Rollen delegiert. Jede Richtlinie im Sinne von A.5.1.1 muss einen Genehmigungsprozess durchlaufen. Dies könnte z. B. so ablaufen, dass eine Entwurfsfassung den betroffenen Stellen bzw. ihren Vertretungen zur Mitzeichnung zugeleitet wird, von dort Änderungswünsche eingebracht werden, schließlich die konsolidierte Fassung durch die Leitung offiziell freigegeben und in Kraft gesetzt wird.

Ein wichtiger Aspekt ist dabei, dass die *finale* Richtlinie dem Adressatenkreis auch bekannt gemacht werden muss. Dies kann in gedruckter Form per Hauspost, in elektronischer Form per E-Mail oder durch Kommunizieren eines entsprechenden Links im Intranet geschehen. Dieses Verfahren muss man ggf. verstärken, wenn es darauf ankommt, einen *Nachweis* für die Kenntnisnahme einer Richtlinie durch die betroffenen Mitarbeiter zu haben: Hier wird man eine Empfangsbescheinigung (auf Papier, auch elektronisch vorstellbar) einfordern.

In diesem Zusammenhang kommen wir auch zu dem Punkt der *Geheimhaltung*: Je nach Thema, Art und Sensibilität einer Richtlinie kann es wichtig sein, dass diese nur dem vorgesehenen Adressatenkreis zur Kenntnis gelangt und ansonsten vertraulich bleiben muss. Insoweit muss man entsprechende Maßnahmen (Zugriffskontrolle, Verschlüsselung beim E-Mail-Versand u. ä.) vorsehen.

Das Bekanntmachen von Richtlinien kann auch in Verbindung mit organisationsinternen Schulungen erfolgen – hierauf kommen wir später zurück. Schulungen sind auch ein probates Mittel, um die Wirksamkeit von Richtlinien zu verbessern bzw. zu erhöhen.

Control A.5.1.2 – Überprüfung der Informationssicherheitsrichtlinien:
Die Informationssicherheitsrichtlinien werden in geplanten Abständen oder jeweils nach erheblichen Änderungen überprüft, um sicherzustellen, dass sie nach wie vor geeignet, angemessen und wirksam sind.

Gegenstand der Überprüfung z. B. einer Richtlinie sind die

- Eignung – die Richtlinie erfüllt den vorgesehenen Zweck und ist anwendbar,
- Angemessenheit – die Richtlinie ist angemessen im Vergleich zu den bestehenden Risiken, auch im Sinne von Wirtschaftlichkeit,
- Wirksamkeit – die betrachteten Risiken werden abgedeckt und ausreichend reduziert.

Es ist klar, dass Richtlinien im Hinblick auf diese Ziele von Zeit zu Zeit überprüft und ggf. überarbeitet werden müssen, weil sich z. B. die rechtlichen oder technischen Rahmenbedingungen geändert haben, neue Geschäftsprozesse aufgesetzt wurden, Sicherheitsvorfälle passiert sind oder das Niveau der Sicherheit geändert werden soll.

Dieses Control verlangt eine solche Überarbeitung zunächst *in geplanten Abständen* (man könnte auch sagen: regelmäßig bzw. gemäß einer Regel). Eine entsprechende Planung bzw. Regel könnte so aussehen, dass jede Richtlinie einmal jährlich durch den zuständigen Bearbeiter auf Aktualität überprüft und bei Bedarf überarbeitet wird.

Anlass für eine Überprüfung und Überarbeitung können aber auch *aktuelle Änderungen* der zugrunde liegenden Sachverhalte sein. Würden sich etwa bei den Datenschutzbestimmungen erhebliche Änderungen ergeben, müsste die Datenschutzrichtlinie der Organisation wahrscheinlich zügig angepasst werden – hier wäre ein Warten auf das *geplante* Überprüfungsdatum eher nicht zielführend. Ein anderes Beispiel könnte ein erheblicher Sicherheitsvorfall sein, der zu Änderungen an betroffenen Richtlinien führen soll – und dies unverzüglich.

Die Änderung einer Richtlinie ist nach dem zuvor schon skizzierten Verfahren (Mitzeichnung, in Kraft setzen, Bekanntgabe) zu behandeln.

Implizit kam schon zum Ausdruck, dass man für jede Richtlinie einen verantwortlichen Bearbeiter benennt. Seine Aufgabe besteht darin, auf externe Ereignisse hin oder nach eigenem Ermessen, spätestens aber zum geplanten Termin eine Überprüfung „seiner" Richtlinie durchzuführen.

Hier sei schon der Hinweis gegeben, dass jede Überprüfung einer Richtlinie – auch wenn sich kein Änderungsbedarf ergibt – aufgezeichnet werden sollte. Hierdurch weisen das „ISMS" und der Bearbeiter nach, dass A.5.1.2 in der Praxis eingehalten wurde. Die Aufzeichnung kann im Extremfall eine kurze Notiz mit den wesentlichen Fakten sein, etwa festgehalten in der Änderungshistorie der Richtlinie.

Besser aber ist die Verwendung einer standardisierten Checkliste, in der die wesentlichen Prüfpunkte enthalten sind. In dieser Checkliste könnten die üblichen Änderungskategorien (gibt es neue rechtliche oder andere Vorgaben, technische Änderungen, neue Geschäftsprozesse, Sicherheitsvorfälle?) abgefragt werden; man würde anzukreuzen, ob neue Erkenntnisse zu Eignung, Angemessenheit und Wirksamkeit vorliegen (falls ja: Angabe der Sachverhalte) und aus diesen Daten den Änderungsbedarf (ja/nein) ableiten.

Fazit zu A.5

An diesen beiden Controls wird man nicht vorbeikommen, d. h. sie sind schlechterdings nicht abwählbar. Sehr wohl kann man durch geschickte Strukturierung der Leit- und Richtlinien und Konzentration auf das Wesentliche den Aufwand begrenzen. Unerheblich ist aus Normsicht aber, ob die Richtlinien auf separate Dokumente aufgeteilt oder gar in einem einzigen Dokument zusammengefasst werden. Für eine Aufteilung spricht meist die Tatsache, dass die Richtlinien unterschiedliche Zielgruppen haben; Änderungen an einer Richtlinie führen dann auch nicht gleich dazu, dass das gesamte Richtlinienpaket erneut mitgezeichnet und freigegeben werden muss.

6.2.2   Organisation der Informationssicherheit (A.6)

In diesem Regelungsbereich geht es um die Handhabung der Informationssicherheit innerhalb und außerhalb der Organisation.

Ziel A.6.1 – Interne Organisation:
Ein Rahmenwerk für die Leitung, mit dem die Umsetzung der Informationssicherheit in der Organisation eingeleitet und gesteuert werden kann, ist eingerichtet.

Hier ist gemeint, dass die Leitung sich ein Instrumentarium schaffen muss, mit dem sie das ISMS steuern und überwachen kann. Dazu zählt die Festlegung einer Organisationsstruktur und von Verantwortlichkeiten sowie von Vorgaben für die Sicherheit – das alles unterlegt mit geeigneten Prozessen. Man könnte dies auch unter dem Terminus *Aufbau- und Ablauforganisation* zusammenfassen. Was ist hier im Einzelnen zu tun?

Control A.6.1.1 – Informationssicherheitsrollen und -verantwortlichkeiten:
Alle Informationssicherheitsverantwortlichkeiten sind festgelegt und zugeordnet.

Diese kurze und knappe Anforderung hat es in sich! Es sind verantwortliche Rollen für alle Sicherheitsaufgaben festzulegen und zu besetzen („zugeordnet"). Die Norm lässt sich nicht weiter darüber aus, welche Aufgaben und Rollen hier in Frage kommen – wohl aber findet man dazu einiges in der ISO 27002:

- Verantwortliche für die in A.5 genannten Richtlinien haben wir schon erwähnt.
- Die Informationswerte bzw. Information Assets benötigen jeweils einen verantwortlichen Manager – manchmal auch *Eigentümer* (Asset Owner) genannt –, der sich um die Erfassung und Fortschreibung aller Daten seines Assets kümmert. Natürlich wird in der Praxis ein Verantwortlicher meist für mehrere bzw. eine Gruppe von Assets zuständig sein. Der Verantwortliche wird auch die bestehenden Risiken ermitteln und behandeln.
- Für Letzteres sieht die Norm alternativ vor, dass die Risikoverantwortlichkeit für ein Asset vom betrieblichen Asset Management abgetrennt sein kann, und zwar in Gestalt eines Risk Owners.
- Zu weiteren möglichen Rollen gehören:
  - Abteilungskoordinatoren (die die Interessen ihrer Abteilung im ISMS vertreten)
  - Standortverantwortliche (Ansprechpartner für Sicherheitsbelange in einzelnen Standorten einer Organisation)
  - Zuständige für Compliance-Aufgaben (Übereinstimmung u. a. mit relevanten Gesetzen; darunter fällt auch der Datenschutzbeauftragte)
  - Verantwortlicher für die Infrastruktur (Zutritt, Strom, Klima etc.)
  - interne Auditoren
  - Manager für Dienstleistungs- und Lieferantenbeziehungen
  - mehr technisch orientierte Rollen wie die System-Administration, Backup-Manager, Schwachstellenmanagement, Beauftragter für eine mobile IT-Infrastruktur usw.
- Nicht zuletzt ist hier natürlich das Sicherheitsmanagement zu nennen, das in Gestalt einer Sicherheitsabteilung, einer Arbeitsgruppe oder eines Sicherheitsbeauftragten realisiert wird.

Alle sicherheitsrelevanten Rollen sollten benannt und mit ihren Aufgaben und Befugnissen dokumentiert werden. Dies könnte beispielsweise in der ISMS-Leitlinie (siehe A.5), in einem Sicherheitskonzept oder in einem separaten Dokument erfolgen. Vielleicht kann man hier auch existierende Tätigkeitsdarstellungen oder Aufgabenbeschreibungen heranziehen.

Manche Rollen werden sehr umfassende Aufgaben haben, wobei bedacht werden muss, dass ein Delegieren von Aufgaben und Tätigkeiten immer möglich ist, aber die Verantwortung beim Delegierenden verbleibt – insoweit ist stets eine Ergebniskontrolle bei delegierten Aufgaben erforderlich. Es kommt durchaus in Mode, manche Funktionen auch an Externe zu delegieren – bis hin zum („externen") IT-Sicherheitsbeauftragten.

Control A.6.1.2 – Aufgabentrennung:
Miteinander in Konflikt stehende Aufgaben und Verantwortlichkeitsbereiche sind getrennt, um die Möglichkeiten zu unbefugter oder unbeabsichtigter Änderung oder zum Missbrauch der Werte der Organisation zu reduzieren.

Wir betrachten zunächst das Beispiel eines IT-Leiters (der vorrangig das Funktionieren seiner IT und der IT-Anwendungen im Auge hat) und eines IT-Sicherheitsbeauftragten (der die Sicherheitsziele der Organisation erreichen bzw. einhalten will). Bei einem Sicherheitsvorfall möchte der Sicherheitsbeauftragte möglicherweise eine „gehackte" IT-Anwendung abschalten, während der IT-Leiter dem widerspricht, um seine Ausfallzeiten zu minimieren und sogar Strafzahlungen zu vermeiden. Hier besteht ein *Interessenkonflikt*.

Ein weiteres viel diskutiertes Beispiel bilden die beiden Rollen *IT-Sicherheitsbeauftragter* und *Datenschutzbeauftragter*. Man denke an einen Sicherheitsvorfall, bei dem der Sicherheitsbeauftragte den Ursachen und ggf. möglichen Verursachern nachspürt und dabei auch in personenbezogene bzw. -beziehbare Daten Einblick nehmen möchte. Würden beide Funktionen von einer Person besetzt, ergibt sich ein Konflikt: Ist die Aufklärung des Sicherheitsvorfalls höher einzuschätzen als eine mögliche Beeinträchtigung der Rechte betroffener Personen? Dieser Konflikt ergibt sich allerdings nur, wenn dem Sicherheitsbeauftragten auch Überprüfungsaufgaben übertragen worden sind (was vielfach der Fall ist).

In diesen Beispielen bestehen Konflikte zwischen *Rollen*. Es gibt Ähnliches auch bei bestimmten *Tätigkeiten* – ein klassisches Beispiel kennen wir alle: Die Genehmigung und das Einrichten neuer User Accounts bei IT-Systemen. Wegen der Bedeutung dieser Tätigkeiten für die Sicherheit der Organisation tut man gut daran, diese beiden Arbeitsschritte auf getrennte Personen zu verteilen. Ansonsten kommt das zum Tragen, was in A.6.1.2 genannt wird: Es sind unbefugte, unbeabsichtigte, sogar missbräuchliche Aktionen denkbar, die der Organisation bzw. ihren Informationswerten Schaden zufügen können.

Das Control fordert, dass *alle* sicherheitskritische Aufgaben und Tätigkeiten mit Konfliktpotenzial auf getrennte Personen verteilt werden, um zu vermeiden, dass unbefugt, unabsichtlich oder missbräuchlich Änderungen an Informationswerten vorgenommen werden.

Wie kann eine solche Trennung erfolgen? In unserem Beispiel „IT-Leiter vs. IT-Sicherheitsbeauftragter" geschieht dies am einfachsten dadurch, dass diese Rollen nicht in Personalunion besetzt werden. Im Beispiel der User Accounts dadurch, dass die Genehmigung zur Einrichtung eines Accounts von der eigentlichen technischen Einrichtung personell getrennt wird und die Regel „keine Einrichtung ohne schriftliche Genehmigung" beachtet wird.

Sicherheitskritische Tätigkeiten sind immer Kandidaten, bei denen überlegt werden muss, ob sie sinnvollerweise im Vier- oder Mehr-Augen-Prinzip durchgeführt werden sollten. Hier ist weniger ein Rollenkonflikt, sondern die *Rollenteilung* wesentlich.

Will man Verantwortlichkeiten noch stärker und vor allem einheitlich verteilen, bietet sich das Vorgehen nach dem RACI-System an, in dem zwischen der Durchführungsverantwortung („responsible"), der rechtlichen Verantwortung („accountable"), der notwendigen Hinzuziehung von Personen („consulted") und der Information weiterer Personen („informed") unterschieden wird.

Rollen- und Tätigkeitskonflikte und ihre Lösung sollten stets dokumentiert werden.

Control A.6.1.3 – Kontakt mit Behörden:
Angemessene Kontakte mit relevanten Behörden werden gepflegt.

Die Verwendung des Wortes *Behörden* in der deutschen Übersetzung dieses Controls finden wir nicht ganz gelungen. Das englische „Authority" kann auch eine fachliche oder anderweitige Autorität meinen – z. B. den in der ISO 27002 genannten (privatwirtschaftlichen) Energieversorger oder eine nicht-behördliche Feuerwehr. Lesen Sie also das Wort *Behörden* hier im Sinne von *Stellen*.

Im Text des Controls haben wir nun die typischen Weichmacher „angemessen" und „relevant".

Fangen wir mit „relevant" an und betrachten einige Beispiele:

- Hat man in der Organisation Abläufe und Tätigkeiten, in denen Stellen als Aufsichts- oder Prüforgane auftreten, sind diese natürlich in die Gruppe „relevant" einzuordnen. Es empfiehlt sich, solche Stellen frühzeitig zu kontaktieren, um deren Anforderungen an die Informationssicherheit kennenzulernen und berücksichtigen zu können – auch vor dem Hintergrund zukünftig in Kraft tretender Regelungen.
- Bei Sicherheitsvorfällen kann es erforderlich werden bzw. sinnvoll sein, relevante Behörden hiervon in Kenntnis zu setzen. Dies ist z. B. bei kritischen Infrastrukturen im Rahmen des neuen IT-Sicherheitsgesetzes so geregelt, bei dem das BSI als zentrale Meldestelle fungiert. Bei strafrechtlich relevanten Vorgängen wird man sich an Ermittlungsbehörden wenden.
- Im Zusammenhang mit Datenschutzfragen sind natürlich die Datenschutzbehörden relevant.
- Je nach geschäftlichem Kontext kommen hier auch die Finanzaufsichtsbehörden, das Wirtschaftsministerium für den Bereich des (staatlichen) Geheimschutzes in der Wirtschaft, die Bundesnetzagentur für das Thema der elektronischen Signatur in Frage.

Fassen wir zusammen: Relevant aus Sicht der Organisation sind Stellen dann, wenn man über die Kontakte frühzeitig Kenntnis von neuen Entwicklungen erhält, ggf. den Informations- und Meldepflichten nachkommen muss, Interpretationshilfe bei bestehenden Vorgaben erhalten kann, erhebliche Sicherheitsprobleme oder Fragen mit erheblichen Auswirkungen auf die Sicherheit besprechen kann oder in „gutem" Kontakt zu Aufsichtsstellen stehen möchte.

Was meint nun *angemessen*? Im Grunde muss ein Verfahren existieren, das den externen Vorgaben (z. B. Meldepflichten) und eigenen (geschäftlichen) Anforderungen genügt. Um das Verfahren transparent zu machen, würde man Kontaktpersonen benennen, die mit den relevanten Stellen kommunizieren; weiterhin wäre zu regeln, bei welchem Anlass und in welcher Form die Kontaktaufnahme erfolgt, ggf. wie die Gesprächsinhalte aufzuzeichnen und in der Organisation zu kommunizieren sind. Solche Regelungen wären sicherlich als angemessen zu bezeichnen – allerdings kann man sich dabei auf wenige, unverzichtbare bzw. zentrale Stellen beschränken.

Control A.6.1.4 – Kontakt mit speziellen Interessensgruppen:
Angemessene Kontakte mit speziellen Interessensgruppen oder sonstigen sicherheitsorientierten Expertenforen und Fachverbänden werden gepflegt.

Bei diesem Control geht es mehr um *fachliche* Informationen und Unterstützung bei unserem Thema *Informationssicherheit*. Zu nennen sind einschlägige Verbände und Vereine (u. a. Bitkom, Teletrust, Gesellschaft für Informatik), CERT-Dienste,[5] Sicherheitsforen und -konferenzen, Schulungsanbieter usw. In Deutschland wird sicher das BSI wegen seines hohen Beratungs- und Informationspotenzials als angemessener Kontakt einzuschätzen sein.

Ob es bei diesen Interessengruppen jeweils sinnvoll ist, Kontakte aufzubauen, eine Kooperation anzustreben und sogar vertraglich zu vereinbaren, muss im Einzelfall anhand der geschäftlichen Notwendigkeiten geprüft werden. Ist dabei eine Weitergabe von sicherheitsrelevanten, internen Informationen vorgesehen, muss der Aspekt der Geheimhaltung ausreichend berücksichtigt werden.

Control A.6.1.5 – Informationssicherheit im Projektmanagement:
Informationssicherheit wird im Projektmanagement berücksichtigt, ungeachtet der Art des Projekts.

Jede Art von Projekt in einer Organisation kann Sicherheitsanforderungen aufweisen oder sich auf die Sicherheit der Organisation auswirken. Dabei geht es um die Vertraulichkeit von Projektinformationen, die Integrität und Verfügbarkeit der im Projekt verwendeten Daten, Prozesse und Systeme. Folglich sind in jedem Projekt Sicherheitsziele festzulegen (als Teil der Projektziele), Risiken zu betrachten und – wenn Risiken bestehen – entsprechende Maßnahmen festzulegen und umzusetzen – das Ganze frühzeitig, möglichst vor Beginn des eigentlichen Projektes. Im Verlauf des Projektes sind die getroffenen Maßnahmen regelmäßig auf Korrektheit und Wirksamkeit zu überprüfen.

---

[5] Institutionen, die Schwachstelleninformationen liefern (Übersicht unter www.cert-verbund.de).

Nach A.6.1.1 muss deshalb bei jedem Projekt eine entsprechende Verantwortlichkeit für die Sicherheit zugewiesen werden. Dies könnte z. B. der Projektleiter, ein spezieller Sicherheitskoordinator innerhalb des Projektteams oder eine nicht zum Projektteam gehörende Person sein. Wer auch immer – er/sie sollte sich mit dem Sicherheitsmanagement der Organisation abstimmen. In Organisationen, die alle Projekte nach einem einheitlichen *Projekthandbuch* durchführen, sollte das Sicherheitsthema in dieses Handbuch integriert werden.

Ziel A.6.2 – Mobilgeräte und Telearbeit:
Die Informationssicherheit bei Telearbeit und der Nutzung von Mobilgeräten ist sichergestellt.

Die klassische Informationsverarbeitung *innerhalb* einer Organisation und die Abgrenzung zum Internet waren lange Zeit der Fokus der Sicherheitsanalyse. Mehr und mehr wird dieses zentralisierte Konzept durch die Nutzung von IT-Mitteln *außerhalb* der Organisation zur Makulatur. Arbeiten im Home Office oder in der Infrastruktur anderer Organisation („Telearbeit") und das Mobile Computing mit Laptops, Notebooks, Smartphones und Tablets an (fast) jedem beliebigen Ort und z. T. mit sensiblen Daten stellen die Informationssicherheit einer Organisation vor nicht zu unterschätzenden Herausforderungen.

Die ISO 27001 formuliert in den folgenden beiden Controls eher Ziele als konkrete Maßnahmen.

Control A.6.2.1 – Richtlinie zu Mobilgeräten:
Eine Richtlinie und unterstützende Sicherheitsmaßnahmen sind umgesetzt, um die Risiken, welche durch die Nutzung von Mobilgeräten bedingt sind, zu handhaben.

Der typische Ausgangspunkt der ISO-Norm wird auch hier wieder sichtbar: der Umgang mit den Risiken („... *Risiken ... zu handhaben* ...") – hier bei der Nutzung mobiler Geräte.

Es wird zunächst die Forderung gestellt, dass eine solche Nutzung stets durch eine Richtlinie (im Sinne von A.5) zu regeln ist. Eine Richtlinie *allein* ist aber nicht ausreichend – vielmehr sind unterstützende Sicherheitsmaßnahmen vorzusehen und umzusetzen. Letztere behandeln wir exemplarisch in Kap. 7. Deshalb nur einige Stichwörter zur geforderten Richtlinie: Es sollte festgelegt werden, ob die Verwendung mobiler Geräte im dienstlichen Kontext gestattet und was dabei zu beachten ist. Dabei kann es um Vorgaben zur administrativen Abwicklung des Einsatzes mobiler Geräte gehen, aber natürlich auch um direkte Vorgaben zur Risikovermeidung:

- Ist die dienstliche Nutzung privater mobiler Endgeräte (BYOD: „Bring Your Own Device") erlaubt?
- Dürfen organisationseigene mobile Endgeräte auch privat genutzt werden?
- Wie erfolgt ggf. eine zentrale Beschaffung, Konfiguration und Ausgabe mobiler Geräte?
- Sind auch für die mobilen Geräte die Software-Lizenzfragen sauber geregelt?

- Wann und durch wen dürfen Konfigurationsänderungen an organisationseigenen mobilen Endgeräten vorgenommen werden?
- Dürfen organisationseigene Endgeräte durch Dritte, beispielsweise Familienmitglieder, genutzt werden?
- Wie ist die Meldepflicht bei Missbrauchsverdacht oder bei Verlust eines Gerätes geregelt?
- Welche Maßnahmen zum Diebstahlschutz sind zu beachten?
- Wurde die grundsätzliche Pflicht zur Anwendung kryptografischer Verfahren festgelegt?
- Bestehen Regeln für Backup und Restore, ggf. auch Online-Synchronisation, sowie Virenschutz?
- Wurde die Regel erlassen, dass die Internet-Nutzung über ungesicherte WLANs und Hotspots unzulässig ist?
- Besteht eine Genehmigungspflicht, wenn bei Auslandsreisen mobile Geräte mit Kryptofunktionen mitgenommen werden sollen? (Hintergrund: Nationale Kryptogesetze können Restriktionen beinhalten).

Control A.6.2.2 – Telearbeit:
Eine Richtlinie und unterstützende Sicherheitsmaßnahmen zum Schutz von Information, auf die von Telearbeitsplätzen aus zugegriffen wird oder die dort verarbeitet oder gespeichert werden, sind umgesetzt.

Der Ausgangspunkt ist hier der gleiche wie in A.6.2.1: Richtlinie und unterstützende Maßnahmen. Der Unterschied ist, dass hier das eher regelmäßige, stationäre (nicht-mobile) Arbeiten mit Systemen außerhalb der Organisation (Heimarbeit/Home Office, Arbeiten bei anderen Organisationen) gemeint ist. Dabei geht es um den Schutz von Daten, auf die von *Telearbeitsplätzen* zugegriffen wird bzw. die dort verarbeitet oder gespeichert werden. Auch hier wieder einige Stichwörter für eine entsprechende Richtlinie:

- physische Sicherheit des Arbeitsplatzes und dessen unmittelbarer Umgebung, Sicherheit des Zugangs zum Telearbeitsplatz und seinen Geräten
- Bereitstellung von Betriebsmitteln (Hardware und Software) durch die Organisation
- Betreuung und Wartung für Hard- und Software (Update-, Patch-Management)
- Management der Software-Lizenzvereinbarungen für den Telearbeitsplatz
- Absicherung der Kommunikation und des Zugriffs auf die stationäre IT der Organisation durch entsprechende Konfiguration des Zugangsnetzwerkes (z. B. Heimnetzwerk, WLAN, VPN)
- Backup, Business Continuity Management, Virenschutz und Firewallabsicherung
- Einschränkung der generellen Nutzung des Telearbeitsplatzes auf dienstliche Belange, Nutzungsverbot durch Dritte (Familienangehörige, Besucher)

Ergänzend zu einer allgemeinen Richtlinie für Telearbeit sollten *individuelle Vereinbarungen* mit Mitarbeitern, für die Telearbeit vorgesehen ist, geschlossen werden. Darin sind der

Arbeitsgegenstand, die Arbeitszeit, die Klassifizierung der Daten, die Nutzung von speziellen IT-Anwendungen der Organisation, der Widerruf von Berechtigungen, die Rückgabe von Betriebsmitteln bei Beendigung der Telearbeit, die Prüfung und Überwachung der Sicherheit des Telearbeitsplatzes sowie Versicherungsfragen zu regeln.

6.2.3 Personalsicherheit (A.7)

Zum Titel dieser Controlgruppe: Klassisch würde man eher von *personeller Sicherheit* sprechen. Es geht hier nämlich um Sicherheitsaspekte, die mit der Einstellung und der Tätigkeit von Personen zusammenhängen, sowie diesbezüglicher Veränderungen. Personen können dabei *eigene* Mitarbeiter („Beschäftigte"), aber auch Mitarbeiter von Dienstleistern („Auftragnehmer") sein, die im Auftrag der Organisation tätig sind.

Die Controls sind gegliedert nach den drei Phasen vor, während und am Ende einer Beschäftigung.

Ziel A.7.1 – Vor der Beschäftigung:
Es ist sichergestellt, dass Beschäftigte und Auftragnehmer ihre Verantwortlichkeiten verstehen und für die für sie vorgesehenen Rollen geeignet sind.

Hier geht es darum, dass die betreffenden Personen – Beschäftigte und Auftragnehmer – ihre Verantwortung verstehen und für ihre Aufgaben ausreichend qualifiziert sind. Das gilt umso mehr, wenn es um die Übernahme sicherheitsrelevanter Aufgaben bzw. Tätigkeiten geht.

Control A.7.1.1 – Sicherheitsüberprüfung:
Alle Personen, die sich um eine Beschäftigung bewerben, werden einer Sicherheitsüberprüfung unterzogen, die im Einklang mit den relevanten Gesetzen, Vorschriften und ethischen Grundsätzen sowie in einem angemessenen Verhältnis zu den geschäftlichen Anforderungen, der Einstufung der einzuholenden Information und den wahrgenommenen Risiken ist.

Für jede Tätigkeit, die einer Person zugewiesen werden soll, besteht im Grunde eine Art *Profil*: Es besteht aus Anforderungen an Art, Umfang und Verantwortung der Tätigkeit („geschäftliche Anforderungen"), sowie einer Bewertung der Tätigkeit hinsichtlich der damit verbundenen Risiken.

Für ein solches Profil ist jeweils festzulegen, wie Bewerber zu überprüfen sind, *bevor* die Tätigkeit übernommen wird – ein Sachverhalt, den wir bei sicherheitskritischen Rollen wie dem IT-Sicherheitsbeauftragten oder dem Datenschutzbeauftragten, aber auch bei IT-Administratoren kennen. Für solche Funktionen möchte man nur zuverlässige und vertrauenswürdige Personen einsetzen.

Welche Art von Prüfung kann hier erfolgen? Zunächst eine Identitätsprüfung anhand von Ausweisen, eine Prüfung des persönlichen Werdegangs z. B. mittels eines schriftlichen Lebenslaufs, eine Prüfung der Eignung bzw. Qualifikation durch Einsicht in entsprechende Zeugnisse, Prüfung eines Führungszeugnisses usw.

Hierbei handelt es sich um schriftliche Informationen, die im Rahmen von Bewerbungsgesprächen durch persönliche Eindrücke ergänzt werden können. Geht es um Personal, das von Auftragnehmern bereitgestellt wird, kann eine solche Überprüfung durch den Auftragnehmer oder in Kooperation mit ihm durchgeführt werden. Im Überlassungsvertrag sind dann Angaben zum Sicherheitsstatus der Personen sowie eine Meldepflicht bei Veränderungen aufzunehmen.

Der im Control erneut auftauchende Text *„in einem angemessenen Verhältnis ...“* meint, dass es Tätigkeiten mit unterschiedlich hohen Anforderungen an die Vertrauenswürdigkeit der Bewerber gibt; daran sind die Verfahren und die Tiefe der Überprüfung von Bewerbern auszurichten. Für keine oder nur geringe Anforderungen an die Vertrauenswürdigkeit wird man vielleicht über eine Prüfung der eingereichten Unterlagen nicht hinausgehen. Bei hohen Anforderungen z. B. im staatlichen Geheimschutz wird eine formale Sicherheitsüberprüfung nach dem SÜG eingeleitet, bei Firmen wird vielleicht eine Auskunftei eingeschaltet.

Bei allen Überprüfungen ist zu beachten, dass diese im Einklang mit den gesetzlichen Bestimmungen erfolgen (z. B. Arbeitsrecht, Datenschutzbestimmungen). Die „einzuholenden Information(en)“ muss/müssen außerdem dem Prüfzweck angemessen sein. Es ist sinnvoll, in einer Verfahrensbeschreibung festzuhalten, bei welchen Einstellungen Überprüfungen stattzufinden haben, wer diese Überprüfungen vornimmt und welche Informationen eingeholt werden, welche Nachweise geprüft und archiviert werden und in welchen Abständen Überprüfungen ggf. zu wiederholen sind.

Control A.7.1.2 – Beschäftigungs- und Vertragsbedingungen:
In den vertraglichen Vereinbarungen mit Beschäftigten und Auftragnehmern sind deren Verantwortlichkeiten und diejenigen der Organisation festgelegt.

Diese Anforderung besagt, dass eine Übertragung von Aufgaben bzw. Verantwortung immer vertraglich vereinbart werden muss – sowohl bei eigenen Mitarbeitern als auch bei Fremdpersonal. Letzteres ist meist Gegenstand von Dienstleistungsverträgen, bei den eigenen Mitarbeitern geht es um deren Arbeitsverträge. Was muss hier aufgenommen werden?

Wir geben einige Stichwörter: Vertraulichkeits- und Geheimhaltungsvereinbarungen, bestehende gesetzliche Verpflichtungen (z. B. Beachtung der Datenschutzbestimmungen, Urheberrecht bzw. Patentschutz), Verweis auf relevante Leit- und Richtlinien – einschließlich der Folgen von Zuwiderhandlungen (Abmahnung, Disziplinarverfahren, Strafprozess), Pflicht zur Aus- und Weiterbildung, wenn dies für die Tätigkeit geboten ist.

Es ist zu prüfen, ob z. B. Geheimhaltungsregeln auch über das Ende einer Anstellung hinaus gültig bleiben – was in entsprechenden Vereinbarungen dann zum Ausdruck kommen muss.

In punkto Sicherheit kommt der *Leitlinie* an dieser Stelle eine besondere Bedeutung zu, da viele der zuvor genannten Punkte hierin bereits aufgeführt sein sollten. Die Leitlinie und vergleichbare grundlegende Dokumente sollten als (verbindlicher) Anhang eines

Arbeitsvertrags oder einer Dienstleistungsvereinbarung vorgesehen werden. Dem Grad der Verbindlichkeit entsprechend wäre auch zu überlegen, sich den Empfang und den Willen zur Beachtung schriftlich bestätigen zu lassen (und dies der Personalakte beizufügen).

Der letzte Halbsatz des Controls weist darauf hin, dass Verpflichtungen immer gegenseitige Verpflichtungen sind, die Organisation also stets die Voraussetzungen schaffen muss, damit die aufgegebenen Verpflichtungen auch umsetzbar und einhaltbar sind.

Ziel A.7.2 – Während der Beschäftigung:
Es ist sichergestellt, dass Beschäftigte und Auftragnehmer sich ihrer Verantwortlichkeiten bezüglich der Informationssicherheit bewusst sind und diesen nachkommen.

Mit der formalen Übertragung einer Aufgabe bzw. Verantwortung nach A.7.1 ist es meist nicht getan: Was nach Aktenlage gut aussieht, muss in der Praxis nicht immer gut funktionieren. Hier kommt das Thema *Awareness* in Form von Sensibilisierung und Schulung ins Spiel, um einerseits das Verständnis für die Sicherheit zu erhöhen, die Maßnahmen im Einzelnen zu vermitteln und natürlich eine Motivation aufzubauen, alle Vorgaben in der Praxis einzuhalten. Damit lässt sich das Risiko menschlichen Fehlverhaltens reduzieren – wenn auch nicht ausschließen.

Control A.7.2.1 – Verantwortlichkeiten der Leitung:
Die Leitung verlangt von allen Beschäftigten und Auftragnehmern, dass sie die Informationssicherheit im Einklang mit den eingeführten Richtlinien und Verfahren der Organisation umsetzen.

Die Leitung der Organisation ist hier gefragt, die Einhaltung aller Vorgaben (insbesondere zum Thema Informationssicherheit) zu verlangen, d. h. alle Regelwerke als verbindlich zu deklarieren. Das bedeutet, dafür Sorge zu tragen, dass alle Leit- und Richtlinien und ähnliche Dokumente ordnungsgemäß freigegeben und in Kraft gesetzt werden – aber auch, dass sie den jeweils Betroffenen bekannt gegeben und soweit notwendig gesondert vermittelt werden (Meetings, Schulungen usw.). Neben regelmäßigen Kontrollen der Einhaltung aller Vorgaben ist auch das vorbildliche Verhalten der Leitung und des Managements selbst ein kritischer Erfolgsfaktor: Völlig demotivierend ist es, wenn „die da oben" sich nicht an die Regeln halten, es aber von „denen da unten" verlangen.

Control A.7.2.2 – Informationssicherheitsbewusstsein, -ausbildung und -schulung:
Alle Beschäftigten der Organisation und, wenn relevant, Auftragnehmer, bekommen ein angemessenes Bewusstsein durch Ausbildung und Schulung sowie regelmäßige Aktualisierungen zu den Richtlinien und Verfahren der Organisation, die für ihr berufliches Arbeitsgebiet relevant sind.

In diesem Control geht es um die schon genannten Awareness-Maßnahmen, die wir in *Sensibilisierung*, *Schulung* und *Training* einteilen wollen. Wie das Control andeutet, geht es nicht ausschließlich um eigene Mitarbeiter – Zielgruppe können auch Kunden oder eingesetzte Dienstleister sein. Zunächst aber zu den Begriffen:

Sensibilisierung ist notwendig, um auf ein – vielleicht bisher vernachlässigtes – Problem aufmerksam zu machen und seine Auswirkungen auf die Organisation zu erläutern. Für die Informationssicherheit ausreichend sensibilisiertes Personal (eigenes und fremdes) ist ein nicht zu unterschätzender Beitrag zum Erfolg. Man beachte dabei, dass Sensibilisierung im Laufe der Zeit abnimmt, also durch regelmäßige Aktionen ausreichend hochgehalten werden muss.

Bei den Aktivitäten der *Schulung* geht es darum, Lösungen zu vermitteln, d. h. in unserem Kontext, die bestehenden Regelungen und Maßnahmen für die jeweilige Zielgruppe ausreichend tief zu vermitteln, um die Einhaltung und praktische Umsetzung zu ermöglichen.

Bei besonders kritischen und komplexen Aufgaben – wie sie im Rahmen der Sicherheit häufig vorkommen – müssen Arbeitsschritte nicht nur vermittelt, sondern auch in der Praxis trainiert werden. Typische Beispiele für ein entsprechendes *Training* sind die Verfahren der Notfallbewältigung, aber auch sicherheitskritische Administrationsarbeiten an IT-Systemen.

Änderungen an Vorgaben und Maßnahmen sind immer ein Anlass, Awareness-Maßnahmen aufzusetzen bzw. zu wiederholen. Aktuelle Sicherheitsvorkommnisse – vor allem in der eigenen Organisation – sollten in Awareness-Aktivitäten einfließen: Bei hohen Schäden oder hohem Schadenpotenzial wird man ad hoc Schritte unternehmen, bei weniger gravierenden Vorkommnissen möglicherweise die nächste turnusmäßige Schulung abwarten.

Man beachte, dass bei Neueinstellungen und Versetzungen immer automatisch ein gewisser Awareness-Bedarf eintritt. Im Awareness-Plan ist dies zu berücksichtigen.

Das obige Control sagt nichts darüber aus, wie die Awareness-Maßnahmen im Einzelnen auszusehen haben – dies hat die Organisation selbst zu entscheiden. Es könnte sich um eine Vermittlung in Form Newslettern, von Meetings bzw. Frontalschulungen – aber auch um Computer-based Training (CBT) oder Web-based Training (WBT) handeln. Letzteres reicht vom Durchblättern einer Präsentation bis hin zur Nutzung ausgeklügelter Schulungssoftware mit abschließender Wissensprüfung. Je nach Thema sind auch externe Schulungen – etwa von spezialisierten Schulungsunternehmen – einsetzbar.

Am besten plant man zu Beginn eines Jahres den Awareness-Bedarf (in Zusammenarbeit mit der Personalverwaltung?) und setzt die vorgesehenen Maßnahmen sukzessive um. Dabei ist es wichtig, die durchgeführten Maßnahmen aufzuzeichnen (z. B. durch Archivieren der Agenda und der Teilnehmerlisten aller Veranstaltungen), je nach Bedeutung auch den Erfolg zu messen – wir haben dies im Kap. 4 näher beleuchtet.

Control A.7.2.3 – Maßregelungsprozess:
Ein formal festgelegter und bekannt gegebener Maßregelungsprozess ist eingerichtet, um Maßnahmen gegen Beschäftigte zu ergreifen, die einen Informationssicherheitsverstoß begangen haben.

Unter *Maßregelungsprozess* fallen sämtliche Verfahren zur Ahndung von Sicherheitsverstößen, die durch Personen begangen wurden. Die Maßnahmen reichen von der einfachen

Ermahnung, der arbeitsrechtlichen Abmahnung, über ein organisationsinternes Diszipli-narverfahren bis hin zur Einleitung von Strafverfahren. Es ist klar, dass man abgestufte Sanktionen benötigt, wie sie in der Aufzählung angedeutet werden, um der Schwere eines Verstoßes oder der Häufigkeit von Verstößen Rechnung tragen zu können.

Der Maßregelungsprozess einer Organisation sollte – wie jede Regelung – schriftlich festgelegt werden und allen Betroffenen bekannt gegeben werden. Solche Verfahren sind mitbestimmungspflichtig und erfordern die Beteiligung des Betriebs- oder Personalrats.

Ziel A.7.3 – Beendigung und Änderung der Beschäftigung:
Der Schutz der Interessen der Organisation ist Teil des Prozesses der Änderung oder Beendi-gung einer Beschäftigung.

Kurz gesagt geht es hier darum, Schäden für die Organisation zu vermeiden, wie sie bei der Versetzung von Personen in andere Organisationsbereiche, ihrem Ausscheiden aus der Organisation oder dem Auslaufen von Verträgen bei Dienstleistern entstehen können.

Dabei geht es vor allem um Know-how-Schutz – es soll vermieden werden, dass bei der Änderung/Beendigung der Beschäftigung vertrauliche Informationen aus der Organisa-tion abfließen bzw. innerhalb der Organisation an unzulässige Stellen fließen.

Control A.7.3.1 – Verantwortlichkeiten bei Beendigung oder Änderung der Beschäfti-gung:
Verantwortlichkeiten und Pflichten im Bereich der Informationssicherheit, die auch nach Beendigung oder Änderung der Beschäftigung bestehen bleiben, sind festgelegt, dem Be-schäftigten oder Auftragnehmer mitgeteilt und durchgesetzt.

Arbeitsverträge und Dienstleistungsvereinbarungen müssen alle Pflichten enthalten, die auch über das Ende einer Beschäftigung hinaus bestehen bleiben. Dies betrifft insbeson-dere die Geheimhaltung vertraulicher Informationen der Organisation. Die für die Arbeits-und Dienstleistungsverträge Zuständigen müssen dafür sorgen, dass diese Verpflichtungen Eingang in die Verträge finden und den Betroffenen erläutert werden.

Was kann man bei der Forderung nach *Durchsetzung* tun?

Es kann je nach Art und Umfang der Verpflichtungen sinnvoll sein, den jeweils Betrof-fenen vor dem Wechsel/der Beendigung nochmal eingehend zu belehren. Dies beugt einer gewissen Sorglosigkeit im Umgang mit vertraulichen Informationen vor. Ansonsten blei-ben im Grunde nur rechtliche Möglichkeiten, wenn ein Fall der Pflichtverletzung vorliegt. Bei Dienstleistungsverträgen könnten hier auch Vertragsstrafen vorgesehen sein.

Hinweis: Im Zuge von Änderungen/Beendigung von Arbeitsverhältnissen kann es auch um Fragen der Sabotage-Vermeidung gehen, wenn jemand als Folge der als ungerecht empfundenen Änderung/Beendigung der Beschäftigung der Organisation Schaden zufü-gen will. Die übliche Vorgehensweise wäre, der in Rede stehenden Person unmittelbar nach Bekanntwerden des Ausscheidens kritische Berechtigungen (Zutritt, Zugriff, Zu-gang) zu entziehen. Man beachte jedoch, dass dieser Punkt im obigen Control nicht enthalten ist. Vielleicht kann man diesen Punkt als vorbeugendes Element unter A.7.2.3 einsortieren.

6.2.4 Verwaltung der Werte (A.8)

Unter *Werte* – genauer: *Informationswerte (Information Assets)* – versteht die ISO 27001 alles, was aus Sicht der Organisation einen Wert besitzt und mit der Informationsverarbeitung zusammenhängt. Das dürfte auf *Informationen* selbst zutreffen, aber auch auf *informationsverarbeitende und unterstützende Einrichtungen* jedweder Art.

Ziel A.8.1 – Verantwortlichkeit für Werte:
Die Werte der Organisation sind identifiziert und angemessene Verantwortlichkeiten zu ihrem Schutz sind festgelegt.

Dies deklariert, worum es geht – man muss seine Werte *kennen* und für ihren Schutz Verantwortlichkeiten schaffen.

Control A.8.1.1 – Inventarisierung der Werte:
Information und andere Werte, die mit Information und informationsverarbeitenden Einrichtungen in Zusammenhang stehen, sind erfasst und ein Inventar dieser Werte ist erstellt und wird gepflegt.

Wieder ein relativ kurzes Control mit massiven Folgen: Es sind alle entsprechenden Werte der Organisation zu identifizieren und mit ihren Kenndaten in ein Inventarverzeichnis (Tabelle, Datenbank, Spreadsheet, Webpage etc.) einzutragen; bereits bestehende ältere Verzeichnisse sind um fehlende Daten zu ergänzen und zu aktualisieren.

Zu den Kenndaten eines Assets zählen zunächst:

• Angaben zu seinem Sicherheitsbedarf, seiner Kritikalität, ggf. auch seines materiellen Wertes
• Für physische Werte ist jeweils der Aufstellungsort zu erfassen, für Daten, Software etc. der Speicherort, für Netzwerke die einzelnen Netzwerkstrecken (Kabel, Funkstrecken).

Die Assets und ihre Kenndaten unterliegen meist einem schnellen Änderungszyklus, d. h. wenn man nicht „aufpasst", sind die erfassten Daten schnell veraltet. Hier hilft nur, ein rigides *Change Management* für jede Art von Änderung bei der Informationsverarbeitung einzuführen und konsequent zu betreiben.

Man erkennt schon an dieser Stelle, dass das Asset Management in diesem Sinne eine komplexe, nicht zu unterschätzende Aufgabe ist – mit einem hohen Organisations- und Arbeitsaufwand. Insofern stellt sich die Frage nach einem zusätzlichen Nutzen über die Informationssicherheit hinaus: Die angelegten Verzeichnisse können auch für die Bereiche Arbeitssicherheit, Versicherungs-, Finanz-, Steuer- und Budgetfragen, Beschaffung und Einkauf, Anlagenbuchhaltung sowie für Compliance-Maßnahmen genutzt werden.

Control A.8.1.2 – Zuständigkeit für Werte:
Für alle Werte, die im Inventar geführt werden, gibt es Zuständige.

Jeder Informationswert muss einem Zuständigen bzw. Eigentümer (Owner) zugewiesen sein, der dafür gegenüber der Organisationsleitung verantwortlich ist.

Wer jeweils zuständig oder verantwortlich ist, gehört zu den Kenndaten eines Assets (s. vorheriges Control).

Beachten Sie, dass der „Eigentümer" eine Person, eine Rolle oder eine Organisationseinheit sein kann! Die benannten Eigentümer der Informationswerte haben sicherzustellen, dass diese ordnungsgemäß inventarisiert sind, ihr Wert angemessen klassifiziert wird, sie ihrem Wert entsprechend geschützt werden.

Die Verantwortung für ein Asset kann so weit gehen, dass auch die Risikoverantwortung eingeschlossen ist; die ISO 27001 lässt hier aber auch eine Rollentrennung in Risikoverantwortung und operationeller Verantwortung zu.

Control A.8.1.3 – Zulässiger Gebrauch von Werten:
Regeln für den zulässigen Gebrauch von Information und Werten, die mit Information und informationsverarbeitenden Einrichtungen in Zusammenhang stehen, sind aufgestellt, dokumentiert und werden angewendet.

Für jeden Informationswert wird es Regeln für den ordnungsgemäßen bzw. zulässigen Gebrauch geben. Nicht alles ist erlaubt – es bestehen je nach Typ des Assets z. B. Zugriffs-, Zugangs- und Zutrittsbeschränkungen.

Letztlich ist es dem Eigentümer vorbehalten, für sein Asset diese Regeln bzw. die Zugriffs-, Nutzungs- und Zutrittsbeschränkungen schriftlich festzulegen sowie z. B. Verfahren für die Löschung, Rückgabe, Entsorgung oder Zerstörung des Wertes zu konzipieren. Hier kommen die in A.5 aufgeführten *Richtlinien* ins Spiel, in denen z. B. für Gruppen gleichartiger Assets (etwa IT-Systeme) die entsprechenden Vorgaben niedergelegt sind.

Bevor man Kunden Zugriff auf die eigenen Daten und Systeme (allgemein auf Werte) oder deren Nutzung erlaubt, wird man Regeln für den *„zulässigen Gebrauch"* aufstellen und durch entsprechende Maßnahmen unterstützen. Wichtig ist, Kunden über diese Sachverhalte ausreichend zu informieren und ihnen ggf. Meldepflichten bei Sicherheitsvorkommnissen aufzugeben. Solche Punkte sind vertraglich zu vereinbaren.

Ein unzulässiger Gebrauch von Daten liegt auch dann vor, wenn diese an Unbefugte gelangen; in sensiblen Kontexten muss deshalb dem Schutz vor unerwünschtem Datenabfluss (Data Leakage, vgl. [9]) besondere Priorität eingeräumt werden.

Mit der Formulierung von Nutzungs- bzw. Gebrauchsregeln geht auch die Verantwortung einher, die Einhaltung aller Regeln und Verfahren zu überprüfen – lesen Sie hierzu nochmal die Ausführungen in A.6.1.1 zur Möglichkeit, Aufgaben zu delegieren, hier z. B. an einen internen oder externen Auditor.

Control A.8.1.4 – Rückgabe von Werten:
Alle Beschäftigten und sonstige Benutzer, die zu externen Parteien gehören, geben bei Beendigung des Beschäftigungsverhältnisses, des Vertrages oder der Vereinbarung sämtliche in ihrem Besitz befindlichen Werte, die der Organisation gehören, zurück.

Diese Maßnahme adressiert einen oft vernachlässigten Punkt, nämlich die Rückgabe der für die bisherige Tätigkeit erhaltenen Informationswerte der Organisation: physische oder logische Schlüssel, Kryptomittel und Kryptogeräte, Authentisierungsmittel (Tokens, Chipkarten), vollständige Rechner (etwa aus dem Home-Office oder entsprechende mobile Systeme) – aber auch vertrauliche bzw. wichtige Unterlagen/Informationen.

Ein besonders kritischer Fall liegt vor, wenn z. B. Mitarbeitern die Nutzung *privater* mobiler Geräte (z. B. Notebooks oder Smartphones) für dienstliche Aufgaben gestattet worden ist und sich deshalb organisationseigene Daten, Applikationen und Verbindungs-einstellungen wie z. B. VPN-Credentials mit Zertifikaten auf diesen Geräten befinden. Die „Rückgabe" muss folglich auch die dokumentierte Löschung der genannten Daten auf dem privaten mobilen Gerät umfassen.

Was zuvor für Mitarbeiter der Organisation erläutert wurde, gilt auch für Mitarbeiter von beauftragten Dienstleistern, Kunden etc., soweit diesen für ihre Tätigkeiten Assets der Organisation zur Verfügung gestellt worden sind.

Die Rückgabe von Assets gilt auch für sensible Unterlagen, die z. B. Mitarbeiter eines Dienstleisters erhalten haben; bei Beendigung ihrer Tätigkeit sind die Unterlagen zurück-zugeben oder es sollte – sofern so vereinbart – die sichere Löschung bzw. Vernichtung inklusive aller Kopien schriftlich bestätigt werden.

Fazit zu A8.1

Die Aufstellung eines Inventarverzeichnisses, das Benennen eines Verantwortlichen für jeden Informationswert und das Aufstellen von Regeln für den Gebrauch der Werte sind Schlüsselschritte und kritische Erfolgsfaktoren bei der Einrichtung eines ISMS.

Für das Management der Informationswerte *als Ganzes* richtet man am besten eine Funktion (Person, Rolle, Organisationseinheit) ein, deren Aufgabe in der *übergeordneten Koordination* aller genannten Teilprozesse besteht:

• Pflege der Verzeichnisse
• Aktualisierung aller Angaben im Verzeichnis
• Aktualisierung nach IT-Beschaffungen und Ausmusterung älterer Assets
• Ausgabe bzw. Rücknahme von Assets bei Wechsel oder Beendigung der Tätigkeit

Dieses übergeordnete Asset Management könnte auch koordinieren, dass für alle In-formationswerte Richtlinien zu deren Schutz herausgegeben werden und die Einhaltung der Richtlinien überwacht wird: beispielsweise für den physischen Transport, die War-tung, die räumliche Einlagerung/Endlagerung und die Entsorgung von Geräten und Datenträgern, für die Verarbeitung, Übertragung, Speicherung, Archivierung von Da-ten(gruppen).

Ziel A.8.2 – Informationsklassifizierung:
Es ist sichergestellt, dass Information ein angemessenes Schutzniveau entsprechend ihrer Bedeutung für die Organisation erhält.

In dieser Gruppe A.8.2 geht es um das Ziel, für Informationen einer Organisation eine Einteilung in Klassen vorzunehmen, um den unterschiedlichen Bedarf an Sicherheit deutlich machen zu können. Jede Information ist dann einer solchen Klasse zugeordnet, die ihrerseits Auskunft darüber gibt, welche Maßnahmen zum Schutz der Information anzuwenden sind.

Der Vorteil ist, man muss sich nicht mehr mit Maßnahmen für *einzelne* Informationen und Daten auseinandersetzen, sondern orientiert Maßnahmen nur an der *Klasse* der Informationen oder Daten.

Einige Beispiele in Stichworten:

- Einteilung in die beiden Klassen OFFEN und (Firmen-)VERTRAULICH
- Schutzklassen für staatliche Verschlusssachen (VS): OFFEN, NUR-FÜR-DEN DIENSTGEBRAUCH (NfD), VERTRAULICH, GEHEIM, STRENG-GEHEIM
- Gruppierung nach PROJEKTDATEN, PRODUKTIONSDATEN, KUNDENDATEN, PERSONENBEZOGENE DATEN
- Klassifikation nach dem Schutzbedarf des BSI-Grundschutzes: NORMAL, HOCH, SEHR HOCH
- Einteilung in Wiederanlaufklassen nach der zeitlichen Kritikalität im Zusammenhang mit BCM
- die Klassen WHITE, GREEN, AMBER, RED im Zusammenhang mit dem Austausch von Informationen über das Traffic Light Protocol des BSI in kritischen Infrastrukturen

Diese Schemata richten sich nach gesetzlichen, geschäftlichen und betrieblichen Anforderungen – auch solchen, die möglicherweise von Dritten gestellt werden. Alle aufgeführten Beispiele beinhalten eine hierarchische Klassifizierung – bis auf das Gruppierungsbeispiel, bei dem die Klassen im Wesentlichen beziehungslos nebeneinanderstehen.

Für ein Klassifizierungsschema sind Regeln – am besten in Form einer entsprechenden Richtlinie – festzulegen:

- Wie wird in der Praxis eine Information einer bestimmten Klasse zugeordnet und wer nimmt dies vor?
- Wer darf unter welchen Voraussetzungen Zugriff oder Zugang zu Informationen einer bestimmten Klasse haben?
- Unter welchen Bedingungen kann sich die Klasse einer Information ändern?
- Welche Sicherheitsmaßnahmen sind für die einzelnen Klassen festgelegt bzw. einzuhalten?
- Wie sind klassifizierte Daten beim Import in ein System (Vergleichbarkeit der Klassen) bzw. Export aus dem System (berechtigte/ermächtigte Empfänger?) zu behandeln?

Damit ein solches Schema funktioniert, müssen alle betrachteten Daten in eindeutiger Weise *gekennzeichnet* werden, d. h. die zugehörige Klasse muss einer Datei, einem Dokument o. ä. „anzusehen" sein. Bei Ausdrucken könnte die Klasse als Kopfzeile auf jeder Seite erscheinen oder durch einen Stempel angegeben werden, bei Daten in Form von Dateien gehört die Klasse zu den Meta-Daten – ähnlich wie z. B. eine Access Control Lists und andere Verwaltungsdaten. Daran kann dann etwa ein Betriebssystem die Klasse einer Datei erkennen und die definierten Regeln für einen Zugriff anwenden.

Falls ein solches Schema eingeführt werden soll: Es wird empfohlen, die Zahl solcher Klassen bzw. Einstufungen nicht zu groß zu wählen, da eine konsistente Unterscheidung der Stufen bzw. Klassen sonst erschwert wird.

Ein Klassifizierungsschema hat in der Regel massive Auswirkungen auf den Bereich Access Control (A.9), weil dort schließlich jeder Zugriff bzw. Zugang auf Zulässigkeit zu überprüfen ist.

Es ist fast müßig darauf hinzuweisen, dass ein Klassifikationsschema einer Organisation regelmäßig zu überprüfen ist: Ist es noch angemessen und bildet den Bedarf an Sicherheit ab? Ist es in der Praxis gut anwendbar? Ist das Schema wirksam?

Wir wollen es bei diesen Erläuterungen[6] belassen und uns mit den einzelnen Controls beschäftigen, die umzusetzen sind, sobald man eine Klassifikation von Informationen eingeführt hat.

Control A.8.2.1 – Klassifizierung von Information:
Information ist anhand der gesetzlichen Anforderungen, ihres Wertes, ihrer Kritikalität und ihrer Empfindlichkeit gegenüber unbefugter Offenlegung oder Veränderung klassifiziert.

Hier wird gefordert, dass die im Inventarverzeichnis aufgenommenen Informationen (und Daten) gemäß dem in der Organisation eingeführten Schema zu klassifizieren sind.

Wenn nur ein Teilbereich der Organisation ein Klassifizierungsschema besitzt, ist es formal so zu sehen, dass in allen anderen Bereichen alle Informationen als UNKLASSIFIZIERT oder UNCLASSIFIED zu behandeln sind. Im klassifizierten Bereich würde man dann weitere Klassen bzw. Stufen definieren (z. B. die oben genannten VS-Stufen).

Wir empfehlen grundsätzlich, die Zahl solcher Klassen bzw. Einstufungen klein zu halten, da sonst eine Unterscheidung der Klassen immer schwerer wird. Anders sieht die Lage natürlich aus, wenn die Klassifizierung durch externe Vorgaben festgelegt ist.

Control A.8.2.2 – Kennzeichnung von Information:
Ein angemessener Satz von Verfahren zur Kennzeichnung von Information ist entsprechend dem von der Organisation eingesetzten Informationsklassifizierungsschema entwickelt und umgesetzt.

Im Vorspann von A.8.2 haben wir dieses Thema schon angesprochen. Für alle betroffenen Informationen und Daten muss eine Kennzeichnung erfolgen. Die Art der Kennzeichnung

---

[6]Weitere Informationen zu diesem Themenbereich der Klassifizierung findet man z. B. in [6].

(Stempel, Kopfzeile, Meta-Daten etc.) hängt davon ab, in welcher Form die Informationen/Daten vorliegen. Das Control verlangt, dass hierfür entsprechende Verfahren entwickelt und umgesetzt sind.

Im Beispiel unter A.8.2.1, in dem nur ein Teilbereich der Organisation ein Klassifizierungsschema besitzt, könnte es so eingerichtet werden, dass für Daten der Klasse UNCLASSIFIED die Kennzeichnungsregel besagt, dass hierfür eine explizite Kennzeichnung *nicht* erforderlich ist. Im klassifizierten Bereich müssen dann alle betroffenen Informationen/Daten *explizit* gekennzeichnet werden.

Control A.8.2.3 – Handhabung von Werten:
Verfahren für die Handhabung von Werten sind entsprechend dem von der Organisation eingesetzten Informationsklassifizierungsschema entwickelt und umgesetzt.

Schon erläutert wurde, dass Klassen nur Sinn machen, wenn für die entsprechend klassifizierten Informationswerte Regeln zur Handhabung bestehen, d. h. Regeln für Zugriffe und Nutzung (Zugang). Der Ort zur Beschreibung dieser Regeln ist damit die hinter A.8.2 erwähnte Richtlinie für die Klassifizierung. Die Regeln müssen dann auch in die Zugangssteuerung einfließen.

Eine typische Regel des VS-Stufen-Schemas besagt beispielsweise, dass eine Person zu Daten einer bestimmten Stufe nur dann Leseberechtigung hat, wenn die Person eine Sicherheitsüberprüfung durchlaufen hat und für die betreffende Stufe offiziell „ermächtigt" wurde. Die Leseberechtigung gilt dann auch für alle *niedrigeren* Stufen: Ein READ-DOWN ist zulässig.

Möchte dagegen die Person Daten einer Datei hinzufügen (Schreibzugriff) und ist sie z. B. für GEHEIM ermächtigt, darf sie in Dateien dieser und *höherer* Stufen schreiben. Diese zunächst seltsame Schreibregel hat den Hintergrund, dass eine etwa für GEHEIM ermächtigte Personen so klassifizierte Informationen nicht in eine tiefer eingestufte Datei hineinschreiben darf – dies würde einer Herabstufung/einem Downgrade gleichkommen, was in diesem Kontext nicht erlaubt ist. Die Schreibregel wird oft als WRITE-UP bezeichnet.

Beide Regeln betreffen zunächst den Datenzugriff selbst; es werden aber auch Verfahren zur Erst-Einstufung, Regeln für die Änderung der Einstufung usw. benötigt. Genau dieser Regelsatz und seine organisatorisch-technische Umsetzung sind im obigen Control gemeint.

▶   Bei den Erläuterungen und Beispielen sind wir immer auf Informationen und Daten eingegangen. Man kann jedoch solche Klassifizierungen auch auf Anwendungen, Systeme und Räumlichkeiten übertragen. Am Beispiel einer IT-Anwendung erläutert: Wenn diese Anwendung Daten (höchstens) der Klasse GEHEIM verarbeitet, könnte sie selbst als GEHEIM eingestuft werden. Daran könnte sich die Regel anschließen, dass die Anwendung nur auf entsprechend hoch klassifizierten Systemen verarbeitet und diese nur in dafür zugelassenen Räumlichkeiten betrieben werden dürfen.

Ziel A.8.3 – Handhabung von Datenträgern:
Die unerlaubte Offenlegung, Veränderung, Entfernung oder Zerstörung von Information, die auf Datenträgern gespeichert ist, wird unterbunden.

Die klassischen Sicherheitsziele Vertraulichkeit, Integrität und Verfügbarkeit gelten nicht nur für Daten und Informationen in laufenden Systemen, sondern auch für alle Medien, auf denen die Daten gespeichert werden: traditionelle Speichermedien wie CDs, DVDs, Tapes, Speicherkarten und Festplatten (magnetische als auch SSDs), sowie alle Arten von Speichermedien, die über externe Schnittstellen (USB, PCMCIA, FireWire, eSATA) angeschlossen werden können, letztlich auch das Speichermedium *Papier.*

Die folgenden drei Controls behandeln dieses Thema über den gesamten Lebenszyklus von Medien. Dieser umfasst folgende Phasen:

- Einkauf der Medien (vertrauenswürdige Produkte?)
- Vorratshaltung und zentrale/dezentrale Ausgabe der Medien
- Kennzeichnung (allgemein wie auch im Sinne von A.8.2.2)
- Inbetriebnahme (bei bestimmten Medien), die ggf. auch eine Installation einer Verschlüsselungssoftware zur Minimierung von unerwünschtem Datenabfluss umfassen kann
- sichere Lagerung (sobald außer Betrieb)
- Weitergabe an Dritte und Transport
- Wiederaufbereitung (falls vorgesehen: sichere Löschung vor weiterem Gebrauch)
- Archivierung
- geordnete, sichere Entsorgung

In sehr sensiblen Kontexten sind auch Aufzeichnungen über diese Phasen zu führen.

Prinzipiell sollte gerade wegen der Problematik des zunehmenden unerwünschten Datenabflusses die Anzahl der verwendeten Wechselmedien minimiert werden.

Control A.8.3.1 – Handhabung von Wechseldatenträgern:
Verfahren für die Handhabung von Wechseldatenträgern sind entsprechend dem von der Organisation eingesetzten Informationsklassifizierungsschema umgesetzt.

Wiederum geht es um ein *Verfahren* – was die Norm per se so versteht, dass es sich um ein *dokumentiertes* Verfahren handelt. Wegen der Bedeutung dieses Themas schlagen wir hier eine explizite Richtlinie vor.

In ihr sollten die bei A.8.3 aufgezählten Phasen aus Sicherheitssicht geregelt werden. Hierzu einige Anmerkungen:

- Die Klassifikation der gespeicherten Daten nach A.8.2 (sofern eingeführt) muss zu einer entsprechenden Klassifikation und Kennzeichnung der Datenträger führen.
- Es ist zu regeln, wer unter welchen Umständen (klassifizierte) Datenträger „mitnehmen" darf und an welche Genehmigungen dies zu binden ist.

- Sollen Datenträger sensiblen Inhalts versandt werden, muss überlegt werden, ob eine „neutrale" (= nichtssagende) Kennzeichnung der Datenträger sinnvoller ist.
- Beim Transport sollte eine sichere Verpackung der Datenträger gewählt werden. Letzteres ist auch zum Schutz der Medien vor physischer Beeinträchtigung anzuraten.
- Bezüglich der langfristigen Verfügbarkeit müssen Medien zur Anwendung kommen, die eine hohe Zuverlässigkeit aufweisen.
- Das Thema Archivierung von Medien führt auch zur Frage nach einem sicheren Archiv (Tresor, Räumlichkeit, auch extern). Dies gilt grundsätzlich auch für die Aufbewahrung von Backup-Medien.
- Man beachte, dass mobile IT-Systeme (z. B. Tablets und Smartphones) ebenfalls als wechselbare Datenträger anzusehen sind, d. h. alle Regelungen müssen auch diese Geräteklasse miteinbeziehen.

Control A.8.3.2 – Entsorgung von Datenträgern:
Nicht mehr benötigte Datenträger werden sicher und unter Anwendung formaler Verfahren entsorgt.

Diese Forderung gilt nicht nur für separat zugängliche Datenträger, sondern auch für solche, die in Geräten eingebaut sind und mit diesen entsorgt werden sollen. Entsorgen meint hier das *physische* Entsorgen, während qualifizierte Löschverfahren (zur Wiederaufbereitung) unter A.11.2.7, für Wechseldatenträger auch unter A.8.3.1 einzusortieren sind.

Die Entsorgung kann sehr unterschiedlich erfolgen: Eine gesicherte Endlagerung der Datenträger durch die Organisation, eine physische Zerstörung (Schreddern, Verbrennen usw.) oder die Übergabe an einen qualifizierten (zertifizierten?) Entsorgungsbetrieb.

Ab einer festzulegenden Klassifikationsstufe wird es unerlässlich sein, die Entsorgung – wie auch andere Phasen – geeignet zu protokollieren.

In diesem Zusammenhang sei auf die DIN 66399 verwiesen, in der neben Grundbegriffen vor allem der Prozess und Anlagen zur Vernichtung von Datenträgern den Schutzklassen von Daten gegenübergestellt werden.

Control A.8.3.3 – Transport von Datenträgern:
Datenträger, die Information enthalten, sind während des Transports vor unbefugtem Zugriff, Missbrauch oder Verfälschung geschützt.

Physische Medien können innerhalb und außerhalb der Organisation transportiert werden, und zwar durch eigene Mitarbeiter, Post- oder Kurierdienste. Damit ist die Sicherheit beim Transport zu konzipieren – speziell im Hinblick auf die Vertraulichkeit und Integrität der gespeicherten Daten.

Man beachte, dass die Forderung nach Datenintegrität sich wie so oft nur in dem Sinne umsetzen lässt, dass unbefugte Datenänderungen erkennbar gemacht (aber nicht verhindert) werden können.

Um A.8.3.3 zu erfüllen, sind verschiedene Maßnahmen denkbar: versiegelte Transportbehälter, Nutzung vertrauenswürdiger Transportdienste, Verschlüsseln und Signieren der gespeicherten Daten, sichere Zustellverfahren (Empfänger müssen sich authentisieren, Transport und Empfang werden protokolliert).

Weiterhin ist zu klären, auf welchen Transportwegen (Post, Kurierdienste, persönliche Übergabe) *klassifizierte* Datenträger – abhängig von der Klassifizierungsstufe – überhaupt transportiert werden dürfen. Darunter fällt auch die Sicherheit eventueller Sammel- oder Zwischenlager.

6.2.5   Zugangssteuerung (A.9)

Dieser Themenbereich – im Englischen *Access Control* – deckt ein weites Feld von Zielen und Anforderungen ab. Zunächst stellt sich die Frage, was hier alles gesteuert werden soll. Die Antwort in englischer Sprache ist einfach: *access to (information) assets.*

Assets einer Organisation können Daten, Anwendungen, Systemen, Netze, IT-Komponenten, sichere Infrastrukturen u. v. m. sein.

Access meint also den Zugang zu einem Asset im Sinne

- eines logischen oder physischen Zugriffs auf das Asset (z. B. auf Daten),
- der Nutzung des Assets (z. B. einer Anwendung) oder
- eines physischen Zutritts (z. B. zu einem Rechenzentrum).

A.9 gliedert sich vor diesem Hintergrund in die Bereiche

- A.9.1 – Geschäftsanforderungen an die Zugangssteuerung: Die „geschäftlichen" Rahmenbedingungen bestimmen die Anforderungen an die Zugangssteuerung; die Anforderungen sind in entsprechenden Richtlinien abzubilden.
- A.9.2 – Benutzerzugangsverwaltung: Hier geht es um die Prozesse der Genehmigung, der Überprüfung und des Entzugs von Berechtigungen für Benutzer.
- A.9.3 – Benutzerverantwortlichkeiten: Welche Verantwortung tragen die Benutzer bei der Zugangssteuerung?
- A.9.4 – Zugangssteuerung für Systeme und Anwendungen: Wie ist der Zugang zu Systemen und Anwendungen zu steuern?

Die schon erwähnte Richtlinie kann auch als *Berechtigungskonzept* angesehen werden oder basiert zumindest auf einem solchen.

Die Zugangssteuerung muss immer im Einklang mit der Klassifizierung (falls eingeführt) von Informationswerten stehen, d. h. die dafür definierten Regeln (A.8.2 f.) beachten und umsetzen.

Generell: Berechtigungskonzepte und Zugangsrichtlinien sollten einfach und klar strukturiert sein, *praktikable* Regeln beinhalten und filigrane Rechtestrukturen möglichst vermeiden. Dann lassen sie sich leicht an die Benutzer vermitteln und werden auch in der Praxis eingehalten.

Ziel A.9.1 – Geschäftsanforderungen an die Zugangssteuerung:
Der Zugang zu Information und informationsverarbeitenden Einrichtungen ist eingeschränkt.

Diese Zielvorgabe meint, dass man bei Bedarf in der Lage sein muss, den Zugang zu kontrollieren, d. h. auf erwünschte, genehmigte bzw. autorisierte Aktionen zu beschränken. Der Hintergrund ist, dass man seine Sicherheitsziele (Vertraulichkeit, Verfügbarkeit, Integrität und einige andere) nicht ohne solche Beschränkungen erreichen kann – vor allem, weil sich Handlungen Unbefugter zum Schaden der Organisation auswirken können.

Dabei geht es hier zunächst um *Informationen* (und Daten) sowie *informationsverarbeitende Einrichtungen*: Laut Glossar der ISO 27000 sind dies Systeme, Services (z. B. Anwendungen), Infrastrukturen (z. B. ein Rechenzentrum) und Räumlichkeiten, die solche Einrichtungen umgeben. Der Begriff *System* umfasst zudem alles, was irgendwie mit Informationen/Daten umgehen kann – also auch ein Netzwerk, Drucker/Scanner und andere Komponenten.

Man erkennt, dass wegen der Vielzahl betroffener Assets alle Interpretationen von *Zugang* (s. Text nach A.9) anzuwenden sind.

Control A.9.1.1 – Zugangssteuerungsrichtlinie:
Eine Zugangssteuerungsrichtlinie ist auf Grundlage der geschäftlichen und sicherheitsrelevanten Anforderungen erstellt, dokumentiert und überprüft.

Bevor wir uns mit den genannten Anforderungen befassen: Die Richtlinie für die Zugangssteuerung muss erstellt, dokumentiert und (regelmäßig) überprüft, und – selbstredend – bei Bedarf angepasst werden. Hier kommt wieder die kontinuierliche Verbesserung ins Spiel.

Als wichtiger Punkt sollte in der Richtlinie festgelegt werden, wie die Berechtigungsvergabe in der Praxis erfolgen soll, d. h. wie die Beantragung, Vergabe, Änderung und der Entzug von Berechtigungen ablaufen soll. Ein solches *formalisiertes* Verfahren ist im Grunde unerlässlich!

Der nächste Punkt betrifft die Ermittlung der *Anforderungen* an die Zugangssteuerung: Aus den geschäftlichen Erfordernissen und den regulativen Vorgaben (Gesetze, Richtlinien, Konzernvorgaben etc.) ist abzuleiten, welche Personen, Rollen und Gruppen Zugang zu bestimmten Assets erhalten sollen bzw. welchen dieses Recht zu verwehren ist. In der ISO 27001 ist hier von den *Benutzern* (Users) die Rede.

Dabei ist es sehr hilfreich, wenn man die Assets bereits erfasst (A.7) und gegebenenfalls nach dem geltenden Schema klassifiziert (A.8.2) hat. Der Abgleich zwischen den Benutzern und den Assets liefert Schritt für Schritt die erforderlichen bzw. abzulehnenden Berechtigungen.

Man kann sich dabei einiger Grundprinzipien für die Zugangssteuerung bedienen, um die Richtlinie klarer und einfacher zu gestalten. Wendet man solche Prinzipien an, sollten sie in der Richtlinie explizit aufgeführt werden. Die folgenden Beispiele beziehen sich – wie das in Rede stehende Control – auf *alle* Arten von *Zugang*.

Strategie Grundsätzlich ist zu überlegen, ob man eine *offene* Strategie verfolgt („Alles ist erlaubt, was nicht explizit verboten ist") oder *restriktiv* vorgehen will („Alles ist verboten, was nicht explizit erlaubt ist").

Die restriktive Strategie hat einen entscheidenden Vorteil: „Vergisst" man ein Asset bei der Vergabe von Berechtigungen, gilt immer noch das generelle Verbot. Bei Daten-Assets führt die „Vergesslichkeit" dann nicht zwangsläufig zu unerwünschtem Abfluss sensibler Informationen.

DAC Eine Vergabe von Berechtigungen kann nach dem DAC-Prinzip erfolgen, was *Discretionary Access Control* = benutzerbestimmbare Zugangssteuerung meint: Hier besteht die Grundregel darin, dass der Erzeuger bzw. Eigentümer eines Assets festlegt, welche anderen Benutzer Zugang zu diesem Asset erhalten – insofern also *bestimmbar* durch den für das Asset verantwortlichen Benutzer. Da hier eine Berechtigungsvergabe nicht durch eine zentrale Stelle erfolgen muss, kann man auch sagen, dass es sich um ein *dezentrales* Modell handelt.

Die klassischen Betriebssysteme (Unix/Linux, Windows) gehen nach diesem Modell vor – verwenden aber auch zentrale Voreinstellungen. Man erhält meist umfangreiche Tabellen bzw. Listen von Zugriffsbeziehungen des Typs „Benutzer A hat auf Asset B Lesezugriff, kein Schreibzugriff, darf löschen" usw. Dabei können zur Vereinfachung bestimmte Benutzer zu *Gruppen* zusammengefasst werden, wenn sie gleiche Berechtigungen aufgrund gleichartiger Tätigkeiten benötigen.

MAC Die Berechtigungsvergabe kann auch nach dem MAC-Prinzip erfolgen, was *Mandatory Access Control* = vorgeschriebene Zugangssteuerung meint: Grundlage ist eine mehrstufige Klassifizierung von Assets (A.8.2). Zugang zu einem Asset einer bestimmten Klasse erhalten nur Benutzer, die über eine entsprechend hohe Ermächtigung (Clearance) verfügen. Die Vergabe von Ermächtigungen und die Klassifizierung von Assets erfolgt meist *zentral*.

Ermächtigungen werden nach einem Überprüfungs- und Genehmigungsverfahren Benutzern individuell zugewiesen. Die Zugangsregeln sind von der Art, dass ein Benutzer einer Ermächtigungsstufe E Zugang zu einem Asset der Klasse K bekommt, wenn E und K in einer bestimmten Beziehung stehen. Ein typischer Fall: Lesezugriff ist zulässig, wenn $E \geq K$.

Dieses MAC-Prinzip wird in vielen Staaten im militärischen Umfeld bzw. im Verschlusssachenbereich angewendet, ist aber keineswegs darauf beschränkt.

RBAC Diese Abkürzung RBAC steht für *Role Based Access Control* = Rollen- oder funktionsbasierte Zugangssteuerung: Die Vergabe von Berechtigungen wird an definierten Rollen orientiert. Personen sind bestimmten Rollen zugewiesen und erhalten Berechtigungen, die sich aus den Notwendigkeiten der jeweiligen Aufgabe ableiten.

Need-To-Know Das Prinzip „Kenntnis nur, wenn nötig" (Need-To-Know) besagt, dass ein Benutzer nur dann Zugang zu einem Asset erhält, wenn er ihn für seine Tätigkeit wirklich benötigt.

Ursprünglich war dieses Prinzip nur für die *Kenntnisnahme von Informationen* gedacht – es kann aber auf jede Art von Zugang verallgemeinert werden. Darin kommt ebenfalls eine restriktive Vorgehensweise zum Ausdruck – die an einen Benutzer vergebene Menge von Berechtigungen wird minimiert. Dieses Need-To-Know hat eine besondere Auswirkung auf die Anwendung von DAC und MAC. Es schließt aus, dass ein Benutzer *allein* auf Basis seiner Ermächtigung Zugang zu einem klassifizierten Asset erhält. Vielmehr muss er den Zugang für seine Aufgabe bzw. Tätigkeit explizit benötigen, was z. B. durch die Mitgliedschaft in einer Projektgruppe oder die Übernahme einer Rolle gegeben sein kann. Mit anderen Worten: Hier werden nach Auswertung der MAC-Regeln gegebenenfalls auch noch DAC- oder RBAC-Regeln geprüft.

Default-Berechtigungen Bei der Einrichtung neuer Benutzer bzw. eines neuen Accounts ist es sehr hilfreich, wenn man auf einen vordefinierten Satz von Berechtigungen zugreifen kann und nicht alles individuell einstellen muss. Diese Ersatzwerte (default) können für verschiedene Arten von Berechtigungen (z. B. Zugriff auf ein bestimmtes Dateiverzeichnis, Zutritt zu Räumlichkeiten) und Typen von Benutzern (Systemadministratoren, normale Nutzer, Projektmitarbeiter) vorgehalten werden. Werden solche Default-Berechtigungen verwendet, sollten sie in der Richtlinie näher spezifiziert sein.

Temporäre Berechtigungen Solche Berechtigungen sollten nur unter vorher festgelegten Bedingungen vergeben werden und müssen zeitliche/logische Einschränkungen besitzen.

In der Praxis kommt es häufig vor, dass Zugangsberechtigungen in besonderen Situationen nur *temporär* benötigt werden, z. B. bei Vertretungen wegen Urlaub oder Krankheit oder generell bei der Bewältigung von Notfällen. Diese Ausnahmesituationen sollten bereits in der Richtlinie definiert werden, und zwar unter Festlegung der maximalen Gültigkeitsdauer der erteilten Berechtigungen. Die Dauer kann in Form eines Zeitraums oder als eine logische Bedingung („solange bis die Situation xy andauert ...") angegeben werden.

Werden temporäre Berechtigungen eingeräumt, müssen diese bei Wegfall der Notwendigkeit wieder entzogen werden. Es gibt in der Praxis immer wieder Fälle, wo dies „vergessen" wird – mit der Folge, dass sich bei einigen Benutzern schleichend eine unbeabsichtigte Häufung von dauerhaften Berechtigungen einstellt. Ist man sich unsicher, ob das nicht schon längst eingetreten ist, sollte man alle Berechtigungen organisationsweit zu einem angekündigten Termin entziehen und die tatsächlich notwendigen Berechtigungen neu beantragen lassen. Diese „brutale" Methode ist auch anzuwenden, wenn im Berechtigungskonzept neue Vergabeprinzipien und -regeln eingeführt werden.

Aufteilungen bzw. Trennungen Es gibt sicherheitskritische Tätigkeiten, die man an die Anwesenheit mehrerer Personen (z. B. durch das Vier-Augen-Prinzip) binden möchte. In den bekannten Betriebssystemen lässt sich das meist durch Zerlegung eines (längeren) Passworts in mehrere Teile realisieren, wobei jeder Teil nur einer der beteiligten Personen bekannt ist.

Für Tätigkeiten, die hohe Berechtigungen erfordern oder besonders sicherheitskritisch sind, sollten separate Accounts angelegt werden. Es sollte untersagt werden, solche Accounts auch für die normale Nutzung zu verwenden. Benutzer können insofern über mehrere Accounts verfügen. Typischerweise liegt eine solche Situation bei Systemadministratoren vor.

Solche Aufteilungen bzw. Trennungen sind ebenfalls in der Richtlinie der Zugangssteuerung aufzuführen.

Die zu Anfang genannte Überprüfung und Anpassung der Zugangsrichtlinie muss auch dahingehend erfolgen, dass Zugangskonflikte erkannt und beseitigt, implizite Berechtigungsänderungen möglichst vermieden, die Vergabe temporärer Berechtigungen minimiert wird.

Control A.9.1.2 – Zugang zu Netzwerken und Netzwerkdiensten:
Benutzer haben ausschließlich Zugang zu denjenigen Netzwerken und Netzwerkdiensten, zu deren Nutzung sie ausdrücklich befugt sind.

Zunächst ist dieses Control etwas überraschend, weil man sich fragt, ob es nicht schon in A.9.1.1 logisch enthalten ist. Das trifft allerdings nur dann zu, wenn Netzwerke und Netzwerkdienste der eigenen Organisation gehören und unter die Zugangssteuerung nach A.9.1.1 fallen.

Darüber geht das Control jedoch weit hinaus: Es bezieht sich auch auf (physische, logische) Netzwerke und nutzbare Netzwerkdienste *außerhalb* der Organisation: klassische IT-Anwendungen bei externen Dienstleistern, E-Mail-Dienste von Providern, Cloud Services von entsprechenden Anbietern, mobiles Arbeiten mit Zugriff auf die IT der Organisation unter Nutzung öffentlicher Netze, die Vernetzung von Standorten über öffentliche Netze usw. Es wird stets eine explizite Autorisierung („... ausdrücklich befugt ...") gefordert.

Unter diesen Punkt fällt auch die Authentisierung von Geräten in einem Netzwerk z. B. mittels entsprechender Client- und Server-Zertifikate – ein gutes Mittel, Verbindungen nur zwischen autorisierten Geräten zuzulassen.

In der eigenen Organisation könnten unter Netzwerke und Netzwerkdienste z. B. die Internet-Nutzung und die Nutzung von E-Mail für private Zwecke am Arbeitsplatz fallen – hier greift vermutlich die Zugangssteuerung nach A.9.1.1 nicht.

Kurz: Jede Nutzung von Netzen und Netzwerkdiensten soll an eine explizite Autorisierung gebunden sein.

In der Richtlinie führt man folglich die entsprechenden Netze und Dienste auf und stellt jeweils das zugehörige Autorisierungsverfahren dar – eine gute Stelle, um auch das jeweilige Verfahren des Zugangs (WLAN, VPN, Mobilfunk etc.) und die technischen Sicherheitsvorkehrungen (Authentisierungsverfahren, Zertifikate, Verschlüsselung etc.) zu skizzieren sowie eventuell vorgesehene Überwachungsmaßnahmen abzuhandeln.

Auch hier ist das Prinzip der minimalen Berechtigung zu beachten: Es sollten nur solche Autorisierungen vergeben werden, die im Rahmen der Geschäftsprozesse oder aus anderen Gründen tatsächlich benötigt werden. Die vergebenen Autorisierungen sollten regelmäßig überprüft und an den aktuellen Bedarf angepasst werden.

Ziel A.9.2 – Benutzerzugangsverwaltung:
Es ist sichergestellt, dass befugte Benutzer Zugang zu Systemen und Diensten haben und unbefugter Zugang unterbunden wird.

Interessant ist bei diesem Ziel die Formulierung: Es geht nicht nur darum, unbefugten Zugang zu unterbinden, sondern auch den befugten Zugang zu ermöglichen.

Control A.9.2.1 – Registrierung und Deregistrierung von Benutzern:
Ein formaler Prozess für die Registrierung und Deregistrierung von Benutzern ist umgesetzt, um die Zuordnung von Zugangsrechten zu ermöglichen.

Bevor man Zugangsberechtigungen vergeben kann, ist es offensichtlich erforderlich, die vorgesehenen Benutzer zu „erfassen": Genau dies ist mit *Registrierung* gemeint. Jeder Benutzer ist anhand vorgeschriebener Merkmale zu identifizieren und mit einem eindeutigen Identitätskennzeichen (ID) zu versehen.

Typisch ist, ausgehend von Personallisten jeweils eine User-ID zu vergeben. Die Identifizierung erfolgt implizit über die Personalliste und durch die Art der Übergabe der User-ID an den Benutzer. In anderen Kontexten kann dies verschärft werden, indem Benutzer sich bei einer zentralen Stelle als Berechtigte ausweisen müssen und erst dann eine eindeutige ID (mit gesicherter Zustellung?) erhalten. Dabei geht es nicht um die Geheimhaltung der ID, sondern um die eindeutige, zweifelsfreie Zuordnung. Erst die organisationsweite *Eindeutigkeit* einer Benutzer-ID ermöglicht es, protokollierte Aktivitäten einzelnen Personen zweifelsfrei zuordnen zu können.

Benutzeridentitäten können sich ändern (z. B. bei Namensänderungen) oder aufgrund von Namenskonflikten. Sie können – etwa bei Beendigung eines Arbeitsverhältnisses – zu löschen sein: die *De-Registrierung*. Es ist in diesem Zusammenhang zu prüfen, ob einmal registrierte User-IDs nach Löschung für andere Benutzer wiederverwendet werden dürfen.

Neben der Registrierung natürlicher Personen sind z. B. auch *Gruppen* als Benutzer denkbar; hier müssen sinngemäß Anforderungen an die Auswahl und Zusammenstellung der Gruppen, die Vergabe einer Gruppen-ID, Gründe für die Löschung usw. gestellt werden. Dabei ist anzumerken, dass eine rein auf einer Gruppenzugehörigkeit basierende Anmeldung an einem System als kritisch anzusehen ist, weil damit beispielsweise bei Sicherheitsvorfällen keine Zuordnung zu einer konkreten Person möglich ist (sofern mehrere Personen der Gruppe angehören).

Weiterhin sind auch IDs für IT-Prozesse und -Anwendungen zu vergeben, damit diesen ebenfalls Zugangsberechtigungen (z. B. Zugriff auf bestimmte Daten) gewährt werden können.

Kurzum: Man braucht eine vernünftige *Verwaltung* von Benutzeridentitäten (Benutzer = Personen, Prozesse, Gruppen solcher Subjekte). Diese ist auch mit den Personalprozessen

(Einstellen und Ausscheiden von Mitarbeitern, Beschäftigung von Fremdpersonal/externe Dienstleister) zu verzahnen.

Die Details der Registrierung und De-Registrierung von Benutzern und die Bildung eindeutiger Benutzer-IDs sollten am besten in der (Zugangssteuerungs-) Richtlinie dargestellt werden.

Control A.9.2.2 – Zuteilung von Benutzerzugängen:
Ein formaler Prozess zur Zuteilung von Benutzerzugängen ist umgesetzt, um die Zugangsrechte für alle Benutzerarten zu allen Systemen und Diensten zuzuweisen oder zu entziehen.

Nachdem nun Benutzer registriert sind, können Berechtigungen („Zugänge") erteilt, geändert und auch später wieder entzogen werden. Dazu ist laut Control ein *formaler Prozess* zu etablieren – im Grunde ein schriftliches Antrags- und Genehmigungsverfahren.

Typisches Beispiel wäre die Beantragung von Berechtigungen oder deren Änderungen mittels eines Formulars, das die betreffende Benutzer-ID, das betreffende Asset und die gewünschten Berechtigungen sowie z. B. eine Begründung enthält. Dieses Formular muss bei der *genehmigenden* Stelle eingereicht werden, die ihrerseits nach Genehmigung den Antrag an die *ausführende* Stelle weiterleitet. Die genehmigende Stelle könnte ein Vorgesetzter oder auch der Eigentümer des betreffenden Assets (aus dem Antrag) sein. Die ausführende Stelle wäre die jeweilige Systemadministration. Das Formular einschließlich der Genehmigungs- und Erledigungsvermerke ist zu archivieren, um bei gewissen Anlässen die Gewährung bzw. den Entzug von Rechten zweifelsfrei nachweisen zu können.

Wichtig ist dabei, dass dieses Verfahren in die Personalprozesse eingebunden ist, um bei Abteilungs-, Aufgaben- und Rollenwechsel von Benutzern sofort Berechtigungen zu entziehen und für die neue Funktion vergeben zu können.

Unser notorischer Hinweis: Einer User ID sollte nur so viel an Berechtigungen zugestanden werden, wie für die beabsichtigte Tätigkeit erforderlich ist.

Control A.9.2.3 – Verwaltung privilegierter Zugangsrechte:
Zuteilung und Gebrauch von privilegierten Zugangsrechten ist eingeschränkt und wird gesteuert.

Bei den *privilegierten Zugangsrechten* geht es um Berechtigungen, die über das normale Maß hinausgehen: entweder besonders hohe oder besonders umfassende Berechtigungen – oder solche für ein sehr kritisches Asset.

Typische Beispiele für privilegierte Berechtigungen findet man meist bei Rollen wie Systemadministrator, Backup-Manager, Systemauditor (z. B. für das Auswerten von Log-Aufzeichnungen) oder bei Wartungspersonal (Zutrittsberechtigungen). Nicht selten sind auch Benutzer von externen Dienstleistern darunter – etwa im Zusammenhang mit der Wartung von Systemen, welche remote ausgeführt wird („Fernwartung").

Bei allen privilegierten Berechtigungen sollte grundsätzlich überlegt werden, ob man darauf verzichten kann! Wenn das nicht geht, sollte z. B. für Benutzer von IT-Systemen zusätzlich zum normalen Account ein separater privilegierter Account angelegt werden, unter dem ausschließlich die privilegierten Arbeiten auszuführen sind.

Es ist klar, dass solche Privilegien nur sparsam zu vergeben und regelmäßig auf ihre Notwendigkeit hin zu überprüfen sind. Ist in einer Organisation die Vergabe privilegierter Berechtigungen eher die Regel, ist das ein starkes Indiz dafür, dass das vorhandene Berechtigungskonzept nicht praxisgerecht und sicherheitstechnisch bedenklich ist – eine Revision ist dringend erforderlich.

Bei privilegierten Berechtigungen stellt sich umso mehr die Frage nach einer (besonders) *sicheren* Authentisierung der Benutzer. Die Identität des betreffenden Benutzers muss eindeutig festgestellt sein, bevor ein privilegierter Zugang erlaubt wird. Hier sollte man eine *starke Authentisierung* (= Kopplung mehrerer Authentisierungsmerkmale wie Besitz, Wissen, Eigenschaft), Challenge-Response- oder zertifikatsbasierte Verfahren einsetzen. Weiterhin stellt sich die Frage nach einem *sicheren Kanal* für die Authentisierung (Sicherheit vor Verfälschung, Mithören, Wiedereinspielen, unbefugter Verbindungsaufnahme usw.).

Control A.9.2.4 – Verwaltung geheimer Authentisierungsinformation von Benutzern:
Die Zuordnung von geheimer Authentisierungsinformation wird über einen formalen Verwaltungsprozess gesteuert.

Bei der Einrichtung einer Benutzer-ID und meist vor der Vergabe von Berechtigungen an den Benutzer wird für den angelegten Account die Art der Authentisierung festgelegt. Verlangt die festgelegte Authentisierung die Eingabe eines Passworts oder einer PIN, muss ein entsprechender Wert festgelegt und dem Benutzer zugänglich gemacht werden. Der Benutzer wird dann meist bei der ersten Authentisierung aufgefordert, sein Passwort oder seine PIN zu ändern.

Während die Benutzer-ID in der Regel keine besondere Geheimhaltung erfordert, trifft dies aber bei den Authentisierungsdaten (Passwörter, PINs, auch Schlüssel und andere Codes) definitiv zu. Die Geheimhaltung muss bereits bei den Daten für die Erst-Authentisierung beginnen.

Denkt man noch an den oft eintretenden Umstand, dass Passörter und ähnliche Codes „vergessen" werden, korrumpiert worden sind (Unbefugte haben Kenntnis erlangt) und somit erneuert werden müssen, wird klar, dass auch hier ein formaler Verwaltungsprozess für die Authentisierungsinformationen benötigt wird.

Wir zählen einige Aspekte für das Passwort-Schema auf, die in ähnlicher Weise auch bei anderen Authentisierungsmethoden betrachtet werden müssen. Dabei geht es zunächst nur um das Verwaltungsverfahren, aber noch nicht um die Pflichten der Benutzer (folgt unter A.9.3):

- Mindeststandard: Es muss festgelegt sein, welche Passwörter als „qualitativ" ausreichend anzusehen sind: Zeichenvorrat, Mindestlänge, das Verwenden von Sonderzeichen und Ziffern, das Vermeiden gängiger Wörter usw.

- Von System-Lieferanten voreingestellte Passwörter sind ausnahmslos bei Inbetriebnahme eines Systems zu ändern.
- Es sollte generell keine Default-Passwörter zum Einsatz kommen.
- Bei der Erstvergabe von Passwörtern an Benutzer sind nur Passwörter zu vergeben, die dem Mindeststandard genügen.
- Erst-Passwörter sind auf sicherem Wege an den jeweiligen Benutzer zu kommunizieren. Die Benutzer sind zur zeitnahen Änderung aufzufordern. Letzteres ist zu überwachen.
- Benutzer sind aufzufordern, Passwörter im Einklang mit der Richtlinie regelmäßig zu wechseln – besser noch ist die Erzwingung des Wechsels durch ein technisches Verfahren. Der Passwortwechsel ist zu überwachen.
- Gruppen-Passwörter sind bei Ausscheiden eines Gruppenmitglieds aus der Gruppe zu ändern.
- Erzeugte bzw. von Benutzern geänderte Passwörter sind nur in verschlüsselter Form auf Systemen zu speichern.
- Die Vergabe neuer Passwörter (nach Vergessen, Korrumpierung) ist nach einem Genehmigungsverfahren abzuwickeln – analog zur Vergabe einer Benutzer-ID und von Berechtigungen.

Entsprechende Regelungen können wieder in die Richtlinie der Zugangssteuerung aufgenommen werden.

Control A.9.2.5 – Überprüfung von Benutzerzugangsrechten:
Die für Werte Zuständigen überprüfen in regelmäßigen Abständen die Benutzerzugangsrechte.

Einige Punkte der Überprüfung haben wir bereits bei den vorausgehenden Controls besprochen. Wir beschränken uns deshalb auf Stichwörter:

- Prüfung der Benutzer-IDs darauf, ob wirklich Zugang zu einem Wert bzw. Asset benötigt wird, unnötige Berechtigungen sind zu löschen
- Benutzer mit hohen Privilegien ggf. in kürzeren Abständen überprüfen
- nicht mehr notwendige temporäre Berechtigungen löschen
- Gruppen-IDs prüfen (Aktualität der Mitglieder der Gruppe und Erforderlichkeit der Zugangsberechtigungen)
- Benutzer auf kritische Häufung von Berechtigungen prüfen
- verdeckte Rechtebeziehungen (durch Überlagern von Benutzer- und Gruppenrechten, DAC- und MAC-Regeln) erkennen und auflösen
- Prüfen von Benutzer-IDs, die über eine längere Zeit ungenutzt bleiben – möglicherweise überhaupt noch nie benutzt wurden
- korrekte Durchführung des Passwort-, PIN-Wechsels, der Erneuerung von Zertifikaten
- Prüfen der Ermächtigung des Benutzers, ob sachlich noch zutreffend
- Prüfen der Autorisierungen für Netzdienste, ob diese noch erforderlich sind

Das Verfahren der Überprüfung (Prüfgegenstände, Anlässe und Fristen) sollte in der Zugangsrichtlinie dargestellt sein. Das Control fordert, dass die Überprüfung durch „Die für Werte Zuständigen ..." erfolgen soll, d. h. die Eigentümer der jeweils betroffenen Assets. Aus Sicht der Verantwortung ist dies richtig; in der Praxis könnte man jedoch diese Tätigkeiten von den (zahlreichen?) Asset Ownern z. B. auf einen dafür benannten Auditor delegieren.

Control A.9.2.6 – Entzug oder Anpassung von Zugangsrechten:
Die Zugangsrechte aller Beschäftigten und Benutzer, die zu externen Parteien gehören, auf Information und informationsverarbeitende Einrichtungen werden bei Beendigung des Beschäftigungsverhältnisses, des Vertrages oder der Vereinbarung entzogen oder bei einer Änderung angepasst.

Ändert sich das Beschäftigungsverhältnis der eigenen Mitarbeiter oder von Fremdpersonal, so sind die Zugangsberechtigungen entsprechend anzupassen – alle in den IT-Systemen, IT-Anwendungen, im Zutrittskontrollsystem hinterlegten und sonstigen Berechtigungen sowie Autorisierungen für die betroffenen Personen sind sinngemäß zu ändern:

- Bei Wechsel in einen anderen Arbeitsbereich sind die alten Berechtigungen zu entziehen, die im neuen Bereich erforderlichen einzurichten.
- Bei ersatzloser Beendigung der Tätigkeit sind die Berechtigungen zu löschen; in diesem Fall sind auch die Benutzer-IDs zu löschen und aus (Benutzer-)Gruppen und Anwendungssystemen (z. B. E-Mail-System) zu entfernen.

Das Löschen von IDs wird spätestens beim Wirksamwerden des Beschäftigungsendes durchzuführen sein – möglicherweise aber auch schon bei Bekanntwerden des Beendigungstermins: Hier mag die Situation eine schnelle Reaktion erfordern.

Ziel A.9.3 – Benutzerverantwortlichkeiten:
Benutzer sind für den Schutz ihrer Authentisierungsinformation verantwortlich gemacht.

Im Zusammenhang mit den Zugangsberechtigungen hängt die Sicherheit letztlich an den Authentisierungsinformationen – also im einfachsten Fall an der Geheimhaltung von Passwort oder PIN. Extrem wichtig ist also, dass jeder Benutzer seine Verantwortung für die Geheimhaltung (und richtige Anwendung) dieser Daten kennt.

Control A.9.3.1 – Gebrauch geheimer Authentisierungsinformation:
Benutzer sind verpflichtet, die Regeln der Organisation zur Verwendung geheimer Authentisierungsinformation zu befolgen.

Bei den hier genannten Regeln handelt es sich bei Passwörtern z. B. um folgende:

- Die Auswahl von Passwörtern muss den Regeln der Zugangssteuerungsrichtlinie entsprechen. Diese können z. B. besondere „Passwortregeln" beinhalten.

- Passwörter dürfen nicht unverschlüsselt in Systemen oder auf Datenträgern gespeichert werden, auch nicht auf Papier aufgeschrieben werden.
- Passwörter dürfen nicht an andere Personen (Kollegen, Familienangehörige usw.) weitergegeben werden.
- Passwörter für dienstliche Zwecke sollten sich von Passwörtern für private Zwecke unterscheiden.

Diese Regeln gelten nicht nur für Passwörter, sondern sinngemäß auch für andere Authentisierungsinformationen.

Entsprechende Regeln aus der Richtlinie müssen den Nutzern bekannt sein und von diesen als Verpflichtung verstanden werden. Das Thema sollte deshalb auch Gegenstand von Sensibilisierungs- und Schulungsaktivitäten sein.

Ziel A.9.4 – Zugangssteuerung für Systeme und Anwendungen:
Unbefugter Zugang zu Systemen und Anwendungen ist unterbunden.

Nachdem wir die Sichtweise des Richtliniengebers und der Benutzer betrachtet haben, geht es jetzt um die mehr technische Realisierung der Zugangssteuerung bei Betriebssystemen und Anwendungen. Die folgenden 5 Controls lassen sich bei den heutigen Systemen und Anwendungen durch geeignete Konfiguration und Administration realisieren und sollten stets umgesetzt werden. Das Ziel bleibt auch hier die Verhinderung unbefugten Zugangs (hier: Nutzung und Zugriff).

Control A.9.4.1 – Informationszugangsbeschränkung:
Zugang zu Information und Anwendungssystemfunktionen ist entsprechend der Zugangssteuerungsrichtlinie eingeschränkt.

Anmerkung: Hier hakt es ein wenig mit der deutschen Übersetzung des Controls: Richtig wäre „Zugang zu Informations- und Anwendungssystemfunktionen ...". Es geht also um die Funktionen von IT-Systemen und IT-Anwendung(ssystem)en.

Die Forderung meint, den Zugang zu Systemen und Anwendungen so einzuschränken, dass die vorgesehenen Berechtigungen aus der (Zugangssteuerungs-)Richtlinie umgesetzt werden. Für den Fall der IT-Systeme leistet das – bei korrekt eingestellter Konfiguration – die klassische Zugriffskontrolle.

Betrachten wir nun stellvertretend für eine IT-Anwendung das Beispiel eines Datenbanksystems. Zunächst stellt sich die Frage, ob ein Benutzer die Datenbank überhaupt aufrufen darf – was normalerweise bereits auf Betriebssystemebene durch eine vorhandene oder fehlende Berechtigung geregelt wird. Ist der Aufruf der Datenbank zulässig, wird deren Benutzeroberfläche dem Benutzer viele Funktionen zur Auswahl bieten, über die ein Zugriff auf bestimmte Daten, Reports, Prozeduren oder sogar der Aufruf anderer Anwendungen möglich ist. Das obige Control verlangt, dass diese Funktionen so eingeschränkt sein müssen, dass der Benutzer seine Berechtigungen (gemäß Richtlinie) nicht überschreiten kann. Es soll z. B. vermieden werden, dass der Benutzer auf dem „Umweg" über die Datenbank (Abfragen, Reports usw.) Zugriff auf Daten bekommt, für die er gar keine Autorisierung besitzt, oder durch Aufruf von Prozeduren andere Anwendungen starten kann, für die er kein Nutzungsrecht hat.

Kommerzielle Datenbanken bieten deshalb meist eine filigrane Zugriffssteuerung, die eine Abbildung der Regeln solcher Richtlinien erlaubt. Dies gilt sogar für den Fall klassifizierter Daten bzw. Datenfelder innerhalb der Datenbank, für die beim Zugriff MAC-Regeln zu überprüfen sind.

Verallgemeinern wir: Die Berechtigungen eines Benutzers müssen sich auch in IT-Anwendungen widerspiegeln, indem diese nur „zulässige" Methoden (etwa aufgerufen durch Anwahl einzelner Menüpunkte der Anwendung) anbieten oder bei Auswahl unzulässiger Punkte die Ausführung verweigern. Für die Praxis bedeutet dies, sich bei jeder installierten Anwendung zu fragen, ob hiermit Benutzerberechtigungen außer Kraft gesetzt oder überschritten werden können. Solche Möglichkeiten müssen unterbunden werden.

Control A.9.4.2 – Sichere Anmeldeverfahren:
Soweit es die Zugangssteuerungsrichtlinie erfordert, wird der Zugang zu Systemen und Anwendungen durch ein sicheres Anmeldeverfahren gesteuert.

Es gilt hier die Erkenntnis, dass eine Berechtigungssteuerung nur so gut sein kann wie das Anmelde- bzw. Authentisierungsverfahren für Benutzer. Wir brauchen also ein „sicheres Anmeldeverfahren", das Benutzer eindeutig identifizieren kann und hinsichtlich ihrer Identität nicht zu täuschen ist. Grundsätzlich ist „starken" Authentisierungsverfahren der Vorzug zu geben (s. dazu die Anmerkungen am Ende von A.9.2.3).

Typische Anforderungen für ein sicheres Anmeldeverfahren lauten:

- Vor dem Anmeldungsversuch sollten keine überflüssigen Informationen (Hilfetexte, Dienst- oder Servernamen etc.) angezeigt bzw. übermittelt werden.
- Eine Anmeldung muss vor jeder anderen Aktion mit dem System/der Anwendung erfolgen, d. h. das Anmeldeverfahren darf nicht umgehbar sein.
- Geheimzuhaltende Anmeldedaten (z. B. Passwörter) der Benutzer dürfen bei der Anmeldung nicht beobachtet, offen über ein Netzwerk transportiert oder an einsehbaren Stellen gespeichert werden.
- Bei fehlerhafter Anmeldung dürfen keine Informationen angezeigt oder übermittelt werden, die die Art des Fehlers näher beschreiben und dadurch Rückschlüsse auf die *korrekten* Anmeldedaten erlauben.
- Die Zahl der Fehlversuche bei der Anmeldung sollte begrenzt werden (Sperren des Accounts, Zeitsperre o. ä. – jeweils mit einem formalisierten Verfahren der Aufhebung der Sperre).
- Bei erfolgreicher Anmeldung sollte Datum/Uhrzeit der letzten erfolgreichen Anmeldung angezeigt werden.

- Anmeldeversuche sollten aufgezeichnet werden (Log-Protokolle), die Protokolle müssen regelmäßig ausgewertet werden.
- Je nach Risikolage kann die Anmeldung auf erlaubte Arbeitszeiten (sofern festgelegt) beschränkt werden, nach einer festgelegten Zeitspanne eine erneute Anmeldung verlangt oder die Dauer der Arbeiten bzw. die Verbindungszeit (z. B. bei mobilen Geräten) generell begrenzt werden (Session-Time-Out).

Mit dem Session-Time-Out kann die Gefahr vermindert werden, dass eine Session nach „vergessener" Abmeldung durch einen Unbefugten „übernommen" wird.

Control A.9.4.3 – System zur Verwaltung von Kennwörtern:
Systeme zur Verwaltung von Kennwörtern sind interaktiv und stellen starke Kennwörter sicher.

Dieses Control betrifft die Handhabung von Kennwörtern (Passwörter, PIN, andere Geheimnisse) in den einzelnen IT-Systemen und IT-Anwendungen. Systemtechnisch sollte realisiert sein, dass die Einhaltung der Regeln für Kennwörter aus der Richtlinie der Organisation überprüft wird (Auswahl guter Kennwörter, Änderung bei Erstanmeldung, regelmäßige Änderung, Kennwort-Historie). Bei Anwendungen müssen die Kennwörter stets getrennt von den Nutzdaten der Anwendung gespeichert werden. Kennwörter dürfen vom System/von der Anwendung nicht offen angezeigt, gespeichert oder übertragen werden. Bei Letzterem denke man auch an die Fähigkeit von Browsern, eine Passwortliste zu speichern, um das erneute Log-in zu „erleichtern". Hier muss sichergestellt sein, dass über diesen Mechanismus keine Passwörter an Unbefugte gelangen (z. B. durch generelles Abschalten der Passwortspeicherung in Browsern).

Control A.9.4.4 – Gebrauch von Hilfsprogrammen mit privilegierten Rechten:
Der Gebrauch von Hilfsprogrammen, die fähig sein könnten, System- und Anwendungsschutzmaßnahmen zu umgehen, ist eingeschränkt und streng überwacht.

Hilfs- oder Dienstprogramme („Tools") haben oft die Eigenschaft, unter hohen System-Privilegien zu laufen und damit viele Kontrollen umgehen zu können. Viele aus dem Internet ladbare Hacker-Tools sind in der Lage, Schwächen des Systems und der Anwendungen auszunutzen, um die Berechtigungssteuerung oder andere Sicherheitsfunktionen auszuhebeln. Das Control A.9.4.4 fordert, dass solche „Hilfsprogramme" in ihren Berechtigungen eingeschränkt und (zumindest) überwacht werden. Dabei sind sowohl organisatorische wie auch technische Maßnahmen einzusetzen:

- Die Installation privater oder vom Internet geladener Software ist zu untersagen und zu unterbinden.
- Grundsätzlich sind nur solche Hilfsprogramme zu verwenden bzw. zu installieren, die für den Anwendungszweck tatsächlich erforderlich sind.
- Die Hilfsprogramme sollten an anderer Stelle (unter besonderem Zugriffsschutz) gespeichert werden als „normale" Anwendungsprogramme.

- Berechtigungen zur Ausführung der Hilfsprogramme sollten nur wenige Personen besitzen.
- Die Nutzung solcher Software ist zu protokollieren.

Man beachte, dass auch Wartungs- und Supportpersonal (z. B. von Dienstleistern) mit Prüf- und Diagnose-Software ausgestattet ist, die meist hohe System-Privilegien benötigen. Ihre Verwendung ist umso intensiver durch eigenes Personal zu überwachen.

Control A.9.4.5 – Zugangssteuerung für Quellcode von Programmen:
Zugang zu Quellcode von Programmen ist eingeschränkt.

Der Zugang zu Quellcode muss streng reglementiert werden, und zwar aus folgenden Gründen:

- Quellcode unterliegt meist Lizenzbestimmungen oder es handelt sich um selbst erstellten Quellcode: In beiden Fällen kann es um einen Know-how-Schutz gehen.
- Unbeabsichtigte Zugriffe können Quellcode ganz oder teilweise zerstören.
- Bei der (beabsichtigten) Manipulation von Quellcode können u. a. undokumentierte Funktionen eingebaut werden, geheime Passwörter versteckt werden – alles mit dem Ziel, bei der späteren Ausführung des Programms dieses steuern zu können, um unbefugte Zugriffe zu erlangen und weitergehende Manipulationen durchführen zu können.

Ein besonders interessantes Angriffsziel sind Software-Bibliotheken, da Änderungen an ihnen in der Regel Auswirkungen auf eine Vielzahl von Programmen und Anwendungen haben.

Nicht-autorisierte Änderungen an Quellcode können also massive Auswirkungen auf die Geschäftstätigkeit einer Organisation haben.

Maßnahmen-seitig ist Quellcode an sicherer Stelle zu speichern (Zugang nur für Befugte, nicht in Produktivsystemen) und einem Verwaltungssystem mit Versions- und Änderungskontrolle zu unterstellen. Maßnahmen zur Integritätswahrung sind zu ergreifen.

6.2.6 Kryptografie (A.10)

Der Einsatz von Kryptografie, d. h. von Verschlüsselungstechniken, ist ein zentrales Element der Sicherheit. Sie tritt auf als reine Datenverschlüsselung zum Schutz der Vertraulichkeit, als Maßnahme zur Integritätswahrung und zum Nachweis der Authentizität (etwa mittels elektronischer Signaturen und Zertifikaten), als Bestandteil vom Kommunikationsprotokollen (z. B. bei SSL) – oftmals wird sie von den Benutzern gar nicht bewusst wahrgenommen, weil sie bereits in IT-Komponenten und Systemen integriert ist.

Ziel A.10.1 – Kryptographische Maßnahmen:
Der angemessene und wirksame Gebrauch von Kryptographie zum Schutz der Vertraulichkeit, Authentizität oder Integrität von Information ist sichergestellt.

Die ISO 27001 formuliert für diese Sicherheitstechnologie ein Ziel („Der angemessene und wirksame Gebrauch ...") und gibt die Themenbereiche bzw. Sicherheitsziele an, für die Verschlüsselung einsetzbar ist. Während uns die Wirksamkeit als Forderung einleuchtet, stellt sich wieder die Frage: Was ist angemessen? Schauen wir uns die beiden folgenden Controls an!

Control A.10.1.1 – Richtlinie zum Gebrauch von kryptographischen Maßnahmen:
Eine Richtlinie für den Gebrauch von kryptographischen Maßnahmen zum Schutz von Information ist entwickelt und umgesetzt.

Ein weiteres Mal wird eine Richtlinie gefordert: Sie soll beschreiben, wie kryptographische Maßnahmen in der Organisation zu verwenden sind. Um dies bewerkstelligen zu können, ist ein Mindestmaß an Kenntnissen über Kryptografie erforderlich. Man muss viele Punkte bedenken und zu einer Entscheidung bringen:

- In welchen Fällen ist ein Einsatz von Kryptografie zum Schutz von Informationen angemessen – im Vergleich zum Wert der Informationen, den bestehenden Risiken und in Bezug auf den zu treibenden Aufwand?
- Bei welchen Daten bestehen Sicherheitsziele, die kryptografisch realisiert werden können?
- Wo soll Kryptografie angewendet werden – z. B. bei der Speicherung, bei der Übertragung von Daten, bei der Authentisierung von Benutzern?
- Welche Verfahren (Algorithmen, Schlüssellängen) sind geeignet? Welche Zertifikate von welchen Ausstellern gelten als vertrauenswürdig?
- Gibt es in den jeweils geltenden nationalen Gesetzen Einschränkungen für die geplante Verwendung von Kryptografie (Kryptogesetzgebung)?
- Welche Software- und/oder Hardware-Produkte (Kryptogeräte) sollen zum Einsatz kommen und von welchem Lieferanten werden diese bezogen? Man denke hierbei auch an die Problematik ausländischer Kryptotechnik!
- Wie können diese Produkte in die Systeme und Anwendungen integriert und dort mit einem entsprechenden Integritätsschutz versehen werden, um manipulative Änderungen zu vermeiden?
- Können sich bei der Nutzung von Verschlüsselung Beeinträchtigungen oder unerwünschte Nebeneffekte (z. B. kein Aufspüren von Viren in verschlüsselten Daten möglich) ergeben?
- Wie wird darauf reagiert, wenn bekannt wird, dass ein von der Organisation verwendetes Kryptoverfahren gehackt wurde oder Schwächen entdeckt wurden, die in nächster Zeit einen Wechsel der Kryptografie erfordern?

Aus dieser Aufzählung wird deutlich, dass der „angemessene" Einsatz von Kryptografie ein entsprechendes Management erfordert, um die vorgesehenen Sicherheitsziele in der Praxis erreichen zu können.

Ein Management verlangt auch eine verantwortliche Stelle, Rolle oder Person, die sich um das Thema kümmert. Ihre Aufgabe wird es auch sein, neue Informationen über Algorithmen, deren Schwächen und Stärken, Behebung von Sicherheitslücken usw. zu sammeln und auszuwerten.

In anderen Quellen wird angeregt, ein eigenes Kryptokonzept zu erstellen – auf dem dann die zuvor erwähnte Richtlinie für die Praxis aufbaut. Die ISO-Norm macht hier jedoch keine Unterschiede, d. h. beides kann in einem Dokument zusammenfassend dargestellt werden.

Control A.10.1.2 – Schlüsselverwaltung:
Eine Richtlinie zum Gebrauch, zum Schutz und zur Lebensdauer von kryptographischen Schlüsseln ist entwickelt und wird über deren gesamten Lebenszyklus umgesetzt.

Bei der Aufzählung zum vorhergehenden Control A.10.1.1 haben wir das Thema des Schlüsselmanagements ausgespart, weil es seiner Bedeutung entsprechend ein eigenes Control besitzt. Die erneut geforderte Richtlinie würden wir in der Praxis mit der Richtlinie aus A.10.1.1 verschmelzen.

Was ist darin in Sachen Schlüsselmanagement zu regeln?

- Welche Schlüssel sind für welches Kryptoverfahren geeignet (Länge, besondere Rahmenbedingungen)?
- Mittels welchen Verfahrens, von wem und in welcher Infrastruktur werden diese Schlüssel erzeugt?
- Wie werden die erzeugten Schlüssel an den Einsatzort übertragen bzw. transportiert?
- Wie werden sie an die zukünftigen Schlüsselinhaber verteilt und ggf. aktiviert?
- Wo sind die Schlüssel bei ihrer Nutzung gespeichert und wie sind sie gegen unbefugte Kenntnisnahme und Änderung geschützt?
- Ist ein Schlüssel-Backup, Schlüssel-Archiv oder eine Schlüssel-Hinterlegung (an einem anderen Ort) zu organisieren?
- Wie häufig müssen Schlüssel gewechselt werden?
- Wie werden Schlüssel, die nicht mehr verwendet werden (weil nicht mehr erforderlich, wegen Einstellung der Anwendung oder bei Verdacht der Kompromittierung) „entsorgt" bzw. vernichtet?

Man erkennt zunächst, dass sich in diesen Fragen der Lebenszyklus eines Schlüssels widerspiegelt – von der Erzeugung bis zur Entsorgung! Weiterhin wird beim Stichwort *Backup* deutlich, dass nicht nur Vertraulichkeit und Integrität von Schlüsseln zu wahren sind, sondern auch ihre Verfügbarkeit.

Die Antworten auf die Fragen in der Aufzählung können je nach Einsatzzweck variieren: Für die Verschlüsselung von Backup-Tapes wird man möglicherweise andere Antworten finden als für die Verschlüsselung von Daten bei der Auslagerung in eine Cloud!

Fazit zu A.10 .

Man erkennt an der Kürze der Controls einerseits und den vielen Aufzählungspunkten andererseits, dass die ISO-Norm dieses Thema nur anreißt, d. h. man tut gut daran, sich damit intensiv zu beschäftigen und sich ggf. auch externer Unterstützung zu versichern, um die schwierigen, aber sehr effektiven kryptographischen Techniken „angemessen" einsetzen zu können.

6.2.7   Physische und umgebungsbezogene Sicherheit (A.11)

Ein Teil der Informationsverarbeitung einer Organisation findet in den eigenen Liegenschaften und Räumlichkeiten statt, ein weiterer Teil bei Dienstleistern, Service Providern, Partnern und Kunden, ein dritter Teil heutzutage meist in mobilen Systemen außerhalb der Organisation oder im Home Office.

An jedem dieser Orte können Informationswerte (Assets) und notwendige Betriebsmittel der Organisation physisch vorhanden sein. Insoweit ist es erforderlich, den physischen Zugang zu den dort vorhandenen Assets sowie andere schädigende Einflüsse aus der Umgebung unter Kontrolle zu halten und die eingesetzten Betriebsmittel zu schützen.

Ziel A.11.1 – Sicherheitsbereiche:
Unbefugter Zutritt, die Beschädigung und die Beeinträchtigung von Information und informationsverarbeitenden Einrichtungen der Organisation sind verhindert.

Hier geht es zunächst um Informationen (Daten) und Einrichtungen, in denen Informationen verarbeitet werden. Der Begriff „verarbeiten" umfasst im Grunde alles, was man mit Informationen bzw. Daten tun kann.

Bei diesem ersten Ziel geht es um den unbefugten physischen Zugang (im Sinne von „Zutritt") zu Informationen und Einrichtungen, sowie um ihren Schutz vor Beschädigung und Beeinträchtigung (z. B. durch Feuer, Überschwemmung und andere Elementarschäden).

Control A.11.1.1 – Physischer Sicherheitsperimeter:
Zum Schutz von Bereichen, in denen sich entweder sensible oder kritische Information oder informationsverarbeitende Einrichtungen befinden, sind Sicherheitsperimeter festgelegt und werden verwendet.

Was sind *Sicherheitsperimeter*? Man kann stattdessen auch von *Sicherheitszone* oder *Sicherheitsbereich* sprechen, was leichter verständlich ist: Es geht um eine abgegrenzte, kontrollierte räumliche Zone, in der sich die in Rede stehenden Assets physisch befinden. Aus dieser Festlegung wird klar, dass ein Sicherheitsperimeter

- entsprechend als solcher markiert oder anderweitig erkennbar sein muss,
- nur an definierten Stellen kontrolliert passiert werden kann,
- im Kontext dieses Controls auch gegen Beschädigung und Beeinträchtigung schützt.

Wie kann die *Markierung* der Sicherheitszone aussehen? Sie kann durch Zäune, Wände/ Decken/Fenster/Türen bzw. Schleusen implizit gegeben sein, möglicherweise aber auch einfach durch eine auf dem Boden verlaufende „rote" Linie. Letzteres haben wir oft bei Ausweiskontrollen oder am Bankschalter.

Das folgende Control A.11.1.2 behandelt die Kontrolle des Zutritts zu Sicherheitsbereichen, A.11.1.3 eher die Sicherung von Bürobereichen, A.11.1.4 den Schutz vor Beschädigung bzw. Beeinträchtigung aus der „Umwelt".

Wenn man die weiteren Controls durchgeht, stellt sich immer die Frage, welche der vielen möglichen Maßnahmen für eine Organisation geeignet sein könnten? Zur ersten Orientierung ist es hilfreich, sich die Extremfälle anzusehen: Eine rote Linie (und sonst nichts) kann allein nicht ausreichend sein, wenn innerhalb der Zone z. B. Firmen-vertrauliche Informationen gespeichert sind. Werden personenbezogene Daten einer Personalabteilung (eines „normalen" Unternehmens) in einem Serverraum verarbeitet, ginge dessen Absicherung etwa nach militärischem Hochsicherheitsstandard sicherlich weit über das Ziel hinaus.

Um eine passende Sicherheitsmaßnahme zu finden, betrachtet man einerseits die Bedeutung der innerhalb der Zone befindlichen Assets für die Organisation, andererseits schaut man in die (hoffentlich vorhandene) Risikoanalyse und ermittelt, welche Bedrohungen angenommen werden (z. B. unbefugter Zutritt) und welche Art von „Angriff" dabei unterstellt wird (z. B. geplante Einbruchsversuche durch versierte Personen). Genau dagegen muss die ausgewählte Maßnahme wirken, d. h. das Risiko muss ausreichend reduziert oder sogar ausgeschlossen werden.

Control A.11.1.2 – Physische Zutrittssteuerung:
Sicherheitsbereiche sind durch eine angemessene Zutrittssteuerung geschützt, um sicherzustellen, dass nur berechtigtes Personal Zugang hat.

Unser Sicherheitsbereich benötigt eine Zutrittssteuerung, die Unbefugte nicht passieren lässt, Befugte aber sehr wohl. Dies hat zur Folge, dass es kontrollierbare Punkte des Zutritts im Perimeter geben muss – in der Regel einzelne Türen, Schleusen, Schranken. An allen anderen Stellen darf ein Zutritt nicht möglich sein – er muss zumindest sofort entdeckt und ein Schaden durch Folgemaßnahmen verhindert werden können.

Wie sieht eine solche Zutrittssteuerung aus? Ein Kontrollpunkt kann durch Personal bewacht sein, das jeden Zutritt kontrolliert, gewährt oder verwehrt.[7] Die abgeschlossene

---

[7]Hieran schließen sich eine Reihe von Vorkehrungen an wie das Anmelden von Besuchern, das Tragen sichtbarer Ausweise oder das Mitführen von Berechtigungen.

Tür, für die Schlüssel nur an Befugte ausgegeben worden sind, kann eine weitere Form der Zutrittssteuerung darstellen. Oder es handelt sich um Türen bzw. Schleusen mit automatisierter Berechtigungskontrolle mittels Chipkartenprüfung, PIN-Abfrage etc.

Natürlich sollte ein physischer Sicherheitsperimeter keine Lücken besitzen oder Stellen, die – mit einem gewissen Aufwand – zu durchbrechen sind. Die Begrenzung muss Eindringversuchen standhalten, und zwar in dem Ausmaß, wie es bei der Risikoermittlung unterstellt wurde. Dies hat in der Regel erhebliche Auflagen für die Umfeld- und Gebäudesicherheit zur Folge.

Eindringversuche können auch durch Kameraüberwachung, Bewegungsmelder etc. entdeckt werden und eine Alarmierung auslösen. Jetzt stellt sich die Frage, wie schnell das Wachpersonal in Erscheinung tritt, um Unbefugte zu stellen. Hier spielt die Zeitdauer der Abläufe eine Rolle.

In diesem Zusammenhang werden Widerstandsklassen betrachtet, die besagen, wie lange die Sicherungsmaßnahmen einem Angriff standhalten – unter Berücksichtigung der örtlichen Gegebenheiten und der Fähigkeiten und Hilfsmittel potenzieller Angreifer. Die Widerstandsklasse kann dabei durch eine Staffelung ineinandergreifender Sicherheitszonen insgesamt erhöht werden.

Bei der Zutrittssteuerung taucht gerade bei IT-Dienstleistern das Problem auf, Personal von Kunden oder Partnern Zutritt zur Sicherheitszone gewähren zu müssen, weil diese dort vertragsgemäß eigene Systeme betreiben (Hosting/Housing). Hier ist präzise zu regeln (und umzusetzen), um welche Personen es sich handelt und wie und mit welchen Mitteln diese sich gegenüber der Zutrittskontrolle ausweisen.

Auch wenn dies in A.11.1.2 nicht explizit erwähnt wird, ist die Zutrittssteuerung ein Spezialfall der allgemeinen Zugangssteuerung, woraus folgt, dass

- Zutrittsberechtigungen immer nach dem Minimalitätsprinzip (Least Privilege) vergeben werden, einem entsprechenden Management und einem diesbezüglichen Manager unterstehen müssen,
- die Ausübung von Berechtigungen aufgezeichnet bzw. protokolliert werden sollte.

Je nach Art der Zutrittssteuerung können solche Protokolle manuell (vom Wachpersonal) oder automatisiert durch die Zutrittskontrollanlage aufgezeichnet werden. Solche Aufzeichnungen dienen dazu, erfolgte bzw. vermutete Zutritte rekonstruieren zu können.

Control A.11.1.3 – Sichern von Büros, Räumen und Einrichtungen:
Die physische Sicherheit für Büros, Räume und Einrichtungen ist konzipiert und wird angewendet.

Dies betrifft Büros, bestimmte Arbeitsbereiche (z. B. von Software-Entwicklern), Archivräume (auch für Datenträger), Räume für technische Infrastrukturen (z. B. für die Stromeinspeisung), Schutzschränke (z. B. für die Netzwerkverkabelung, TK-Einrichtungen) sowie Besprechungs- und Schulungsräume – soweit dort jeweils schützenswerte Informationen oder informationsverarbeitende Einrichtungen vorhanden sind.

Hier ist die ISO 27001 sehr kurz angebunden: Für solche Objekte muss die Notwendigkeit von physischem Schutz geprüft werden, der Schutz selbst ist zu planen und geeignet umzusetzen.

Das können im Einzelfall

- sehr banale Maßnahmen (z. B. keine sichtbaren Hinweise auf die Art der Informationsverarbeitung, keine öffentlich zugänglichen Raum- und Telefonverzeichnisse),
- klassische Maßnahmen (keine unbefugten Personen in den Arbeitsbereichen, Tragen von Personenkennzeichen (Badges), Verschließen der Räume bei Abwesenheit) und
- Maßnahmen sehr aufwendiger Art (etwa Schutz vor elektromagnetischer Abstrahlung von Geräten, Abschirmung von akustischer Abstrahlung) sein.

Man klassifiziert am besten die verschiedenen Arten von Räumlichkeiten (z. B. nach Büros, Druck- und Kopierräume, Technikräume, öffentlich zugängliche Räume) und konzipiert für jede Klasse spezifische Maßnahmen, die dann einheitlich angewendet werden. Dies reduziert den Aufwand und garantiert ein einheitliches Schutzniveau für vergleichbare Räumlichkeiten.

Control A.11.1.4 – Schutz vor externen und umweltbedingten Bedrohungen:
Physischer Schutz vor Naturkatastrophen, bösartigen Angriffen oder Unfällen ist konzipiert und wird angewendet.

Dieses unscheinbare Control hat es in sich, weil es drei wichtige Sparten (Naturkatastrophen, bösartige Angriffe, Unfälle) betrifft und gleichzeitig nicht viel aussagt: wiederum nur konzipieren und anwenden (= umsetzen). Um den roten Faden nicht zu verlieren: Es geht immer noch um den Schutz von Informationen oder informationsverarbeitenden Einrichtungen!

Gehen wir es systematisch an und beginnen mit Naturkatastrophen – wir wechseln sofort auf den versicherungstechnischen Begriff *Elementarereignis*, der Feuer, Blitzeinschlag, Sturm, Überschwemmung, Erdbeben etc. umfasst. Für eine konkrete Organisation ist zu analysieren,

- welche dieser Elementarereignisse auftreten können (meist alle),
- ob sie Informationen oder informationsverarbeitenden Einrichtungen der Organisation schädigen können,
- mit welchen Häufigkeiten zu rechnen ist und
- um welche Schäden es dabei gehen könnte.

Im Grunde sind also die *Risiken* für den Eintritt eines solchen Elementarereignisses zu bilanzieren. Stellt sich heraus, dass z. B. Erdbeben oder Überschwemmung am betrachteten Standort ein *tolerierbares* oder sogar *vernachlässigbares* Risiko darstellt, muss auch nichts an Maßnahmen getroffen werden. Ganz anders dürfte die Bilanz für das Ereignis Feuer bzw. Brand aussehen – was je nach Risiko- und Vorschriftenlage z. B. zu bautechnischen Vorkehrungen (redundante, ausreichend entfernte Standorte; Brand-schutzzonen), Vermeidung der Lagerung brennbarer Stoffe, Brandvermeidung durch Sau-erstoffreduktion, manuellen und automatischen Löschsystemen führen wird.

Beachten Sie, dass Maßnahmen gegen Elementarereignisse oft nur zur *Schadenminde-rung* nach Ereigniseintritt dienen – vermeiden lassen sich diese Ereignisse grundsätzlich nicht.

Gehen wir zum zweiten Punkt über, nämlich *bösartige Angriffe* auf Sicherheitszonen: Hier sind terroristische Attacken, Sabotageversuche, Einbrüche/Diebstahl usw. gemeint. Werden solche Bedrohungen bzw. die damit verbundenen Risiken als relevant erachtet, müssen Maßnahmen vorgesehen werden: z. B. eine Verstärkung des Perimeterschutzes einschließlich Vorfeldüberwachung, schärfere Zutrittskontrollen und stärkere Überwa-chung der in der Sicherheitszone arbeitenden Personen.

Das dritte Thema *Unfälle* ist in dieser Norm etwas unspezifisch; Unfälle ereignen sich aufgrund allgemeiner Betriebsgefahren (durch die Art der Geschäftätigkeit und vorhan-dener Anlagen), fehlender Schutzmaßnahmen bei bekannten Gefahren, aber auch durch fahrlässiges oder beabsichtigtes Verhalten von in der Sicherheitszone arbeitenden Perso-nen. Es handelt sich insbesondere um die Maßnahmenbereiche *Arbeitssicherheit* und *Un-fallschutz*, die in Organisationen ganz unabhängig von der Informationsverarbeitung ge-regelt sind. In Rechenzentren begegnen wir oft potenziell unfallträchtigen Situationen durch Lagerung von Gefahrgütern und Brandlasten, Stolperfallen z. B. durch „offene" Verkabelungen, Fehlfunktionen von Einrichtungen (Elektrik, Zutrittsschleusen, Alar-mierungen) – aber auch mangelndem Training betreffend Verhalten bei Brand und Evaku-ierungen.

Bei bösartigen Angriffen und Unfällen gehen wir nach dem gleichen Schema vor, das wir bei den Elementarereignissen skizziert haben. Das Problem besteht „nur" darin, ver-nünftige Risikoanalysen und -bewertungen durchführen zu können; hier rät die ISO 27002, sich von erfahrenen, qualifizierten Beratern unterstützen zu lassen.

Control A.11.1.5 – Arbeiten in Sicherheitsbereichen:
Verfahren für das Arbeiten in Sicherheitsbereichen sind konzipiert und werden angewendet.

Wir stellen uns als Beispiel ein Rechenzentrum vor, das als Sicherheitszone festgelegt ist. Schon behandelt wurden Fragen des Perimeterschutzes (A.11.1.1), die Zutrittssteue-rung (A.11.1.2) und der Schutz bei Elementarereignissen, Angriffen und Unfällen (A.11.1.4).

Bei A.11.1.5 geht es nun um das Verhalten von Personen, die sich innerhalb des Sicher-heitsbereichs aufhalten, und zwar im normalen Betrieb wie auch in Ausnahmesituationen.

Zunächst sollte geregelt werden, ob und welche Gegenstände (Geräte, Unterlagen, Datenträger etc.) von Zutrittsbefugten in die Sicherheitszone eingeführt werden dürfen, ob dazu Genehmigungen erforderlich sind, wie diesbezügliche Kontrollen aussehen.

Wenn dem Zutritt nun nichts mehr im Wege steht, kommen die Sicherheitsbelehrung – u. a. das Aufzeichnungs-, Fotografier-, Handy- und Rauchverbot betreffend – und das Aushändigen von entsprechenden Instruktionen, das Eintragen in ein Besucherbuch an die Reihe.

Sodann geht es um die Überwachung bzw. Beaufsichtigung der Tätigkeiten, wie sie von Fremdpersonal (Wartungstechniker, Lieferanten, Reinigungsdienst usw.) und eigenem Personal (Operator, Administratoren, Auditoren etc.) innerhalb der Sicherheitszone ausgeführt werden. Für die Überwachung sind klare Richtlinien vorzugeben, deren Einhaltung anhand von Aufzeichnungen oder Protokollen nachzuweisen ist.

Zu regeln ist auch, wie in Ausnahmesituationen vorzugehen ist: Im Brandfall könnte es um Alarmierung, Schadenbegrenzung, Evakuierungen etc. gehen. Bei Besuchergruppen – die in einem Sicherheitsbereich ebenfalls eine Ausnahmesituation darstellen sollten – wäre z. B. die maximal zulässige Größe der Gruppe und deren Beaufsichtigung zu regeln.

Schlussendlich geht es um das Verlassen des Sicherheitsbereichs: Kontrolle der Mitnahme von Gegenständen und Unterlagen, Austragen im Besucherbuch.

Das Besucherbuch kann natürlich entfallen, wenn bei der Zutrittskontrolle genaue Aufzeichnungen über Ein- und Ausgang erfolgen. Im Fall des Rechenzentrums empfehlen wir dennoch, ein separates Besucherbuch zu führen, wenn das RZ in einen größeren Sicherheitsbereich eingebettet ist und selbst keine separate Zugangskontrolle besitzt.

Control A.11.1.6 – Anlieferungs- und Ladebereiche:
Zutrittsstellen wie Anlieferungs- und Ladebereiche sowie andere Stellen, über die unbefugte Personen die Räumlichkeiten betreten könnten, werden überwacht und sind, falls möglich, von informationsverarbeitenden Einrichtungen getrennt, um unbefugten Zutritt zu verhindern.

Bei den allermeisten Sicherheitsbereichen gibt es neben den für Personen gedachten Zutrittspunkten Liefer- und Ladebereiche, über die ein Zutritt zum Sicherheitsbereich möglich ist. Man denke dabei an Material- und Warenlieferungen, Umzugsaktivitäten sowie die Entsorgung von Geräten und Datenträgern – Personenschleusen sind hierfür eher selten geeignet, ggf. sind Materialschleusen vorzusehen. Wenn möglich sollte bei Lieferung oder Entsorgung ein Zugang zu geschützten Assets innerhalb des Sicherheitsbereichs ausgeschlossen oder zumindest erschwert werden (z. B. durch bauliche Vorkehrungen). Weiterhin ist zu vermeiden, dass Liefer- und Ladebereiche auf „Durchzug" stehen, d. h. unkontrolliert in beiden Richtungen passiert werden können.

Die Vorgaben zur Zutrittssteuerung (A.11.1.2) müssen auch für Zutritte über Liefer- und Ladebereiche gelten bzw. sind entsprechend zu erweitern.

Bei höherem Sicherheitsbedarf ist das Personal des Lieferanten bzw. Entsorgers vorher vertraglich zu benennen, ggf. einer Sicherheitsüberprüfung zu unterziehen, bei jeder Lieferung vorher anzumelden und bei Erscheinen zu authentisieren (Ausweiskontrolle).

Die Regelungen für das Einbringen und die Mitnahme von Gegenständen (A.11.1.5) sind anzuwenden – insbesondere ist prüfen, dass ein genehmigter Liefer- oder Entsorgungsauftrag vorliegt und die Gegenstände dem Auftrag entsprechen. Lieferungen mit Sicherheitsverschluss (Transportbehälter, Versiegelungen) sind bei Eingang direkt auf

Unversehrtheit zu prüfen. Warenein- und -ausgang sind zu registrieren, die erhobenen Daten können Auswirkungen auf das Asset-Verzeichnis haben.

Ziel A.11.2 – Geräte und Betriebsmittel:
Verlust, Beschädigung, Diebstahl oder Gefährdung von Werten und die Unterbrechung von Organisationstätigkeiten sind unterbunden.

Die folgende Gruppe von Controls hat das Ziel, Geräte (u. a. stationäre und mobile IT-Systeme) und andere für die Geschäftstätigkeit wichtige Betriebsmittel (z. B. Peripherie-Geräte, Maschinen, Infrastruktur-Einrichtungen) so zu schützen, dass eine Beschädigung, ein Diebstahl, Verlust und hieraus resultierend eine Unterbrechung der betrieblichen Abläufe verhindert wird. Das Wort „Gefährdung" stellt eine mögliche Übersetzung von *Compromise* dar; es dürfte hier aber eher in dem Sinne gemeint sein, dass eine *Kompromittierung* von Assets verhindert werden soll: Man denke an einen unbefugten Zugriff zu einem Schlüsselgenerator, zu Datenträgern sensiblen Inhalts usw.

Control A.11.2.1 – Platzierung und Schutz von Geräten und Betriebsmitteln:
Geräte und Betriebsmittel sind so platziert und geschützt, dass Risiken durch umweltbedingte Bedrohungen und Gefahren sowie Möglichkeiten des unbefugten Zugangs verringert sind.

Der Aufstellungsort von Geräten und Betriebsmitteln soll so gewählt werden, dass ein bestmöglicher Schutz vor Schäden aus der Umwelt und vor unbefugtem Zugang (Zutritt, Zugriff, Nutzung) gegeben ist.

Zu den Schäden aus der Umwelt zählen die bereits genannten Elementarschäden, aber auch mögliche Beeinträchtigungen durch elektromagnetische Strahlung, Überspannungen (z. B. als Folge eines Blitzeinschlags), Temperatur und Luftfeuchte außerhalb des Normalbereichs, Staub – oder durch marode Abwasserleitungen, die über den Server-Racks im Rechenzentrum verlaufen.

Der unbefugte Zugang bezieht sich auf den Ausschluss von Diebstahl, Beschädigung und Vandalismus, aber auch auf die zu vermeidende Kenntnisnahme von Betriebsinterna oder anderer vertraulicher Informationen. Einige abschreckende Beispiele: Würde man ein IT-System, das vertrauliche Daten verarbeitet, in einem Flur aufstellen, der der Öffentlichkeit zugänglich ist, wäre das das genaue Gegenteil zu A.11.2.1. Auch das Aufstellen von Abteilungsdruckern in Sozialräumen wäre nicht zielführend, wenn geheim zuhaltende Daten ausgedruckt würden, für die nicht alle Mitarbeiter der Organisation autorisiert sind. Ganz analog auch der Fall, dass Mitarbeiter durch einen Sicherheitsbereich gehen müssen (für den sie nicht autorisiert sind), um Druckeroutput abzuholen.

Unbefugten Zugang zu vertraulichen Daten erhält man auch durch die elektromagnetische Abstrahlung von Hochfrequenzgeräten, wozu viele IT-Systeme und -Komponenten zählen. Dabei abgestrahlte Informationen können in einigem Abstand von der Quelle durch Unbefugte mit entsprechendem Equipment aufgefangen werden. Die Platzierung von Geräten in abgeschirmten oder abstrahldämpfenden Zonen würde ebenfalls unter dieses Control fallen.

Zu den relevanten Geräten zählen auch mobile IT-Systeme (Smartphones, Tablets etc.). Das Abhandenkommen eines Geräts durch Liegenlassen oder Diebstahl stellt nicht nur einen finanziellen Verlust dar, sondern führt möglicherweise auch zu einem Abfluss vertraulicher Daten oder erlaubt einen unbefugten Zugriff zur stationären IT der Organisation. Auch das Shoulder Surfing – die Einblicknahme in Daten, die auf einem „fremden" Bildschirm sichtbar sind, ist durch eine geeignete „Platzierung" abzuwenden, aber auch (beschränkt) durch die Verwendung von Polarisationsfiltern, die auf Bildschirmen angebracht werden und den Einblick nur in einem schmalen Betrachtungswinkel ermöglichen.

Control A.11.2.2 – Versorgungseinrichtungen:
Geräte und Betriebsmittel sind vor Stromausfällen und anderen Störungen, die durch Ausfälle von Versorgungseinrichtungen verursacht werden, geschützt.

Störungen bei Versorgungseinrichtungen baut man u. a. dadurch vor, dass sie den geltenden technischen Vorschriften und Normen entsprechen, ihre geplante Funktion regelmäßig getestet wird, sich anbahnende Probleme möglichst frühzeitig durch Alarmeinrichtungen erkannt werden, die Auslastung regelmäßig überwacht und Kapazitätsengpässen vorgebeugt wird.

Zu den hier gemeinten Versorgungseinrichtungen zählt alles, was mit Strom, Klimatisierung, Wasser, Datennetz versorgt *und* direkt oder indirekt für die Informationsverarbeitung benötigt wird.

In Sachen *Strom* nur einige Stichwörter: lokale und zentrale USV, Netzersatzanlage, Mehrfacheinspeisung, unabhängige Versorger.

Die Bedeutung der Klimatisierung für den Betrieb von IT-Systemen ist klar, ebenso der Anschluss an Intranet und Internet. Hier werden Versorgungseinrichtungen und Einspeisungen oft redundant vorgehalten, um bei Ausfällen möglichst schadlos zu bleiben.

An dieser Stelle nochmal der wichtige Hinweis: Die genannten Maßnahmen sind nur Beispiele; wer dieses Control umsetzen möchte, muss zunächst analysieren, welche Störungen bzw. Ausfälle sich auf seine Informationsverarbeitung negativ auswirken und welche Maßnahmen dann in einem sinnvollen Verhältnis zu möglichen Schäden stehen. Es kann sein, dass eine Organisation mit längeren Ausfällen von Versorgungen gut leben kann, d. h. im Extremfall sind hier gar keine Maßnahmen vorzusehen. Dann wäre das Control obsolet – was entsprechend begründet werden müsste.

Control A.11.2.3 – Sicherheit der Verkabelung:
Telekommunikationsverkabelung, welche Daten trägt oder Informationsdienste unterstützt, und die Stromverkabelung sind vor Unterbrechung, Störung oder Beschädigung geschützt.

Leitungen können gekappt werden (z. B. im Zuge von Baumaßnahmen, in der „Funktion" als Stolperfallen, aber auch infolge von Sabotage) oder anderweitig beschädigt werden. Beschädigungen können auch zu „Kurzschlüssen" führen. Eingespeiste Störsignale oder Interferenzen z. B. zwischen Strom- und Datenkabeln können eine Datenübertragung unmöglich machen. Solche Ereignisse können eine *Unterbrechung* der Stromzufuhr oder der Datenübertragung zur Folge haben.

Als Maßnahme wäre zu bedenken, die Leitungen „sicher" zu verlegen, d. h. gegen Störungen aus der Umwelt (Störsignale) abzuschirmen und gegen unbefugten Zugang abzusichern. Letzteres überträgt sich dann im Leitungsverlauf auch auf genutzte Schaltschränke und Technikräume. Im Störungsfall ist es extrem hilfreich, wenn Leitungsverläufe und die Belegung von Kontakt- und Patchfeldern präzise dokumentiert sind. Falls die IT-Prozesse nach ITIL ausgerichtet sind, hat es sich in der Praxis als vorteilhaft erwiesen, die Belegungen und Kabelführung als Configuration Item (CI) in der Konfigurationsdatenbank (CMDB; Configuration Management Data Base) abzuspeichern und zu pflegen.

Control A.11.2.4 – Instandhalten von Geräten und Betriebsmitteln:
Geräte und Betriebsmittel werden Instand gehalten, um ihre fortgesetzte Verfügbarkeit und Integrität sicherzustellen.

Eine Instandhaltung (= regelmäßige Überprüfung und Wartung) von Geräten und Betriebsmitteln ist entsprechend den Vorgaben der Hersteller bzw. Lieferanten durchzuführen, um einem Ausfall bzw. anderen Defekten vorzubeugen. Sind solche Wartungsvorgaben nicht vorhanden, sollten eventuell eigene Verfahren (Sichtinspektion, Tests, Überwachung der Lebensdauer von Komponenten) zur Anwendung kommen. Neben der Verfügbarkeit kommt noch der Aspekt hinzu, dass bei Überprüfung eines Gerätes auch unbefugte Änderungen (z. B. Manipulation an IT-Systemen) erkannt werden können. Vor der Inbetriebnahme reparierter Komponenten bzw. Dienste sollte in sensiblen Umgebungen eine formelle Abnahme erfolgen, die die korrekte Funktion und die Manipulationsfreiheit bestätigt.

Haben Geräte/Betriebsmittel eine hohe Bedeutung für die Informationsverarbeitung, ist anzuraten, eine Wartung nur von sicherheitsüberprüftem, autorisiertem Personal durchführen zu lassen. Wird die Wartung durch Externe vorgenommen, müssen diesbezügliche Anforderungen in den Wartungsvertrag aufgenommen werden.

Wartungsvorgänge sollten grundsätzlich aufgezeichnet werden (entweder zentral oder gerätebezogen).

Bei bestehenden Geräteversicherungen ist die Einhaltung der Versicherungsbedingungen zu dokumentieren; dazu könnte auch die Aufzeichnung der durchgeführten Wartungen beitragen.

Control A.11.2.5 – Entfernen von Werten:
Geräte, Betriebsmittel, Information oder Software werden nicht ohne vorherige Genehmigung vom Betriebsgelände entfernt.

Wir haben dieses Thema bereits beim Verlassen von Sicherheitsbereichen unter A.11.1.5 behandelt. Die Mitnahme von Geräten (z. B. IT-Systeme und IT-Komponenten), Datenträgern, und Unterlagen (Daten in gedruckter Form) muss klar geregelt sein. Soweit im Einzelfall erforderlich, können Termine bzw. Fristen für die Rückgabe der Werte gesetzt werden. Mindestens stichprobenartige Kontrollen sind erforderlich, um die Einhaltung der Regelungen zu überwachen.

Das Führen von Listen über die Ausgabe bzw. Rückgabe von Geräten, Datenträgern und Unterlagen ist dabei ein wichtiges Kontrollelement. Diese Listen können auch im Zusammenhang mit dem Inventarverzeichnis geführt werden.

Sind nach der Mitnahme z. B. von sensiblen Unterlagen Sicherheitsvorkommnisse eingetreten – etwa dass die Unterlagen über einen bestimmten Zeitraum unbeaufsichtigt waren oder nach Verlieren wieder aufgefunden wurden – sind diese Vorkommnisse spätestens bei der Rückgabe zu melden.

Control A.11.2.6 – Sicherheit von Geräten, Betriebsmitteln und Werten außerhalb der Räumlichkeiten: Werte außerhalb des Standorts werden gesichert, um die verschiedenen Risiken beim Betrieb außerhalb der Räumlichkeiten der Organisation zu berücksichtigen.

Die Rede ist von Geräten (u. a. IT-Systeme, vor allem mobile Systeme), Betriebsmitteln (z. B. angeschlossenes Zubehör, Datenträger, Versorgungseinrichtungen) und anderen Werten der Organisation. Das Control betrifft den Betrieb bzw. die Nutzung solcher Objekte *außerhalb* des Standorts der Organisation – das wäre z. B. bei Arbeiten in Räumlichkeiten von Kunden (Telearbeit) oder im Home Office und generell bei mobilem Arbeiten der Fall.

Es ist klar, dass diese Art der Nutzung die betroffenen Geräte, Betriebsmittel und sonstigen Werte Risiken aussetzt – und zwar anderen und höheren Risiken als bei der klassischen *stationären* Informationsverarbeitung innerhalb der Organisation. Stärker in den Vordergrund treten der Verlust (Liegenlassen, Diebstahl) und die Beschädigung von Geräten/Betriebsmitteln, aber auch das leichtere Abhören und Manipulieren von Informationen bzw. Daten.

Welche Maßnahmen könnten zur Absicherung solcher Risiken eingesetzt werden?

Zunächst sollte das Thema in einer geeigneten Richtlinie aufgegriffen werden. Darin ist zu regeln, ob und wann besondere *Genehmigungen* erforderlich sind, um Equipment außerhalb der Organisation zu nutzen. Bei Telearbeit (A.6.2) wurde dies schon bejaht, zudem sollten individuelle Vereinbarungen mit betroffenen Mitarbeitern geschlossen werden. Dies gilt in gleicher Weise für die Nutzung mobiler Systeme und erst recht bei Anwendung von BYOD.

Eine wichtige Maßnahme betrifft die *Beaufsichtigung* der genutzten Objekte. Hier ist der jeweilige Mitarbeiter gehalten, einen Zugriff durch Unbefugte zu unterbinden. Bei Telearbeit – insbesondere an auswärtigen Arbeitsorten etwa bei Kunden – ist dafür Sorge zu tragen, dass das Equipment beim täglichen Arbeitsende mitgenommen, geeignet eingeschlossen oder einer vertrauenswürdigen Person zur Aufbewahrung übergeben wird. Letzteres wäre ggf. auch zu protokollieren.

Generell ist darauf zu achten, dass Geräte/Betriebsmittel unter geeigneten technischen und räumlichen Bedingungen betrieben werden (Temperatur/Luftfeuchte etc., Möglichkeit des Einsatzes von Verschlüsselung für Daten und Kommunikation, Verhindern des Einblicks in vertrauliche Bildschirminhalte durch Unbefugte).

Control A.11.2.7 – Sichere Entsorgung oder Wiederverwendung von Geräten und Betriebsmitteln: Alle Arten von Geräten und Betriebsmitteln, die Speichermedien enthalten, werden überprüft, um sicherzustellen, dass jegliche sensiblen Daten und lizenzierte Software vor ihrer Entsorgung oder Wiederverwendung entfernt oder sicher überschrieben worden sind.

Unter dieses Control fällt zunächst alles, was Speichermedien enthalten kann – stationäre und mobile IT-Systeme, in Maschinen integrierte Rechner, Drucker/Scanner/Kopierer, digitale Kameras usw. Zu den Speichermedien zählen wir Festplatten, Speicherkarten, DVDs, USB-Sticks, Datensicherungsmedien jeder Art und nicht zuletzt auch (bedrucktes) Papier.

Bevor Gerätschaften mit Speichermedien oder die Speichermedien selbst entsorgt werden können, ist zu überprüfen, ob sie vertrauliche Daten und ggf. auch lizenzpflichtige Software[8] enthalten. Diese sind sicher zu löschen, zu überschreiben oder anderweitig zu zerstören (z. B. Schreddern der Speichermedien durch einen zertifizierten Entsorgungsbetrieb).

Ein ähnliches Problem ergibt sich, wenn Geräte mit Speichermedien z. B. zu Wartungs- und Reparaturzwecken an einen Service-Betrieb übergeben werden. Dies wird zwar (meistens) nicht unter *Entsorgung* fallen – aber auch hier muss die Vertraulichkeit gespeicherter Daten gewahrt bleiben. Wenn das Entfernen der Speichermedien vor Übergabe der Geräte nicht möglich ist, wird es schwierig: Dann hilft nur, sich einen *vertrauenswürdigen* Service-Betrieb zu suchen und entsprechende vertragliche Auflagen (Non-Disclosure Agreements) zu vereinbaren.

Sicheres Löschen und Überschreiben sind auch die Mittel der Wahl, wenn Speichermedien wie z. B. Festplatten anschließend für einen anderen Einsatzzweck *wiederverwendet* werden sollen: Es muss dann verhindert werden, dass die „nächsten" Benutzer ältere Informationsreste vertraulichen Inhalts lesen können.

Um eine „sichere" Löschung von Festplatten durchzuführen, ist ein mehrfaches Überschreiben der Daten mit einem zufälligen Muster üblich – das Formatieren der Festplatte reicht definitiv nicht als alleinige Maßnahme aus. Für andere Datenträgerarten sind andere Maßnahmen zu ergreifen. Wichtige Informationen zu diesem Thema findet man bei den Maßnahmen M2.167 und M2.433 des IT-Grundschutzes.

Man beachte, dass das vollständige Verschlüsseln eines Speichermediums die Entsorgung, auch die Weitergabe bei Wartung und Reparatur, erheblich erleichtert: Das Speichermedium kann auf den „Müll" gegeben werden, weil Unbefugte die verschlüsselten Daten ohne Kenntnis des Schlüssels nicht nutzen können. Das setzt natürlich ausreichend starke Kryptoverfahren und ein qualifiziertes Schlüsselmanagement voraus.

Im Zusammenhang mit der Entsorgung von Datenträgern sei auch auf die dreiteilige Norm DIN 66399 [12] hingewiesen, die sich mit der Klassifikation zu löschender Daten,

---

[8] Falls der Finder z. B. einer entsorgten Festplatte die installierte Software weiternutzt, könnte dies einen Lizenzverstoß für die Organisation zur Folge haben.

der Einstufung von Entsorgungsverfahren sowie Anforderungen an den Entsorgungsprozess (etwa bei Dienstleistern) beschäftigt.

Control A.11.2.8 – Unbeaufsichtigte Benutzergeräte:
Benutzer stellen sicher, dass unbeaufsichtigte Geräte und Betriebsmittel angemessen geschützt sind.

Bei Verlassen des Arbeitsplatzes sind dort verbleibende Geräte/Betriebsmittel so zu sichern, dass eine unbefugte Nutzung oder ein Entwenden unterbunden wird.

Wir geben nur einige Stichwörter: Beenden laufender Sessions bzw. Abmelden von laufenden Anwendungen bzw. vom Betriebssystem, Aktivieren bzw. Hochfahren des Systems nur mit erneuter Authentisierung, Verschließen des Arbeitsraums (wenn möglich), Einsatz von mechanischen Diebstahl-Sicherungen. Der Einsatz eines Bildschirmschoners mit Passwortschutz bei nur kurzzeitiger Abwesenheit ist eine weitere übliche Maßnahme (s. auch A.11.2.9).

Hier spielt auch das Control A.11.2.6 hinein, und zwar mit der Beaufsichtigung von Equipment, das sich außerhalb der Organisation befindet.

Control A.11.2.9 – Richtlinie für eine aufgeräumte Arbeitsumgebung und Bildschirmsperren: Richtlinien für eine aufgeräumte Arbeitsumgebung hinsichtlich Unterlagen und Wechseldatenträgern und für Bildschirmsperren für informationsverarbeitende Einrichtungen werden angewendet.

Der Grundsatz der aufgeräumten Arbeitsumgebung (*Clean Desk Policy*) vor Verlassen eines Arbeitsplatzes hat das Ziel, die Einsicht in herumliegende Unterlagen, das Kopieren und Entwenden von Speichermedien usw. Unbefugten zu verwehren, falls sie bei Abwesenheit des Arbeitsplatzinhabers Zugang zu dessen Arbeitsplatz erlangen. Kurzum: Sensible Dinge sind wegzuschließen.

Gerade bei nur kurzzeitiger Abwesenheit kommt es vor, dass durch Unbefugte Bildschirminhalte gelesen oder laufende Anwendungen unzulässig gesteuert werden, weil der Arbeitsplatzinhaber die *Clear Screen Policy* (Grundsatz des „leeren" Bildschirms) nicht beachtet hat. Das Aktivieren eines passwortgeschützten Bildschirmschoners wäre die Mindestanforderung – wenn nicht sogar Rechner grundsätzlich abzuschalten oder/und Räume zu verschließen sind.

Separate Druckerräume (Abteilungs- oder Etagendrucker) sowie Kopierstationen haben das Problem, dass gedruckte/kopierte Unterlagen sich oft längere Zeit unbeaufsichtigt in den Geräten befinden. Dieses Problem verlangt eigentlich nach der *Clear Printer Policy*. Als Lösung kommen z. B. Drucker mit PIN-Steuerung in Frage, bei denen erst nach Eingabe eines Druckjob-abhängigen PIN-Codes der Ausdruck erfolgt.

Die genannten Policies müssen für jeden Arbeitsplatz Bestandteil der Richtlinien sein und ihre Einhaltung ist zumindest stichprobenartig zu überprüfen. Erfahrungsgemäß muss hier im Rahmen des ISMS auch *Motivationsarbeit* geleistet werden.

6.2.8   Betriebssicherheit (A.12)

Das Stichwort *Betriebssicherheit* betrifft alle betrieblichen Abläufe oder Prozesse, die im Zusammenhang mit informationsverarbeitenden Einrichtungen stehen. Das umfangreiche Thema gliedert sich wie folgt (2. Ebene im Anhang A):

- A.12.1 Betriebsabläufe und -verantwortlichkeiten
- A.12.2 Schutz vor Schadsoftware
- A.12.3 Datensicherung
- A.12.4 Protokollierung und Überwachung
- A.12.5 Steuerung von Software im Betrieb
- A.12.6 Handhabung technischer Schwachstellen
- A.12.7 Audit von Informationssystemen

Auf den ersten Blick ist das eine bunte Mischung von Themen – wobei z. B. aus Sicht der IT-Abteilung vieles zu fehlen scheint. Der Punkt ist, die Controlgruppe A.12.1 ist umfassend, wie wir gleich sehen werden, die weiteren Gruppen dienen im Grunde nur der Vertiefung.

Ziel A.12.1 – Betriebsabläufe und -verantwortlichkeiten:
Der ordnungsgemäße und sichere Betrieb von informationsverarbeitenden Einrichtungen ist sichergestellt.

Diese Gruppe von Controls betrifft zunächst den *ordnungsgemäßen* Betrieb der genannten Einrichtungen. Dazu muss die Organisation zunächst ihre „Ordnung" festlegen, was man meist als *Aufbau- und Ablauforganisation* bezeichnet. Dazu zählen

- die Existenz dokumentierter Verfahrensabläufe,
- klar beschriebene Verantwortlichkeiten und Rollen,
- spezifische Grundsätze bzw. Policies wie z. B. die Trennung von Entwicklung und Produktion, Clear Desktop Policy, BYOD,
- ein möglichst standardisiertes Konfigurations- und Änderungsmanagement,
- Vorgaben zur Behandlung von Fehlern und Ausfällen,
- die spätere Nachvollziehbarkeit von Vorgängen, z. B. durch qualifizierte Aufzeichnungen.

Was den *sicheren* Betrieb anbetrifft, ist hier wohl mehr die *Funktionstüchtigkeit bzw. -sicherheit* der Abläufe gemeint – jedenfalls adressieren die folgenden Controls dieser Gruppe keine Sicherheitsaspekte im engeren Sinne.

Control A.12.1.1 – Dokumentierte Bedienabläufe:
Die Bedienabläufe sind dokumentiert und allen Benutzern, die sie benötigen, zugänglich.

Unter Bedienung bzw. *Bedienabläufe* fällt alles, was man (erlaubterweise) mit informationsverarbeitenden Einrichtungen tun kann: Einrichtung und Installation, Starten/Hochfahren, Administration, Backup, Updates/Patches einspielen, Arbeiten mit Anwendungen, Wiederanlauf nach Störungen, Kapazitätsüberwachung, Wartung, Protokollierung und Protokollauswertungen, Herunterfahren, Außerbetriebnahme – also alle bei den Geschäftsprozessen anfallende Aktivitäten im Lebenszyklus der informationsverarbeitenden Einrichtungen.

Solche Abläufe und Prozesse sollen dokumentiert, d. h. in schriftlicher Form dargestellt sein. Dies kann in Verfahrensbeschreibungen (umfassende Beschreibung) oder Arbeitsanweisungen (rollengebundene Beschreibung) erfolgen. Diese Unterlagen müssen allen Benutzern, die von den Vorgaben betroffen sein könnten, zugänglich gemacht werden – z. B. durch Bekanntgabe im Intranet der Organisation. Bei Ausfällen kann dabei allerdings die Verfügbarkeit der Dokumente beeinträchtigt sein; insoweit sollten wichtige Dokumente auch offline am Arbeitsplatz selbst vorgehalten werden.

Control A.12.1.2 – Änderungssteuerung:
Änderungen der Organisation, der Geschäftsprozesse, an den informationsverarbeitenden Einrichtungen und an den Systemen werden gesteuert.

Jede Änderung an der Aufbau- und Ablauforganisation, ihrer Dokumentation und an den informationsverarbeitenden Einrichtungen/Systemen muss „gesteuert" werden, d. h. es muss ein Verfahren zur Planung und Genehmigung von Änderungen, ihrer Umsetzung und Dokumentation sowie ggf. der Kontrolle aufgesetzt werden. Genau das meint der Terminus *Change Management*. In größeren Organisationen bzw. solchen, die sich nach ISO 20000/ITIL und ähnlichen Vorgaben richten, sind ein formalisierter Prozess und eine entsprechende Prozessverantwortlichkeit eingerichtet.

Ein guter Grundsatz ist, nur solche Änderungen durchzuführen, die unabdingbar notwendig sind: Änderungen verursachen bekanntermaßen Aufwand, unter Umständen zusätzlichen Schulungs- und Trainingsaktivitäten und können neue Fehler oder Sicherheitslücken verursachen.

Es kann sinnvoll sein, beim Änderungsmanagement temporär Vereinfachungen zuzulassen (z. B. vorübergehender Verzicht auf Aufzeichnungen), um z. B. bei Notfällen eine schnelle Behebung nicht zu behindern. Die erfolgten Änderungen müssen dann aber nachträglich dem normalen Ablauf unterzogen werden.

Gerade im Zusammenhang mit IT-Systemen ist bei der Planung von Änderungen darauf zu achten, dass eine Rücksetzung auf den Stand vor der Änderung möglich ist, um auftretende Fehler oder gar neue Sicherheitslücken zu vermeiden.

Control A.12.1.3 – Kapazitätssteuerung:
Die Ressourcennutzung/Benutzung von Ressourcen wird überwacht und abgestimmt, und es werden Prognosen zu zukünftigen Kapazitätsanforderungen erstellt, um die erforderliche Systemleistung sicherzustellen.

Zu den Ressourcen zählen Prozessor-, Speicher- und Übertragungskapazität, aber auch die Leistung von peripheren Einrichtungen (Klimageräte, Stromversorgung, Leistung von Druckern) sowie Betriebsmittel wie Datenträger, Papier, Software-Lizenzen – und nicht zuletzt die Personalressourcen.

Das Management (Überwachung, Prognose, Änderungsplanung und -realisierung) dieser Ressourcen muss zum normalen Geschäft eines IT-Betriebs gehören. Engpässe jeder Art können Ursache für eine unzureichende Verfügbarkeit sein.

Ähnlich dem Change Management kann auch ein formales *Capacity Management* zum Einsatz kommen.

Control A.12.1.4 – Trennung von Entwicklungs-, Test- und Betriebsumgebungen:
Entwicklungs-, Test- und Betriebsumgebungen sind voneinander getrennt, um das Risiko unbefugter Zugriffe auf oder Änderungen an der Betriebsumgebung zu verringern.

Dieses Control fordert die Trennung der Umgebungen, in denen IT (Hardware/Software) entwickelt, getestet und betrieblich angewendet wird. Hierfür gibt es mehrere Gründe:

- In Produktivsystemen zu testen, verbietet sich insbesondere bei Vorliegen von Verfügbarkeitsanforderungen, weil fehlerhafte oder fehlgesteuerte Hard- und Software zu Abstürzen und längeren Ausfällen führen kann.
- Entwicklungs- und Testumgebungen sind nicht immer so abgesichert wie Produktionsumgebungen: Mögliche Angriffe und Manipulationen könnten sich der Entwicklungs- und Testsysteme bedienen, um an Daten aus der Produktivumgebung zu gelangen oder ihre Integrität zu beeinträchtigen. Dies könnte über Schadsoftware, aber auch ggf. durch ungetreue Mitarbeiter aus dem Entwicklungsbereich geschehen.
- Dass z. B. ein Software-Entwickler „seine" Software nicht ausreichend testen kann, ist hinreichend belegt. Tests müssen unabhängig von der Entwicklung erfolgen.

Die geforderte Trennung der Umgebungen könnte realisiert werden durch

- den Einsatz getrennter IT-Systeme und unterschiedlicher Netzwerksegmente,
- den Ausschluss gemeinsam genutzter Laufwerke bzw. Speicher,
- eine räumliche Trennung mit strikter Kontrolle des Zugangs zu Entwicklungs-, Test- und Produktivumgebungen,
- eine personelle Trennung.

Dabei muss insbesondere ausgeschlossen werden, dass unkontrolliert aus einer Umgebung auf Daten aus einer anderen Umgebung zugegriffen werden kann. Zum Thema *Testdaten* ist auch noch das Control A.14.3 zu beachten.

Unabhängig davon kommt es darauf an, für die Tests eine Systemlandschaft zur Verfügung zu haben, die der Produktivumgebung weitestgehend entspricht: Abweichende Einsatzbedingungen machen die Tests ansonsten nicht sehr aussagekräftig.

Es ist sinnvoll, ein Verfahren festzulegen, mit dem die Entwicklung, die anschließenden Tests (ggf. mit Rückführung zur Entwicklung bei Fehlern), eine Abnahme- und Freigabe sowie die Übernahme in die Produktivumgebung erfolgt – unter Beachtung aller qualitätssichernden Maßnahmen.

Nach diesen Aspekten der Ordnungsmäßigkeit kommen nun solche, die stärker die Sicherheit betreffen.

Ziel A.12.2 – Schutz vor Schadsoftware:
Information und informationsverarbeitende Einrichtungen sind vor Schadsoftware geschützt.

Schadsoftware (Malware) meint Software, die bei ihrer Nutzung gezielt und beabsichtigt Schäden verursachen kann.

Dabei können alle Sicherheitsziele betroffen sein: Vertraulichkeit und Integrität von Daten können durch eine Schadsoftware verletzt werden, wenn die Daten an Unbefugte übertragen oder nach Belieben geändert werden; Schadsoftware kann laufende Prozesse beeinflussen (falsch steuern, beenden, zum Absturz bringen), Ressourcen auslasten und somit die Performance von IT-Systemen reduzieren oder die Bereitstellung von Daten verhindern – kurzum: Auch das Sicherheitsziel der Verfügbarkeit kann durch Schadsoftware beeinträchtigt werden.

Viren und Trojaner sind klassische Beispiel für Schadsoftware, A.12 umfasst jedoch *alle Arten* von Schadsoftware – und *alle Wege*, auf denen man sich Schadsoftware einfangen kann: Ausführen „unbekannter" Software (z. B. nach Download vom Internet), Infektion durch Drive-by-Downloads beim Besuchen bestimmter Webseiten, Ausführen von mobilem Code (z. B. Active X Controls, Java Applets) und Skripten, durch „Öffnen" von Mail-Attachments, durch Aufruf von Programmen/Daten von ungeprüften Datenträgern, auch durch Re-Infektion von befallenen Backup-Medien.

Das folgende Control nutzt wieder die Formulierung „Information(en) und informationsverarbeitende Einrichtungen". Unter Letzteres fallen in Sachen *Malware* vor allem IT-Systeme jedweder Art, aber auch intelligente Drucker (mit Internet-Anschluss), Router und andere Elemente im Netzwerk – alles, was durch Software gesteuert und damit von Schadsoftware betroffen sein kann.

Control A.12.2.1 – Maßnahmen gegen Schadsoftware:
Erkennungs-, Vorbeugungs- und Wiederherstellungsmaßnahmen zum Schutz vor Schadsoftware in Verbindung mit einer angemessenen Sensibilisierung der Benutzer sind umgesetzt.

In diesem Control werden drei Bereiche adressiert: die *Prävention* bzw. Vorbeugung gegen Schadsoftware, die *Erkennung* von Schadsoftware und die *Wiederherstellung* der von Schadsoftware betroffenen Informationen und Einrichtungen.

Teil der *Prävention* sind alle Aktivitäten, um Schadsoftware gar nicht erst zum Zuge kommen zu lassen. Dazu tragen bei

- die Nutzung und Auswertung von Quellen mit aktuellen Malware-Informationen,
- die Sensibilisierung und Schulung der Benutzer hinsichtlich der Malware-Problematik,
- die Herausgabe entsprechender Richtlinien wie etwa
  - das Verbot, private und aus dem Internet geladene Software am Arbeitsplatz zu installieren oder bestimmte Web-Sites „anzuwählen",
  - Beschränkungen beim Ausführen von mobilem Code bzw. Skripten,
  - die Kontrolle „nicht-vertrauenswürdiger" Datenträger oder Mail-Attachments vor dem Einspielen bzw. Öffnen,
  - die Beachtung solcher Grundsätze auch bei Wartungs- und Reparaturvorgängen,
- der Einsatz entsprechender Anti-Malware-Software auf allen potenziell betroffenen Systemen,
- die Isolation bzw. Abschottung von kritischen Systemen oder Netzwerk-Segmenten, um Schadsoftware keinen Angriffsweg zu bieten.

Bei dem Stichwort *Erkennung* geht es um alle technischen Vorkehrungen, um das gerade stattfindende oder bereits erfolgte Eindringen von Schadsoftware bzw. das Ausüben von Schadfunktionen zu erkennen. Dies ist die Domäne von *Malware-Scannern*, die über einen großen Vorrat an Erkennungsmustern verfügen, welcher aber laufend zu aktualisieren ist. Hier findet man auch oft die Empfehlung, zwei unterschiedliche Scanner einzusetzen, deren Erkennungsfähigkeiten sich ergänzen.

Eine andere Maßnahme stellen regelmäßige Kontrollen installierter Software z. B. auf Servern dar, wobei ein Vergleich mit der Urfassung der Software (Abgleich der Binaries oder von Hashwerten) vorgenommen wird. Diese Maßnahme trägt mehr dem Umstand Rechnung, dass Änderungen an Software nicht nur durch Schadsoftware verursacht werden kann, sondern z. B. auch aufgrund einer Manipulation durch Befugte. Die Maßnahme würde aber auch präventiv gegen Schadsoftware wirken – vor allem gegen solche, die vom eingesetzten Anti-Malware-Schutz nicht erkannt worden ist.

Wiederherstellung: Aktuelle Malware-Scanner sind oft in der Lage, erkannte Schadsoftware aus einem infizierten System zu entfernen. Unter Umständen erhält man jedoch lediglich eine Warnung und muss eine „Wiederherstellung" manuell durchführen. Hat Schadsoftware bereits Gelegenheit gehabt, sich zu verbreiten oder Datenbestände zu korrumpieren, wird diese Wiederherstellung ein aufwendiges Unterfangen. Hier ist es sehr hilfreich, wenn im Rahmen des Business Continuity Managements (BCM) bereits Pläne ausgearbeitet wurden, nach denen man schrittweise vorgehen kann.

Ziel A.12.3 – Datensicherung:
Daten sind vor Verlust geschützt.

Zu den hier angesprochenen Daten gehört alles, was eine Organisation in ihren Einrichtungen (Geräte, Speichermedien) gespeichert hat. Dazu ist auch jede Art von Software (Betriebssysteme, Anwendungen) zu rechnen, über die die Organisation verfügt. Dabei ist es unerheblich, in welcher Form die Software vorliegt, d. h. auch die System-Images der installierten Betriebssysteme sind eingeschlossen.

Verlust meint ein Ereignis, aufgrund dessen Daten nicht mehr für den beabsichtigten Zweck zur Verfügung stehen. Analysiert man genauer, kommt es offensichtlich auch darauf an, dass Daten in akzeptabler bzw. in geplanter Zeit zur Verfügung stehen – unter *Verlust* wäre also ggf. auch eine zu lange Bereitstellungszeit zu buchen. Das könnte z. B. der Fall sein, wenn man sich Daten zwar andernorts wiederbeschaffen kann – der Zeitaufwand dafür aber zu nicht mehr tolerierbaren Schäden für die Organisation führt.

Eine *Datensicherung* besteht darin, wichtige Daten zu duplizieren, zu kopieren oder zu archivieren – was bereits drei verschiedene Klassen von Sicherungen andeutet:

- Eine *Archivierung* hat das Ziel, Daten auch älterer Stände zu sichern, um damit verbundene Vorgänge später nochmal nachvollziehen und nachweisen zu können. Typisch ist, dass ältere Daten *nicht* turnusmäßig durch aktuelle Daten überschrieben werden; vielmehr können datenabhängig individuelle Löschzeitpunkte festgelegt werden.
- Die Spiegelung, Duplizierung oder Synchronisierung von Daten auf mehreren Servern oder Speichern ist eine Maßnahme, um im Fall der Fälle eine praktisch verlust- und verzögerungsfrei Datenbereitstellung zu ermöglichen. Ältere Datenstände werden dabei nicht beibehalten!
- Das Anfertigen eines *Backups* im engeren Sinne meint, dass der zum Zeitpunkt der Sicherung aktuelle Stand der Daten an einen (hoffentlich sicheren) Ort kopiert wird. Im Bedarfsfall kann hierauf zurückgegriffen werden – je nach Backup-Intervall erhält man allerdings einen nicht mehr ganz aktuellen Datenbestand, d. h. diese Methode kann Verluste nicht vollständig vermeiden. Aktuelle Daten überschreiben bei einem Backup in einem gewissen Zyklus ältere Daten, da Backup-Medien meist revolvierend genutzt werden.

Im Hinblick auf den Umfang und die Dauer eines Backups gilt es zu entscheiden, ob ein vollständiges, differenzielles oder inkrementelles Backup ausgeführt wird. Bei jedem Backup-Termin ein vollständiges Backup durchzuführen scheitert meist am Datenumfang und der Backup-Dauer. Insoweit wird ein Vollbackup nur in längeren Abständen durchgeführt. Entscheidend ist, wie man zwischen zwei solchen Zeitpunkten vorgeht: Beim differenziellen Backup wird in kürzeren Abständen jeweils die „Differenz" zum letzten Vollbackup gesichert. Beim Restore benötigt man also das letzte Vollbackup und die aktuelle Differenzsicherung. Beim inkrementellen Backup wird dagegen stets nur die Differenz zum letzten Backup (welcher Art auch immer) gesichert, d. h. bei einem Restore benötigt man das letzte Vollbackup und alle sich daran anschließenden inkrementellen Backups.

Control A.12.3.1 – Sicherung von Information:
Sicherheitskopien von Information, Software und Systemabbildern werden entsprechend einer vereinbarten Sicherungsrichtlinie angefertigt und regelmäßig getestet.

Was fordert nun das obige Control? Keine Überraschung: Wir brauchen eine verbindlich anzuwendende („vereinbarte") *Richtlinie* zur Datensicherung. Diese wird zwangsläufig viele Aspekte behandeln müssen:

- Wer ist zuständig für die Prozesse der Datensicherung?
- Um welche Art von Datensicherung (Spiegelung, Backup, Archiv) geht es?
- Auf welche Daten sind diese anzuwenden und wie häufig werden sie durchgeführt?
- In welcher Form bzw. in welcher Abfolge werden Backups durchgeführt (s. Backup-Typen unter A.12.3)?
- Wo werden die Daten gesichert? Wo werden Sicherungsmedien aufbewahrt?
- Wie ist der Ort der Datensicherung bzw. Aufbewahrung gegen Gefahren aus der Umwelt und unbefugtem Zugang abgesichert?
- Wie läuft die Datensicherung technisch ab? Wird verschlüsselt?
- Wird die Durchführung der Datensicherung protokolliert und ausgewertet?
- Welche Regeln gelten für das Löschen von Daten aus Archiven?
- In welchem Zyklus werden Sicherungsmedien wiederverwendet?
- Wie sind Sicherheitsmedien zu entsorgen (z. B. bei Alterung bzw. Defekt)?
- Wie sind Sicherungseinrichtungen (Systeme z. B. mit Festplatten) im Falle einer Wartung zu behandeln (Vertraulichkeit der Daten!)?

Die letzten beiden Punkte haben wir schon in A.11.2.7 angesprochen.

Das obige Control A.12.3.1 verlangt auch, dass Sicherheitskopien „regelmäßig getestet" werden müssen. Dies spiegelt die Erfahrung wieder, dass bei einem Restore alle möglichen Probleme auftreten können: Backups sind nicht mehr mit dem aktuellen Release-Stand der Restore-Software kompatibel, Fehler auf den Backup-Medien verhindern ein erfolgreiches Restore, der Schlüssel für die Entschlüsselung von Backups ist nicht verfügbar, Berechtigungen für das Rückspielen von Daten sind nicht-ausreichend, der Zeitbedarf für das Restore wird massiv unterschätzt usw.

Folglich muss unsere Richtlinie einige weitere Inhalte aufweisen:

- Das Verfahren der Wiedereinspielung von Datensicherungen ist detailliert darzustellen.
- Es sind regelmäßig Übungen zur Datenrekonstruktion durchzuführen und auszuwerten.

Die erwähnten Übungen steuern verlässliche Zahlen über Umfang und Dauer von Restore-Vorgängen bei und leisten damit auch einen wichtigen Beitrag für das Business Continuity Management (BCM).

Wir haben wieder die typische Situation, dass unter das unscheinbare Control viele Verfahren und Aspekte einzuordnen sind. Was im konkreten Fall davon zur Anwendung kommt, muss die betroffene Organisation im Hinblick auf die betrachteten Risiken selbst festlegen.

Ziel A.12.4 – Protokollierung und Überwachung:
Ereignisse sind aufgezeichnet und Nachweise sind erzeugt.

Aufzeichnungen und Nachweise sind für ein ISMS extrem wichtig: Aktivitäten von Benutzern sowie Ereignisse und Zustände in den Systemen, die den Sicherheitszielen der Organisation (potenziell) zuwiderlaufen, möchte man später nachvollziehen, analysieren und ggf. nachweisen können. Darüber hinaus hat die Tatsache, dass Aufzeichnungen erfolgen, auch eine Abschreckungsfunktion.

Aufzeichnungen sind letztlich nur sinnvoll, wenn die erfassten Daten aussage- und beweiskräftig sind – und regelmäßig kompetent ausgewertet werden. Andererseits stoßen Aufzeichnungen von Benutzer-Aktivitäten oft an Grenzen des Datenschutzes und des Arbeitsrechts.

Insofern muss man sich bei Art und Umfang von Aufzeichnungen einige Beschränkungen auferlegen: Es sollte nur das aufgezeichnet werden, was der Entdeckung und Analyse von für die Organisation wichtigen Vorfällen dient, den rechtlichen Rahmenbedingungen entspricht *und* später auch ausgewertet werden kann (Personalressourcen!).

Control A.12.4.1 – Ereignisprotokollierung:
Ereignisprotokolle, die Benutzertätigkeiten, Ausnahmen, Störungen und Informationssicherheitsvorfälle aufzeichnen, werden erzeugt, aufbewahrt und regelmäßig überprüft.

Hier könnte man zu der Auffassung gelangen, dass *alle* Benutzeraktivitäten, Ausnahmezustände und Störungen sowie Sicherheitsvorfälle aufgezeichnet werden sollen. Dies ist so nicht gemeint, vielmehr gilt für den Umfang der Aufzeichnung das unter A.12.4 Gesagte. Hat man den Umfang entsprechend festgelegt, müssen die ausgewählten Aufzeichnungen bzw. Protokolle erzeugt, aufbewahrt und regelmäßig ausgewertet werden.

Man beachte, dass nicht nur solche Aufzeichnungen gemeint sind, die von technischen Einrichtungen automatisiert erzeugt werden; vielmehr kann auch eine manuelle Aufzeichnung durch befugtes Personal erfolgen – z. B. nach Sicherheitsvorfällen.

Schauen wir uns einige Aspekte an:

- Bei den *Benutzertätigkeiten* wird es um Log-Versuche und jede Art von Zugang zu Assets (Zugriff, Zutritt, Nutzung) gehen. Es ist klar, dass es dabei darauf ankommt, auch *nicht* erfolgreiche Log- und Zugangsversuche aufzuzeichnen. Hat man sich zum Aufzeichnungsgebot durchgerungen, sollte es hinsichtlich der Benutzer keine Ausnahmen geben. Die Protokollierung muss insbesondere auch alle Benutzer mit hohen Privilegien umfassen, die wiederum nicht in der Lage sein dürfen, Aufzeichnungen zu deaktivieren oder abzuändern.
- *Ausnahmen* und *Störungen* betreffen unübliche Ereignisse, Fehlerzustände und Abweichungen vom Normalbetrieb, die in informationsverarbeitenden oder unterstützenden Einrichtungen auftreten und durch geeignete Überwachungsmaßnahmen erfasst und protokolliert werden. Dabei kommen sehr häufig *Incident Management Tools* (Ticket-Systeme) zum Einsatz.
- *Sicherheitsvorfälle* bezieht sich auf alles, was den Sicherheitszielen der Organisation und daraus resultierenden Regeln/Richtlinien widerspricht.

Aufzeichnungen müssen die Daten enthalten, die für die vorgesehene Auswertung und Analyse relevant und notwendig sind. Um z. B. Benutzeraktivitäten auf Personen zurückführen zu können, müssen User-ID, Datum und Uhrzeit einer Aktivität, Ort der Aktivität (z. B. Terminal-ID) sowie die Art der Aktivität erfasst werden.

Bei der *Aufbewahrung* von Aufzeichnungen muss bedacht werden, wie die Daten zu sichern sind, um eine versehentliche Änderung und eine (beabsichtigte) Manipulation auszuschließen (A.12.4.2). Weiterhin ist festzulegen, für welchen Zeitraum Daten aufbewahrt werden. Fristen müssen sich daran orientieren,

- wann eine abschließende Auswertung erfolgt sein wird und die Daten somit nicht mehr benötigt werden,
- ob es gesetzliche oder vertragliche Pflichten für die Aufbewahrungsdauer von Aufzeichnungen gibt.

Auch wenn manche Protokollaufzeichnungen automatisiert ausgewertet werden können, wird es vielfach auf eine *manuelle* Auswertung durch beauftragtes Personal hinauslaufen. Die zeitlichen Abstände für die Auswertung einer Gruppe von Aufzeichnungen müssen so gewählt werden, dass der Schaden durch unentdeckte Vorfälle und ihre Wiederholung nur zu tolerierbaren Verlusten führt.

Aufzeichnungen gemäß A.12.4.1 können auch zu Kennzahlen für die Auslastung von Systemen, verfügbare Bandbreiten bei der Übertragung u. v. m. führen. Damit können sich Synergien mit A.12.1.3 ergeben.

Control A.12.4.2 – Schutz der Protokollinformation:
Protokollierungseinrichtungen und Protokollinformation sind vor Manipulation und unbefugtem Zugriff geschützt.

Die Protokollierungseinrichtungen und -verfahren dürfen nicht fehlgesteuert, d. h. selektiv eingeschränkt, temporär abgeschaltet oder unterbrochen werden können, ohne dass dies entdeckt wird.

Aufzeichnungen müssen *verlässlich* in dem Sinne sein, dass ihr Originalzustand erhalten bleibt, also weder unabsichtlich noch absichtlich Änderungen vorgenommen werden; zumindest müssen solche Änderungen sicher entdeckbar sein.

Soweit den Daten im juristischen Sinne ein Beweischarakter zukommen soll, muss man in der Lage sein *nachzuweisen*, dass Unbefugte auf das Aufzeichnungsverfahren keinen Zugriff hatten, die Aufzeichnung nicht unterbrochen oder eingeschränkt wurde und Manipulationen an den aufgezeichneten Daten ausgeschlossen waren. Neben technischen Maßnahmen (z. B. elektronische Signatur von Datensätzen) sind hier auch organisatorische Maßnahmen (z. B. das Vier-Augen-Prinzip) einzusetzen.

Control A.12.4.3 – Administratoren- und Bedienerprotokolle:
Tätigkeiten von Systemadministratoren und Systembedienern werden aufgezeichnet und die Protokolle sind geschützt und werden regelmäßig überprüft.

Zunächst scheint dieses Control in den beiden vorausgehenden logisch enthalten zu sein, weil unter *Benutzer* auch Systemadministratoren und Systembediener eingeschlossen sind. Jedoch ist hier – wo hohe Privilegien im Spiel sind – der Umfang der Protokollierung höher anzusetzen, und zwar wegen der möglichen Auswirkung von Administration und Operating auf die Sicherheit.

In der Praxis muss man hier allerdings Kompromisse machen, weil die realen Systeme nur eine *Auswahl* der Aktivitäten tatsächlich (sicher) protokollieren. Möglicherweise muss man hier auch auf organisatorische Maßnahmen (alle Admin-Arbeiten nur im Vier-Augen-Prinzip, Führen von System-Logbüchern) setzen. Ungewöhnliche Aktivitäten mit hohen Privilegien können auch durch Intrusion-Detection-Systeme erkannt werden.

Control A.12.4.4 – Uhrensynchronisation:
Die Uhren aller relevanten informationsverarbeitenden Systeme innerhalb einer Organisation oder einem Sicherheitsbereich werden mit einer einzigen Referenzzeitquelle synchronisiert.

Komplexe Fehler- oder Schadensszenarien, die sich über mehrere Systeme erstrecken, können nur analysiert werden, wenn alle beteiligten Systeme die gleiche Zeitbasis besitzen. Ansonsten lassen sich z. B. Protokolleinträge nicht in die „richtige" Reihenfolge und Beziehung zueinander setzen.

Man braucht also im Intranet der Organisation eine gemeinsame Zeitquelle: Das kann durch einen spezifischen Zeitserver und Verteilung der Zeitdaten im internen Netz über das ntp-Protokoll realisiert werden – in der einfachsten Variante durch einen Router mit Zeitserver-Funktion, der eine einstellbare Internetzeit abruft (z. B. bei der PTB).

Wenn es um Aufzeichnungen mit juristischem Beweischarakter geht, sollte möglichst eine Zeitquelle mit der *gesetzlich anerkannten* Zeit verwendet werden. Hierzu benötigt man in Deutschland einen Zeitserver, der das DCF77-Signal empfängt.

Ziel A.12.5 – Steuerung von Software im Betrieb:
Die Integrität von Systemen im Betrieb ist sichergestellt.

Obwohl bei diesem Ziel die Integrität von *Systemen* angesprochen wird, stellt man beim nachfolgenden Control fest, dass es vorrangig um die ordnungsgemäße Installation und Wartung von Betriebssystemen, Anwendungen und anderer betriebswichtiger *Software* auf den betrachteten Systemen geht.

Einige Aspekte zu diesem Fragenkreis sind bereits bei den Controls A.11.2.4 (Instandhalten von Geräten und Betriebsmitteln), A.12.1.2 (Änderungssteuerung) sowie A.12.2.1 (Maßnahmen gegen Schadsoftware) angesprochen worden.

Control A.12.5.1 – Installation von Software auf Systemen im Betrieb:
Verfahren zur Steuerung der Installation von Software auf Systemen im Betrieb sind umgesetzt.

Die *Steuerung* beinhaltet wie immer die Phasen der Planung, Umsetzung und Überprüfung und Verbesserung.

In der Planungsphase sind folgende Überlegungen relevant:

- Jede Neu-Installation von Software oder ihre Änderung sowie die Anpassung von Konfigurationseinstellungen sind detailliert zu planen und einem Genehmigungsprozess zu
unterziehen.
- Bevor im Rahmen der Software-Wartung Updates oder Patches installiert werden, ist
zu überprüfen, ob damit ein funktionaler Vorteil oder das Verbessern der Sicherheit verbunden ist – andernfalls könnte die Entscheidung lauten, den *alten* Softwarestand bei-
zubehalten. Dies setzt allerdings voraus, dass detaillierte Informationen über die Art
und Auswirkungen von Updates/Patches vorliegen.
- Bevor Software auf einem Produktivsystem installiert wird, sollte sie grundsätzlich auf
separaten Test- und Integrationssystemen überprüft werden, und zwar sowohl in funktionaler als auch in sicherheitstechnischer Hinsicht. Dies gilt auch für Updates und
Patches.
- Änderungen an Programmbibliotheken sind besonders ausgiebig zu prüfen, bevor sie
in Produktivsystemen aktiviert werden, weil von Fehlern oder Sicherheitslücken viele
Anwendungen betroffen sein könnten.
- Es ist zu prüfen, ob es mit den Sicherheitsgrundsätzen der Organisation vereinbar ist,
wenn Updates und Patches über das Internet oder lokal vor Ort von Fremdpersonal
(Hersteller, Dienstleister) unkontrolliert in die Systeme eingespielt werden.
- Es sollte darauf geachtet werden, dass Änderungen an Software wieder „verlustfrei"
rückgängig gemacht werden können (Rollback).
- Es ist aus Sicht der Sicherheit vorteilhaft, wenn auf Produktivsystemen keine Quell-
codes und Object Code-erzeugende Werkzeuge (Compiler) vorhanden sind.
- Es sollte eine Datenbank mit allen wesentlichen Daten zur Konfigurationskontrolle von
Software (und begleitender Dokumentation) geführt werden.

Bei der Umsetzung ist darauf zu achten, dass

- bei der Installation oder Änderung von Software die Hersteller-Vorgaben beachtet werden und qualifiziertes Personal eingesetzt wird,
- Konfigurationsmöglichkeiten so genutzt werden, dass die betrieblichen Erfordernisse
erfüllt, aber auch die Sicherheitsziele der Organisation eingehalten werden,
- ältere Fassungen der Software einschließlich aller Konfigurationsdaten archiviert werden,
- Online-Installation und Fernwartung durch Hersteller oder Provider möglichst nur in
eng begrenzten Ausnahmefällen und unter flankierenden Sicherheitsmaßnahmen genehmigt werden,
- nach Installation/Änderung ein Rollback durchgeführt wird, wenn gravierende Fehler
oder Sicherheitslücken bekannt werden und diese sich nicht anderweitig beheben lassen,
- vorhandene Konfigurationskontrolldaten stets aktualisiert werden.

Im Rahmen der Überprüfungsphase

- sollte die Einhaltung aller Grundsätze (Planung, Umsetzung) regelmäßig auditiert werden,
- muss festgestellt werden, ob Software ohne Genehmigung installiert, geändert oder anders als vorgesehen konfiguriert wurde,
- ist zu prüfen, ob die Daten der Konfigurationskontrolle aktuell und korrekt sind.

Bei den letzten beiden Punkten könnte ein (Skript-gesteuerter?) Abgleich der Software mit Originaldatenträgern vorgenommen werden. Alternativ kann Software einschließlich der Konfigurationsdateien kontinuierlich durch Prüftools überwacht werden, die jedwede Änderung protokollieren und ggf. auch Alarm auslösen.

Sollten in der Überprüfungsphase Defizite festgestellt werden, müssen anschließend Verbesserungen geplant und in die nächste Planungsphase eingebracht werden.

Ziel A.12.6 – Handhabung technischer Schwachstellen:
Die Ausnutzung technischer Schwachstellen ist verhindert.

Was sind *technische Schwachstellen* in unserem Kontext? Dabei handelt es sich um Defizite in den Prinzipien und Algorithmen, der Konstruktion oder dem Betrieb von *technischen* Systemen, die ausgenutzt werden können, um die Sicherheit einer Organisation zu beeinträchtigen, z. B. unbefugten Zugang zu Informationswerten einer Organisation zu erlangen.

Solche Schwachstellen lassen sich nicht generell verhindern, jedoch können oft Maßnahmen ergriffen werden, um die *Ausnutzbarkeit* von Schwachstellen, die Häufigkeit der Ausnutzung und den ggf. eintretenden Schaden zu reduzieren – immer vorausgesetzt, es handelt sich um Schwachstellen, die der betreffenden Organisation überhaupt bekannt sind.

Im folgenden Control geht es um ein „qualifiziertes Schwachstellenmanagement", wofür in der Organisation eine Verantwortlichkeit einzurichten ist.

Control A.12.6.1 – Handhabung von technischen Schwachstellen:
Information über technische Schwachstellen verwendeter Informationssysteme wird rechtzeitig eingeholt, die Gefährdung der Organisation durch derartige Schwachstellen wird bewertet und angemessene Maßnahmen werden ergriffen, um das dazugehörige Risiko zu behandeln.

Dieses Control kommt direkt zum wesentlichen Punkt und fordert, dass man sich Informationen über existierende Schwachstellen in den eigenen Systemen verschaffen muss – dies ist ein zentrales Anliegen eines *Schwachstellenmanagements*. Man kann ggf. auf eigene Erkenntnisse zurückgreifen, wird sich jedoch überwiegend auf Dritte verlassen müssen: den jeweiligen System-Hersteller, CERT- und andere Info-Dienste, erfahrene Berater, eventuell auch relevante Behörden oder Verbände. Hier sollte man nicht zuletzt seine Angaben zu A.6.1.3 und A.6.1.4 zu Rate ziehen und ggf. neu bewerten.

Wichtig ist, möglichst qualifizierte Quellen auszuwerten und zu prüfen, ob beschriebene Schwachstellen für die eigenen Systeme relevant sind. Hinsichtlich der eigenen Systeme sollte das Assetverzeichnis (A.8.1.1) herangezogen werden, um keine Systeme bzw. Systemtypen zu übersehen.

Nach dieser Bewertung ist für jede relevante Schwachstelle zu analysieren, welche Auswirkungen sie auf die Sicherheit der Organisation haben kann: Welche Gefährdung entsteht und wie hoch ist das dazugehörige Risiko einzuschätzen?

Wenn ein Risiko zu hoch ist, um toleriert zu werden, sind Gegenmaßnahmen aufzusetzen, um die betreffende Schwachstelle zu beheben – oder zumindest ihre Ausnutzbarkeit zu erschweren. CERT-Dienste und ähnliche Quellen bereiten ihre Meldungen meist so auf, dass eine Risikoklassifizierung und entsprechende Gegenmaßnahmen genannt werden. Ansonsten sind geeignete Maßnahmen in eigener Regie, ggf. unterstützt durch einschlägige Berater, zu planen und umzusetzen.

Im Zusammenhang mit Software-Schwachstellen könnten (sofern vorhanden) Patches bzw. neue Releases eingespielt oder Konfigurationseinstellungen geändert werden. Beachten Sie dazu die Anforderungen unter A.12.1.2 und A.12.5. Sind von einer Schwachstelle viele Systeme betroffen, muss man die Arbeiten priorisieren – am besten nach der Höhe der Auswirkung des durch die Schwachstelle verursachten Risikos.

Lassen sich die Risiken jedoch nicht ausreichend mindern, muss dies auf jeden Fall der Leitung gegenüber kommuniziert werden. Dort könnte dann beispielsweise entschieden werden, die Systemlandschaft zu ändern (andere Produkte bzw. Systeme), Geschäftsprozesse abzuändern bzw. Anwendungen umzustellen oder das Risiko z. B. durch Outsourcing zu verlagern – oder im Einzelfall ein hohes Risiko sogar zu akzeptieren.

Eine ganz besondere Klasse von Schwachstellen bilden natürlich solche, die der Allgemeinheit (noch) nicht bekannt, aber sicher zahlreich vorhanden sind. Hier kann man nur hoffen, dass die vorhandenen Sicherheitsmaßnahmen insgesamt eine gewisse Wirkung zeigen ...

Control A.12.6.2 – Einschränkung von Softwareinstallation:
Regeln für die Softwareinstallation durch Benutzer sind festgelegt und umgesetzt.

Schwachstellen kann man sich auch unnötigerweise einhandeln, z. B. wenn man Benutzern erlaubt, Software nach eigener Wahl auf den Systemen zu installieren. Hier liegt ein Organisationsversagen vor! Auch wenn dies in der zentralen IT und auch im Office-Bereich eher selten noch anzutreffen ist, erleben wir dieses Problem nun wieder bei den mobilen Systemen der Benutzer.

Kurz und knapp: In einer Richtlinie ist festzuhalten, wer ggf. welche Software auf welchem System installieren darf. Dabei sollte eine sehr restriktive Policy gefahren werden.

Ziel A.12.7 – Audit von Informationssystemen:
Die Auswirkung von Audittätigkeiten auf Systeme im Betrieb ist minimiert.

Je nach Geschäftszweck einer Organisation kann es Forderungen nach *Audits* bzw. *Revisionsprüfungen* geben – beispielsweise von Aufsichtsbehörden, Kunden oder aber aus eigener Veranlassung. Solche Audits können die Überprüfung technischer (betrieblicher) Systeme beinhalten. Unter Umständen kann es bei ihrer Durchführung zu Störungen, Systemabstürzen, Überlastsituationen oder gar längeren Ausfällen kommen. Ein typisches Beispiel hierfür sind die sogenannten Pen(etrations)-Tests, die an Systemen durchgeführt werden, um deren Widerstandswert gegenüber Angriffen (von Externen oder Insidern) zu beurteilen.

Control A.12.7.1 – Maßnahmen für Audits von Informationssystemen:
Auditanforderungen und -tätigkeiten, welche eine Überprüfung betrieblicher Systeme beinhalten, werden sorgfältig geplant und vereinbart, um Störungen der Geschäftsprozesse zu minimieren.

Im Hinblick auf die genannten Risiken ist jede Art von Audit sorgfältig zu planen, ggf. in betriebsschwache Zeiten zu verlegen und nur unter zusätzlichen Vorkehrungen (z. B. frühzeitige Information von Betroffenen, Genehmigungsvorbehalt, aktuelle Datensicherung) durchzuführen.

Das Control fordert auch, dass Audits *vereinbart* werden müssen. Dies betrifft vor allem zwei Situationen:

- Das Audit wird durch externe Berater durchgeführt; insoweit sind Testfälle, Testzeiten/-dauer und Testkriterien zu vereinbaren.
- Kunden müssen *vertragsgemäß* rechtzeitig über ein Audit oder mögliche bzw. absehbare Störungen benachrichtigt werden.

Bei beiden Fällen muss die vertragliche Vereinbarung auch die Kenntnisnahme von Betriebsgeheimnissen oder personenbezogenen Daten durch externe Auditoren regeln, falls dies beim konkreten Audit der Fall sein könnte.

Zum Schluss sei hier noch der Hinweis gegeben, dass von *betrieblichen* Systemen die Rede ist, worunter nicht nur IT-Systeme im engeren Sinne, sondern z. B. auch Zutrittskontrollanlagen, Alarmierungseinrichtungen oder Notstromsysteme (NEA, USV) fallen.

6.2.9 Kommunikationssicherheit (A.13)

In dieser umfassenden Gruppe von Controls geht es um zwei Ziele, nämlich

- vorhandene bzw. genutzte Netzwerke sicher managen und betreiben zu können (A.13.1),
- Regeln zu haben, mit denen die Übertragung von Informationen innerhalb und außerhalb der Organisation gesteuert werden kann (A.13.2).

Die Anforderungen der ISO 27001 gehen hier nicht sehr ins Detail. Weitere Informationen zum Thema Netzwerksicherheit bietet dagegen die mehrteilige Norm ISO 27033 [5].

Ziel A.13.1 – Netzwerksicherheitsmanagement:
Der Schutz von Information in Netzwerken und den unterstützenden informationsverarbeitenden Einrichtungen ist sichergestellt.

Welche Netzwerke betrifft das? Zunächst das Intranet der Organisation, aber auch WLAN, Mobilfunk- und andere TK-Netze, sowie das Internet – soweit diese Netze für die Geschäftsprozesse der Organisation verwendet werden. Es spielt dabei keine Rolle, ob es um leitungsgebundene oder kabellose Netzwerke geht oder es sich um private, gemietete oder öffentliche Netzwerkstrecken handelt.

Der geforderte Schutz von Informationen bzw. Daten soll im Netzwerk etabliert werden, d. h. auf den Übertragungsstrecken und in den das Netzwerk unterstützenden Einrichtungen (Switches, Router, Gateways, Access Points etc.).

Control A.13.1.1 – Netzwerksteuerungsmaßnahmen:
Netzwerke werden verwaltet und gesteuert, um Information in Systemen und Anwendungen zu schützen.

Netzwerke sollen verwaltet und gesteuert werden können. Nun wissen wir inzwischen, was die ISO 27001 darunter versteht, nämlich

- die Schaffung geeigneter Verantwortlichkeiten bzw. Rollen für diese Aufgabe,
- die Festlegung entsprechender Regeln und Verfahren,
- die Kontrolle der Einhaltung aller diesbezüglichen Vorgaben.

Der erste Anstrich bedingt die Einrichtung eines *Netzwerkmanagements*, das für die beiden weiteren Punkte (Regeln und Verfahren, Kontrolle) zuständig ist. Es ist dabei zu entscheiden, ob diese Verantwortlichkeit mit der IT-Administration zusammengelegt oder davon getrennt wird. Die Entscheidung könnte von der Komplexität der IT und Netze einer Organisation abhängig gemacht werden.

Die *Regeln und Verfahren* betreffen den Schutz von Informationen bei deren Übertragung bzw. Nutzung. Dabei geht es natürlich um *alle* Sicherheitsziele der Organisation: Vertraulichkeit von Informationen, Integrität und Verfügbarkeit von *Daten*. Hinzu können weitere Sicherheitsziele kommen wie z. B. die Forderung, die Kommunikation nur zwischen authentisierten Systemen bzw. Personen zuzulassen.

Was kommt als Schutzmaßnahme in Frage? Wir nennen einige Stichwörter:

- geschützte Leitungsführung durch entsprechende bauliche Infrastruktur (bei eigenen Netzen)
- Vereinbarungen über Service-Levels und Sicherheitsvorkehrungen mit Kommunikationspartnern (A.13.1.2)

- die Nutzung kryptografischer Verfahren (A.10) – vor allem in öffentlich zugänglichen Netzen (Verschlüsselung zu übertragender Daten, sichere Authentisierungsverfahren, Integritätssicherung von Daten, sichere Cloud-Nutzung)
- gegenseitige Authentisierung von Netzwerkknoten bzw. Benutzern
- Regeln über zulässige Verbindungszeiten und Dauer von Verbindungen,
- die Trennung von Netzwerken, hier die Abschottung Intranet/Internet durch Firewalls oder eigener Netzwerksegmente mit unterschiedlichem Sicherheitsniveau (A.13.1.3)

In Sachen *Verfügbarkeit* geht es meist darum, Redundanzen vorzuhalten – etwa in Form von redundanten Netzwerkeinrichtungen (Switches, Router etc.), Netzwerkverbindungen (Vermaschung des Netzes, alternative Internetzugänge und -provider) und Netzwerkdiensten (entsprechende Service-Level bei Providern, Outsourcing- und Cloud-Anbietern oder deren Dopplung). Weiterhin geht es oft um das Thema *Lastverteilung* im Netz bzw. an den Zugangsknoten.

Viele mögliche Schutzmaßnahmen werden auf den im Netz befindlichen Systemen und Anwendungen einzurichten sein – etwa die Verschlüsselung oder Authentisierungsmaßnahmen, Beschränkungen z. B. von Verbindungs- und Nutzungszeiten.

Wir kommen zum dritten Steuerungselement – der Kontrolle der Einhaltung aller Vorgaben. Wichtig ist die *kontinuierliche Überwachung* der genutzten Dienste und Verbindungen sowie von Benutzer-Aktivitäten im Netzwerk. Diese Überwachung setzt voraus, dass relevante Vorgänge im Netzwerk und auf den unterstützenden Einrichtungen protokolliert und ausgewertet werden können. Hierzu sind entsprechende Produkte für das Netzmanagement oder auch IDS-Systeme einsetzbar.

Neben dieser Überwachung umfasst das Kontrollerfordernis auch *punktuelle* Untersuchungen („Audits") zur Sicherheit der Netzwerke: Überprüfung der Einhaltung aller bestehenden Regeln (Anwendung von Kryptografie, Konfigurationseinstellungen etc.), regelmäßige Prüfung der Sicherheitseinstellungen im WLAN, regelmäßige Penetrationstests zum Test der Abschottung Intranet/Internet und der Standfestigkeit der im Netzwerk betriebenen Anwendungen.

Was zur Erfüllung des Controls A.13.1.1 im Einzelnen als Maßnahme ausgewählt und umgesetzt wird, ist wieder eine Frage der Abwägung zwischen den bestehenden Risiken und dem Aufwand für Einsatz und Betreuung möglicher technischer Maßnahmen. Einem Auditor gegenüber muss man argumentieren können, dass übertragene Informationen und netzwerkbasierte Anwendungen „angemessen" oder zumindest ausreichend geschützt sind.

Control A.13.1.2 – Sicherheit von Netzwerkdiensten:
Sicherheitsmechanismen, Dienstgüte und Anforderungen an die Verwaltung aller Netzwerkdienste sind bestimmt und werden sowohl für interne als auch für ausgegliederte Netzwerkdienste in Vereinbarungen aufgenommen.

Hier geht es um Netzwerkdienste, die eine Organisation erbringt bzw. zur Verfügung stellt. Dabei wird nicht unterschieden, ob solche Services durch eigene Organisationseinheiten (intern) oder von Dritten (extern) erbracht werden.

Die hierunter fallenden Netzwerkdienste können sehr unterschiedlich sein: Vermittlung von Internet-Zugang, Datenbank- und Auskunftsdienste, Outsourcing und Cloud Services, E-Mail-Providerdienste, Fernwartungsdienste, auch aber extern erbrachte Managementleistungen wie Managed-Network-Security oder Managed-IDS/IPS .

Das Control umfasst zwei Aspekte, nämlich für alle Netzwerkdienste

- Sicherheitsmechanismen, Service-Level und Anforderungen an das Management zu bestimmen (und zu dokumentieren),
- das Ergebnis ggf. in Vereinbarungen aufzunehmen, die mit den jeweiligen Dienstleistern (intern oder extern) geschlossen werden.

Bei den *Sicherheitsmechanismen* kann es z. B. um die Spezifikation von Verschlüsselungstechniken (Algorithmen, Schlüssel, Protokolle) oder Authentisierungsverfahren (z. B. Chipkarten-basiert) gehen – aber z. B. auch um Einschränkungen bei der Verbindungsaufnahme oder die Begrenzung der übertragenen Datenmenge.

Unter *Service-Level* werden alle Anforderungen an Umfang, Tiefe und Schnelligkeit der Dienstleistung betrachtet (Umfang der Störungsbehebung, Reaktionszeiten, notwendige/verfügbare Speicherkapazitäten, Bandbreiten oder Transaktionsleistungen etc.).

Eine fehlerhafte oder nicht den Vorgaben entsprechende Administration (*Verwaltung*) von Netzwerkdiensten kann erhebliche Folgen für eine Organisation haben. Vor allem bei der Verwaltung durch externe Dienstleister muss davon ausgegangen werden, dass der Kontext der Geschäftstätigkeit der Organisation nicht hinreichend bekannt oder zumindest nicht angemessen berücksichtigt wird.

Die Organisation muss dafür Sorge tragen, dass mit Dienstleistungserbringern (schriftliche) Vereinbarungen getroffen werden, in denen die genannten Vorgaben zu Sicherheitsmechanismen, Service-Level und Verwaltung aufgenommen werden.

Nicht explizit erwähnt wird in dem Control, dass von der Organisation die Erbringung der Dienstleistungen überwacht werden muss. Solche Sachverhalte werden jedoch in der Gruppe A.15 umfassend behandelt.

Control A.13.1.3 – Trennung in Netzwerken:
Informationsdienste, Benutzer und Informationssysteme werden in Netzwerken gruppenweise voneinander getrennt gehalten.

Die logische und die physische Trennung in Netzwerken stellen wichtige Sicherheitsmaßnahmen dar, um unbefugten Zugang zu Daten, Systemen und Anwendungen zu erschweren. Das Adjektiv „gruppenweise" im Text des Controls setzt aber zunächst voraus, dass ein *Kriterium* für eine Gruppierung bzw. Trennung festgelegt wurde. Beispiele hierfür sind Einteilungen nach

- vergleichbaren Anwendungen,
- Daten oder Anwendungen mit gleichem Sicherheitsbedarf oder gleicher Daten-Klassifikation (A.8.2),
- Gruppen von Benutzern, Projektgruppen, Organisationseinheiten oder Standorten – mit gleichen oder ähnlichen Zugangsberechtigungen,
- Zugangsarten wie leitungsgebundenes Intranet, WLAN oder Mobilfunk (z. B. bei mobilen IT-Systemen).

Vielfach werden mehrere Kriterien miteinander kombiniert. Die Auswahl muss mit den Richtlinien zur Zugangskontrolle (A.9.1.1 und A.9.1.2) verträglich sein.

Hat man ein solches Ordnungsraster festgelegt, geht es darum, die entsprechenden Gruppen in den betrachteten Netzwerken voneinander zu trennen. Geeignete Maßnahmen sind dazu die *physische* Isolation (keine Verbindungen in andere Netze), die *logische* Separation von Netzen (z. B. durch VPNs oder VLANs innerhalb des Intranets) und die Abschottung von Netzwerksegmenten (z. B. durch Firewalls, Gateways oder andere filternde Systeme).

Im Zusammenhang mit der Klassifizierung (A.8.2) von Informationen wird z. B. nach den Vorschriften im staatlichen Verschlusssachenbereich verlangt, dass Daten einer bestimmten Klasse nur in dafür *zugelassenen* Netzwerksegmenten und Übertragungsstrecken transportiert werden dürfen – was je nach Klasse entsprechende Anforderungen an die Absicherung der Übertragung nach sich zieht. Wie bei einzelnen IT-Systemen soll auch bei der Datenübertragung vermieden werden, dass höher klassifizierte Daten in zu gering abgesicherte Segmente fließen (Informationsflusskontrolle).

Verfügt die Organisation über eine mobile IT-Infrastruktur, könnte es wichtig sein, die Zugangsart *Mobilfunk*, d. h. Verbindungswünsche von mobilen Systemen zur stationären IT in besonderer Weise (z. B. durch starke Authentisierung, VPN-Techniken, „Quarantäne"-Extranet) oder durch ein mehrstufiges Authentisierungsschema abzusichern.

Ziel A.13.2 – Informationsübertragung:
Ziel: Die Sicherheit von übertragener Information, sowohl innerhalb einer Organisation als auch mit jeglicher externen Stelle, ist aufrechterhalten.

Die Formulierung „Die Sicherheit *übertragener* Information ..." könnte falsch verstanden werden – gemeint ist natürlich die Sicherheit von Informationen (bzw. Daten), die übertragen *werden*.

Die Zielvorgabe ist ansonsten klar: Bei jeglicher Übertragung von Informationen bzw. Daten sind diese zu schützen. Dies gilt gleichermaßen für Transfers innerhalb und außerhalb der Organisation – gleichwohl wird es auf der Maßnahmenseite Unterschiede geben.

Hinsichtlich der *Übertragung* denken wir zunächst an die elektronische Form – das ist aber nicht zwingend: Auch die mündliche Weitergabe von Informationen ist eine Form der Übertragung.

Die Schutzziele sind natürlich von Organisation zu Organisation unterschiedlich, lassen sich aber fast immer durch die Grundziele Vertraulichkeit, Integrität, Verfügbarkeit und Authentizität ausdrücken.

Zur Verdeutlichung der Zielsetzung und Abgrenzung dieser Controlgruppe betrachten wir zwei Fälle:

- Software, E-Mail-Anhänge etc. könnten auf dem Übertragungsweg mit Viren oder Trojanern infiziert werden, was zwar die eigentlichen Daten nicht unmittelbar beeinträchtigen muss, aber zu unerwünschten, schädlichen *Nebeneffekten* für den Empfänger führen kann – auch hierauf bezieht sich die Controlgruppe A.13.2, d. h. auf alles, was sich im Rahmen der *Übertragung* abspielt. Eine Infektion mit Schadsoftware kann natürlich bereits in den Systemen des Absenders bzw. nach der Übertragung beim Empfänger stattfinden – solche Fälle werden in anderen Controls abgehandelt, z. B. in A.12.12.1 betreffend Schutz vor Schadsoftware.
- Ebenfalls unter dieses Control A.13.2 einzusortieren ist der Fall, dass Befugte vertrauliche Informationen der Organisation leichtfertig an Unbefugte übermitteln, z. B. gesprächsweise oder per E-Mail. Folglich sind Regeln zu erlassen, die die Übertragung bestimmter Informationen grundsätzlich ausschließen oder an einen Genehmigungsvorbehalt binden.

Control A.13.2.1 – Richtlinien und Verfahren zur Informationsübertragung:
Formale Übertragungsrichtlinien, -verfahren und -maßnahmen sind vorhanden, um die Übertragung von Information für alle Arten von Kommunikationseinrichtungen zu schützen.

Zunächst ziehen wir die Richtlinie für die Zugangskontrolle (A.9.1.1 und A.9.1.2) und die Vorgaben für eine eventuell vorhandene Datenklassifizierung (A.8.2) heran. Hierin sind *Informations- und Datengruppen* unterschiedlicher Sensibilität beschrieben und für Subjekte Zugangsregeln bzw. Berechtigungen festgelegt worden. Diese Zugangsregeln sind sinngemäß auch bei der Übertragung anzuwenden: Es macht schlechterdings keinen Sinn, sensible Daten innerhalb der Organisation rigiden Schutzmaßnahmen zu unterwerfen, bei der Übertragung damit aber relativ sorglos umzugehen – zumal bei der Übertragung (vor allem) nach außen höhere Gefährdungen und Risiken auftreten dürften als bei der Verarbeitung innerhalb der Organisation. Typisches Beispiel ist die mögliche Kompromittierung einer Organisation durch sorglos nach außen kommunizierte Interna.

Nach den Informations- und Datengruppen betrachten wir mögliche *Übertragungswege*. Hier einige Beispiele:

- mündliche Weitergabe in Gesprächen, Telefonaten (auch die unbeabsichtigte Weitergabe durch Mithören Dritter etwa in öffentlichen Verkehrsmitteln)
- Weitergabe von Informationen per E-Mail, SMS oder in sozialen Netzwerken und anderen Möglichkeiten der Nachrichtenübermittlung (auch indirekt durch Weitergabe von Links auf organisationseigene Ressourcen)
- Transport von Daten mittels Weitergabe von Datenträgern (DVD, USB-Sticks etc.)
- FAX-Übermittlung
- Datentransfer zu und von Clouds (auch z. B. durch Kunden der Organisation)

- Übermittlung von Daten im Rahmen einer mobilen Infrastruktur zwischen mobilen Geräten und der stationären IT der Organisation
- direkte oder indirekte Weitergabe von Informationen im Rahmen von Wartungszugängen und Lieferantenbeziehungen

Nun sind *Regeln* festzulegen: Neben Entscheidungen nach dem Muster JA (= Übertragung zulässig) oder NEIN (= Übertragung unzulässig) wird es vielfach um Vorgaben des Typs „... *unter der Voraussetzung, dass* ..." gehen, d. h. zur Absicherung der Übertragung sind Sicherheitsvorkehrungen zu treffen und anzuwenden.

Es kann dabei um Maßnahmen gehen, die technisch erzwungen werden (z. B. das standardmäßige Scannen von E-Mails und E-Mail-Anhängen oder die Verschlüsselung bestimmter Netzwerkstrecken) – aber auch um solche, die vom Benutzer umzusetzen sind (z. B. keine Weitergabe von sensiblen Informationen in Gesprächen mit Externen).

Weitere Maßnahmenbeispiele sind kryptographische Maßnahmen (Verschlüsselung von Daten, Integritätssicherung, Authentizität der Kommunikationspartner, sichere Anmeldeverfahren), das Scannen nach Schadsoftware und die Verhinderung unerwünschten Informationsabflusses durch besondere DLP-Produkte (vgl.[9]). Vielfach ist man darauf angewiesen, dass die Gegenseite bei der Kommunikation „mitspielt" – typisch etwa bei der Datenverschlüsselung.

Es kann aus juristischer Sicht sinnvoll sein, in Nachrichten (z. B. in E-Mails) Hinweise auf die Vertraulichkeit des Inhalts oder auf die geforderte Löschung im Falle unbeabsichtigten oder unberechtigten Empfangs aufzunehmen.

Geht es um die Übertragung *klassifizierter* Daten, muss genau analysiert werden, ob

- der Empfänger entsprechend den anzuwendenden Vorschriften für eine bestimmte Klasse überhaupt berechtigt bzw. *ermächtigt* ist, und
- der vorgesehene Übertragungsweg für diese Klasse freigegeben bzw. *zugelassen* ist.

Problematisch wird es, wenn Absender und Empfänger *unterschiedliche* Klassifizierungsschemata verwenden. Hier muss zunächst eine Zuordnung der Klassen hergestellt werden, bevor man an den Abgleich der beiderseitigen Maßnahmen denkt.

Control A.13.2.2 – Vereinbarungen zur Informationsübertragung:
Vereinbarungen behandeln die sichere Übertragung von Geschäftsinformation zwischen der Organisation und externen Parteien.

Der Austausch von sensiblen Informationen zwischen der Organisation und Externen sollte nicht ungeregelt ablaufen. Vielmehr bedarf es einer schriftlichen Vereinbarung, die mindestens folgende Punkte umfasst:

- Verantwortliche Ansprechpartner auf beiden Seiten für Fragen der Datenübertragung
- Benennung der Daten, ggf. (beiderseitig interpretierbare) Klassifizierung der Daten
- Art der Übertragung und deren Absicherung, ggf. Sende- und Empfangsnachweise

- bei Nutzung kryptografischer Verfahren: Art der Übertragung von Schlüsseln bzw. Anwendung von Zertifikaten, Pflichten zur sicheren Aufbewahrung, Hinterlegung und Entsorgung solcher Kryptomittel
- Berechtigungen für den Umgang mit den Daten, zulässige Verwendungszwecke
- Backup- und Archivierungspflichten für die übertragenen Daten
- Dauer der Vereinbarung und Verfahrensweise bei Ende der Vertragsbeziehung: Sind Daten (nachweislich) zu löschen oder über einen bestimmten Zeitraum zu archivieren?
- Meldepflichten und Haftung bei Nichtbeachtung der vertraglichen Vorgaben

Ob es sich bei alldem um eine *separate* Vereinbarung zur Datenübertragung oder um einen Teil eines anderen Vertragswerks handelt, ist unerheblich – das Ganze muss im rechtlichen Sinne verbindlich sein. Das kann auch dadurch erreicht werden, dass die Leit- und Richtlinien der Organisation – sofern darin die vorgesehenen Regeln für den Informationstransfer enthalten sind – den Kommunikationspartnern übergeben werden und von diesen die Einhaltung (schriftlich) zugesichert wird.

Control A.13.2.3 – Elektronische Nachrichtenübermittlung:
Information in der elektronischen Nachrichtenübermittlung ist angemessen geschützt.

Auch wenn der Fall der elektronischen Nachrichtenübermittlung nur ein Spezialfall der Datenübertragung ist – und somit alle bisherigen Anforderungen aus den Controls umzusetzen sind – gibt es für *Nachrichten* besondere Sicherheitsaspekte.

Man denke dabei an einen Informationsdienst, mit dem eine Organisation wichtige Informationen an seine Kunden versendet. Hier kann es extrem wichtig sein, dass die Nachrichten

- korrekt adressiert sind (Aktualität und Genauigkeit des Adressbestandes),
- alle Kunden erreichen (genutzte Anwendungs- und Transportdienste haben ausreichende Verfügbarkeit),
- ggf. von anderen Stellen *nicht* gelesen werden können,
- authentifizierbar sind – die Kunden können den Absender zweifelsfrei bestimmen – und bei der Übertragung nicht verändert wurden.

Auf Seiten des Nachrichten-Absenders kann es weiterhin darauf ankommen, dass

- Erzeugung und Bearbeitung von Nachrichten einer strikten Zugangskontrolle unterliegen,
- Nachrichteninhalte vor der Übermittlung kontrolliert und genehmigt werden,
- der Adressbestand ausreichend vor unbefugter Veränderung geschützt ist,
- nur die vorgesehenen Übertragungswege genutzt werden (andere Wege wie z. B. Instant Messaging oder Twitter nur in Ausnahmefällen und unter Genehmigungsvorbehalt).

Der Punkt *Zugangskontrolle* wird dann besonders evident, wenn Nachrichten auf Web-Seiten gepostet werden und die Gefahr des Hackens der Webseite betrachtet wird. Hier geht es nicht zuletzt auch um die Reputation der Organisation.

Andere Beispiele für die elektronische Nachrichtenübermittlung sind die Kommunikation zwischen Organisationen mittels EDI-Verfahren und die Nutzung von Diensten nach dem De-Mail-Gesetz. In solchen Kontexten geht es nicht nur um die technische Einhaltung der oben genannten Vorgaben, sondern auch um die rechtliche Akzeptanz (juristische Verbindlichkeit, Beweisbarkeit) der Verfahren.

Control A.13.2.4 – Vertraulichkeits- oder Geheimhaltungsvereinbarungen:
Anforderungen an Vertraulichkeits- oder Geheimhaltungsvereinbarungen, welche die Erfordernisse der Organisation an den Schutz von Information widerspiegeln, werden identifiziert, regelmäßig überprüft und sind dokumentiert.

Der rote Faden: Unsere Controlgruppe heißt *A.13.2 Informationsübertragung*; wir haben bereits das Control *A.13.2.2 Vereinbarungen zur Informationsübertragung* erläutert. In dem obigen Control ist nun erneut die Rede von Vereinbarungen – allerdings geht es jetzt hier spezifisch um den *Geheimhaltungsaspekt*. Dies kann sich auf andere Organisationen, eigene Mitarbeiter oder Personal von beauftragten Dienstleistern beziehen.

Liest man A.13.2.4 genauer, so handelt es sich um eine Art Meta-Anforderung: Man soll Anforderungen aufstellen, dokumentieren und überprüfen, wie Vereinbarungen zur Geheimhaltung auszusehen haben.

Solche Vereinbarungen kennen wir unter verschiedenen Bezeichnungen: Geheimschutzverpflichtung oder -vereinbarung (Schutz der Betriebsgeheimnisse oder klassifizierter Informationen; Zielgruppe Mitarbeiter), Vertraulichkeitsvereinbarung oder Non-Disclosure-Agreement (NDA; Zielgruppe Kunden, Kooperationspartner) oder entsprechende Abschnitte in Überlassungs-, Outsourcing- und Dienstleistungsverträgen.

Die Idee ist, dass eine Organisation je nach Adressatenkreis unterschiedliche Vereinbarungen benötigt und vielleicht sogar schon formuliert hat. Das Control möchte erreichen, dass inhaltlich ein gewisser Mindeststandard eingehalten wird, d. h. alle relevanten Schutzerfordernisse jeweils enthalten sind, und dieser Mindeststandard regelmäßig auf Sinnhaftigkeit überprüft wird.

Das erreicht man am besten dadurch, dass eine *Checkliste* erstellt und angewendet wird, in der alle zu berücksichtigenden Punkte aufgeführt sind. Im Grunde kann man hier die Aufzählungspunkte unter A.13.2.2 verwenden. Zu ergänzen wären ggf. eine genauere Erläuterung der bestehenden Eigentums- und Urheberrechte an den zu übertragenen Informationen, spezifische organisatorisch-technische Maßnahmen zum Schutz der Informationen, Inspektionsrechte der Organisation betreffend Einhaltung der Vorgaben.

6.2.10 Anschaffung, Entwicklung und Instandhalten von Systemen (A.14)

In dieser Themengruppe geht es um den Lebenszyklus von *Informationssystemen* und die Art und Weise der Berücksichtigung von Sicherheitsaspekten in einzelnen *Lebensphasen*.

Der Begriff *Informationssysteme* ist dabei sehr allgemein gehalten und umfasst

- klassische stationäre und mobile IT-Systeme,
- IT-Komponenten wie Router, Switches, Drucker, Smartcards,
- Gruppen solcher Systeme und Komponenten für bestimmte Einsatzzwecke,
- Software, IT-Anwendungen,
- Informationsdienste und andere Services (z. B. Cloud-Dienste).

Zu den *Lebensphasen* von Informationssystemen rechnen wir grob: Planung, Entwicklung, Beschaffung, Integration, Test, Betrieb, Instandhaltung/Wartung, Außerbetriebnahme und Entsorgung.

Ziel A.14.1 – Sicherheitsanforderungen an Informationssysteme:
Es ist sichergestellt, dass Informationssicherheit ein fester Bestandteil über den gesamten Lebenszyklus von Informationssystemen ist. Dies beinhaltet auch die Anforderungen an Informationssysteme, die Dienste über öffentliche Netze bereitstellen.

Informationssicherheit soll in allen Lebensphasen von Informationssystemen „fester Bestandteil" sein, d. h. es darf nicht sein, dass in bestimmten Phasen Sicherheitsaspekte ungeklärt sind, erst später oder gar nicht betrachtet werden. Es sei aber angemerkt, dass die folgenden zu A.14.1 gehörenden Controls bestenfalls die Planungsphase und einige funktionale Aspekte von Informationssystemen behandeln – hier hätte man von der Norm einen umfassenderen Ansatz erwartet.

Control A.14.1.1 – Analyse und Spezifikation von Informationssicherheitsanforderungen:
Die Anforderungen, die sich auf Informationssicherheit beziehen, sind in die Anforderungen an neue Informationssysteme oder die Verbesserungen bestehender Informationssysteme aufgenommen.

Hier geht es um die Planungsphase für neue Informationssysteme (Entwicklung oder Beschaffung) oder die Verbesserung vorhandener Systeme. Normalerweise wird als erstes eine *Spezifikation* (= Beschreibung der Anforderungen) aufgestellt. In „guten" Spezifikationen sind das Design, die einzelnen Komponenten, die funktionalen Eigenschaften, die Anwendungsfälle und ihre Einsatzumgebung angegeben; insbesondere bei Eigenentwicklungen werden auch die bei der Entwicklung zu verwendenden Tools, die Entwicklungs- und Testumgebung sowie die Testfälle beschrieben.

Die einschlägige Erfahrung besagt nun, dass bereits in diese Spezifikation alle Sicherheitsanforderungen und -eigenschaften einfließen müssen, weil die Sicherheit „später" nicht mehr vernünftig realisiert werden kann – bestenfalls unter Inkaufnahme zeitlicher Verzögerungen, hoher Kosten und reduzierter Sicherheit.

Wie kann man dieses Control umsetzen? Im Projektplan für das betreffende Informationssystem ist zwingend vorzusehen, dass in die Spezifikation alle Anforderungen an die

Sicherheitseigenschaften des Systems und seiner vorgesehenen Einsatzumgebung aufzunehmen sind. Besitzt die Organisation ein einheitlich anzuwendendes Projekthandbuch, so
könnte dieses Prinzip verbindlich für alle Projekte vorgeschrieben werden. Insoweit ist
auch das Control A.6.1.5 betroffen.

Wie lassen sich die Anforderungen an die Sicherheit des Systems ermitteln? Zunächst
sollten Gespräche mit den späteren (potenziellen) Benutzern des Systems, ggf. mit dem
eigenen Marketing und Vertrieb (bei kommerziellen Entwicklungen) oder dem IT-Betrieb
(bei eigener Verwendung) geführt werden, um deren Anforderungen kennenzulernen. Mit
den so ermittelten Daten ist für das Informationssystem im Grunde ein Sicherheitskonzept
zu schreiben: Einsatzzweck, Darstellung der Einsatzumgebung, Risikobetrachtung,
Schwachstellenanalyse, Ableitung von Sicherheitsmaßnahmen zur Risikoreduktion, Bestimmung verbleibender Risiken. Sind die verbleibenden Risiken als tolerierbar anzusehen, werden die abgeleiteten Sicherheitsmaßnahmen (auch für die Einsatzumgebung) in
die Spezifikation für das System übernommen.

Besteht das spezifizierte Informationssystem aus mehreren unabhängigen Teilsystemen
oder Komponenten (z. B. IT-Produkte), sind die Vorgaben für die Sicherheit auf diese einzelnen Teile herunterzubrechen. Komponenten-Spezifikationen können dann genutzt werden, um für jede Komponente die erforderlichen Tests oder Abnahmekriterien festzulegen
oder auch eine zielführende Benutzerdokumentation zu erstellen.

Kann oder muss eine bestimmte Komponente beschafft bzw. gekauft werden, sollte die
Spezifikation der Sicherheitseigenschaften für diese Komponente Grundlage der Beschaf-
fungsanforderung bzw. Ausschreibung sein und kann auch bei eventuellen Reklamationen
unterstützen.

Auf diese Weise wird erreicht, dass die ermittelten Anforderungen an die Sicherheit
durchgehend berücksichtigt werden.

Control A.14.1.2 – Sicherung von Anwendungsdiensten in öffentlichen Netzwerken:
Information, die durch Anwendungsdiensten über öffentliche Netzwerke übertragen wird, ist
vor betrügerischer Tätigkeit, Vertragsstreitigkeiten und unbefugter Offenlegung sowie Veränderung geschützt.

Während das vorhergehende Control im Grunde für *alle* Informationssysteme anzuwenden ist, geht es in A.14.1.2 um den Spezialfall der *Services* (Dienste, Anwendungen), bei
denen Daten über öffentliche Netze transportiert werden.

Beispiele solcher Services sind Bankdienste (z. B. Online-Banking), Internet-Bestell-
plattformen, kostenpflichtige Informationsdienste (Musik, Video, TV). Hier fallen u. a.
Bestell-, Liefer- und Zahlungsdaten an. Ein wichtiger Anwendungsfall für dieses Control
ist also das gesamte Thema *E-Commerce*. Die Abwicklung elektronischer Workflows, die
zwischen Standorten einer Organisation oder auch mit Kunden und Partnern über das öffentliche Netz abgewickelt werden, ist ein weiteres Beispiel.

Vor der Beschaffung, Entwicklung und Verbesserung solcher Services soll die zu
erstellende Spezifikation auch Sicherheitsmaßnahmen gegen Betrugshandlungen,

Vertragsstreitigkeiten und den Verlust von Vertraulichkeit und Integrität ausweisen. Welche Themen sind hier zu beachten?

- **Sicherer Identitätsnachweis**: Bei rechtsverbindlichen Aktivitäten muss Klarheit über die Identität der beteiligten Parteien bestehen. Eine beweisbare Identität ist im Netz meist nur durch ein elektronisches Zertifikat realisierbar. Hierfür existieren mehrere Vertrauensstufen. Juristisch anerkannt ist in Deutschland ein *qualifiziertes* Zertifikat nach den Vorgaben des Signaturgesetzes (wie es z. B. in neueren elektronischen Ausweisen zur Anwendung kommt).
- **Sichere Willenserklärung**: Hier geht es um die sichere elektronische Abwicklung eines Vertragsabschlusses, Auftrags, einer Mitzeichnung oder einer Bestellung. Die Willenserklärung später nicht abstreiten zu können, ist ein wesentlicher Punkt sicherer Rechtsgeschäfte. Technisch kann dies u. a. mit elektronischen Signaturen, die auf qualifizierten Zertifikaten beruhen, realisiert werden.
- **Echtheit von Dokumenten**: Basis vieler rechtsverbindlicher Aktionen sind Dokumente: Verträge, AGB, Lieferscheine, Rechnungen, Nutzungsbedingungen etc. Sie müssen von den Vertragsparteien „unbestritten" sein, d. h. Urheber, Unterzeichner und Inhalt müssen nachweisbar korrekt sein – was technisch auf die Forderung nach Integrität und Authentizität hinausläuft.
- **Vertraulichkeit von Dokumenten**: Man denke z. B. im Rahmen einer Ausschreibung an vertrauliche Angebotsunterlagen, die über das Internet versendet werden. Hier kommt wieder die klassische Verschlüsselung zum Einsatz (in diesem Zusammenhang meist asymmetrische Verfahren, um den Aufwand bei der Schlüsselverteilung zu reduzieren).
- **Berechtigungskontrolle**: Bei den jeweiligen Vertragsparteien ist sicherzustellen, dass die handelnden Personen ausreichende Berechtigungen haben, Angebote zu erstellen und freizugeben, Vertragstexte zu genehmigen und zu unterzeichnen usw.
- **Sichere Zahlungsvorgänge**: Hier geht es darum, die Ausspähung von Konto- und Kreditkartennummern, die Manipulation von Zahlungsanweisungen, unberechtigte Abbuchungen usw. zu vermeiden – aber auch um verlässliche Überprüfung einer finanziellen Deckung (Bonität).
- **Nachweisbarkeit**: In den genannten Geschäftsprozessen ist eine spätere Nachvollziehbarkeit der Vorgänge und Beweisbarkeit von Handlungen wichtig – vor allem, wenn es zu Rechtsstreitigkeiten kommt. Insofern sind hohe Anforderungen an die Protokollierung von elektronischen Abläufen und andere Aufzeichnungen (z. B. Sende- und Empfangsnachweise) zu stellen.
- **Haftung und Versicherung**: Trotz aller Vorkehrungen sind Betrugsszenarien und Vertragsstreitigkeiten nie ganz auszuschließen. Insoweit sind Verschuldens- und Haftungsfragen auch im Zusammenhang mit Online-Transaktionen zu klären; als letzte Maßnahme der Kompensation finanzieller Schäden können auch Versicherungen zum Einsatz kommen.

Man erkennt, dass kryptographische Verfahren eine wichtige Rolle bei der Realisierung solcher Anforderungen stellen. Eine besondere Aufgabe kommt dabei auch den *vertrauenswürdigen Dritten* (Trust Third Parties) zu, die uns im Zusammenhang mit dem Signaturgesetz und entsprechenden EU-Richtlinien als *Vertrauensdiensteanbieter* (früher: Zertifizierungsdiensteanbieter, ZDA) begegnen.

Control A.14.1.3 – Schutz der Transaktionen bei Anwendungsdiensten:
Information, die an Transaktionen bei Anwendungsdiensten beteiligt ist, ist so geschützt, dass unvollständige Übertragung, Fehlleitung, unbefugte Offenlegung, unbefugte Vervielfältigung oder unbefugte Wiederholung von Nachrichten verhindert ist.

Bei diesem Control geht es um Maßnahmen zur *Transaktionssicherung* zwischen Anwendungen.

Wir bleiben im gleichen Kontext wie beim vorhergehenden Control A.14.1.2 und stellen uns vor, dass Transaktionen wie z. B. Bestellungen, Zahlungen oder Bereitstellung von Software online abgewickelt werden. Auf beiden Seiten der Kommunikation sind IT-Anwendungen aktiv.

Neben Integrität und Vertraulichkeit der übertragenen Informationen kann man aus Sicherheitssicht einige weitere Anforderungen an die beteiligten Anwendungen und ihre Kommunikationsbeziehung stellen:

- Damit Transaktionen als *erfolgreich ausgeführt* gelten, müssen die relevanten Daten *vollständig* übertragen worden sein.
- Um Manipulationen und Denial-of-Service-Attacken vorzubeugen, sollte erkennbar sein, wenn Daten früherer Transaktionen oder Begleitdaten (wie z. B. Authentisierungsinformationen) erneut übertragen werden: Schutz vor Replay-Attacken.
- Daten einer Transaktion sollen nur über den vorgesehenen Weg transportiert werden und nur die vorgesehene Ziel-Anwendung erreichen: Vermeiden von Fehlleitungen.

Eine typische Maßnahme gegen Replay im Rahmen einer Authentisierung ist z. B. die (sichere) Vergabe von Einmalpasswörtern; bei der Verschlüsselung von Daten könnten für jede Transaktion neue Schlüssel zum Einsatz kommen.

Ein wichtiges Element jeder Transaktionssteuerung ist die Protokollierung aller Aktivitäten und übertragenen Daten (Journal-Funktion). Hierdurch ist jeder Ablauf minutiös nachverfolgbar, insbesondere ist erkennbar, bis zu welchem Punkt eine Transaktion tatsächlich „durchgelaufen" ist.

Datenbanken verfügen über besondere Maßnahmen zur Transaktionssicherung, z. B. das Backward Recovery und das Forward Recovery, um mit unvollständigen Transaktionen umgehen zu können. Dabei liefern die Journal-Funktionen den wesentlichen Input.

Protokolldaten bzw. Journale sind natürlich vor unbefugtem Zugang zu sichern, da ansonsten Transaktionen geändert, vorgetäuscht oder gelöscht werden können.

Im Hinblick auf die Vertraulichkeit und Integrität sind wieder kryptographische Verfahren einsetzbar – wir verzichten auf eine erneute Aufzählung.

Ziel A.14.2 – Sicherheit in Entwicklungs- und Unterstützungsprozessen:
Es ist sichergestellt, dass Informationssicherheit im Entwicklungszyklus von Informationssystemen geplant und umgesetzt ist.

Die folgenden Controls richten sich an Organisationen, die Informationssysteme entwickeln bzw. erstellen, und zwar

- für den eigenen Bedarf,
- als kommerzieller Hersteller und Lieferant
- oder als Systemintegrator.

Was ist unter *Entwicklungszyklus* eines Informationssystems zu verstehen?
Grundsätzlich sind darin mindestens die folgenden Phasen enthalten:

- die Planung und Spezifikation
- die eigentliche Entwicklung (inkl. Beschaffung von benötigten Produkten)
- die Test- und Freigabeverfahren
- die Auslieferung an Kunden bzw. an den Betrieb (bei Eigenentwicklungen)
- die Inbetriebnahme und Abnahmeprüfung
- Anpassungen und Änderungen (Fehlerbehebung, Änderung der Plattformen, Funktionsanpassungen)

Die folgenden Controls behandeln das Thema aber leider *nicht* in dieser Struktur, sondern adressieren nur ausgewählte Aspekte.

Control A.14.2.1 – Richtlinie für sichere Entwicklung:
Regeln für die Entwicklung von Software und Systemen sind festgelegt und werden bei Entwicklungen innerhalb der Organisation angewendet.

Ist die Entwicklung nicht nur ein einmaliges Projekt, sondern wird häufiger durchgeführt – vielleicht ist das sogar der Geschäftszweck der Organisation –, ist es sinnvoll, den gesamten Gang der Entwicklung und Anpassung von Informationssystemen zu regeln, d. h. ein einheitliches Vorgehen z. B. mittels einer Richtlinie vorzuschreiben. Je nach Art, Gegenstand und Zielgruppe einer Entwicklung werden dabei unterschiedliche Regeln angebracht sein.

Wir erläutern die wesentlichen Punkte solcher Regelungen hier unter A.14.2.1, um den Überblick nicht zu verlieren. Zu einzelnen Aspekten gibt es im Folgenden aber auch *spezifische* Controls.

Wir nehmen den Fall einer Software-Entwicklung – was jedoch leicht auf andere Entwicklungsobjekte übertragbar ist –, und betrachten zu regelnde Sachverhalte:

In welcher räumlichen Umgebung finden die Entwicklungsprojekte statt? Dass der Zugang Unbefugter zu den Entwicklungsunterlagen, -objekten und -werkzeugen zu unterbinden ist, liegt auf der Hand. Ziemlich sicher ist ein Entwicklungsbereich somit als *Sicherheitszone* anzusehen. Damit Entwicklungen dort möglichst störungs- und unterbrechungsfrei ablaufen können, müssen die verwendeten Betriebsmittel entsprechend ausgelegt sein bzw. überwacht werden; schädliche Auswirkungen aus der Umgebung auf den Entwicklungsprozess sollten möglichst ausgeschlossen sein.

Man kann das auch so sehen: Für den Entwicklungsbereich sind die Vorgaben der Controlgruppe A.11 relevant und somit entsprechend umzusetzen.

Welche Grundsätze sind bei der Entwicklung zu beachten? Ähnlich wie bei Projekten bestehen unterschiedliche Verantwortlichkeiten, bestimmte Phasen und Aufgaben sind an bestimmte Rollen oder Personen gebunden – dies könnte sich z. B. nach der Qualifikation und Erfahrung einzelner Entwickler richten. Darunter fällt auch die Generaltrennung von Entwicklungsaufgaben im engeren Sinne und den Tests. Auch zu klären ist, ob die Erstellung einer Benutzerdokumentation von den Entwicklern selbst durchzuführen ist.

Es könnte weiterhin Festlegungen hinsichtlich der anzuwendenden Programmiertechniken, -modelle, -sprachen, zu verwendender Bibliotheken und Systemplattformen geben.

Einen anderen Punkt haben wir bereits in A.14.1.1 erläutert, nämlich die Vorgabe, bei allen Entwurfsschritten die Informationssicherheit einzubeziehen.

Vorgaben werden auch benötigt, was die Durchführung und Dokumentation von Tests, die Rückführung an die Entwickler bei Fehlern und die offizielle Abnahme von Software-Modulen und kompletten Releases anbetrifft.

Wie sieht die technische Entwicklungsumgebung aus? Zu beschreiben wären mindestens der Einsatz von Entwurfs-, Programmier- und Testwerkzeugen, die Nutzung eigener bzw. extern beigesteuerter Programmbibliotheken sowie generell die Datenablage: Wo werden Entwurfsdokumente, Quellprogramme, Object Code, Benutzerdokumentation, Testpläne und -ergebnisse abgelegt? In Übereinstimmung mit den Rollen bzw. der Aufgabenverteilung ist auch die Zugangssteuerung zu allen genannten Daten und Tools einzurichten. Dies betrifft auch Backup-Daten und -Datenträger.

Diese Sachverhalte sind auch zu beschreiben, wenn z. B. Entwicklungsumgebungen als Plattform komplett durch Cloud Provider zur Verfügung gestellt werden. Dass die Sicherheit hier besonders „zuschlägt", liegt auf der Hand: Alle Anforderungen, die man an eine eigene Entwicklungsumgebung stellen würde, sind auch bei der ausgelagerten Plattform zu beachten – die Frage ist nur, ob man das alles im Rahmen der Vertragsbeziehung mit dem Provider abbilden kann.

Wie werden Entwicklungsstände verwaltet? Jede Software-Entwicklung muss einer rigiden Versions- und Änderungskontrolle unterliegen, sonst bricht Chaos aus! Dies gilt erst recht, wenn nicht nur einzelne Software-Module, sondern komplexe Architekturen oder Systeme entwickelt werden. Jede Änderung an einem Software-Modul bedarf einer expliziten Beauftragung. Jeder neue Stand der Entwicklung muss anhand von Versionsbezeichnungen (meist kombiniert mit Datumsangaben) eindeutig gekennzeichnet werden. Es ist zu regeln, ob und wie einzelne Software-Stände archiviert werden. Weiterhin müssen finale Stände eine offizielle Freigabe und Abnahme durchlaufen.

Wie erfolgt die Auslieferung bzw. die Übergabe an den Betrieb? Hier haben wir das oft vernachlässigte Problem zu lösen, wie der (richtige) finale Entwicklungsstand unverändert zum Einsatzort beim Kunden bzw. in den eigenen Betrieb gelangt. Bei der heute vielfach üblichen Übertragung über das Internet bzw. Intranet ist die Integrität der Software zu sichern, ggf. sind auch Vertraulichkeitsanforderungen zu berücksichtigen. Bei der Übergabe mittels Datenträgern ist bei deren Auswahl auch das Thema der *Wiederverwendung* (A.11.2.7) zu beachten. Weiterhin muss stets zweifelsfrei dokumentiert und nachvollziehbar sein, welche Versionsstände an welche Kunden ausgeliefert wurden – vor allem um die spätere Software-Wartung (mittels Updates und Patches) präzise und zielführend durchführen zu können, aber auch im Hinblick auf Reklamationsverfahren.

Werden Teile der Entwicklung ausgelagert? Werden Teile der Software extern bei Auftragnehmern entwickelt, sind ziemlich sicher auch Anforderungen an deren Entwicklungsumgebung und -verfahren zu stellen. Weiterhin ist die Übertragung von Daten zwischen Auftraggeber und Auftragnehmer abzusichern, wobei Authentizität der Kommunikationspartner, die Integrität der Daten und die Verfügbarkeit des Transports wesentliche Punkte sind – oft auch die Vertraulichkeit der Daten. Diesbezügliche Regelungen müssen bei Auftragserteilung vereinbart werden.

Control A.14.2.2 – Verfahren zur Verwaltung von Systemänderungen:
Änderungen an Systemen innerhalb des Entwicklungszyklus werden durch formale Verfahren zur Verwaltung von Änderungen gesteuert.

Die generelle Notwendigkeit einer Änderungskontrolle ist schon im Hauptteil der ISO 27001 (Abschn. 8.1) dargestellt und auch bei den Controls A.9.4.5 und A.12.1.2 erläutert worden. Das obige Control verlangt etwas mehr, nämlich ein *formales* Änderungsmanagement für alle Entwicklungsobjekte *innerhalb des Entwicklungszyklus.* Dieser Zyklus beginnt mit der Planung von Änderungen, umfasst die eigentliche Entwicklung und schließt auch Änderungen wegen Fehlerbehebung, Kundenreklamation, Wechsel von Bibliotheken und Systemplattformen ein.

Die Forderung nach einem *formalen Verfahren* bedeutet, dass die Abläufe quasi standardisiert und dokumentiert sein müssen. Unter A.14.2.1 haben wir schon wesentliche Punkte der Verfahren angesprochen:

- Änderungen müssen von dazu autorisierten Rollen beauftragt werden.
- Änderungen werden nur von dafür vorgesehenen Personen durchgeführt.

- Jede Änderung ist gemäß den Richtlinien (A.14.1.2) für die Entwicklung durchzuführen, insbesondere dem definierten Arbeitsablauf (Planung/Spezifikation, Umsetzung, Überprüfung/Tests, Abnahme) zu unterwerfen und zu dokumentieren.
- Zugang zu Entwicklungsdaten und -werkzeugen wird nur entsprechend der Aufgabenverteilung gewährt.

Control A.14.2.3 – Technische Überprüfung von Anwendungen nach Änderungen an der Betriebsplattform: Bei Änderungen an Betriebsplattformen, werden geschäftskritische Anwendungen überprüft und getestet, um sicherzustellen, dass es keine negativen Auswirkungen auf die Organisationstätigkeiten oder Organisationssicherheit gibt.

Zunächst: Was fällt unter *Betriebsplattformen*? Grundlegende Plattformen eines IT-Systems sind die Prozessorarchitektur und natürlich das jeweilige Betriebssystem. IT-Anwendungen benutzen darüber hinaus Standardbibliotheken, Middleware und Ähnliches. Abfrage- und Reportprogramme nutzen die „darunterliegende" Datenbank als Plattform. Insofern ist im Grunde alles, was unterhalb von (geschäftskritischen) Anwendungen läuft, als Betriebsplattform zu sehen.

Werden auf solchen tieferen Schichten Änderungen vorgenommen, ist nicht auszuschließen, dass Inkompatibilitäten, Fehlfunktionen, Abstürze und vor allem auch Sicherheitslücken entstehen können. Dies kann bereits beim Einspielen von Updates und Patches der Fall sein – erst recht bei komplett neuen Releases. Wegen der Komplexität der Systeme sind selbst bei „kleinsten" Änderungen die Folgen nicht immer voraussehbar.

Änderungen an den Betriebsplattformen müssen zunächst eingehend auf Verträglichkeit, Funktionstüchtigkeit, Fehlerfreiheit und Aufrechterhaltung der bisherigen Sicherheit geprüft werden – möglichst auf separaten (aber vergleichbaren) Systemen. Sie dürfen keinesfalls direkt im Produktivsystem oder gar bei laufendem Betrieb vorgenommen werden.

Diese Vorgaben gelten für Organisationen, die Software für Kunden entwickeln, und für die Betreiber von Systemen und Anwendungen. Aus Gründen der Planungssicherheit und Praktikabilität sollten anstehende Änderungen möglichst frühzeitig kommuniziert werden.

Control A.14.2.4 – Beschränkung von Änderungen an Softwarepaketen:
Änderungen an Softwarepaketen werden nicht gefördert, sind auf das Erforderliche beschränkt und alle Änderungen unterliegen einer strikten Steuerung.

Gelegentlich tritt der Fall auf, dass käuflich erworbene Software beim Anwender geändert werden muss, weil dies betrieblich bzw. technisch erforderlich ist und keine anderen Alternativen bestehen.

Denkbar wäre es, dass der Hersteller der Software die gewünschten Anpassungen bei einem regulären Update oder Patch vornimmt. Wenn dazu keine Bereitschaft besteht, ist zu prüfen, ob die Lizenzbestimmungen eine Änderung der Software überhaupt zulassen oder der Hersteller bzw. Lieferant dies genehmigt. Hat man auch dies Problem gelöst, bleibt noch die Frage, ob ausreichend Informationen über die Software vorliegen, um die beabsichtigte Anpassung vornehmen zu können – ohne an anderer Stelle Fehler einzubauen, Sicherheitsfunktionen außer Kraft zu setzen usw. Man beachte, dass solche Änderungen auch zu Problemen bei zukünftigen Patches und Updates führen können – z. B. weil die Änderungen überschrieben oder deaktiviert werden.

Man erkennt schon, dass man solche Szenarien grundsätzlich vermeiden muss! Ist ein solches Vorgehen dennoch unumgänglich, ist die Änderung wie ein normales Software-Projekt anzugehen, d. h. alle Regeln für den Entwicklungszyklus müssen auch hierbei eingehalten werden.

Control A.14.2.5 – Grundsätze für die Analyse, Entwicklung und Pflege sicherer Systeme:
Grundsätze für die Analyse, Entwicklung und Pflege sicherer Systeme sind festgelegt, dokumentiert, werden aktuell gehalten und bei jedem Umsetzungsvorhaben eines Informationssystems angewendet.

Das Prinzip, die Informationssicherheit in den Entwicklungszyklus eines Informationssystems in allen Phasen einzubeziehen, haben wir schon unter A.14.2.1 erläutert. In diesem Control geht es jetzt darum, welche Design-Prinzipien, Programmiertechniken und Testmethoden angewendet werden sollen, um sichere System zu entwickeln. Wir geben einige Beispiele für solche Prinzipien:

- **Isolation**: Oft sind es in Systemen nur wenige Sicherheitsfunktionen, an denen alles hängt: Typisch sind z. B. die Authentisierung und die Zugangssteuerung. Wenn es gelingt, diese Funktionen in *einem* Modul unterzubringen, das vom unsicheren Rest des Systems abgeschottet ist, lässt sich ein sicheres System aufbauen. In IT-Systemen lässt sich diese Abschottung durch Eigenschaften der Prozessor-Architektur erreichen: Der unbefugte Eingriff in das Modul und die Umgehbarkeit seiner Funktion kann verhindert werden. Ein solches Modul wird in manchen Publikationen als *Referenz-Monitor* oder *Security Kernel* bezeichnet.
- **Separation**: Ein anderes Beispiel stellt die Verlagerung von Kryptofunktionen in eine Smartcard dar, die bei ihrer Nutzung an einem IT-System keine geheimen Daten (z. B. Schlüssel) überträgt. Hier ist die Isolation im Grunde durch Aufteilung auf zwei Geräte (IT-System und Smartcard) erreicht worden, wobei die Smartcard prinzipiell immer unter der Kontrolle des Inhabers verbleiben kann.
- **Kleinheit**: Software geringen Umfangs kann man leichter analysieren und meist auch umfassend testen, z. T. auch in den Systemen leichter vor Manipulation schützen. Das Vertrauen in eine „kleine" Software ist meist höher als in große, unüberschaubare Software-Pakete.
- **Code-Transparenz**: Will man Software eingehend prüfen, ist eine Quellcode-Inspektion unerlässlich. Es ist klar, dass Quellcode in strukturierten, modernen

Programmiersprachen leichter zu analysieren und zu prüfen ist als etwa in Assembler-Code.

- **Nebeneffektfreiheit**: Sichere Software darf keine Code-Teile besitzen, die undokumentierte, unbekannte oder zu Manipulationen ausnutzbare Funktionen besitzt. Solche Nebeneffekte müssen durch Code-Inspektionen und Testverfahren ausgeschlossen werden können.
- **Daten-Trennung**: Sensible Daten von nicht-sensiblen Daten zu trennen ist ein weiteres Design-Prinzip. Seine Anwendung findet es aktuell bei mobilen IT-Systemen, in den z. B. private Daten von Unternehmensdaten durch ein Container-Verfahren getrennt werden.

Solche Prinzipien sollten in einer Art *Entwicklerhandbuch* dokumentiert sein und in jedem Projekt angewendet werden. Diese Grundlagen müssen von Zeit zu Zeit dahingehend überprüft werden, dass sie noch aktuell sind – ihre Anwendung also noch State-of-the-Art ist.

Control A.14.2.6 – Sichere Entwicklungsumgebung:
Organisationen schaffen sichere Entwicklungsumgebungen für Systementwicklungs- und Systemintegrationsvorhaben über den gesamten Entwicklungszyklus und schützen diese angemessen.

Auf dieses Erfordernis sind wie bereits unter A.14.2.1 eingegangen und haben dabei auf A.11 verwiesen.

Es stellt sich die Frage, ob man die Vertrauenswürdigkeit des Entwicklungs- und Testpersonals ebenfalls unter der Überschrift *Entwicklungsumgebung* diskutiert. Hierfür steht allerdings mit A.7 eine eigene Controlgruppe zur Verfügung – auf jeden Fall handelt es sich um einen nicht zu vernachlässigenden Aspekt.

Control A.14.2.7 – Ausgegliederte Entwicklung:
Die Organisation beaufsichtigt und überwacht die Tätigkeit ausgegliederter Systementwicklung.

Sollen Entwicklungen ausgegliedert, d. h. außerhalb der Organisation von Auftragnehmern durchgeführt werden, sind vorab deren Entwicklungsumgebung und Entwicklungsrichtlinien – ggf. auch die Vertrauenswürdigkeit des eingesetzten Personals – zu überprüfen und mit den Vorstellungen bzw. Erfordernissen des Auftraggebers (s. etwa die Aufzählung unter A.1.4.2.1) abzugleichen.

Nach Erteilung des Entwicklungsauftrags ist ein detailliertes Monitoring erforderlich, um Abweichungen und andere Probleme möglichst frühzeitig erkennen zu können. Dies betrifft auch die Durchführung der Tests und Abnahmen, die unter Aufsicht des Auftraggebers erfolgen sollten.

Die ausgegliederte Entwicklung ist ein Spezialfall der Lieferantenbeziehungen unter A.15, so dass die dort dargestellten Grundsätze auch hier anzuwenden sind. Wir wollen einige Punkte besonders herausstellen:

- Generell ist ein vertragliches Recht zur Prüfung der Entwicklungsumgebung und des Entwicklungsprozesses anzustreben – ggf. auch durch Inspektion vor Ort.
- Hinsichtlich des zu entwickelnden Objektes sind vom Auftraggeber alle Vorgaben zum Leistungsumfang, die Spezifikationen und die Sicherheitsanforderungen als Vertragsgrundlage beizustellen.
- Wenn besondere Anforderungen an die Tests bestehen, etwa die Nutzung bestimmter Werkzeuge, den Testumfang oder die Testtiefe betreffend, sind diese vertraglich festzuhalten.
- Dies gilt auch für die im Laufe der Entwicklung erzeugte und für das entwickelte Objekt bereitzustellende Dokumentation.
- Es sind alle notwendigen Prüfschritte zur Abnahme der Entwicklungsergebnisse im Vertrag aufzuführen.
- Weiterhin sind die rechtlichen Aspekte der Software-Überlassung zu klären: vollständiger Eigentumsübergang, Miet- oder Lizenzmodell, verbleibende Urheberrechte.
- Es ist zu klären, welche Aufbewahrungspflichten der Auftragnehmer über das Ende der Entwicklung hinaus zu erfüllen hat.

Es ist grundsätzlich zu klären, wie man die Folgen z. B. einer Insolvenz des Auftragnehmers oder Nicht-Erfüllung des Vertrags mildert. Ist der bisherige Entwicklungsstand hinreichend dokumentiert und für den Auftraggeber zugänglich? Können andere hierauf aufsetzen und die Entwicklung zu Ende bringen?

Control A.14.2.8 – Testen der Systemsicherheit:
Die Sicherheitsfunktionalität wird während der Entwicklung getestet.

Bei neu entwickelten oder geänderten Informationssystemen oder Komponenten (Software, Hardware) ist eine Überprüfung aller Sicherheitseigenschaften im Rahmen der Entwicklung ein zentraler Punkt. Gerade im Sicherheitsumfeld wird dringend empfohlen, auf drei Ebenen zu testen:

- Tests der Entwickler (korrekte Funktion bzw. Fehlerbehebung),
- Tests durch ein von der Entwicklung unabhängigen Testteams (Wiederholung der Entwickler-Tests und Durchführung eigener Tests)
- Tests durch ein separates „Tiger-Team", das versucht, Sicherheitsfunktion zu deaktivieren, zu umgehen, fehlzusteuern, Sicherheitsbarrieren zu penetrieren, verborgene Funktionen auszunutzen usw.

In allen Ebenen können und sollten einschlägige Test-Suites (zur Erfüllung von funktionalen Anforderungen), Test-Tools und „Hacker-Werkzeuge" eingesetzt werden.

Control A.14.2.9 – Systemabnahmetest:
Für neue Informationssysteme, Aktualisierungen und neue Versionen sind Abnahmetestprogramme und dazugehörige Kriterien festgelegt.

Nach erfolgreichem Abschluss der vorgesehenen Tests sollte ein offizielles Abnahmeverfahren durchgeführt werden, und zwar von Personen, die bisher nicht bei der Entwicklung und den Tests tätig waren. Hier geht es darum, die Entwicklung als Ganzes zu bewerten, und zwar u. a. durch Beantwortung folgender Fragen:

- Liegen alle Informationen, Dokumente und Aufzeichnungen vor, die vorgesehen bzw. verlangt waren?
- Sind alle Vorgaben zur Entwicklungsumgebung, zu den Entwicklungsrichtlinien usw. eingehalten worden?
- Wurden alle vorgesehenen Tests erfolgreich abgearbeitet? Wurde dabei die vorgesehene Zielumgebung verwendet?
- Hat der Auftraggeber bzw. das Projektteam alle weiteren Vorgaben (Übergabe des Entwicklungsobjektes, Aufbewahrung/Hinterlegung, Termine/Budget) eingehalten?

Die Abnahme kann erfolgen, sobald das Abnahmeteam diese Kriterien überprüft und als *erfüllt* charakterisiert hat. Gerade bei extern vergebenen Entwicklungsaufträgen sollten das Abnahmeverfahren und die Abnahmekriterien vorab vertraglich festgelegt sein.

Wird ein Entwicklungsobjekt nach der Abnahme in den Produktivbetrieb übernommen, schließt sich im Grunde eine weitere Testphase an, nämlich ob sich die erwarteten Eigenschaften auch im *Produktivbetrieb* bestätigen lassen. Wenn sich dies als zutreffend herausstellt, kann eine sogenannte *System-Akkreditierung* erfolgen. Dort, wo solche Verfahren angewendet werden, ist meist ein formales, dokumentiertes Verfahren für diese Akkreditierung festgelegt.

Ziel A.14.3 – Testdaten:
Der Schutz von Daten, die für das Testen verwendet werden, ist sichergestellt.

Dieses Ziel ist etwas unspezifisch, weil es keine näheren Angaben zur Art des Schutzes macht: Hier gilt wieder, dass die anwendende Organisation den genauen Inhalt der Schutzziele für Testdaten festlegen kann.

Control A.14.3.1 – Schutz von Testdaten:
Testdaten werden sorgfältig ausgewählt, geschützt und gesteuert.

Daten zum Testen z. B. einer entwickelten Software sind insoweit *sorgfältig auszuwählen*, als hiermit ja die Erfüllung der Spezifikation der Software, der Sicherheitsanforderungen und möglicherweise noch anderer Eigenschaften überprüft werden sollen.

Warum müssen Testdaten *geschützt* werden? Hierfür gibt es mindestens zwei Gründe:

- Zum einen können Testdaten in manipulativer Absicht so geändert werden, dass anschließende Tests z. B. Sicherheitseigenschaften bestätigen, die gar nicht vorhanden sind, Fehler nicht erkennbar sind oder eingebaute Nebeneffekte (z. B. die bekannten Backdoors = Hintertüren) nicht entdeckt werden. Der Zugang zu Testdaten sollte somit kontrolliert werden – und zwar mindestens im gleichen Umfang wie die sonstigen Elemente in einer Entwicklungs- und Testumgebung. Eine weitergehende Sicherung der Testdaten gegen unbefugte Änderung kann durch Signaturen oder Hashwerte erfolgen.
- Zum anderen ist es leider oft üblich, dass zum Test „echte" Daten verwendet werden – Daten, die personenbezogene Informationen, Kundendaten oder Betriebsgeheimnisse enthalten und somit eines besonderen Schutzes bedürfen.

Vor allem im Zusammenhang mit ausgelagerten Entwicklungen und extern vergebenen Entwicklungsaufträgen wird dringend davon abgeraten, „echte" Testdaten zu verwenden. Hierzu besteht in aller Regel keine Notwendigkeit. Es können stattdessen fiktive Daten oder anonymisierte Daten verwendet werden. Es mag Ausnahmefälle geben, in denen dies nicht möglich ist. Dann sollte Folgendes beachtet werden:

- Die Nutzung der Daten zu Testzwecken sollte an eine explizite Genehmigung des Auftraggebers gebunden sein.
- Bei personenbezogenen Daten ist zu beachten, dass bei ihrer Weitergabe und Nutzung eine Auftragsverarbeitung nach DSGVO vorliegt.
- Die betroffenen Daten müssen in der Testumgebung den gleichen Schutz erhalten, den sie auch bei ihrer normalen betrieblichen Nutzung besitzen. Der Schutzbedarf kann dabei höher sein als für alle übrigen Elemente der Testumgebung,
- Die betroffenen Daten müssen in der Testumgebung gelöscht werden, sobald die Tests abgeschlossen sind. Dabei ist es möglich, dass einzelne Datensätze auch in Testprotokollen und der Testdokumentation auftauchen können – dafür wird eine Lösung benötigt (Anonymisierung, selektive Löschung, Schwärzung).

Fazit zu A.14

Diese Gruppe A.14 adressiert wichtige Themen für solche Organisationen, die Informationssysteme entwickeln, beschaffen, integrieren und pflegen. Man hätte dabei allerdings erwartet, dass die ISO 27001 sich an einem durchgängigen Phasenmodell orientiert und Phase für Phase die Sicherheitsaspekte behandelt. Dagegen machen die Controls eher einen ungeordneten, wenig systematischen Eindruck und beleuchten nur einige wenige Phasen und Sicherheitsaspekte – hier ist noch erhebliches Verbesserungspotenzial zu erkennen. Die genannte Zielgruppe wird sich vermutlich vorrangig an anderen Standards orientieren.

6.2.11 Lieferantenbeziehungen (A.15)

Diese Gruppe von Anforderungen bezieht sich auf die Beziehungen einer Organisation zu Dienstleistern und Lieferanten jeglicher Art, darunter auch (Internet-, E-Mail-, Cloud-)Provider, Outsourcing-Nehmer, Stromversorger, Zulieferer. Aufsichtsbehörden, Steuerberater und Banken, die Zugang zu den Geschäftsprozessen einer Organisation haben, fallen ebenfalls unter diese Aufzählung. Alle diese Fälle werden in A.15 einheitlich als *Lieferanten* bezeichnet.

Hierbei wird zunächst unterstellt (A.15.1), dass solche Beziehungen stets vertraglich geregelt werden und somit auch Anforderungen an die Informationssicherheit eingebracht werden können. Bei laufenden Verträgen geht es dann darum (A.15.2), die Dienstleistungserbringung zu überwachen und insbesondere Änderungen jeglicher Art genau zu analysieren.

Ziel A.15.1 – Informationssicherheit in Lieferantenbeziehungen:
Für Lieferanten zugängliche Werte des Unternehmens sind geschützt.

Alle Informationswerte, die eine Organisation als schützenswert ansieht, müssen gegen einen unzulässigen Zugang (= Zutritt, Zugriff, Nutzung) durch Lieferanten gesichert werden.

Man könnte sich dabei auf solche Lieferanten beschränken, die auftragsbedingt Zugang zu sensiblen Informationen und Systemen der Organisation haben. Man beachte jedoch, dass selbst bei einfachsten Services wie z. B. Reinigungs- oder Transportdiensten ein Abfluss sensibler Informationen oder eine Beeinträchtigung der Informationsverarbeitung nicht auszuschließen ist. Es ist also sinnvoll, in die Analyse zunächst *alle* Lieferanten einzubeziehen.

Vorab: A.15.1.1 und A.15.1.2 scheinen beinahe identisch zu sein. Der Unterschied wird erst durch die Prüfung der Überschriften klarer:

* In A.15.1.1 wird eine allgemeine *Richtlinie* zum Management von Lieferantenbeziehungen gefordert,
* in A.15.1.2 geht es darum, mit jedem Lieferanten einen Vertrag zu schließen, der alle notwendigen Sicherheitsanforderungen beinhaltet (und damit der Richtlinie entspricht).

Control A.15.1.1 – Informationssicherheitsrichtlinie für Lieferantenbeziehungen:
Die Informationssicherheitsanforderungen zur Verringerung von Risiken im Zusammenhang mit dem Zugriff von Lieferanten auf Werte der Organisation werden mit dem Zulieferer vereinbart und sind dokumentiert.

Ausgehend von einer Liste der Lieferanten und ihrem jeweiligen Tätigkeitsfeld sind Risikoanalysen und -bewertungen durchführen und wirksame Maßnahmen zu konzipieren, um bestehende Risiken zu minimieren. Man kann das für jeden einzelnen Lieferanten separat angehen – oder Gruppen von Lieferanten mit einheitlichen Sicherheitsanforderungen bilden. Beispiele wären die Gruppe der Lieferanten mit Zugang zum Rechenzentrum, die Gruppe der Service-Techniker mit Zugang zu IT-Systemen, eine Gruppe von Internet-Provider-Diensten, die Gruppe der IT-Dienstleister (Outsourcing, Cloud Services) usw. Diese Gruppen sollten in der *Richtlinie für Lieferantenbeziehungen* aufgeführt und näher erläutert werden.

Man beachte, dass die Lieferanten meist unter der „Obhut" sehr unterschiedlicher Stellen der Organisation stehen, d. h. will man einheitliche Grundsätze festlegen, wird man sich mit vielen Stellen ins Benehmen setzen müssen. Dabei sollte man seitens des ISMS darauf dringen, dass grundsätzlich die relevanten Sicherheitsanforderungen, -verfahren und -maßnahmen in zukünftige Vereinbarungen mit Lieferanten aufgenommen werden. Je nach Risikolage kann es angemessen sein, auch *bestehende* Verträge entsprechend anzupassen. In diesem Zusammenhang wird es auch darauf ankommen, die Mitarbeiter der für die Verträge zuständigen Stellen der Organisation für die Sicherheitsbelange zu sensibilisieren!

Es sei darauf hingewiesen, dass im Control ganz allgemein von (Informations-)*Werten* die Rede ist, d. h. es geht nicht nur um Informationen bzw. Daten!

Um eine gewisse Ordnung herzustellen, kann es hilfreich sein, die Anforderungen zwei Bereichen zuzuordnen:

1. Was ist vom Lieferanten für die Dienstleistungserbringung *innerhalb der auftraggebenden Organisation* (soweit vorgesehen) zu beachten?
   - Eingesetztes Personal muss ggf. vorab sicherheitsüberprüft worden sein.
   - Es finden Einlasskontrollen statt (Zutritt nur nach vorheriger Anmeldung, Ausweiskontrolle, Kontrolle mitgebrachter Geräte, Datenträger etc.).
   - Bei der Tätigkeit sind Verhaltensregeln zu beachten; ggf. erfolgt vorab eine Sicherheitseinweisung.
   - Das Regelwerk der Zugangskontrolle (Zugang zu Informationen, Systemen und Räumlichkeiten) ist vom Personal des Lieferanten zu beachten; ggf. müssen Geheimhaltungs- und Datenschutzvereinbarungen unterzeichnet werden.
   - Die Durchführung von Tätigkeiten kann seitens der Organisation überwacht werden.
   - Es findet eine Auslasskontrolle statt (Kontrolle mitgenommener Unterlagen, Datenträger, Geräte).
2. Welche Vorkehrungen hat der Lieferant *in seiner Sphäre* (soweit anwendbar) zu treffen? Hier einige typische Beispiele:
   - Die Speicherung, Verarbeitung, Weitergabe, Übertragung und Löschung von Daten der Organisation erfolgt nur gemäß den vertraglichen Regeln.
   - Fernwartungen (an IT-Systemen, aber auch z. B. an Druckern/Kopiergeräten) erfolgen nur nach den Vorgaben des Vertrags.
   - Es werden nur solche Systeme für die Auftragserfüllung eingesetzt, die den technischen Sicherheitsvorgaben im Vertrag entsprechen.

- Es sind alle im Vertrag angegebenen regulativen Vorgaben (Datenschutz, Urheberrechte, Lizenzen) zu beachten.
- Regeln für die Einschaltung von Unterauftragnehmern sind zu beachten.
- Das eingesetzte Personal muss auftragsbezogen ausreichend qualifiziert und geschult sein.
- Inspektionen und Audits durch die Organisation (oder ihren Beauftragten) sind zuzulassen.
- Für Sicherheitsvorfälle und Ausfälle sind Meldepflichten zu beachten, es sind Störungsstatistiken und andere Nachweise zu erstellen.
- Es soll ein qualifiziertes Sicherheitsmanagement betrieben werden, z. B. im Rahmen eines zertifizierten ISMS.

Diese Unterteilung und die anzuwendenden Vorgaben sollten in der Richtlinie aufgeführt und jeder Lieferanten-Gruppe zugeordnet werden.

Noch ein wichtiger Hinweis: Viele Organisationen verfügen über eine Sicherheitsleitlinie; wenn diese Leitlinie so konkret und detailliert ist, dass alle relevanten Anforderungen an die Sicherheit der Tätigkeit von Lieferanten enthalten sind, könnte die Richtlinie für Lieferantenbeziehungen durch diese Leitlinie ersetzt werden.

Control A.15.1.2 – Behandlung von Sicherheit in Lieferantenvereinbarungen:
Alle relevanten Informationssicherheitsanforderungen werden mit jedem Lieferanten festgelegt, der Zugang zu Information der Organisation haben könnte, diese verarbeiten, speichern, weitergeben könnte oder IT-Infrastrukturkomponenten dafür bereitstellt und sind vereinbart.

Alle Vereinbarungen mit Lieferanten sollten gemäß der Richtlinie aus A.15.1.1 gestaltet sein. Die Vereinbarung muss (selbstredend) *verbindlich* sein – die Aushändigung eines Merkblatts oder einer Leitlinie ist allein nicht ausreichend, es sei denn, es handelt sich um eine verbindliche Anlage zu einem Vertrag.

Control A.15.1.3 – Lieferkette für Informations- und Kommunikationstechnologie:
Anforderungen für den Umgang mit Informationssicherheitsrisiken, die mit Informations- und Kommunikationsdienstleistungen und der Produktlieferkette verbunden sind, werden in Vereinbarungen mit Lieferanten aufgenommen.

Viele Lieferanten setzen für ihre Lieferungen oder Leistungen *Unterauftragnehmer* ein, häufig ergibt sich eine lange Kette von Liefer- und Leistungsbeziehungen. Man denke an das bekannte Beispiel der Cloud Services: Hier werden die verwendeten IT-Ressourcen oft von Unterauftragnehmern betrieben, deren Provenienz dem Kunden nicht transparent ist. Solche Probleme dürfen bei der Risikoanalyse nicht unbeachtet bleiben.

Es stellt sich zunächst die Frage, ob man als auftraggebende Organisation überhaupt Unterauftragnehmer zulässt. Sodann könnte man dem Lieferanten aufgeben, seine Unterauftragnehmer zu benennen und sicherzustellen, dass alle vertraglichen Vorgaben durchgereicht werden, d. h. die gesamte Kette muss über verbindliche Vorgaben verfügen, die im Einklang mit der Lieferantenvereinbarung stehen. Diesbezüglich sollte der primäre Auftragnehmer nachweispflichtig sein.

Besteht die Tätigkeit in der Lieferung von IT- oder TK-Produkten, so kann es erforderlich werden, einen Herkunftsnachweis zu bekommen bzw. entsprechende Einschränkungen vorzugeben: Man denke an das Problem ausländischer Kryptotechnik! Eine weitere Frage betrifft die Erfüllung bestimmter Sicherheitsanforderungen, was z. B. durch eine Zertifizierung der Produkte – etwa nach den Common Criteria [2] – nachgewiesen werden könnte.

Ziel A.15.2 – Steuerung der Dienstleistungserbringung von Lieferanten:
Ein vereinbartes Niveau der Informationssicherheit und der Dienstleistungserbringung ist im Einklang mit Lieferantenverträgen aufrechterhalten.

Will man die erforderliche Sicherheit und andere Merkmale der Dienstleistungen aufrechterhalten, müssen sie zunächst verbindlich vereinbart und dann in der Praxis fortlaufend überwacht werden. In regelmäßigen Abständen muss man sich außerdem vergewissern, dass die gestellten Anforderungen noch aktuell und zielführend sind. Diese Punkte machen die *Steuerung* der Erbringung von Dienstleistungen aus.

Control A.15.2.1 – Überwachung und Überprüfung von Lieferantendienstleistungen:
Organisationen überwachen, überprüfen und auditieren die Dienstleistungserbringung durch Lieferanten regelmäßig.

Die Vorgabe klarer Regeln in einem Vertrag ist das eine – ob diese Regeln in der Praxis tatsächlich eingehalten werden ist die andere Frage. Entsprechende Überprüfungsaktivitäten sind damit vorgezeichnet.

Was kann man hier tun? Zunächst müssen die Art, Tiefe und Zeitabstände der Prüfungen gegenüber den Risiken bei der Dienstleistungserbringung angemessen sein, d. h. es geht nicht um Minimal- oder Maximalprüfungen. Man beachte in diesem Zusammenhang, dass man bei der Verlagerung von Aufgaben auf Lieferanten die Verantwortung für die Aufgabenerfüllung behält – anders ausgedrückt: Schadenfälle in der Sphäre der Lieferanten im Rahmen der Auftragserfüllung schlagen in irgendeiner Form auf den Auftraggeber durch – und sei es „nur" als Image-Schaden!

Betrachten wir einige Beispiele:

- An vielen Stellen mag es ausreichend sein, wenn der Lieferant Protokolle, Reports und Statistiken oder interne Auditberichte übergibt, um die Einhaltung bestimmter Vorgaben nachzuweisen.

Das hat den Charakter von Selbsterklärungen und stellt gewissermaßen die Einstiegsstufe dar. Die übergebenen Unterlagen sind auf Aussage- und Beweiskraft zu überprüfen.

- Manche Lieferanten versuchen, die Einhaltung von Vorgaben durch Hinweis auf eine bestehende Zertifizierung nachzuweisen.

Damit *allein* erledigt sich der Nachweis nicht; der Auftraggeber sollte zumindest den genauen Gegenstand und Umfang der Zertifizierung feststellen und mit den eigenen Anforderungen abgleichen. Alles andere wäre schon fahrlässig. Auch zu verifizieren ist, ob eine solche Zertifizierung aufrechterhalten wird.

- Die nächste Stufe beinhaltet Tests an gelieferten Produkten oder Inspektionen der Dienstleistungserbringung, und zwar jeweils unter der Verantwortung des Auftraggebers.

Inspektionen können auch vor Ort beim Dienstleister erfolgen, soweit dies zulässig ist bzw. vertraglich vereinbart wurde. Ob man solche Prüftakte durch eigenes Personal oder mittels externer Spezialisten durchführt, ist dabei sekundär. Solche Überprüfungen sind allerdings aufwendig und schwierig, wenn lange Lieferketten bestehen – deshalb hier nochmal der Hinweis, ab einem gewissen Sicherheitsniveau solche Ketten zu vermeiden.

Control A.15.2.2 – Handhabung der Änderungen von Lieferantendienstleistungen:
Änderungen bei der Bereitstellung von Dienstleistungen durch Lieferanten werden gesteuert. Solche Änderungen umfassen auch die Pflege und Verbesserung bestehender Informationssicherheitsrichtlinien, -verfahren und -maßnahmen. Dabei werden die Kritikalität der betroffenen Geschäftsinformation, -systeme und -prozesse und eine erneute Risikobeurteilung beachtet.

Die Forderung im Control nach *Steuerung* von Änderungen macht schon deutlich, dass so etwas nicht implizit oder nebenbei erledigt werden kann, sondern einen systematischen Prozess erfordert.

Änderungen an einem Dienstleistungsvertrag bzw. seiner Umsetzung können folgende Gründe haben:

- Durch den Auftraggeber wird aus geschäftlichen bzw. betrieblichen Gründen eine Anpassung der Leistung gewünscht. Neben Art und Umfang der Leistung könnte auch eine räumliche Verlagerung der Geschäftstätigkeit der Organisation anstehen.
- Aus Sicht des Auftraggebers hat sich eine andere Risikolage ergeben: Die Analyse von Gefährdungen und Schwachstellen oder deren Bewertung hat sich geändert oder es sind neue Leit- und Richtlinien anzuwenden.
- Der Auftragnehmer wünscht Änderungen am Vertrag bzw. an einzelnen Tätigkeiten bei der Dienstleistungserbringung. Änderungswünsche können die Dienstleistung als solche betreffen – aber auch die Umsetzung von Sicherheitsanforderungen.

Beim letzten Aufzählungspunkt ist es wesentlich, dass der Lieferant auf jeden Fall verpflichtet wird, dem Auftraggeber jegliche Änderung an oder bei der Dienstleistungserbringung vorab (!) zur Kenntnis zu geben.

In allen Fällen ist zu prüfen,

- ob vorhandene Verträge anzupassen sind (und ob dies überhaupt möglich ist),
- ob das Vorgehen bei der Überprüfung von Dienstleistungen (A.15.2.1) noch adäquat ist,
- welche Auswirkungen sich auf die Sicherheit der Organisation und ihrer Geschäftsprozesse insgesamt ergeben und ob ein ausreichendes Sicherheitsniveau aufrechterhalten werden kann.

6.2.12 Handhabung von Informationssicherheitsvorfällen (A.16)

Jetzt wird es begrifflich etwas diffizil (s. Abb. 6.2): Unter *Ereignisse* wird alles zusammengefasst, was im Rahmen der Informationsverarbeitung auftreten kann (im Grunde jede Zustandsänderung) – unabhängig davon, ob sich Auswirkungen auf die Sicherheit der Organisation ergeben können oder bereits ergeben haben (wie bei vielen Störungen, Abweichungen, Fehlerzuständen).

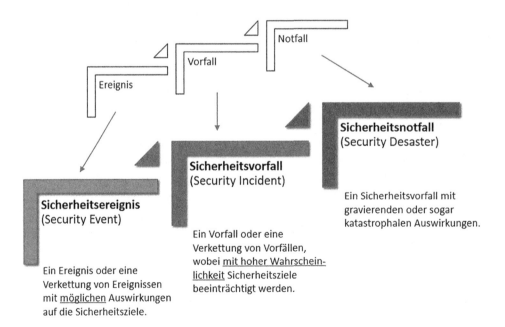

Abb. 6.2 Ereignis und Vorfall

- Ein Ereignis, bei dem der Anschein oder Verdacht besteht, dass es die Informationssicherheit beeinträchtigen kann, wird als *Informationssicherheitsereignis* bezeichnet. Bei einem solchen Ereignis ist noch nicht klar, ob sich daraus tatsächlich ein Schaden für die Organisation entwickelt – dies bedarf erst einer weiteren Beurteilung.
- Die andere Wortschöpfung *Informationssicherheitsvorfall* meint ein Ereignis, das den Sicherheitszielen der Organisation mit hoher Wahrscheinlichkeit abträglich ist oder bereits entsprechende Schäden produziert hat – hier ist also eine Beurteilung bereits erfolgt: Ein Informationssicherheitsereignis wurde zu einem Informationssicherheitsvorfall.

Im Folgenden kürzen wir diese langen Wörter und sprechen von *Sicherheitsereignis* (Security Event) oder *Sicherheitsvorfall* (Security Incident).

Die Überschrift *Handhabung von Informationssicherheitsvorfällen* meint das Management der Sicherheitsvorfälle bei der Informationsverarbeitung einer Organisation.

Natürlich sind *alle* potenziell schadenträchtigen Ereignisse, die in einer Organisation auftreten, zu bearbeiten. Hier kommt das *Incident Management* ins Spiel, welches meist TOOL-unterstützt mit sog. Ticket-Systemen betrieben wird. Es könnte und sollte auch für die Bearbeitung von Sicherheitsereignissen und Sicherheitsvorfällen eingesetzt werden.

Ziel A.16.1 – Handhabung von lnformationssicherheitsvorfällen und Verbesserungen:
Eine konsistente und wirksame Herangehensweise für die Handhabung von Informationssicherheitsvorfällen einschließlich der Benachrichtigung über Sicherheitsereignisse und Schwächen ist sichergestellt.

Der Umgang mit Sicherheitsvorfällen ist eine Kernaufgabe des Sicherheitsmanagements bzw. des ISMS. Das Ziel muss sein, hierfür ein einheitliches, effektives Vorgehen festzulegen.

Wir schauen auf die zweite Hälfte dieser Zielvorgabe: „... *Benachrichtigung über* ...". Was hat es mit dieser *Benachrichtigung* auf sich?

Sicherheitsereignisse können zu Schäden für die Organisation führen. Das gleiche gilt für ausnutzbare Schwachstellen („... *Schwächen* ..."). Insofern ist es wichtig, dass alle relevanten Stellen der Organisation so früh wie möglich hierüber benachrichtigt werden, um Gegenmaßnahmen ergreifen zu können, die den Eintritt von Sicherheitsvorfällen verhindern oder ihre Auswirkungen reduzieren können.

Eingetretene Sicherheitsvorfälle wird man vielleicht nicht nach außen kommunizieren, sie aber *innerhalb* der Organisation zu verschweigen wäre kontraproduktiv, da damit ihre Aufarbeitung und die Verhinderung ähnlicher Vorfälle erschwert bzw. unmöglich wird.

Es kann sein, dass man aufgrund vertraglicher oder betrieblicher Anforderungen oder weil man unter das neue IT-Sicherheitsgesetz fällt, verpflichtet ist, Meldungen über eingetretene Sicherheitsvorfälle abzugeben – zumindest ab einer bestimmten Schadenkategorie.

Control A.16.1.1 – Verantwortlichkeiten und Verfahren:
Handhabungsverantwortlichkeiten und -verfahren sind festgelegt, um eine schnelle, effektive und geordnete Reaktion auf Informationssicherheitsvorfälle sicherzustellen.

Für die Reaktion auf Informationssicherheitsvorfälle ist ein Verfahren bzw. ein Reaktions-schema festzulegen. „Geordnet" ist so zu interpretieren, dass dieses Schema dokumentiert und einheitlich angewendet werden muss. Das Reaktionsschema muss Antworten auf folgende Fragen geben:

- Bei welchen Sicherheitsvorfällen ist das Schema anzuwenden?
- Welche Zuständigkeiten bzw. Verantwortlichkeiten bestehen für die Bearbeitung der Vorfälle?
- Wie erfolgt die Benachrichtigung über potenzielle/eingetretene Vorfälle?
- Wie werden Sicherheitsvorfälle erkannt, erfasst und aufgezeichnet?
- Wie sehen Bearbeitungsschritte für die einzelnen Typen von Sicherheitsvorfällen aus?
- Wie werden – vor allem bei gravierenden – Vorfällen Beweise gesichert?

In Bezug auf die Verantwortlichkeiten ist eine entsprechende Kompetenz des Personals durch Schulungen und Trainingsmaßnahmen sicherzustellen und aufrechtzuerhalten.

Die Darstellung der Bearbeitungsschritte sollte man an Phasen wie Analyse, Überbrückung, Reparatur, Wiederanlauf, Nachbearbeitung und Berichterstattung orientieren.

Vorfälle im Rahmen der IT mit sehr hohem Schadenpotenzial werden auch als *IT-Notfälle* bezeichnet. Besonders im Zusammenhang mit dem IT-Notfallmanagement ist eine entsprechende Notfallorganisation (Krisenstab, Koordinatoren, Notfallteams, Experten-Pool) aufzubauen.

Bestehen für bestimmte Prozesse und Anwendungen *Verfügbarkeitsanforderungen,* können Sicherheitsvorfälle (z. B. Ausfälle und Unterbrechungen) sich negativ auf die Fortführung des Geschäftsbetriebs (Business Continuity) auswirken – ein Thema, das Gegenstand der Controlgruppe A.17 ist.

Umgekehrt können Ausfälle von technischen Komponenten, Systemen, Infrastruktureinrichtungen und Personal natürlich auch Sicherheitsvorfälle auslösen. Fazit: Zwischen A.16 und A.17 gibt es heftige Überschneidungen.

Control A.16.1.2 – Meldung von Informationssicherheitsereignissen:
Informationssicherheitsereignisse werden so schnell wie möglich über geeignete Kanäle zu deren Handhabung gemeldet.

Eine wichtige Voraussetzung: Es muss für alle Beteiligten und Betroffenen eine Verpflichtung zur Meldung von Sicherheitsereignissen bestehen. Diese Pflicht ist natürlich so zu verstehen, dass man als Betroffener zunächst in der Lage sein muss, ein Ereignis überhaupt als potenziell sicherheitsrelevant zu erkennen. Insofern darf man die Erwartungen an dieses Verfahren nicht zu hoch ansetzen.

Die Meldepflicht wird zunächst für die eigenen Mitarbeiter und Mitarbeiter von Lieferanten, die für die Organisation arbeiten, gelten. Es sind hier ggf. auch aber Nutzer von Services der Organisation betroffen. Die Aufnahme der Meldepflichten in vertragliche Beziehungen haben wir bereits mehrfach erläutert (A.6.2.1, A.8.1.3, A.13.2.2 und A.15.1.1).

Unsicherheiten, wie die Meldepflicht in der Praxis zu handhaben ist, kann man z. B. durch Schulungen entgegenwirken. Dabei wird man mögliche Fälle für Meldungen diskutieren: z. B. ein Verstoß gegen die Richtlinien der Zugangskontrolle, den nicht-regelkonformen Gebrauch von Datenträgern, das Nicht-Einhalten von Richtlinien für den Gebrauch mobiler IT-Systeme, Verstoß gegen eine Geheimhaltungsbestimmung – aber auch Mitteilungen über Fehlfunktionen von technischen Systemen.

Bei diesem Control geht es weiterhin um *geeignete Kanäle*: Bewährt hat sich, eine zentrale Meldestelle einzurichten, bei der alle Meldungen über Sicherheitsereignisse auflaufen. Hier könnte man differenzieren, indem man z. B. IT-bezogene Sicherheitsereignisse und solche in der Versorgungsinfrastruktur auf zwei Stellen verteilt – aus Gründen der Übersichtlichkeit sollte die Zahl solcher Stellen aber klein bleiben. Telefonnummern und andere Kontaktdaten für diese Anlaufstellen müssen bekannt gegeben werden bzw. leicht zugänglich sein.

Neben der Entgegennahme und Aufzeichnung von Meldungen muss eine Meldestelle eine erste Einordnung eines gemeldeten Ereignisses vornehmen, um diesen zur weiteren Bearbeitung an die *richtige* Stelle eskalieren zu können. Das Eskalieren kann unter Verwendung aller Kommunikationsmittel (Festnetz- und Mobiltelefon, E-Mail/FAX, Funk) erfolgen, solange sichergestellt ist, dass die zuständigen Bearbeiter bzw. Stellen tatsächlich (und in akzeptabler Zeit) erreicht werden. Man erkennt, dass hier der Personaleinsatz für Bereitschaftsdienste und die Ausgabe verlässlicher Kommunikationsmittel und -wege zu organisieren sind.

Control A.16.1.3 – Meldung von Schwächen in der Informationssicherheit:
Beschäftigte und Auftragnehmer, welche die Informationssysteme und -dienste der Organisation nutzen, werden angehalten, jegliche beobachteten oder vermuteten Schwächen in der Informationssicherheit in Systemen oder Diensten festzuhalten und zu melden.

Was in A.16.1.2 über Sicherheitsereignisse gesagt wurde, ist hier sinngemäß auf Schwachstellen zu übertragen. Man beachte zu diesem Thema auch die Ausführungen zu CERT-Diensten in A.12.6.1.

Control A.16.1.4 – Beurteilung von und Entscheidung über Informationssicherheitsereignisse: Informationssicherheitsereignisse werden beurteilt, und es wird darüber entschieden, ob sie als Informationssicherheitsvorfälle einzustufen sind.

Läuft bei einer zuständigen Stelle die Meldung eines Sicherheitsereignisses ein, geht es im nächsten Schritt um die Beurteilung, ob es um einen Sicherheitsvorfall handelt. Dafür werden klare Regeln benötigt – man spricht von einem *Klassifikationsschema* für Sicherheitsereignisse.

Im einfachsten Fall führen die Klassifikationsregeln zu einer Ja-Nein-Entscheidung. In der Praxis häufiger anzutreffen ist jedoch die Vorgehensweise, mehrere Stufen einzuführen, mit denen die Schwere bzw. Auswirkung eines Ereignisses bzw. Vorfalls charakterisiert wird.

Diese Stufen dienen auch der Priorisierung der Bearbeitungsschritte: Je höher die Stufe, desto dringender muss man sich um den Fall kümmern – eine wichtige Regel, wenn z. B. mehrere Meldungen praktisch gleichzeitig eintreffen.

Das unter A.16.1.1 erläuterte Reaktionsschema kann so gestaltet werden, dass sich die Bearbeitungsschritte je nach Stufe unterscheiden. Mit „einfachsten" Ereignissen wird man nicht den gleichen Bearbeitungsaufwand betreiben wollen wie im Fall eines IT-Notfalls.

Im Einzelfall kann es schwierig sein, einem Ereignis die „richtige" Stufe zuzuordnen. Das gelingt meist nur, wenn man über entsprechende Erfahrungen in diesem Bereich verfügt. Hier können Schulungs- und Trainingsmaßnahmen helfen. Alternativ oder in einem Zweifelsfall könnte man die Einstufung auch der Stelle überlassen, an die die Meldung zur Bearbeitung eskaliert wird.

Wer auch immer die Einstufung durchführt: Das Ergebnis ist aufzuzeichnen – entweder nutzt man dazu in der zuständigen Stelle entsprechende Formblätter zur Erfassung und Einstufung von Meldungen oder es wird ein elektronisches Ticket-System verwendet. Am besten nutzt man beide Verfahren mit der Maßgabe, dass auf die Papierform auszuweichen ist, wenn das Ticket-System temporär nicht verfügbar ist.

Control A.16.1.5 – Reaktion auf Informationssicherheitsvorfälle:
Auf Informationssicherheitsvorfälle wird entsprechend den dokumentierten Verfahren reagiert.

Bei dem *dokumentierten Verfahren* handelt es sich um das Reaktionsschema aus A.16.1.1.

Bei Sicherheitsvorfällen, die einen Ausfall wichtiger IT-Komponenten, Systeme, Anwendungen oder Versorgungen betreffen, wird es immer darum gehen, möglichst schnell wieder in den normalen Betriebszustand zurückzufinden. Bei anderen Sicherheitsvorfällen kann man versuchen, den Schaden zu begrenzen – allerdings trifft man oft auf Vorfälle, bei den „das Kind bereits in den Brunnen gefallen" ist, d. h. hier bleiben nur die üblichen Nacharbeiten wie Auswertung, stärkere Prävention planen usw.

Wichtig ist, dass der Ablauf der Bearbeitung ausreichend tief protokolliert wird, um später Auswertungen überhaupt durchführen können: Im Ergebnis könnten bessere Präventionsmaßnahmen abgeleitet (A.16.1.6), Schulungs- und Trainingsmaßnahmen intensiviert werden – oder das Reaktionsschema (A.16.1.1) wird verbessert.

Es gibt Vorfälle mit juristischer Relevanz, d. h. es kann zu rechtlichen Schritten gegen Verursacher eines Vorfalls kommen. Folglich muss darauf geachtet werden, dass möglichst frühzeitig Beweise gesammelt und gesichert werden. Dieses Thema wird unter A.16.1.7 angesprochen.

Control A.16.1.6 – Erkenntnisse aus Informationssicherheitsvorfällen:
Aus der Analyse und Lösung von Informationssicherheitsvorfällen gewonnene Erkenntnisse werden dazu genutzt, die Eintrittswahrscheinlichkeit oder die Auswirkungen zukünftiger Vorfälle zu verringern.

Das Control verlangt eine Auswertung aller Vorfälle, um für die Zukunft Risiken – bestimmt durch Eintrittswahrscheinlichkeit bzw. -häufigkeit und der Auswirkung (Schadenhöhe) – für die Organisation zu reduzieren.

Wir haben schon die Voraussetzung erläutert, dass aussagekräftige Aufzeichnungen über Sicherheitsvorfälle erstellt werden müssen. Im Hinblick auf die Schadenhöhe sollten deshalb bei jedem Vorfall auch Daten über Aufwand, Dauer und Kosten der Bearbeitung und möglicher Folgeschäden erfasst werden.

Control A.16.1.7 – Sammeln von Beweismaterial:
Die Organisation legt Verfahren für die Ermittlung, Sammlung, Erfassung und Aufbewahrung von Information, die als Beweismaterial dienen kann, fest und wendet diese an.

Bei der Erfassung, Ermittlung und Sammlung von Informationen als Beweismittel muss darauf geachtet werden, dass hinterlassene Spuren, die Auskunft über Ursachen, Urheber und Ablauf eines Vorfalls geben können, nicht durch die Bearbeitung des Vorfalls oder andere Ursachen zerstört oder verfälscht werden. Hinterlassene Spuren können beispielsweise Informationsreste auf Datenspeichern (z. B. infolge unzureichender Löschung), Protokollaufzeichnung der Zutrittskontrolle sowie Aufzeichnungen einer Gefahrenmeldeanlage darstellen, aber auch ganz klassisch handschriftliche Aufzeichnungen in Besucherbüchern (Torkontrolle, Pforte) oder in Maschinenbüchern (Erfassen administrativer Arbeiten) sein.

In A.12.4 haben wir schon die Anforderungen an Aufzeichnungen und Protokolle erläutert, die als Beweise im juristischen Sinne verwendet werden sollen: Genauigkeit und Vollständigkeit der Aufzeichnungen, verlässliche Aufzeichnung von Datum/Uhrzeit, sichere Aufbewahrung (Integrität und Verfügbarkeit). Bei der Integrität geht es um den Nachweis, dass nachträglich keine Änderungen an den aufgezeichneten Informationen vorgenommen wurden.

Das Control verlangt, dass die Organisation ein (dokumentiertes) Verfahren besitzt, um Informationen mit Beweischarakter vernünftig und rechtssicher zu handhaben – und dieses in der Praxis anwendet.

Man beachte, dass das Sammeln und Auswerten von Beweisen einen Konflikt mit geltenden Gesetzen und Bestimmungen verursachen *kann*. Davon betroffen könnten z. B. der Datenschutz, Arbeitnehmerechte und Lizenzbestimmungen sein.

Die Abb. 6.3 gibt nochmal eine Zusammenfassung über den Ablauf beim Event/Incident Management.

6.2.13 Informationssicherheitsaspekte beim Business Continuity Management (A.17)

Das Aufrechterhalten der Geschäftstätigkeit dürfte in aller Regel ein zentrales Anliegen jeder Organisation sein. Somit sind Verantwortlichkeiten und Verfahren – also ein

Abb. 6.3 Schritte beim Event/
Incident Management

Management-System – einzurichten, um dieses Anliegen zu realisieren. Genau darum handelt es sich beim *Business Continuity Management* (BCM): das Eintreten *widriger Umstände* im Zusammenhang mit (wichtigen) Geschäftsprozessen möglichst verhindern, ggf. entstehende Schäden minimieren und so schnell wie möglich wieder den betrieblichen Normalzustand erreichen.

Bei den Geschäftsprozessen kann es beispielsweise um Entwicklungs-, Produktions- und Dienstleistungsprozesse, Transport und Logistik gehen – aber auch um die Informationsverarbeitung, die die genannten Prozesse unterstützt oder gar wesentlich bestimmt.

Was sind *widrige Umstände?* Das nachfolgende Control A.17.1.1 gibt – nur als Beispiel – Krisen- oder Katastrophenfälle an. Da nichts weiter dazu gesagt wird, kann jede Organisation prinzipiell selbst festlegen, welche Situationen sie für die Bearbeitung dieses Controls als *widrig* ansieht. Typische Beispiele für widrige Situationen sind folgende:

- ein gravierender Ausfall von Versorgungen (Strom, Klimatisierung) oder von IT-Unterstützung (Cloud Service, Dienstleister)
- Funktionsverlust wichtiger Sicherheitsvorkehrungen in der Infrastruktur (Zutrittskontrollen, Monitoring-Systeme)
- Abfluss von Betriebsgeheimnissen über verdeckte Kanäle
- Bekanntwerden der Knackbarkeit eines Kryptoalgorithmus, der von der Organisation breit genutzt wird
- erheblicher Personalausfall im Rahmen einer Pandemie

Man kann sich vorstellen, dass die Sicherheit einer Organisation und die Arbeitsfähigkeit des ISMS in solchen Szenarien erheblich beeinträchtigt sein können.

Das BCM ist ein sehr breit angelegtes Thema. Es gibt dazu spezielle Standards, z. B. die ISO 22301 [8]. In der ISO 27001 wird dieses Thema dagegen nur rudimentär behandelt:

Im Fokus steht lediglich der „Prozess" der Informationssicherheit, wie aus dem folgenden Ziel hervorgeht.

Ziel A.17.1 – Aufrechterhalten der Informationssicherheit:
Die Aufrechterhaltung der Informationssicherheit ist in das Business Continuity Managementsystem der Organisation eingebettet.

Was ist mit diesem Ziel gemeint? Die Aufrechterhaltung der Informationssicherheit kann als ein Prozess angesehen werden, der unter allen Umständen – auch unter widrigen Bedingungen – „funktionieren" muss, also nicht ausfallen darf, behindert oder verzögert werden darf. Andernfalls würde ja die Sicherheit zumindest vorübergehend gemindert oder außer Kraft gesetzt werden.

Dieser Prozess soll in das BCM der Organisation eingebettet werden, das mit seinen Verfahren die ununterbrochene Funktion dieses Prozesses sicherzustellen hat – analog wir für andere kritische Geschäfts- und Unterstützungsprozesse.

Damit stellt sich zunächst die Frage, wie das erreicht werden kann, wenn in der Organisation gar kein BCM vorhanden ist: Dann muss die Aufgabe, für die Aufrechterhaltung der Informationssicherheit zu sorgen, auf eine andere Stelle übertragen werden – z. B. auf Stellen bzw. Rollen innerhalb des ISMS. Alle weiteren Controls gelten dann sinngemäß für diese Stelle.

Falls jedoch ein BCM vorhanden ist, ist es der geforderten Einbettung dennoch nicht abträglich, wenn das BCM die Erfüllung und Umsetzung der nachfolgenden Controls an eine andere Stelle *delegiert*: Es sollte jedoch eine Kontrolle vorsehen und darauf achten, dass z. B. die gleichen Verfahren und Maßstäbe wie bei anderen BCM-Themen zur Anwendung kommen.

Wichtige Folgerung: Selbst dann, wenn in einer Organisation keinerlei Anforderungen z. B. an die *Verfügbarkeit* bzw. *Ausfallsicherheit der IT* bestehen, verbleibt beim BCM die Aufgabe, die Aufrechterhaltung der Informationssicherheit – die Funktion des genannten Prozesses – sicherzustellen, d. h. die nachfolgenden Controls der Gruppe A.17.1 sind *immer* anzuwenden und dürfen nicht ignoriert werden.

Control A.17.1.1 – Planung zur Aufrechterhaltung der Informationssicherheit:
Die Organisation bestimmt ihre Anforderungen an die Informationssicherheit und zur Aufrechterhaltung des Informationssicherheitsmanagements bei widrigen Situationen, z. B. Krise oder Katastrophe.

Anforderungen an die Informationssicherheit der Organisation sind ausgehend von den Zielen der Verfügbarkeit, Integrität und Vertraulichkeit (und anderen Zielen) bereits bei der Planung und Umsetzung des ISMS festgelegt worden. Auch für die Aufrechterhaltung des Informationssicherheitsmanagements in „normalen" Betriebszeiten wurden Anforderungen an Personal und andere Ressourcen gestellt und umgesetzt.

Das Control A.17.1.1 adressiert insofern nur den Fall, dass sich diese Anforderungen ändern könnten, sobald ein widriger Umstand eintritt.

Wir nennen einige Beispiele:

- Im Regelbetrieb reichen die Kommunikationsmöglichkeiten durch Email und mobile Telefonie ggf. aus. Nach Eintritt eines Notfalls kann es aber erforderlich werden, auf eine andere direkte, schnelle und verlässliche Kommunikationsart auszuweichen – etwa mit Funkgeräten. Die Verfügbarkeit alternativer Kommunikation wäre also eine Anforderung im Sinne von A.17.1.1 und müsste näher bestimmt werden.
- In Krisen- oder Katastrophenzeiten könnte es zu längeren Stromausfällen kommen, wodurch u. a. technische Zutrittskontrollen ihren Dienst einstellen und folglich auch Unbefugten Zutritt zu geschützten Bereichen und Zugang zu sensiblen Daten ermöglicht wird. Somit müsste eine alternative Kontrolle des Zutritts eingerichtet werden, z. B. durch Einsatz von Überwachungspersonal an neuralgischen Zutrittspunkten. Der Mehrbedarf an (geschultem) Personal wäre dann eine Anforderung im Sinne von A.17.1.1.
- Kommt es unter widrigen Umständen ggf. zu einem längeren Ausfall von wichtigen IT-Anwendungen, könnte die Anforderung darin bestehen, solche Anwendungen bei einem Dienstleister zu hosten, um hierdurch eine Überbrückung für die Dauer der widrigen Umstände zu ermöglichen.
- Die Anforderungen an die Vertraulichkeit sensibler Daten bleiben unabhängig von der jeweiligen Situation immer gleich. Jedoch könnten die eingesetzten Maßnahmen in bestimmten widrigen Situationen nicht mehr greifen: Ist etwa ein Kryptoalgorithmus geknackt worden, kann die Vertraulichkeit damit verschlüsselter Daten nicht mehr garantiert werden. Hier wird ein sicheres Ersatzverfahren benötigt, das sozusagen als Reserve zur Verfügung stehen muss – eine Anforderung nach A.17.1.1.
- In einer Organisation nutzt man eine gewisse Sensorik, um Abweichungen von Sollwerten, Fehlerzustände usw. in der Infrastruktur entdecken zu können. Tritt nun als widrige Situation ein Brand ein, bei dem Teile der Sensorik zerstört oder zumindest außer Funktion gesetzt werden, kann die Sicherheit vermutlich nicht mehr in vollem Umfang aufrechterhalten werden, weil einige Alarme bzw. Meldungen einfach nicht mehr in der Meldestelle eintreffen werden. Die Frage ist, mit welchen Anforderungen man dieses Defizit beheben bzw. temporär kompensieren kann.

Das praktische Vorgehen zur Erfüllung von A.17.1.1 lässt sich somit wie folgt zusammenfassen:

- Zusammenstellen möglicher (widriger) Ausnahmesituationen
- Feststellung eines ggf. erhöhten Bedarfs an Vertraulichkeit, Integrität und Verfügbarkeit (und anderer Ziele), um die Informationssicherheit in den Ausnahmesituationen aufrechterhalten zu können

- Festlegen von weitergehenden Anforderungen, um die Funktion des ISMS während der Ausnahmesituationen garantieren zu können

Sofern die Analyse zeigt, dass die Anforderungen bei Eintritt widriger Umstände im Wesentlichen die gleichen bleiben wie für „normale" Betriebssituationen, ist A.17.1.1 sozusagen erledigt und die Behandlung der folgenden Controls A.17.1.2 und A.17.1.3 ist obsolet.

Bestehen jedoch weitergehende bzw. höhere Anforderungen, müssen die Maßnahmen zu deren Umsetzung bestimmt werden (A.17.1.2) und ihre Wirksamkeit in den Ausnahmesituationen überprüft und beurteilt werden (A.17.1.3).

Entsprechend dem Ziel A.17.1 sollen die vorgesehenen Maßnahmen in das BCM einfließen, d. h. man berücksichtigt sie bei der sogenannten *Business Impact Analysis:* Hier werden Kritikalitäten von Prozessen und Maßnahmen ihrer Beherrschung bestimmt und bewertet – in unserem Fall betrifft dies speziell den Prozess der Aufrechterhaltung der Sicherheit und der ISMS-Funktion.

Die Business Impact Analysis (BIA) ist ein wichtiges Verfahren beim BCM. Es besteht aus folgenden Schritten:

- Priorisierung der Geschäftsprozesse hinsichtlich ihrer Bedeutung für die Organisation
- Bestimmung der Kritikalitäten zumindest für hoch-priorisierte Geschäftsprozesse
- Vererbung von Kritikalitäten auf die verwendeten Ressourcen
- Aufsetzen und Anwenden einer Kontinuitätsstrategie für die besonders kritischen Elemente
- Planung praktikabler Wiederherstellungs- und Wiederanlaufverfahren (soweit erforderlich)

Weitere Informationen zum Vorgehen bei der BIA finden Sie in [1] und [7].

Control A.17.1.2 – Umsetzen der Aufrechterhaltung der Informationssicherheit:
Die Organisation legt Prozesse, Verfahren und Maßnahmen fest, dokumentiert, setzt sie um und erhält diese aufrecht, um das erforderliche Niveau an Informationssicherheit in einer widrigen Situation aufrechterhalten zu können.

Nun geht es um *Prozesse, Verfahren und Maßnahmen*, um die Anforderungen aus A17.1.1 erfüllen zu können. Bei den Erläuterungen zu A.1.7.1.1 sind schon einige Beispiel genannt worden.

Wir wollen jedoch etwas früher ansetzen und erwähnen, dass zur Aufrechterhaltung von Informationssicherheit eine gewisse Organisationsstruktur und qualifiziertes Personal vorhanden sein muss: Verantwortlichkeiten, Rollen, Spezialisten-Teams, Berechtigungen sind einzurichten, möglicherweise müssen auch externe Ressourcen wie Lieferanten, Berater etc. „vorgehalten" werden. Erst innerhalb einer solchen Struktur kann man sinnvoll Prozesse, Verfahren und Maßnahmen einrichten, um widrigen Situationen entgegenwirken zu können.

Bei den Prozessen, Verfahren und Maßnahmen könnte man nach folgenden Kategorien unterscheiden:

- Unter *Prävention* fällt alles, was widrige Situationen möglichst gar nicht erst eintreten lässt oder – wenn doch – zumindest den entstehenden Schaden begrenzen kann. Soweit es dabei um widrige Umstände mit Ausfällen von Ressourcen geht, dürften Redundanzen die wesentliche Maßnahme darstellen – sie wird in A.17.2 weiter behandelt.
- Die *Detektion* ist dafür zuständig, den Eintritt widriger Umstände (Incidents) möglichst frühzeitig zu erkennen, um einerseits im Zeitablauf ansteigende Schäden zu begrenzen, andererseits der Reaktionsseite mehr Zeit für eine Behebung der Incidents zu geben.
- *Reaktion* meint den Ablauf der Bearbeitung einer eingetretenen widrigen Situation mit dem Ziel, die „normale" betriebliche Situation wiederherzustellen.

Als Beispiel für die Reaktion betrachten wir zunächst das Szenario des Ausfalls technischer Einrichtungen und nennen Voraussetzungen für deren Behandlung:

- Sofern nicht schon Redundanzen den Ausfall kompensieren, sind hier vor allem Wiederherstellungs- und Wiederanlaufpläne für die technischen Einrichtungen erforderlich.
- Um diese Pläne im Bedarfsfall auszuführen, bedarf es u. a. entsprechend qualifizierten Personals mit den erforderlichen Werkzeugen (Tools).
- Vorhandene Qualifikationen wird man gerade im Umfeld von Notfällen und Krisen durch Notfalltraining ergänzen, um Routine zu gewinnen und den Zeitbedarf bei der Wiederherstellung zu begrenzen.
- Alle geforderten Pläne, Verfahren und Maßnahmen sind üblicherweise Bestandteil von *Notfallkonzepten* und *Notfallhandbüchern*.

Betrachten wir eine andere widrige Situation – die Gefahr der Offenlegung von Betriebsgeheimnissen. Zur Aufrechterhaltung der *Vertraulichkeit* könnte man folgende Maßnahmen ergreifen bzw. verstärken:

- die Überwachung von Kanälen zur Informationsweitergabe intensivieren
- Orte, an denen Betriebsgeheimnisse zugänglich sind, besser bewachen
- sicherheitshalber eine Nachrichten- und Kommunikationssperre erlassen
- für den Fall, dass Betriebsgeheimnisse bereits abgeflossen sind: Befragungen von Personen durchführen und ggf. Ermittlungsbehörden einschalten

Control A.17.1.3 – Überprüfen und Bewerten der Aufrechterhaltung der Informationssicherheit: Die Organisation überprüft in regelmäßigen Abständen die festgelegten und umgesetzten Maßnahmen zur Aufrechterhaltung der Informationssicherheit, um sicherzustellen, dass diese gültig und in widrigen Situationen wirksam sind.

Die ausgewählten Prozesse, Verfahren und Maßnahmen zur Aufrechterhaltung der Informationssicherheit (und des ISMS) sollen in widrigen Situationen verbindlich angewendet werden („gültig" sein = gelten) und *wirksam* sein. Was könnte dem entgegenstehen?

- Die *Anforderungen* an die Aufrechterhaltung der Informationssicherheit könnten sich geändert haben, z. B. aufgrund der Analysen aus dem BCM.
- Die vorgesehenen Prozesse, Verfahren und Maßnahmen zur Aufrechterhaltung der Informationssicherheit haben sich in der Praxis als nicht wirksam herausgestellt oder werden aus anderen Gründen nicht eingesetzt, z. B. wegen zu hoher Komplexität oder fehlender Übungs- und Trainingsaktivitäten.
- Es könnte bei bestimmten Szenarien ein Mangel an qualifiziertem Personal oder/und geeigneten Werkzeugen bestehen, sodass die geplanten Maßnahmen nur teilweise oder gar nicht umzusetzen bzw. einzuhalten sind.

Solche Situationen sind unbedingt zu vermeiden bzw. müssen schon im Ansatz erkannt und behoben werden. Dazu dient die in diesem Control geforderte Überprüfung, die engmaschig zu erfolgen hat. Es ist die Rede von „regelmäßig": Diese Regel könnte eine Überprüfung in bestimmten zeitlichen Abständen oder nach neuen Erkenntnissen bzw. bei gravierenden Änderungen verlangen.

Bei der Überprüfung sollten z. B. vorhandene Aufzeichnungen über eingetretene widrige Situationen, Sicherheitsvorfälle und -ereignisse, Übungs- und Trainingsprotokolle, Leistungsmessungen etc. ausgewertet werden.

Ziel A.17.2 – Redundanzen:
Die Verfügbarkeit von informationsverarbeitenden Einrichtungen ist sichergestellt.

In dieser Controlgruppe geht es um Redundanz – ein wesentliches Mittel, um mögliche Ausfallsituationen beherrschen zu können.

Control A.17.2.1 – Verfügbarkeit von informationsverarbeitenden Einrichtungen:
Informationsverarbeitende Einrichtungen werden mit ausreichender Redundanz zur Einhaltung der Verfügbarkeitsanforderungen realisiert.

Hier stehen jetzt Ausfallszenarien für *informationsverarbeitende Einrichtungen* im Vordergrund: IT-Systeme, Anwendungen und Services sowie IT-Infrastrukturen, z. B. ein Rechenzentrum. Die Verfügbarkeit von Informationen bzw. Daten wird hier nicht betrachtet (aber z. B. in A.12.3) – es sei denn im Zusammenhang mit der Verfügbarkeit der Speichersysteme, Datenbanken etc.

Redundanzen sind *präventive* Maßnahmen, die widrige Situationen erst gar nicht entstehen lassen oder zumindest ihre Auswirkungen begrenzen:

- Eine gespiegelte Server-Anordnung hat den Vorteil, den Ausfall *eines* Servers leicht überbrücken zu können und mehr Zeit für den Wiederanlauf des ausgefallenen Systems zu haben.

- Ein Internet-Anschluss über zwei unabhängige Provider sichert wichtige Kommunikationsfunktionen bei Ausfall *eines* Providers.
- Ein Ausweichrechenzentrum deckt ggf. komplett den Ausfall eines Rechenzentrums ab.

Ob es ausreicht, *zwei* Einrichtungen vorzuhalten, oder ob eine mehrfache Redundanz benötigt wird, müssen Analysen der Ausfallwahrscheinlichkeiten und der Wiederherstellungszeiten (etwa im Rahmen der BIA) zeigen. Dabei geht es natürlich auch um die Frage der Wirtschaftlichkeit solcher Lösungen.

Präventive Maßnahmen werden nach entsprechender Risikoanalyse zumeist in einem *Sicherheitskonzept* dargestellt – gelegentlich spricht man auch von einem *Notfallvorsorgekonzept*.

Wie wird nun A.17.2.1 bearbeitet? Am besten geht man von der Inventarliste aus, filtert die informationsverarbeitenden Einrichtungen heraus und prüft, für welche Einrichtungen überhaupt höhere Verfügbarkeiten gefordert sind. Für die so ermittelten Systeme muss festgelegt werden, welche Redundanzen möglich (= geforderte Verfügbarkeit erreichbar) und wirtschaftlich sind – oder ob es andere sinnvolle Maßnahmen gibt.

Ein Hinweis: Redundanz kommt natürlich nicht nur bei technischen Einrichtungen vor: Personal z. B. zur Aufrechterhaltung des ISMS könnte bei Bedarf durch Dienstleister aufgestockt werden – entsprechende Verträge vorausgesetzt.

6.2.14 Compliance (A.18)

Ziel der Compliance ist die nachweisliche Erfüllung von Vorgaben. Dabei stellt die ISO 27001 unter A.18.1 folgende Themen besonders heraus:

- Einhaltung gesetzlicher und vertraglicher Vorgaben
- Schutz geistigen Eigentums
- Schutz personenbezogener Daten
- Einhaltung von Kryptogesetzen und -regularien

Da der Umgang mit juristischen Sachverhalten eine spezielle Expertise erfordert, ist den Verantwortlichen in einem ISMS dringend anzuraten, juristischen Sachverstand einzubeziehen – zumindest in größeren Organisationen sogar ein formelles *Compliance Management* einzurichten.

Ziel A.18.1 – Einhaltung gesetzlicher und vertraglicher Anforderungen:
Verstöße gegen gesetzliche, regulatorische, selbstauferlegte oder vertragliche Verpflichtungen mit Bezug auf Informationssicherheit und gegen jegliche Sicherheitsanforderungen sind vermieden.

Das Ziel lautet: Verstöße gegen die genannten Verpflichtungen – insbesondere die Informationssicherheit betreffend – sind zu vermeiden.

Im Gegensatz zur Überschrift werden auch *selbstauferlegte* Verpflichtungen einbezogen. Hierunter könnten z. B. Vorgaben eines übergeordneten Konzerns (bei Firmen) oder eines Ministeriums (bei Behörden) fallen, aber natürlich auch Verpflichtungen, die man sich in der eigenen Organisation *verbindlich* auferlegt. Ein Beispiel hierfür wären Leit- und Richtlinien zur Informationssicherheit, die in Kraft gesetzt wurden, aber nicht in die Arbeitsverträge mit Mitarbeitern eingeflossen sind.

Control A.18.1.1 – Bestimmung der anwendbaren Gesetzgebung und der vertraglichen Anforderungen: Alle relevanten gesetzlichen, regulatorischen, selbstauferlegten oder vertraglichen Anforderungen sowie das Vorgehen der Organisation zur Einhaltung dieser Anforderungen sind für jedes Informationssystem und die Organisation ausdrücklich bestimmt und dokumentiert und werden auf dem neuesten Stand gehalten.

Alle Anforderungen aus den genannten Bereichen sind zunächst zu *bestimmen* und zu *dokumentieren*, d. h. zu sammeln und listen- oder tabellenmäßig zu erfassen. Es könnte sinnvoll sein, diese Sammlung von der Leitung autorisieren zu lassen. Wir verwenden gerne die Abkürzung *GSRV*, um anzudeuten, dass diese Liste Gesetze, Standards, Richtlinien und Verordnungen beinhalten sollte (Tab. 6.2).

Wir greifen vor und stellen fest, dass diese Daten regelmäßig aktualisiert werden müssen – entsprechende Vorgaben könnten sich geändert haben, neue relevante Vorgaben könnten herausgegeben worden sein, andere Vorgaben werden wegen einer Änderung des Geschäftsfeldes einer Organisation plötzlich relevant bzw. irrelevant.

Für Organisationen, die in mehreren Ländern tätig sind und sich an die jeweils dort geltenden Gesetze und Bestimmungen halten müssen, kann die Liste der Vorgaben sehr umfangreich sein und ihre Aktualität aufrechtzuerhalten einen hohen Aufwand erfordern. In solchen Fällen ist der Betrieb eines formellen Compliance Managements beinahe unverzichtbar.

Tab. 6.2 Beispiel GSRV-Liste

Vorgabe	Art	Betroffener Geschäftsprozess	letztes Compliance Review	festgestelltes Defizit Behebung bis …
BDSG	**G:** Gesetz	Rekrutierungs-Management	01.08.20JJ	----
ISO27001	**S:**Standard	IT-Prozesse	10.05.20JJ	D3.4, D2.901.07.20JJ
Security Policy	**R:**Interne Richtlinien	Alle	12.04.20JJ	D12.1, D7.4, D9.8 01.10.20JJ
NDA Lieferant XY	**V:**Vertrags-klausel	Einkauf Halbfertigware	09.02.20JJ	D14.301.03.20JJ

NDA = Non-Disclosure Agreement, Vereinbarung über Vertraulichkeit

Die zu erfassenden Vorgaben können sich auf die Organisation *als Ganzes* beziehen –
aber auch einzelne Informationssysteme (Anwendungen/Services, Systeme, Produkte) betreffen. Wir geben einige Beispiele:

- Die Nutzung von Verschlüsselungsverfahren – z. B. bei der Nutzung von Clouds – kann
  durch nationale Kryptobestimmungen reguliert sein.
- Beim Einsatz von IT-gestützter Personaldatenverarbeitung sind die jeweils geltenden
  Datenschutzbestimmungen zu beachten.
- Im Zusammenhang mit Software-Entwicklung und -Vertrieb ist die Beachtung von Ur-
  heberrechten und Lizenzbestimmungen ein wichtiger Punkt.

Insoweit es ist es sinnvoll, die Anforderungen nach „Organisation als Ganzes" und den
betroffenen Informationssystemen zu sortieren.

Eine weitere Anforderung des obigen Controls betrifft das „... *Vorgehen der Organisation zur Einhaltung dieser Anforderungen*". Das Vorgehen besteht normalerweise darin,
die schon genannte Liste oder Tabelle etwas anzureichern und für jede einzelne Anforderung einzutragen:

- die Quelle und den Text
- wenn erforderlich eine Interpretation
- eine Bewertung nach *relevant/nicht relevant* bzw. *anwendbar/nicht anwendbar*
- die Zuständigkeiten innerhalb der Organisation für diese Vorgabe
- die gewählten Maßnahmen zu Umsetzung bzw. Verweise auf entsprechende Dokumente

Bei den Dokumenten könnte es sich um Beschlussvorlagen, Leit- und Richtlinien,
Konzepte, Prüf- und Zertifizierungsberichte oder um geeignete Aufzeichnungen
handeln.

Mit dieser Gegenüberstellung von Anforderungen und Maßnahmen kann man sein Vorgehen darstellen und die Erfüllung der Vorgaben belegen. Ein Compliance Management
kann die Ermittlung dieser Daten an die jeweiligen Verantwortlichen für die einzelnen
Informationssysteme delegieren.

Control A.18.1.2 – Geistige Eigentumsrechte:

Es sind angemessene Verfahren umgesetzt, mit denen die Einhaltung gesetzlicher, regulatori-
scher und vertraglicher Anforderungen mit Bezug auf geistige Eigentumsrechte und der Verwendung von urheberrechtlich geschützten Softwareprodukten sichergestellt ist.

Eigentumsrechte drücken sich aus in Gesetzen, Verträgen, Patenten, Lizenzen (z. B. für
die Nutzung von Quellcode, Bibliotheken, Software allgemein), Markenzeichen, Copy-
right-Vermerken und dahinterstehenden Bestimmungen. Sie fallen insoweit teilweise auch
unter A.18.1.1.

Ihre Einhaltung könnte durch Verweis auf entsprechende Richtlinien der Organisation belegt werden. Diese Richtlinien sollten für das Beispiel *Software* darstellen,

- wo und wie Datenträger mit Originalsoftware aufbewahrt werden,
- wie die Nutzung urheberrechtlich geschützte Software kontrolliert wird (z. B. zulässige Anzahl von Nutzern),
- dass die Nutzung von Software mit unklarem Lizenzstatus bzw. aus unseriösen Quellen untersagt wird,
- wie Vervielfältigungen untersagt oder zumindest kontrolliert werden,
- wie Datenträger mit lizenzrechtlich geschützter Software an Dritte veräußert oder ggf. sicher entsorgt werden.

Für andere urheberrechtlich geschützte Objekte (Dokumente, E-Books, Videos usw.) sind ähnliche Richtlinien erforderlich. Wie bei jeder Richtlinie ist es auch bei diesen angebracht darauf hinzuweisen, welche Folgen eine Nichtbeachtung für die Organisation und den Betroffenen haben kann.

Eine gewisse Systematik vor allem hinsichtlich der Lizenzbestimmungen kann man dadurch erreichen, dass im Inventarverzeichnis bei jedem Asset evtl. bestehende Lizenzrechte vermerkt werden und auf die jeweils geltenden Richtlinien verwiesen wird.

Eine wichtige (und meist effektive) Maßnahme besteht darin, die Mitarbeiter (und andere Betroffene) hinsichtlich des Urheberrechtsschutzes und der bestehenden Richtlinien der Organisation zu sensibilisieren und ggf. auch zu schulen.

Control A.18.1.3 – Schutz von Aufzeichnungen:
Aufzeichnungen sind gemäß gesetzlichen, regulatorischen, vertraglichen und geschäftlichen Anforderungen vor Verlust, Zerstörung, Fälschung, unbefugtem Zugriff und unbefugter Veröffentlichung geschützt.

Das Thema *Aufzeichnungen* wird in den Controls mehrfach behandelt – an dieser Stelle unter dem Gesichtspunkt, dass Gesetze, Verträge und anderen Vorgaben bestimmte Aufzeichnungen *verlangen – oder* dass zum Nachweis der Einhaltung Aufzeichnungen dringend geboten sind.

Ein Beispiel hierzu ist die Abwicklung von elektronischer Rechnungsstellung, wobei die einzelnen Rechnungen in elektronischer Form vorliegen und mit einer qualifizierten Signatur versehen werden. Der Empfänger einer solchen elektronischen Rechnung muss ein Prüfprotokoll erzeugen, aus dem hervorgeht, dass der Urheber der Rechnung authentisch ist und die Rechnung beim Transport nicht verändert wurde. Diese Aufzeichnung ist für 10 Jahre zu archivieren und auf Verlangen vorzuweisen, andernfalls kann es Probleme mit dem Vorsteuerabzug geben. Diese Aufzeichnungen sind also zumindest gegen Verlust, Zerstörung, Fälschung und unbefugtem Zugriff zu schützen.

Wie lässt sich das Control umsetzen?

Zielführend ist eine Liste aller geforderten Aufzeichnungen, in der Art und Ort der Auf-bewahrung, Aufbewahrungsfristen und andere Vorgaben (z. B. Berechtigung zur Auswer-tung) eingetragen sind. Die Liste lässt sich möglicherweise nach den betroffenen Ge-schäftsprozessen oder Anwendungen sortieren.

Man beachte dabei, dass der Ort der Aufbewahrung ggf. einen besonderen Schutz braucht (Zugangsschutz, ggf. sogar als Archivraum). Die Art und Qualität der Speicher-medien ist so zu wählen, dass sie die vorgeschriebene Aufbewahrungsdauer auch „über-stehen" – eventuell hilft ein regelmäßiges Kopieren der Aufzeichnungen auf einen „fri-schen" Datenträger.

Bei langen und sehr langen Aufbewahrungsfristen sind auch die ursprünglichen Sys-teme (Geräte, Software) vorzuhalten, da ansonsten in einigen Jahren die heutigen Medien und Datenformate mit den neuen Systemen nicht mehr lesbar sein dürften.

Bei verschlüsselten Aufzeichnungen muss auch die (sichere) Aufbewahrung der Schlüssel mitbedacht werden.

Control A.18.1.4 – Privatsphäre und Schutz von personenbezogener Information:
Die Privatsphäre und der Schutz von personenbezogener Information sind, soweit anwendbar, entsprechend den Anforderungen der relevanten Gesetze und Vorschriften sichergestellt.

In diesem Control geht es vor allem um das weite Feld des Datenschutzes – genauer: der Compliance mit allen Datenschutzgesetzen und -bestimmungen. In Deutschland sind hier vorrangig die EU-Datenschutz-Grundverordnung (DSGVO) [11], das Bundesdatenschutz-gesetz [10] (richtet sich an öffentliche Stellen des Bundes und an private Organisationen) und entsprechende Landesgesetze (anzuwenden auf öffentliche Stellen der Bundesländer) zu nennen.

In anderen Staaten – vor allem außerhalb der EU – existieren andere, mehr oder weni-ger strikte Anforderungen an den Datenschutz, was die Erfüllung dieses Controls für mul-tinationale Organisationen besonders aufwendig macht, aber auch im Zusammenhang mit der Auftragsverarbeitung zu Problemen führen kann.

Zur Erfüllung des Controls (in der EU) ist aus Sicht des ISMS ein entsprechender Nachweis der Erfüllung der DSGVO erforderlich. Dies kann durch ein separates Daten-schutzkonzept geleistet werden, im Minimalansatz das tabellengestützte Vorgehen wie unter A.18.1.1 erläutert. Gegebenenfalls existiert zum Thema Datenschutz ein eigenes Datenschutz-Managementsystem, das problemlos in der Lage sein sollte, entsprechende Nachweise zu liefern.

Vergleichen Sie auch die Ausführungen in Abschn. 10.2 dieses Buches.

Beachten Sie auch den Hinweis, dass für eine Organisation, die z. B. außerhalb der EU angesiedelt ist, eine Zertifizierung nach ISO 27001 nicht automatisch die Erfüllung der DSGVO bedeutet. Dieser Umstand muss insbesondere bei der Auswahl von Dienstleistern und Providern berücksichtigt werden.

Control A.18.1.5 – Regelungen bezüglich kryptographischer Maßnahmen:
Kryptographische Maßnahmen werden unter Einhaltung aller relevanten Vereinbarungen, Gesetze und Vorschriften angewandt.

Hier haben wir wiederum das Problem, dass die Gesetzes- und Vorschriftenlage je nach Staat unterschiedlich sein kann. Es existieren Vorgaben, die

- den Import und Export von Kryptosystemen (Hardware, Software, auch eingebettet in umfassendere Systeme – z. B. in Laptops) einschränken,
- die Nutzung bestimmter Verfahren, Algorithmen und Schlüssellängen reglementieren,
- eine Hinterlegung bestimmter Schlüssel bei staatlichen Stellen fordern,
- die Anwendung zugelassener Verfahren bei Daten ab einer bestimmten Klassifizierung fordern (etwa im behördlichen Verschlusssachenbereich in Deutschland).

Richtig schwierig wird es bei der grenzüberschreitenden Übermittlung von verschlüsselten Daten. Es wird dringend empfohlen, sich bei einschlägigen Stellen der betroffenen Staaten über die geltenden Bestimmungen (falls solche existieren) zu informieren.

Um dieses Control umzusetzen, würde man die rechtlichen Auskünfte in eine Tabelle gemäß A.18.1.1 eintragen und analog anwenden.

Ziel A.18.2 – Überprüfungen der Informationssicherheit:
Informationssicherheit ist in Übereinstimmung mit den Richtlinien und Verfahren der Organisation umgesetzt und wird entsprechend angewendet.

Diese Gruppe von Controls adressiert das Erfordernis, die Umsetzung und Einhaltung der vielfältigen Standards, Richtlinien und Verfahren der Organisation zu überprüfen.

Control A.18.2.1 – Unabhängige Überprüfung der Informationssicherheit:
Die Vorgehensweise der Organisation für die Handhabung der Informationssicherheit und deren Umsetzung (d. h. Maßnahmenziele, Maßnahmen, Richtlinien, Prozesse und Verfahren zur Informationssicherheit) werden auf unabhängige Weise in planmäßigen Abständen oder jeweils bei erheblichen Änderungen überprüft.

Hier werden mehrere Anforderungen gestellt:

- Gegenstand der Überprüfung sind die *Handhabung der Informationssicherheit* durch die Organisation und deren Umsetzung.
- Die Überprüfung sollte von einer *unabhängigen* Stelle durchgeführt werden.
- Überprüfungen sollten *regelmäßig oder nach wesentlichen Änderungen* erfolgen.

Gehen wir auf diese Punkte näher ein:

Die Handhabung der Informationssicherheit zeigt sich im ISMS der Organisation – unter Einschluss aller Sicherheitsziele, Richtlinien, Prozesse/Verfahren und Maßnahmen.

Die im Text erwähnten *Maßnahmenziele* sind zunächst die Ziele, die den Controlgruppen im Anhang A vorangestellt sind („Ziel: ..."), aber natürlich auch darüber hinausgehende *individuelle* Sicherheitsziele der Organisation. *Maßnahmen* meint analog, die Umsetzung der Vorgaben aus den Controls und eigener Vorgaben zur Erreichung der individuellen Sicherheitsziele.[9]

Eine unabhängige Prüfung liegt dann vor, wenn die Prüfer vom Prüfgegenstand nicht betroffen sind, nicht selbst an seiner Realisierung mitgearbeitet oder dazu beraten haben und keine sonstigen (z. B. finanzielle) Interessen daran bestehen. Definitiv ausgeschlossen sind insbesondere Personen, die beim Sicherheitsmanagement mitarbeiten.

Solche Prüfungen finden meist in Form von *Audits* statt; dabei ist es – soweit die Unabhängigkeit gegeben ist – unerheblich, ob es sich um interne Auditoren der Organisation oder beauftragte externe Auditoren, Einzelpersonen oder ein ganzes Team handelt. Wichtig ist, dass das Audit qualifiziert durchgeführt und im Ergebnis ein substanzieller Auditbericht vorgelegt wird, der die festgestellten Sachverhalte (auch Defizite), ihre Bewertung und mögliches Verbesserungspotenzial darstellt. *Qualifiziert* heißt hier, die Vorgaben der ISO 27007/27008 bei Planung und Durchführung eines Audits einzuhalten. Auditoren sollten über einschlägige Erfahrung verfügen und entsprechende Schulungen durchlaufen haben.

Die *Bewertung* betrifft die Aspekte der *Eignung* und *Wirksamkeit* des ISMS, um die Sicherheitsziele der Organisation erreichen zu können. Defizite sind nachweislich zu beheben – auch darüber müssen Aufzeichnungen erstellt werden.

Die klassische Regel heißt, Audits die Übereinstimmung mit ISO 27001 betreffend sollten (mindestens) einmal jährlich durchgeführt werden. Bei den schnellen Technologie-Wechseln und häufigen Anpassung von Geschäftsprozessen wird es gerade bei der Informationsverarbeitung häufig Änderungen geben – auch solche, die erhebliche Auswirkungen auf das ISMS haben. Nach solchen Änderungen ist anlassbedingt ein weiteres Audit angebracht.

Weitere Informationen zur Vorbereitung und Durchführung von Audits finden Sie im Kap. 5.

Control A.18.2.2 – Einhaltung von Sicherheitsrichtlinien und -standards:
Leitende Angestellte überprüfen regelmäßig die Einhaltung der jeweils anzuwendenden Sicherheitsrichtlinien, Standards und jeglicher sonstiger Sicherheitsanforderungen bei der Informationsverarbeitung und den Verfahren in ihrem Verantwortungsbereich.

Nach der unabhängigen Prüfung des ISMS als Ganzes kommt jetzt die Überwachung durch die verantwortlichen Manager. Wer in seinem Verantwortungsbereich Sicherheitsrichtlinien, technische und andere Sicherheitsanforderungen umzusetzen hat, muss die Einhaltung dieser Vorgaben regelmäßig überprüfen (lassen).

---

[9] Bei den *Maßnahmen* bzw. *Maßnahmenzielen* steht im englischen Originaltext *Controls* bzw. *Control Objectives*, was besser mit (Sicherheits-)*Anforderungen* und *Ziel der Anforderungen* übersetzt würde.

Die Art der Prüfung ist dabei jedem Verantwortlichen überlassen. Es kann sich um Inspektionen vor Ort an neuralgischen Stellen, technische Audits, die Auswertung von Aufzeichnungen besonderer Überwachungstools, die Kontrolle von Konfigurationsdateien usw. handeln.

Art, Tiefe und Häufigkeit der Prüfungen müssen letztlich so gewählt werden, dass aus Sicht des Verantwortlichen Abweichungen erkannt werden, bevor sich größere Schäden einstellen.

Alle Prüfungen und ihre Ergebnisse und die ggf. erforderlichen Korrekturmaßnahmen sind aufzuzeichnen und zu archivieren. Diese Aufzeichnungen könnten beispielsweise im Rahmen eines internen Audits vom Auditor eingesehen werden.

Control A.18.2.3 – Überprüfung der Einhaltung von technischen Vorgaben:
Informationssysteme werden regelmäßig auf Einhaltung der Informationssicherheitsrichtlinien und -standards der Organisation überprüft.

Nun geht es um die Überprüfung von *Informationssystemen* – insbesondere um die Einhaltung der sicherheitsrelevanter technischer Vorgaben und die Erkennung von Abweichungen. Wir nennen einige Beispiele:

- Prüfung von Installationsprotokollen (korrekte Software-Versionen, Integritäts-Check, Fehlerfreiheit der Installation)
- Abgleich von Konfigurationsdateien mit den vorgesehenen Einstellungen, um Eingabe- bzw. Bedienfehler, aber auch unzulässige Änderungen erkennen zu können
- Kontrolle von Filterregeln z. B. bei Firewalls, Abgleich mit einem Sicherheitskonzept
- Inspektion der Zugangskontrolle (Genehmigungsgang für Berechtigungen, in den Systemen eingestellte Berechtigungen)
- Überprüfen von Protokollen der Zugangskontrolle zur Aufdeckung von Sicherheitsvorfällen
- Auswertung von Aufzeichnungen von DLP-Produkten (zur Entdeckung von Datenlecks)
- Durchführung von Penetrationstests, um die Standfestigkeit der Absicherung gegenüber unsicheren Netzen und Netzsegmenten festzustellen.

Dabei kann es sich um manuelle, Werkzeug-unterstützte oder automatische Prüfungen (ggf. mit Alarmierungsfunktionen) handeln. Soweit automatisierte Prüfungen zum Einsatz kommen, ist darauf zu achten, dass die Integrität dieser Werkzeuge regelmäßig überprüft wird, um manipulative Änderungen auszuschließen.

Es ist zur Erfüllung des Controls unerheblich, ob die Prüfungen durch internes Fachpersonal oder von beauftragten externen Spezialisten durchgeführt werden. Es gilt aber die „Regel": Je qualifizierter die Prüfung, desto aussagekräftiger die Resultate.

Fazit zu Anhang A

Die lange Kommentierung der Controls macht deutlich, dass dieser Anhang A der ISO 27001 eine umfangreiche Sammlung von Sicherheitsthemen, -zielen und -anforderungen beinhaltet. Die einzelnen Ziele und Anforderungen müssen zudem für jedes neue Szenario geeignet interpretiert werden, um daraus dann in einem weiteren Schritt Maßnahmen ableiten zu können. Man denke auch daran, dass es erforderlich sein kann, eigene Controls zu formulieren, wenn sich bestimmte Ziele und Anforderungen einer Organisation nicht im Anhang A widerspiegeln.

Literatur

1. BSI 100-4 (2008): Notfallmanagement, www.bsi.de, unter: IT-Grundschutz
2. Common Criteria for Information Technology Security Evaluation, www.commoncriteriaportal. org
3. DIN ISO/IEC 27001 (2017-06) Informationstechnik – IT-Sicherheitsverfahren: Informations-sicherheits-Managementsysteme – Anforderungen
4. DIN ISO/IEC 27002 (2017-06) Informationstechnik – IT-Sicherheitsverfahren – Leitfaden für das Informationssicherheits-Management
5. ISO/IEC 27033 (mit 6 Teilen; 2016-2018) Information technology – Security techniques – Network security
6. Kersten H, Klett G. (2015) Der IT Security Manager. Springer Vieweg, Wiesbaden
7. Kersten H, Klett G. (2017) Business Continuity und IT-Notfallmanagement: Grundlagen, Methoden und Konzepte. Springer Vieweg, Wiesbaden
8. DIN EN ISO 22301 (2014-12) Sicherheit und Schutz des Gemeinwesens – Business Continuity Management System – Anforderungen
9. Kersten H, Klett G. (2013) Data Leakage Prevention: Datenlecks im Unternehmen erkennen und vermeiden. mitp, Frechen
10. BDSG: Bundesdatenschutzgesetz vom 30. Juni 2017 (BGBl. I S. 2097)
11. Datenschutz-Grundverordnung: VERORDNUNG (EU) 2016/679 DES EUROPÄISCHEN PARLAMENTS UND DES RATES vom 27. April 2016 zum Schutz natürlicher Personen bei der Verarbeitung personenbezogener Daten, zum freien Datenverkehr und zur Aufhebung der Richtlinie 95/46/EG, Amtsblatt der Europäischen Union L 119/1 vom 4.5.2016
12. DIN 66399 – Büro- und Datentechnik – Vernichten von Datenträgern, dreiteilige Norm, 2012/2013

ISMS und mobile Infrastrukturen

7

▶ **Zusammenfassung** Ein hochaktuelles Sicherheitsthema ist die Einbeziehung
mobiler IT-Systeme in die IT-Infrastruktur einer Organisation, die dann folglich
zu einer mobilen IT-Infrastruktur wird – bei der meist auch noch Cloud Services
zum Einsatz kommen. Bei diesem Thema sind viele Sicherheitsprobleme zu beachten und zu lösen – nicht zuletzt geht es um die Anpassung bestehender
Leit- und Richtlinien sowie Sicherheitskonzepte auf diese neue Struktur. Im
Folgenden wollen wir diese Integrations- bzw. Migrationsaufgabe anhand der
ISO 27001 durchspielen.

7.1   Übersicht

Das Abfließen sensibler Daten, eingeschleuste Malware und Computerviren (insbesondere
für das mobile Betriebssystem Android), sowie der Verlust eines mobilen Gerätes durch
Liegenlassen oder Diebstahl sind die zurzeit größten wahrgenommenen Sicherheitsrisiken
bei der Nutzung mobiler Geräte. Von den Angreifern werden nicht nur technische und
administrative Schwachstellen sowie ihre meist verzögerte Beseitigung (etwa durch eine
ineffektive Update-Strategie der Hersteller von Software) ausgenutzt, immer häufiger werden die „Schwachstelle Mensch" und typische Verhaltensmuster wie Neugierde oder
Hilfsbereitschaft missbraucht, um an sensible Informationen zu gelangen, Systeme zu in-
fizieren oder Identitätsdiebstahl zu betreiben – Aktivitäten, die meist unter dem Begriff
Social Engineering zusammengefasst werden.

Aufmerksamkeit und gesunde Skepsis reduzieren das Risiko, Opfer solcher Angriffe
zu werden. Damit sich die Mitarbeiter einer Organisation sicherheitsbewusst verhalten,
müssen sie neben der Kenntnis des Gefahrenpotenzials ihre persönliche Verantwortung
erkennen und eine Orientierung in Form von Leit- und Richtlinien vermittelt bekommen.

© Springer Fachmedien Wiesbaden GmbH, ein Teil von Springer Nature 2020   217
H. Kersten et al., *IT-Sicherheitsmanagement nach der neuen ISO 27001*,
Edition <kes>, https://doi.org/10.1007/978-3-658-27692-8_7

Dazu sind die bisherigen Leit- und Richtlinien auf die Nutzung mobiler Infrastrukturen und deren Sicherheitsrisiken zu erweitern und anzupassen. Auch im Bereich der Awareness ist einiges zu tun – etwa die Intensivierung von Schulungen.

7.2   Mobile Infrastrukturen in Unternehmen

Wir betrachten im Folgenden die strategischen Überlegungen bei Einführung einer mobilen Infrastruktur – vorzugsweise aus Sicht eines Unternehmens, die Ausführungen gelten aber sinngemäß auch für andere Organisationsformen.

Sehr häufig werden von Mitarbeitern mobile Endgeräte für dienstliche Zwecke verwendet, die entweder privat angeschafft (BYOD = Bring Your Own Device) oder vom Unternehmen zur Verfügung gestellt wurden, ohne dass dieses Vorgehen in den strategischen Vorgaben der IT-Governance des Unternehmens seinen Niederschlag findet. Im zweiten Schritt kommt dann die Anbindung an Cloud-Services wie externe Speicher, Nutzung von Anwendungen (Apps) aus der Cloud, Datenbanken etc. hinzu. Es entsteht so neben der traditionellen, stationären IT-Infrastruktur eine weitere, nämlich eine *mobile* Infrastruktur, die für die IT-Governance mit ihren Strategien, Regelwerken und Richtlinien „im Dunkeln" existiert, weswegen sich auch der Begriff einer *Schatten-IT* eingebürgert hat. Der produktive Betrieb dieser proliferierenden Schatten-IT ist mit enormen Risiken und resultierenden Schäden verbunden, wie sich fast jeden Tag den Medien entnehmen lässt.

Werfen wir zunächst einen etwas detaillierteren Blick auf die strategischen Zielvorgaben der Governance. Jede Organisation, die die Dienste einer IT-Infrastruktur für die Erfüllung ihrer Geschäftsprozesse in Anspruch nimmt, verfolgt in längerfristigen Planungen und Aktivitäten die Realisierung der Vision einer für ihre Belange optimalen IT.

Entsprechende Planungen und Aktivitäten – auch als *IT-Strategie* bezeichnet – leiten sich grundsätzlich aus der bestehenden Geschäftsstrategie ab. Sie lassen sich wie folgt gliedern:

- Die IT-Strategie berücksichtigt einerseits *Geschäftswachstumschancen* zur Umsatz- und Ertragssteigerung eines Unternehmens.
- Andererseits enthält die IT-Strategie grundlegende *Anforderungen aus dem Geschäftsbetrieb,* nämlich die *Geschäftsprozesse* mittels Einsatz von IT effizienter zu gestalten und an den zu beachtenden und zu befolgenden Regularien und Gesetzen auszurichten.

Eine IT-Strategie besteht im Wesentlichen aus fünf Komponenten:

- Die *Infrastrukturstrategie* betrachtet die drei IT-Basistechnologien: Hardware, Betriebssysteme und Netzwerke. Ziel der Infrastrukturstrategie ist es, mit möglichst geringen Kosten eine hohe Rechenleistung, Performance und Bandbreite im Unternehmen zur Verfügung zu stellen.

- Die *Applikationsstrategie* befasst sich mit dem Einsatz von Software zur Unterstützung von Geschäftsprozessen. Mit der Applikationsstrategie können zwei Ziele verfolgt werden: Der Einsatz von Software einerseits zur Ertragssteigerung, andererseits zu einem effizienteren Geschäftsbetrieb.
- Die *Innovationsstrategie* beschäftigt sich mit IT-Innovationen. Ziel dieser Strategie ist es, neue Technologien vorausschauend für den Einsatz in einem Unternehmen zu bewerten.
- Die *Sourcingstrategie* setzt sich mit der IT-Wertschöpfungskette im Unternehmen auseinander. Sie legt fest, welche IT-Leistungen durch das Unternehmen selbst erbracht und welche eingekauft werden sollen.
- Die *Qualitätssicherungsstrategie* betrachtet die Entscheidungen zur Qualitätssicherung in der IT des Unternehmens – abgeleitet aus den genannten Einzelstrategien (Infrastruktur-, Applikations-, Innovations- und Sourcingstrategie). Es wird die Vorgehensweise festgelegt, mit der die vorgegebenen Ziele möglichst effizient erreicht werden können.

Zusammenfassend ist die Aufgabe der IT-Strategie, Prozesse und Personal und weitere Ressourcen so einzurichten und einzusetzen, dass die oben genannten Ziele beim IT-Einsatz erreicht werden und bei Bedarf weiterentwickelt werden können. Die konkrete Ausgestaltung der IT-Governance wird durch eine Reihe aktueller Rahmenbedingungen und Entwicklungen innerhalb des Informationsmanagements geprägt, zu denen auch die Integration mobiler IT-Infrastrukturen zählt.

7.3   ISMS und Mobile Device Management

Wie können wir nun das Thema *Mobile Device Management* geordnet in die Struktur der ISO27001 [3] einbauen?

Zunächst ist festzuhalten, dass an einem existierenden ISMS (Organisation, Rollen, Prozesse) keine *grundsätzlichen* Änderungen vorzunehmen sind. Im Detail sind jedoch Prozesse und Maßnahmen zu ergänzen bzw. zu erweitern, um alle Management- und Sicherheitsaspekte bei der Anwendung mobiler Endgeräte einbeziehen zu können.

Vorweg: Einige operative Aufgaben lassen sich durch ein MDM-System[1] erledigen oder zumindest unterstützen. Ein solches System besteht aus einem Server und einer MDM-Software, die dazu dient, die mobilen Endgeräte für ihre Verwendung vorzubereiten (Installation und Konfiguration), sie im laufenden Betrieb zu überwachen und – wenn notwendig – neue technische Richtlinien zu überspielen. Weiterhin lassen sich damit Update-, Patch- und Backup-Prozesse organisieren. Fast alle Aktivitäten lassen sich *over-the-Air*, also bei bestehender Verbindung (Mobilfunk, WLAN) drahtlos abwickeln.

---

[1] MDM = Mobile Device Management.

Inventarisierung

Ein wichtiger administrativer Aspekt, der auch Gegenstand der ISO 27001 ist, stellt die *Inventarisierung* der mobilen Geräte und der darauf installierten Software dar. Unter Nutzung eines MDM-Systems werden alle mobilen Geräte – spätestens zum Zeitpunkt der Ausgabe an den Nutzer – erfasst und übersichtlich in gruppierter Form in die vom MDM-System dafür vorgesehenen Verzeichnisse eingetragen. Die Gruppierung erfolgt nach Art des Gerätes (Tablet, Smartphone etc.) und mobilem Betriebssystem (iOS, Android (Version), Windows Phone usw.).

In der Phase der Nutzung kann drahtlos (over-the-Air) z. B. eine Überwachung und Inventarisierung genutzter bzw. installierter Apps erfolgen.

Das MDM-System ist natürlich ebenfalls ein Asset und muss den entsprechenden Verzeichnissen der Organisation hinzugefügt werden. Die Anforderungen an die Asset-Verwaltung finden sich in der Controlgruppe A.8.1 im Anhang der ISO 27001.

Alle so erfassten Asset-Daten bilden damit einen Teil des gesamten Asset-Verzeichnisses der Organisation.

Risiken

Nun schließt sich die Erweiterung der *Risikobeurteilung* an, d. h. alle im Zusammenhang mit der Nutzung von mobilen Endgeräten auftretenden Risiken sind zu identifizieren, abzuschätzen und zu bewerten. Dabei geht es nicht nur um die einzelnen Geräte, sondern auch um die Nutzung von speziellen Applikationen und von Cloud Services. Letztlich muss auch das MDM-System mit in die Betrachtung einbezogen werden. Eine detaillierte Beschreibung der Gefahren und Risiken findet sich z. B. in [1] und [2].

Bei der *Risikobehandlung* geht es im nächsten Schritt darum, für alle ermittelten Risiken, die nicht toleriert werden können, Maßnahmen auszuwählen, sie den entsprechenden Controls in Anhang A zuzuordnen und auf diese Weise das Statement of Applicability (SoA) zu erweitern. Das wirkt sich natürlich auch auf die Prozesse der Überprüfung von Maßnahmen – korrekte Umsetzung und Wirksamkeit – aus.

SoA

Man beachte zunächst, dass mobile Endgeräte und das MDM-System *IT-Systeme* darstellen, sodass alle diesbezüglichen Controls aus dem Anhang der ISO 27001 anzuwenden sind.

Wir wollen aber den umgekehrten Einstieg wählen: Wir stellen die wesentlichen administrativen und technischen Aspekte zusammen und ordnen sie den Controls aus dem Anhang der ISO27001 zu (s. Tab. 7.1).

Die in Tab. 7.1 aufgeführten und mit einem * markierten Aktivitäten lassen sich durch ein MDM-System erledigen oder zumindest unterstützen. Speziell zur Installation, Provisionierung und Absicherung durch Richtlinien kommen Sicherheitsprofile für bestimmte Geräteklassen zum Einsatz, d. h. es wird nicht jedes einzelne Gerät separat administriert. Es ist klar, dass damit ein MDM-System natürlich selbst ein kritisches Element der mobilen Infrastruktur darstellt, da hier Manipulationen besonders weitreichende Konsequenzen

Tab. 7.1 Administrative und technische Aspekte von MDM

Aspekt	Zugeordnete Controls
Unterstützung einer BYOD-Strategie, falls vom Management vorgegeben	A.5.1.1
Erstellen und Inkraftsetzen einer Richtlinie für mobiles Arbeiten	A.5.1.1, A.6.2.1, A.8.1.3
Geordnete sichere Ausgabe, Rücknahme, ggf. auch Entsorgung mobiler Geräte	A.12.1.1, A.11.1.1, A.8.1.4, A.11.2.7
Schutz vor Verlust der mobilen Geräte	A.11.2.6, A.11.2.8
Meldung von Sicherheitsvorfällen	A.16.1.3
*Konfiguration der mobilen Endgeräte entsprechend den Vorgaben der Organisation bzw. nach aufgabenbezogenen Sicherheitsprofilen	A.14.1.1, A.14.2.1
*Grundeinstellung der Sicherheitsmechanismen im mobilen Endgerät	A.14.1.1, A.14.2.1
*Erzeugen, Laden und Wechseln von benötigten Schlüsseln und Zertifikaten	Gruppe A.10
*Ermöglichen des (abgesicherten) Zugriffs auf die stationäre IT der Organisation	A.9.1.2
*Provisionierung mit von der Organisation zugelassenen Apps	A.12.5.1, A.12.6.2
Handhabung von Speichermedien (Wechselmedien)	Gruppe A.8.3
*Drahtloses Ausrollen von neuen oder geänderten Vorgaben	A.14.1.1, A.14.2.1
*Drahtlose Inventarisierung (z. B. installierter Apps)	A.8.1.1, A.9.4.4
*Patch Management	A.12.1.2, A.12.5.1, A.14.2.4
*Backup und Restore	A.12.3.1
*Malware-Schutz	A.12.2.1
Notfallprozeduren, sofern mobile Systeme in zeitkritische Geschäftsprozesse eingebunden sind	Gruppe A.17

haben können: Man denke z. B. an die unberechtigte Veränderung der genannten Sicherheitsprofile, die möglicherweise für eine Vielzahl von mobilen Geräten und deren Sicherheit ausschlaggebend sind. Ein MDM-System muss insofern in einer sicheren räumlichen Infrastruktur betrieben werden und mit hochwertigen Sicherheitsmaßnahmen abgesichert sein.

7.4 Sicherheitsleitlinie

In diesem Abschnitt beschäftigen wir uns mit der Anpassung einer existierenden Sicherheitsleitlinie: Eine der in der Tab. 7.1 aufgezählten Aktivitäten des Mobile Device Managements bezieht sich darauf.

Den grundlegenden Aufbau einer Leitlinie haben wie in Kap. 1 behandelt. Welche Änderungen sind an einer existierenden Leitlinie vorzunehmen, wenn ihr Geltungsbereich auf die Nutzung mobiler IT-Systeme ausgedehnt werden soll?

Zunächst ist im *Definitionsteil* der Leitlinie der Geltungsbereich auf die dienstliche Nutzung von mobilen Endgeräten zu erweitern.

Im *Analyseteil* der Leitlinie werden die Sicherheitsziele und Gefährdungen bei mobilem Arbeiten – vor allem in unsicheren Milieus – aufgeführt. Ein Sicherheitsziel ist die *regelkonforme Nutzung* der mobilen Endgeräte durch *befugte* Personen. Diese Personen sind – im Rahmen ihrer Möglichkeiten – für die Wahrung der Sicherheitsziele für die mobilen Endgeräte mit ihren Betriebssystemen und Applikationen zum einen und der gespeicherten Daten zum anderen verantwortlich. Es bestehen für diese Ziele insbesondere folgende Gefährdungen:

- nicht regelkonforme Benutzung der mobilen Endgeräte und ihrer Peripherie (Speicherkarten, drahtlose Zusatzgeräte etc.)
- missbräuchliche Nutzung durch Unbefugte
- Abhandenkommen des mobilen Endgerätes
- Abfluss von sensiblen Daten und von Zugangsparametern für Netzwerke
- Zerstörung oder Manipulation sensibler Daten
- Infiltration von Schadsoftware in das mobile Endgerät

In den *regulativen* Teil der Leitlinie sind grundlegende Vorgaben der Geschäftsführung für die Verwendung von mobilen Endgeräten aufzunehmen, zum Beispiel:

- „Für das dienstliche mobile Arbeiten werden mobile Endgeräte zentral zur Verfügung gestellt" oder/und
- „Es besteht die Möglichkeit, private Geräte, die bestimmten Vorgaben des MDM-Systems entsprechen, auch für dienstliche Zwecke zu nutzen", sowie
- „Für die dienstliche Nutzung mobiler Endgeräte ist eine Sicherheitsrichtlinie maßgebend, die alle notwendigen Verfahren, Regeln und zu treffende Vereinbarungen enthält, um ein sicheres mobiles Arbeiten zu gewährleisten".

Damit ist die Anpassung der Sicherheitsleitlinie der Organisation weitgehend abgeschlossen.

Beachten Sie, dass nach Änderung einer Leitlinie diese erneut in Kraft zu setzen und den Betroffenen zur Kenntnis zu geben ist.

7.5   Sicherheitsrichtlinie

Wir wollen nun die bereits erwähnte Sicherheitsrichtlinie für die dienstliche Nutzung von mobilen Endgeräten formulieren. Dazu gehen wir von folgendem Beispiel-Szenario aus:

> Die Firma Qualsoft GmbH hat ihren Sitz in Wiesbaden und betreibt Softwareentwicklung für individuelle kommerzielle Anwendungen im Kundenauftrag. Die Firma verfügt über ein Gebäude mit Büros und einem Server-Raum. Ihr Personal besteht aus dem Geschäftsführer, einigen Mitarbeitern in Verwaltung und Marketing/Vertrieb sowie einer größeren Anzahl von Entwicklern. Fast alle Mitarbeiter sind mit Notebooks, Smartphones oder Tablets ausgestattet,

die über ein Mobile Device Management-System administriert werden, das zugleich auch der Erfassung und Inventarisierung der Geräte dient.

Meta-Informationen zu der Richtlinie

Auf dem Deckblatt der Richtlinie nimmt man zweckmäßigerweise einige Meta-Informationen auf, um eine spätere Revision, ein Review oder Audit zu unterstützen. Beispiele zur praktischen Umsetzung findet man in der Tab. 7.2.

Wir geben nun Formulierungs**beispiele** für den Inhalt der Richtlinie.

Zweck der Richtlinie

Die Richtlinie beinhaltet die Mindestanforderungen an die Sicherheit bei der dienstlichen Nutzung mobiler Endgeräte.

Sie regelt die Überlassung und Nutzung mobiler Endgeräte – nicht aber deren Beschaffungsprozess, den Management-Prozess für die mobile Infrastruktur oder steuerliche bzw. Entgeltfragen.

Die vorliegende Richtlinie wird gemeinsam von der Geschäftsführung, dem Leiter der IT-Abteilung und dem IT-Sicherheitsbeauftragten verantwortet und vorgegeben. Dieses Gremium veranlasst ebenfalls Untersuchungen bei Verstößen gegen die Richtlinie und leitet ggf. Sanktionen ein.

Tab. 7.2 Deckblatt einer Richtlinie

Meta-Information	Beispiel für den Inhalt
Titel des Dokumentes	Sicherheitsrichtlinie für mobile Endgeräte
Kategorie des Dokumentes	Richtlinie für Anwender
Version	V 1.0
Status	in Arbeit, gültig, in Revision
Gültigkeitsbereich	alle Mitarbeiter der Qualsoft GmbH sowie die Geschäftsführung, soweit diese mobile Endgeräte nutzen
Abstrakt	Die Richtlinie beschreibt die Verantwortung und die Maßnahmen für die Verwaltung, Sicherung und Nutzung mobiler Endgeräte, soweit sie dienstlich für die Qualsoft GmbH verwendet werden. Als mobile Endgeräte gelten Notebooks, Tablets und Smartphones. Nutzer von mobilen Endgeräten haben diese Richtlinie zu befolgen. Die Kenntnisnahme ist durch Unterschrift der Nutzervereinbarung zu bestätigen. Die Gegenzeichnung ist Voraussetzung für den Empfang eines unternehmenseigenen mobilen Endgeräts oder die Anbindung eines privaten Endgerätes an die mobile Infrastruktur des Unternehmens.
Autor	Information Security Officer: Hans Mustermann
Geprüft und genehmigt, Datum	Geschäftsführung, 20.11.2015
Gültig ab	01.12.2015
Nächste Revision	01.12.2016
Klassifizierung	internes Dokument
Verteilung	Die Richtlinie wird an alle Nutzer von mobilen Endgeräten ausgegeben. Eine gegengezeichnete Fassung wird der Personalakte hinzugefügt.

Geltungsbereich der Richtlinie

Die Richtlinie gilt für alle Mitarbeiter, Fremdpersonal und Angehörige der Geschäftsleitung der Qualsoft GmbH, soweit diese zur Ausübung ihrer dienstlichen Tätigkeiten über ein oder mehrere mobile Endgeräte verfügen. Diese Personen werden im Folgenden als *Mobilarbeiter* bezeichnet.

Unter *mobile Endgeräte* fallen (nicht abschließend) Mobiltelefone, Smartphones, Tablets und Notebooks einschließlich der eingesetzten mobilen Peripherie wie Wechselspeicher, Head-Sets, Drucker etc.

Die Richtlinie bezieht sich auf *unternehmenseigene* sowie für dienstliche Zwecke explizit zugelassene *private* mobile Endgeräte. Die Zulassung setzt voraus, dass das private mobile Endgerät vom MDM-System des Unternehmens verwaltbar (d. h. mit dem MDM-System kompatibel) ist.

Registrierung

Alle für dienstliche Zwecke eingesetzten mobilen Endgeräte der Mobilarbeiter müssen eindeutig gekennzeichnet sein und werden in der Asset-Datenbank der Qualsoft GmbH registriert.

Bei unternehmenseigenen mobilen Endgeräten ist die Kennzeichnung und Registrierung Teil des Installationsprozesses des Endgeräts. Der ordnungsgemäße Erhalt des mobilen Endgerätes wird schriftlich von dem vorgesehenen Mobilarbeiter bestätigt.

Bei privaten Endgeräten hat die Registrierung vor der ersten dienstlichen Nutzung zu erfolgen.

Installation, Auslieferung und Registrierung sind in sicherer Umgebung durchzuführen.

Nutzungsvereinbarung

Vor der dienstlichen Nutzung von mobilen Endgeräten hat jeder Mobilarbeiter eine Nutzungsvereinbarung nach Anlage 1 zu unterzeichnen. Hierin sichert er die Einhaltung der Nutzungsbedingungen zu und gestattet bei privaten Endgeräten die Administration durch das MDM-System.

Soweit die Qualsoft GmbH einem Mobilarbeiter Endgeräte zur Nutzung überlässt, gehen diese nicht in das persönliche Eigentum des Mobilarbeiters über und sind nicht als Gehaltsbestandteil zu werten. Diese Endgeräte dürfen keinesfalls verschenkt, verliehen oder weiterverkauft werden.

Überlassene Endgeräte sind ausschließlich für die Nutzung bei der Qualsoft GmbH vorgesehen; der Gebrauch zu persönlichen Zwecken ist erlaubt, sofern er in einem untergeordneten Verhältnis zur dienstlichen Nutzung steht.

Nutzung

Jeder Mobilarbeiter ist für die Sicherheit der ihm zugeordneten mobilen Endgeräte verantwortlich und darf diese nicht unbeaufsichtigt lassen oder unsicher aufbewahren.

Im Falle von Verlust oder Diebstahl eines überlassen oder privaten mobilen Endgerätes hat der Mobilarbeiter den in Anlage 2 beschriebenen Prozess zu befolgen und unverzüglich das User Help Desk der Qualsoft GmbH zu informieren. Handelt es sich mit hoher Wahrscheinlichkeit um einen Diebstahl eines überlassenen mobilen Endgerätes, so hat der Benutzer nach Information des Help Desk bei der Polizei Anzeige zu erstatten.

Für Endgeräte mit Mobilfunkfunktion gelten darüber hinaus folgende Anforderungen:

Sie werden vor der Auslieferung an den Benutzer so konfiguriert, dass Sicherheits- und Mobilfunk-Einstellungen dem Standard der Qualsoft GmbH entsprechen. Alle Änderungen an diesen Einstellungen müssen gegenüber dem Help Desk schriftlich begründet und von diesem genehmigt werden.

Der IT-Sicherheitsbeauftragte kann die Einzelgebührennachweise zum Zwecke der Angemessenheit des Anruf-Volumens und der damit verbundenen Kosten überprüfen lassen. Wenn Nutzung und Kosten vom Benutzer wiederholt nicht zu rechtfertigen sind, liegt es in der Verantwortung des IT-Sicherheitsbeauftragten, Disziplinarmaßnahmen im Einklang mit der Personalpolitik zu initiieren.

Datenspeicherung
Im Kontext dieser Richtlinie sind *vertrauliche Daten* als solche Daten definiert, die bei unbefugter Kenntnisnahme

Schäden verursachen,
Betriebsgeheimnisse offenlegen,
den gesetzlich geregelten Datenschutz personenbezogener Daten verletzen,
das Image und die Reputation des Unternehmens schädigen,
die Compliance des Unternehmens beeinträchtigen,
die Netzwerksicherheit des Unternehmens kompromittieren.

Es gelten folgende Grundsätze für die Datenspeicherung:

Vertrauliche Daten der Qualsoft GmbH sind grundsätzlich innerhalb des Firmennetzes zu speichern.
Soweit aufgabenbedingt vertrauliche Daten auf mobilen Endgeräten (z. B. Notebooks) bearbeitet und gespeichert werden müssen, sind diese besonders gegen den Verlust der Vertraulichkeit und ggf. Integrität zu sichern, und zwar nach Maßgabe einer besonderen technischen Richtlinie.
Vertrauliche Daten der Qualsoft GmbH dürfen keinesfalls auf anderen Geräten oder externen Einrichtungen (z. B. in fremden Clouds) gespeichert werden.

Beendigung der Nutzung
Mobile Endgeräte und ihre Peripherie müssen bei der Beendigung der Nutzung (z. B. bei Ende des Arbeitsverhältnisses oder eines Werkvertrages) zurückgegeben und de-registriert werden.
Auf überlassenen mobilen Endgeräten werden die dort gespeicherten Daten von der IT-Abteilung sicher gelöscht; das Gerät wird in den Ausgangszustand versetzt, bevor es einer neuen Verwendung zugeführt werden darf.
Soweit auf privaten mobilen Endgeräten, die für eine dienstliche Nutzung zugelassen sind, vertrauliche Daten gespeichert sind, werden diese in der Regel durch das MDM-System over-the-Air gelöscht. Je nach Gerätetyp sind ggf. andere Verfahren möglich.

Durchsetzung der Richtlinie und Sanktionen
Die Missachtung dieser Richtlinie oder der Nutzungsvereinbarung hat Sanktionen zur Folge. Dies gilt auch für den wiederholten Fall von Verlust oder Diebstahl, sowie für die nicht zeitgerechte Rückgabe eines überlassenen mobilen Endgerätes nach wiederholter Aufforderung.
Diese Sanktionen können beinhalten:

Forderung der Erstattung von Kosten
Entfernen von Berechtigungen als Mobilarbeiter
Einleitung von disziplinarischen Verfahren
Einleitung von Zivilprozessen

Im Folgenden finden Sie ein **Beispiel** für eine Nutzungsvereinbarung, auf die in der Richtlinie Bezug genommen wurde.

Anlage 1: Nutzungsvereinbarung mit Herrn/Frau ...

Sie sind für die Sicherheit und die Nutzung des Ihnen überlassenen bzw. von Ihnen für dienstliche Zwecke eingesetzten privaten mobilen Endgerätes verantwortlich und verpflichten sich, die unten aufgeführten Maßnahmen zum Schutz des Gerätes und der auf dem Gerät gespeicherten Daten vor Diebstahl, Beschädigung, Missbrauch oder Verstöße gegen die Vertraulichkeit zu beachten.

Diese Verantwortung gilt permanent, innerhalb oder außerhalb der regulären Arbeitszeit, sowie unabhängig vom Ort der Nutzung.

Grundsatz

Soweit Sie ein zugelassenes privates mobiles Endgerät nutzen, erklären Sie sich mit der Administration des Geräts durch das MDM-System der Qualsoft GmbH einverstanden.

Sie sind verpflichtet, alle von Ihnen für dienstliche Zwecke verwendeten mobilen Endgeräte ordnungsgemäß zu nutzen, zu transportieren und aufzubewahren.

Im Falle von technischen Problemen mit einem mobilen Endgerät kontaktieren Sie unverzüglich das Help Desk der Qualsoft GmbH.

Das Help Desk ist weiterhin unverzüglich zu informieren

von jeder Änderung Ihrer betrieblichen Rolle,

bei Beendigung der dienstlichen Nutzung eines mobilen Endgeräts,

bei einem (ggf. auch nur vorübergehenden) Verlust eines mobilen Endgeräts,

wobei der Ablauf nach Anlage 2 einzuhalten ist.

Bei Beendigung der dienstlichen Nutzung eines Ihnen überlassenen mobilen Endgeräts haben Sie dieses (einschl. der Peripherie) unverzüglich an das Help Desk der Qualsoft GmbH zurückzugeben.

Beaufsichtigung

Das mobile Endgerät ist durch Diebstahl bzw. Kompromittierung vertraulicher Daten gefährdet: Lassen Sie es deshalb in unsicheren, für Unbefugte zugänglichen Bereichen nie unbeaufsichtigt. Das gilt auch für die Peripherie wie z. B. Wechseldatenträger.

Beachten Sie insbesondere das hohe Diebstahl-Risiko in offenen Umgebungen wie Flughäfen, öffentlichen Verkehrsmitteln oder Hotellobbys.

Die Weitergabe eines mobilen Endgeräts, das unter die Richtlinie fällt, an Unbefugte, z. B. Kollegen, Familienmitglieder oder Freunde, ist nicht gestattet.

Aufbewahrung

Außerhalb der Nutzungszeit ist das Gerät gegen Diebstahl zu sichern (abgeschlossener Raum/abgeschlossenes Schreibtischfach, Safe). Wenn möglich sichern Sie das Gerät mit mindestens zwei Sicherheitsmechanismen.

in Fahrzeugen ist ein mobiles Endgerät so zu verstauen, dass es von außen unsichtbar ist (Handschuhfach, Kofferraum); es sollte nicht über Nacht in dem Fahrzeug zurückbleiben.

Reisen

Beachten Sie während einer Reise in ein Land alle Gesetze, die sich auf die Nutzung mobiler Endgeräte auswirken können. Dies gilt insbesondere für dort eventuell bestehende Regularien zur Nutzung kryptografischer Verfahren: zulässige Verschlüsselungsalgorithmen, Schlüssellängen und damit zusammenhängende Vorgaben. Die Existenz solcher Bestimmungen ist vorab zu prüfen, um z. B. einer Beschlagnahme des mobilen Endgeräts vorzubeugen.

Tragen Sie das mobile Endgerät zu jeder Zeit bei sich, auch bei der Sicherheitsüberprüfung am Flughafen und während der Reise.

Technische Einstellungen und Apps

Nehmen Sie nicht ohne schriftliche Genehmigung vom Help Desk Änderungen an der Konfiguration des mobilen Endgerätes vor.

Stellen Sie sicher, dass mindestens der PIN- bzw. Passwortschutz auf dem mobilen Endgerät aktiviert ist.

Aktivieren Sie regelmäßig die Internetverbindung des mobilen Endgerätes über den Netzwerkzugang der Qualsoft GmbH, um den Virenschutz zu aktualisieren und ggf. ein Daten-Backup zu ermöglichen.

Überprüfen Sie regelmäßig die verwendeten Wechselmedien auf Computerviren und Trojaner.

Es dürfen nur genehmigte Apps auf mobilen Endgeräten installiert werden. Herunterladen und installieren z. B. von Shareware/Freeware oder Spielen ist nicht gestattet.

Daten

Vertrauliche Daten sind grundsätzlich nur in der stationären IT der Qualsoft GmbH dauerhaft zu speichern.

Mobilarbeiter, die aufgrund ihrer besonderen Aufgaben mit vertraulichen Daten auf mobilen Endgeräten arbeiten, haben die Anforderungen aus der entsprechenden technischen Richtlinie umzusetzen.

Achten Sie auf auffällige Beobachter („Shoulder Surfer") während der Arbeit mit vertraulichen Daten.

Vertrauliche Daten der Qualsoft GmbH dürfen keinesfalls auf anderen Geräten oder externen Einrichtungen (z. B. in fremden Clouds) gespeichert werden.

Einverständniserklärung:

Ich habe diese Regeln verstanden und werde sie einhalten. Soweit ich ein eigenes mobiles Gerät für dienstliche Zwecke verwende, stimme ich den diesbezüglichen Regeln explizit zu.

Name: User-ID:

Datum: Unterschrift:

Wie man leicht erkennt, lässt sich die Richtlinie vereinfachen, wenn man auf die Nutzung *privater* mobiler Geräte für dienstliche Zwecke verzichtet. Gerade aus Sicht der Informationssicherheit wird dringend angeraten, so weit wie möglich auf die Anwendung von BYOD zu verzichten.

Wir bringen in der Abb. 7.1 noch ein Beispiel für die in der Richtlinie erwähnte Anlage 2.

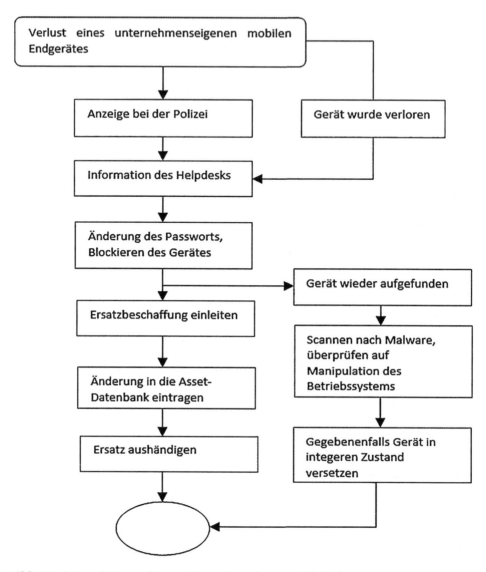

Abb. 7.1 Anlage 2: Prozess für gestohlene oder verlorene mobile Endgeräte

7.6   BCM und Notfallmanagement

Für den Fall, dass mobile Endgeräte in zeitkritische Geschäftsprozesse einbezogen sind, ist es erforderlich, das Business Continuity Management – darin das IT-Notfallmanagement – entsprechend anzupassen.

Dies bezieht sich unter anderem auf folgende Aspekte:

- Erweitern der Business Impact Analysis, um insbesondere die Kritikalität der mobilen Geräte und der davon genutzten Ressourcen zu ermitteln
- Planen von Redundanzen für kritische mobile Geräte und davon genutzte Ressourcen
- Anpassung von Notfallkonzepten und Notfallhandbüchern, ggf. auch von Notfall- und Wiederanlaufplänen z. B. für betroffene Geschäftsprozesse
- Anpassen bzw. Erweitern von Plänen für Notfallübungen (Einbeziehung mobiler Geräte)

Unter die *Ressourcen* fallen z. B. auch die genutzten Cloud Services.

Für eine detaillierte Ausarbeitung aller Aspekte des BCM den Einsatz mobiler Geräte betreffend verweisen wir auf [1] und [2].

Literatur

1. Kersten H, Klett G (2012) Mobile Device Management. mitp, Frechen
2. Klett G, Kersten H (2014) Mobile Infrastrukturen: Management, Sicherheit und Compliance. mitp, Frechen
3. DIN ISO/IEC 27001 (2017-06) Informationstechnik – IT-Sicherheitsverfahren: Informationssicherheits-Managementsysteme – Anforderungen

Umsteigen von älteren Normfassungen auf die aktuelle Norm

▶ **Zusammenfassung** Wer sich bisher an älteren Fassungen der ISO 27001 orientiert hat, wird sich die Frage stellen, was beim Übergang zur aktuellen Fassung geändert wurde, ob und ggf. welche Anpassungen an einem bestehenden ISMS, seinen Maßnahmen und Dokumenten vorzunehmen sind. In diesem Kapitel stellen wir deshalb einen Leitfaden bzw. Fahrplan für den Umstieg dar.

Wir wollen die Auswirkungen folgender Normänderungen besprechen: Übergang von der (deutschen)

- Erstfassung [2] aus 2008 zur Fassung [3] aus 2015 und
- Fassung [3] aus 2015 zur Fassung [4] aus 2017.

Wer nach der ISO 27001 zertifiziert ist, wird zumindest den ersten Übergang bereits hinter sich haben. Wer sich bisher nur locker an der älteren Norm orientiert hat, erhält im folgenden Abschn. 8.1 entsprechende Hinweise für eine (sicher notwendige) Umstellung.

8.1 Von 2008 nach 2015

8.1.1 Vorüberlegungen

Bei der Normfassung von 2015 gibt es einige Änderungen, deren Anwendung und Umsetzung gut überlegt sein muss. Wir stellen diese wichtigen Punkte zusammen.

© Springer Fachmedien Wiesbaden GmbH, ein Teil von Springer Nature 2020   231
H. Kersten et al., *IT-Sicherheitsmanagement nach der neuen ISO 27001*,
Edition <kes>, https://doi.org/10.1007/978-3-658-27692-8_8

ISMS-Leitlinie

Der Begriff *ISMS-Leitlinie* beinhaltete nach der alten Norm aus 2008

1. die klassische IT-Sicherheitsleitlinie[1] (Zielgruppe Mitarbeiter),
2. Vorgaben an das Sicherheitspersonal in Sachen Asset-Erfassung, Sicherheitsorganisation, Risikoanalyse und -bewertung, Risikobehandlung.

Die IT-Sicherheitsleitlinie nach 1. ist nicht verhandelbar, d. h. sie muss existieren, in Kraft gesetzt und bekannt gemacht werden. Diese Anforderungen findet man im NA[2] 5.2 sowie im Anhang A in der Control-Gruppe A.5. Hier hat sich praktisch nichts geändert.

Für 2. werden auch die Begriffe *ISMS-Rahmenwerk*, *ISMS-Beschreibung* oder *ISMS Policy* verwendet. Falls Sie bisher ein solches Dokument zur Beschreibung Ihres ISMS verwendet haben – nutzen Sie es weiter! Sie müssen es jedoch an die neue Normfassung anpassen. Die notwendigen Änderungen beschreiben wir weiter unten im Abschn. 8.1.2. Am besten wäre es, eine Referenzliste anzulegen, in der die einzelnen Normanforderungen auf Abschnitte oder Kapitel Ihrer ISMS-Leitlinie abgebildet werden.

PDCA

Als nächstes beschäftigen wir uns mit dem PDCA-Verfahren, das der *kontinuierlichen Verbesserung* des ISMS dient.

In der bisherigen Normfassung aus 2008 war PDCA ein unverzichtbares Verfahren – und deshalb auch Gegenstand interner bzw. externer Audits. Dies führte in der Praxis dazu, dass von der Organisation Aufzeichnungen über die Abarbeitung der vier Phasen P, D, C und A gefordert wurden, deren Inhalte dann gegen die Normanforderungen geprüft wurden.

In der Normfassung von 2015 ist das Ziel der kontinuierlichen Verbesserung zwar immer noch vorgegeben und muss erreicht werden – allerdings nicht zwangsläufig mittels *PDCA*. Als Organisation ist man also frei, ein eigenes Verfahren zur kontinuierlichen Verbesserung einzusetzen.

Was heißt das für die Praxis? Falls Sie bisher schon PDCA eingesetzt haben und damit gut umgehen können, sollten Sie dieses Verfahren auch weiterhin nutzen!

Wenn aus irgendeinem Grund ein anderes Verfahren eingesetzt werden soll, muss damit die Anforderung aus NA 10.2 der ISO 27001 [3] erfüllt werden können: Die Organisation muss fortlaufend die Eignung, Angemessenheit und Wirksamkeit ihres ISMS verbessern.

Nehmen wir als Beispiel die *Wirksamkeit*, wozu es im Hauptteil der 2015-er Norm eine Reihe von Anforderungen gibt:

- NA 5.1 d): Die Bedeutung eines wirksamen ISMS muss kommuniziert werden.
- NA 5.1 f): Alle Beteiligten müssen zur Wirksamkeit beitragen.

---

[1] In der neuen deutschen Normfassung als *Sicherheitspolitik übersetzt.*
[2] NA = Normabschnitt: Nummerierung des Abschnitts in der ISO 27001.

- NA 7.3 b): Alle Beteiligten müssen sich des Wirksamkeitsaspektes bewusst sein.
- Abschn. 7. 5.1 b): Für ein wirksames ISMS werden dokumentierte Informationen (Dokumente und Aufzeichnungen) benötigt.
- NK[3] 9: Die Wirksamkeit ist ein Hauptpunkt bei der Leistungsbewertung des ISMS und geht in Monitoring/Messungen, Audits und Management-Bewertungen ein.

Will man also die Wirksamkeit des ISMS fortlaufend verbessern, sind diese Punkte und ihre Umsetzung *regelmäßig* zu überprüfen; diese Prüfung sollte aus Nachweisgründen aufgezeichnet werden. Bei festgestellten Defiziten oder gar Normabweichungen müssen korrigierende Maßnahmen ergriffen werden, deren Umsetzung wiederum zu überwachen ist. Für die Aspekte der Eignung und Angemessenheit geht man analog vor.

Das so beschriebene Minimal-Verfahren – regelmäßig angewendet – wäre nach neuer Norm ausreichend für die kontinuierliche Verbesserung. Was dabei als *regelmäßig* gilt, legt die Organisation selbst fest: Typisch ist ein jährlicher Abstand – bei häufigen Änderungen am ISMS mag auch ein kürzeres Intervall sinnvoll sein.

Risikobeurteilung

In der alten Norm aus 2008 setzte sich die sogenannte *Risikoeinschätzung* aus den Schritten a) Risiko-Identifizierung, b) Risiko-Abschätzung und c) Risikobewertung zusammen. Die Punkte a) und b) wurden gemeinsam als *Risiko-Analyse* bezeichnet.

Bei der Normfassung 2015 wurden die Begriffe geändert: Statt Risikoeinschätzung spricht man von *Risikobeurteilung*. Während a) und c) unverändert bleiben, wurde b) umbenannt in *Risiko-Analyse*.

Hier stellt sich zunächst die Aufgabe, in vorhandenen Unterlagen die Begriffe entsprechend zu ändern und diese an das Sicherheitspersonal geeignet zu kommunizieren.

Im Detail ist noch eine weitere „Neuerung" zu erkennen:

Das klassische Vorgehen bestand darin, bei identifizierten Bedrohungen bzw. Gefährdungen zunächst zu prüfen, ob ausnutzbare Schwachstellen vorliegen. Erst wenn dies der Fall ist („Bedrohung trifft auf Schwachstelle"), entstehen tatsächlich Risiken. Letztere wurden dann abgeschätzt (Schadenhöhe und Eintrittshäufigkeit) und dementsprechend einer Risikoklasse zugeordnet. Die Bewertung orientierte sich meist direkt an der Risikoklasse. Wichtig: Ohne Schwachstelle kein Risiko!

Nach der 2015-er Normfassung darf die Vorgehensweise vereinfacht werden: Identifizierte Risiken können direkt einer Risikoklasse zugeordnet werden, d. h. die Schritte der Schwachstellenanalyse und ggf. der detaillierten Abschätzung des Risikos können entfallen.

Für die Praxis: Wenn Sie mit dem „alten" Verfahren zufrieden sind, nutzen Sie es weiter – unter Anpassung der Begriffe wie oben geschildert. Wenn Sie schon immer nach einer „leichteren" Methode gesucht haben, können Sie natürlich auf das neue Betrachtungsmodell umschwenken.

---

[3] NK = Normkapitel: Nummerierung des Kapitels in der ISO 27001.

Ansprechpartner für die Risikobeurteilung bei einem Asset waren bisher immer die Asset Owner. Hier ist insofern eine Neuerung erfolgt, als nunmehr die operationelle Verantwortung für ein Asset und die Risiko-Verantwortung getrennt sein können: Es wird die Rolle eines *Risk Owners* eingeführt. Natürlich darf Asset Owner = Risk Owner sein, womit wir wieder beim alten System sind und ggf. auch nichts anpassen müssen. Die Trennung beider Verantwortlichkeiten kann jedoch ein überlegenswerter Punkt sein. Nimmt man eine solche Trennung vor, bedeutet dies, dass die bisherigen Risikobeurteilungen für die einzelnen Assets mit den nun zuständigen Risk Ownern ggf. erneut durchzuführen sind: Die Übernahme des verbleibenden Risikos muss ja explizit durch den Zuständigen erfolgen.

Leistungsbewertung

NK 9 der 2015-er Normfassung widmet sich dem wichtigen Aspekt der Leistungsbewertung des ISMS. Hier werden speziell das Monitoring, interne und externe Audits und die Management-Bewertung (s. Kap. 2) genannt, um die Leistung – insbesondere die Wirksamkeit – des ISMS zu evaluieren.

Material zu internen und externen Audits finden Sie im Kap. 5.

In Kap. 4 dieses Buches wird vor allem die Vorgehensweise der Messung von Kennzahlen zur Leistungsbewertung gemäß ISO 27004 beschrieben.

Falls bisher in der Organisation solche Kennzahlen *nicht* eingeführt waren, wäre die Umstellung auf die 2015-er Normfassung ein guter Zeitpunkt! Bei zukünftigen Audits wird diesem Aspekt ein höherer Stellenwert zugemessen werden als bisher. Man muss also etwas vorweisen können!

8.1.2 Hauptteil der ISO 27001

Beim Übergang zur Normfassung von 2015 kommen grundsätzlich folgende Arten von Aufgaben vor:

- Typ 1: Es werden neue Anforderungen an das ISMS gestellt, die es umzusetzen gilt.
- Typ 2: In der 2008-er Norm vorkommende Anforderungen werden anders nummeriert, stehen unter einer anderen Überschrift und/oder sind geringfügig geändert. Die eigene Dokumentation ist dann entsprechend anzupassen.
- Typ 3: In der 2008-er Norm vorkommende Anforderungen wurden gelöscht.

Weiter oben in diesem Kapitel war die Rede von einer ISMS-Beschreibung (ISMS-Leitlinie, ISMS-Rahmenwerk oder ISMS Policy). Wir stellen uns vor, dass hierin dargestellt worden ist, wie die ISMS-Anforderungen aus der alten Norm umgesetzt sind, und zwar gemäß der Reihenfolge[4] und Nummerierung in der alten Norm.

---

[4]Wenn Sie diese Informationen in andere Dokumente aufgenommen oder sogar auf mehrere verteilt haben, gehen Sie das nachfolgende Arbeitsprogramm sinngemäß an.

Tab. 8.1 Gelöschte Anforderungen aus der 2008-er Normfassung

Clause	Deleted requirement
4.2.1(g)	The control objectives and controls from Annex A shall be selected as part of this process as suitable to cover these requirements.
4.2.1(i)	Obtain management authorization to implement and operate the ISMS.
4.2.3(a)(1)	promptly detect errors in the results of processing;
4.2.3(a)(2)	promptly identify attempted and successful security breaches and incidents;
4.2.3(a)(4)	help detect security events and thereby prevent security incidents by the use of indicators; and
4.2.3(a)(5)	determine whether the actions taken to resolve a breach of security were effective.
4.2.3(h)	Record actions and events that could have an impact on the effectiveness or performance of the ISMS (see 4.3.3).
4.3.1	Documentation shall include records of management decisions, ensure that actions are traceable to management decisions and policies, and the recorded results are reproducible.
4.3.1	It is important to be able to demonstrate the relationship from the selected controls back to the results of the risk assessment and risk treatment process, and subsequently back to the ISMS policy and objectives.
4.3.1(c)	procedures and controls in support of the ISMS;
4.3.2	A documented procedure shall be established to define the management actions needed to:
4.3.3	The controls needed for the identification, storage, protection, retrieval, retention time and disposition of records shall be documented and implemented.
…	…

Es ist vom Ablauf her am besten, in der Reihenfolge Typ 3 – Typ 2 – Typ 1 vorzugehen.

Zunächst also das „Löschen" – Typ 3: Welche ISMS-Anforderungen betrifft das? Bei der Analyse unterstützen Vergleichstabellen, wie sie z. B. vom (britischen) bsi in [6] herausgegeben wurden. Die Tab. 8.1 zeigt einen Ausschnitt aus dieser Vergleichstabelle. Dabei geben wir die Jahreszahlen der deutschen Fassungen an.

Hier kann einfach die Original-Tabelle Schritt für Schritt abgearbeitet werden. Wenn dabei eigene Beschreibungen/Texte zu löschen wären, die aus Sicht der Organisation als wichtig erscheinen, müsste dafür ein anderer „Platz" gesucht werden. Solche Punkte notieren wir uns und schieben sie zunächst an das Ende unserer Bearbeitungskette.

Nun folgen Anforderungen (Typ 2), die bisher schon existierten (zumindest in sehr ähnlicher Form), aber in der neuen Normfassung an anderer Stelle einsortiert und anders nummeriert wurden. Auch hier existieren entsprechende Kreuzverweis-Tabellen (gleiche Quelle wie oben). Ein Ausschnitt ist in der Tab. 8.2 angegeben.

Hier sind folgende Arbeitstakte erforderlich:

a. Die betroffenen Textabschnitte müssen verschoben werden, und zwar gemäß der Nummerierung in der neuen Normfassung.
b. Die Anforderungen in der neuen Norm sind sicherheitshalber mit dem verschobenen Text zu vergleichen; eventuell ist textlich etwas anzupassen.

Tab. 8.2 Umsortierung von der 2008-er Fassung in die 2015-er Fassung

2008	Requirement	2015
4.1	The organization shall establish, implement, opera …	4.4
4.2.1(a)	Define the scope and boundaries of the ISMS in te …	4.3
4.2.1(b)	Define an ISMS policy in terms of the characteris …	5.2(a)
4.2.1(b)(1)	includes a framework for setting objectives and e …	5.2(b)
4.2.1(b)(2)	takes into account business and legal or regulato …	5.2(c)
4.2.1(b)(3)	aligns with the organization's strategic risk man …	5.1(a)
4.2.1(b)(4)	establishes criteria against which risk will be e …	6.1.2(a)(1)
4.2.1(b)(5)	has been approved by management …	5.2
4.2.1(c)	Define the risk assessment approach of the organi …	6.1.2
4.2.1(c)(1)	Identify a risk assessment methodology that is su …	6.1.2, 6.1.3
4.2.1(c)(2)	Develop criteria for accepting risks and identify …	6.1.2(a)(1)
4.2.1(c)(2)	The risk assessment methodology selected shall ens …	6.1.2(b)
4.2.1(d)	Identify the risks …	6.1.1, 6.1.2(c)
4.2.1(d)(1)	Identify the assets within the scope of the ISMS, …	6.1.2(c)(1), 6.1.2(c)(2)
…	…	…

Nun ergibt sich ein nicht unerheblicher Folgeaufwand: Da „alte" Texte unter einer neuen Nummer erscheinen, müssen alle Verweise auf solche Texte aktualisiert werden – dies gilt prinzipiell für *alle* Dokumente, in denen solche Verweise auf die ISMS-Beschreibung vorkommen. Hat man früher in der Textverarbeitung mit automatisierten Verweisen bzw. Links gearbeitet, reicht es, die Funktion „Verweise aktualisieren" auszuführen. Hat man alle Verweise von Hand eingetragen, dauert es länger!

Nun sind in die aktualisierte ISMS-Beschreibung alle Anforderungen vom Typ 1 aufzunehmen, ihre Umsetzung ist zu beschreiben. Welche Anforderungen sind das? Wir zeigen wieder einen Ausschnitt aus einer Vergleichstabelle (gleiche Quelle) in der Tab. 8.3. Die gesamte Liste ist nicht sehr umfangreich – dennoch ist hier insofern Arbeitsaufwand zu leisten, da ja in der Tat Neues zu konzipieren und umzusetzen ist.

Schlussendlich müssen wir noch entscheiden, ob und ggf. wo bei Typ 3 gelöschte eigene Beschreibungen/Texte sinnvollerweise noch untergebracht werden können, falls sie nicht tatsächlich obsolet sind.

Tab. 8.3 Neue Anforderungen in der 2015-er Fassung

2015	Requirement
4.2(a)	the interested parties that are relevant to the information security management system; and
4.3(c)	interfaces and dependencies between activities performed by the organization, and those that are performed by other organizations.
5.1(b)	ensuring the integration of the information security management system requirements into the organization's business processes;
6.1.1(a)	ensure information security management system can achieve its intended outcome(s);
6.1.1(b)	prevent, or reduce, undesired effects; and
6.1.1(c	achieve continual improvement.
6.1.2(a)	establishes and maintains information security risk criteria that include:
6.2(b)	be measurable (if practicable)
6.2(c)	take into account applicable information security requirements,
…	…

8.1.3 Anhang A der Norm

Dieser Anhang verfügt in der 2015-er Fassung über 114 Controls – in der alten Fassung waren es 135. Die scheinbare Reduktion der Anzahl geht aber einher mit einer neuen Struktur, insbesondere sind statt bisher 11 Controlgruppen nunmehr 14 vorhanden. Einige Controls wurden gestrichen, andere sind neu hinzugekommen.

Im Grunde ist das Vorgehen direkt mit dem vorausgehenden Abschnitt vergleichbar: Wir brauchen eine Klassifikation nach Typ 1, 2 und 3 und entsprechende Vergleichstabellen. Auch diese Tabellen sind in dem genannten *Mapping Guide* [6] vorhanden und sollten herangezogen werden.

Wir wollen es dabei belassen und uns nur noch die **neuen** Controls anschauen, da hier noch Implementierungsaufwand entstehen könnte:

In A.6 geht es um die Aufbau- und Ablauforganisation z. B. eines Unternehmens.

- A.6.1.5: Es wird gefordert, dass in *allen* Projekten einer Organisation das Thema *Informationssicherheit* berücksichtigt wird, d. h. das Projektmanagement muss Sicherheitsziele festlegen, Maßnahmen zur Umsetzung treffen und deren Wirksamkeit geeignet überwachen. Falls die Projekte einer Organisation nach einem einheitlichen Projekthandbuch durchgeführt werden, sollte dies Handbuch um Vorgaben in punkto Sicherheit ergänzt werden.

Die Gruppe A.12 behandelt betriebliche Prozesse in der IT.

- A.12.6.2: Hier wird explizit gefordert, dass das Installieren von Software durch Nutzer geregelt sein muss – z. B. so, dass dies grundsätzlich untersagt wird, oder dass die Software-Auswahl eingeschränkt ist (etwa bei Apps in mobilen Systemen). Dieser Punkt ist inhaltlich nicht neu – neu ist nur, dass hierfür ein eigenes Control spendiert wurde.

Die Controlgruppe A.14.2 adressiert Sicherheitsaspekte bei der Entwicklung und Unterstützung von Software und Systemen. Hinzugekommen sind die folgenden Controls:

- A.14.2.1: Es wird die Existenz eines dokumentierten Regelwerks für solche Entwicklungen verlangt, welches einheitlich anzuwenden ist.
- A.14.2.5: Bei der Entwicklung sollen erprobte Prinzipien für die Entwicklung sicherer Systeme zum Einsatz kommen.
- A.14.2.6: Die Entwicklung soll in einer geschützten Umgebung stattfinden.
- A.14.2.8: Jede sicherheitsrelevante Funktion einer Software oder eines Systems soll eingehend getestet werden.

Grundsätzlich gilt, dass diese Vorgaben nicht nur für die Software-Entwicklung, sondern auch bei dem Aufbau bzw. der Integration von IT-Systemen einzuhalten sind. Dabei ist zu beachten, dass der Lebenszyklus von Software und Systemen berücksichtigt werden muss. Vor diesem Hintergrund dürften fast alle Organisationen von diesen Controls betroffen sein.

Die neue Controlgruppe A.15 beschäftigt sich mit den Lieferantenbeziehungen:

- A.15.1.1: Es wird eine Richtlinie gefordert, in der der Zugang (Zutritt, Zugriff, Nutzung) zu Assets der Organisation durch Lieferanten geregelt sein soll.
- A.15.1.3: Es wird verlangt, dass in Verträgen mit Lieferanten auch das Problem der Lieferketten bzw. Unterauftragnehmer ausreichend berücksichtigt wird.

In A.16 wird das Management von Sicherheitsereignissen angesprochen.

- A.16.1.4: Für jedes eintretende Ereignis ist zu prüfen, ob es als *Security Incident* (Sicherheitsvorfall) zu klassifizieren ist. Incidents dieses Typs sind Ereignisse, bei denen eine hohe Wahrscheinlichkeit besteht, dass Sicherheitsziele der Organisation beeinträchtigt sein können.
- A.16.1.5: Die Reaktion auf und die Behandlung von Incidents muss in einer Richtlinie beschrieben sein, welche einheitlich angewendet wird.

Gegenstand von A.17 ist das Business Continuity Management.

- A.17.2.1: Es müssen alle informationsverarbeitenden Einrichtungen mit ausreichender Redundanz ausgestattet sein, um Verfügbarkeitsziele der Organisation – sofern solche bestehen – erfüllen zu können.

Dieses unscheinbare neue Control hat es in sich, weil die Verfügbarkeitsanforderungen auf alle beteiligten IT-Ressourcen heruntergebrochen werden müssen, der erforderliche Grad an Redundanz analysiert und eingerichtet werden muss. Möglicherweise ist dies bisher nicht so durchgeführt worden. Dann entsteht hier Aufwand!

8.1.4   Weitere Dokumente und Pläne

Einige anzupassende Dokumente wurden schon genannt. Wir gehen das Thema nochmal systematisch an und stellen die zu überarbeitenden Punkte zusammen:

- Glossar – Falls Sie ein solches verwenden, denken Sie an die geänderten Begrifflich-keiten. Nutzen Sie die Einzelnorm ISO 27000 zur Anpassung – am besten die aktuelle Fassung [1]!
- Sicherheitsleitlinie – Es sind eher keine Anpassungen erforderlich.
- ISMS- Beschreibung – Hinweise dazu finden Sie dazu im Abschn. 8.1.1.
- Risikobeurteilung – Hinweise dazu finden Sie dazu im Abschn. 8.1.1.
- Risikobehandlungsplan und SoA – Es sind größere Anpassung erforderlich, weil der Anhang A massiv geändert wurde.
- vorhandene Richtlinien – Anpassungen sind zu prüfen, und zwar wegen der neuen Be-grifflichkeiten und der neuen bzw. geänderten Controls. Sind alle explizit geforderten Richtlinien vorhanden? (siehe Tab. 8.4)
- Awareness-Pläne – Hier müssen Aktivitäten folgen: Auswirkungen der geänderten Norm, Neuerungen beim Projektmanagement, geänderte Richtlinien müssen erläutert werden.
- Kompetenznachweise – Hier sind keine Änderungen erforderlich.
- Aufzeichnungen – Die Durchführung und Ergebnisse der Leistungsbewertung des ISMS sind aufzuzeichnen, darunter auch die Ergebnisse der Kennzahlenmessungen.

Wir gehen nochmal auf (Sicherheits-)Richtlinien ein, die in der englischen Fassung unter *Policy*[5] laufen: Die Kenntnis der in der Organisation existierenden Richtlinien wird im Normabschnitt 7.3 für alle relevanten Personengruppen gefordert und soll durch Awareness-Maßnahmen vertieft werden.

Tab. 8.4 Mindestens geforderte Richtlinien nach Anhang A

Control	Richtlinie
A.6.2.1	Richtlinie zu Mobilgeräten
A.9.1.1	Zugangssteuerungsrichtlinie
A.10.1.1	Richtlinie zum Gebrauch von kryptographischen Maßnahmen
A.10.1.2	Richtlinie für die Schlüsselverwaltung
A.11.2.9	Richtlinie für eine aufgeräumte Arbeitsumgebung und Bildschirmsperren
A.12.3.1	Richtlinie für die Sicherung von Information
A.13.2.1	Richtlinien und Verfahren zur Informationsübertragung
A.14.2.1	Richtlinie für sichere Entwicklung
A.15.1.1	Richtlinie für Lieferantenbeziehungen

---

[5] In der ISO 27002 [5] wird zu A.5 erläutert, dass hierunter eine allgemeine IT-Sicherheitsleitlinie bzw. Sicherheitspolitik sowie themenspezifische Sicherheitsrichtlinien fallen.

Die Richtlinien unterliegen auch den Aufgaben im Normabschnitt 7.5 und müssen periodisch überprüft und ggf. angepasst werden.

Welche Richtlinien werden von der ISO 27001 explizit gefordert? Die Tab. 8.4 gibt alle Richtlinien an, die laut Anhang A mindestens vorhanden sein müssen.

Diese Anforderungen müssen so interpretiert werden, dass eine Richtlinie entfallen kann, wenn das Thema für die Organisation nicht von Belang ist: Wer keine mobilen Geräte nutzt, braucht auch keine diesbezügliche Richtlinie, wer keine Lieferanten einsetzt, kann auf eine entsprechende Richtlinie verzichten usw.

8.1.5 Checkliste

Wir fassen die vorausgehenden Abschnitte grob in Form einer Checkliste (Tab. 8.5) zusammen.

Fazit

Mit den aufgeführten (kostenfreien) Vergleichstabellen und der Checkliste werden Sie den Umstieg auf die 2015-er Normfassung gut bewältigen.

Es bleibt noch zu erwähnen, dass die ISO in [7] ein eigenes Dokument zu diesem Thema herausgegeben hat, das aber nach einhelliger Meinung wenig hilfreich ist; die in diesem Kapitel referenzierten Guidelines des bsi sind dem deutlich vorzuziehen.

Tab. 8.5 Checkliste zu Kap. 8

Nr.	Fragen	ja	teilweise	nein
1	Ist ein eigenes Glossar (Begriffssammlung) auf die ISO 27000 angepasst worden? Sind die Begriffe in eigenen Dokumenten aktualisiert worden?	☐	☐	☐
2	Erfüllt die bisherige Sicherheitsleitlinie die Anforderungen aus Abschn. 5.2 der Norm?	☐	☐	☐
3	Erfüllt die vorhandene ISMS-Beschreibung die Anforderungen aus den Kap. 4–10 der Norm?	☐	☐	☐
4	Soll PDCA gemäß der neuen Norm durch ein anderes Verfahren ersetzt werden? (optional)	☐	-	☐
5	Soll die Risikobeurteilung im Sinne der neuen Norm vereinfacht werden? (optional)	☐	-	☐
6	Wurden Risikoanalyse und Risikobewertung ggf. mit den neuen *Risk Ownern* wiederholt?	☐	☐	☐
7	Wurden der Risikobehandlungsplan und das SoA an den neuen Anhang A angepasst?	☐	☐	☐
8	Sind Sicherheitsrichtlinien neu zu erstellen bzw. anzupassen?	☐	☐	☐
9	Sind Pläne für die Leistungsbewertung des ISMS (u. a. durch Kennzahlen) erstellt worden?	☐	☐	☐
10	Sind die zuständigen Personen/Stellen mit der Durchführung der erforderlichen Änderungen (ISMS und Maßnahmen) beauftragt worden?	☐	☐	☐

8.2   Von 2015 nach 2017

Was hat sich geändert?

Die Fortschreibung beinhaltet genau zwei Änderungen, die jeweils in einem sog. Corrigendum veröffentlicht wurden: [8] und [9]. Diese beiden kurzen Dokumente sind in englischer Sprache kostenfrei erhältlich. Eine deutsche Übersetzung wurde ebenfalls erstellt, inzwischen aber wieder zurückgezogen, weil die Inhalte in die aktuellen deutschen Normfassungen integriert wurden.

Worum geht es inhaltlich?

Corrigendum 1   Die erste Präzisierung betrifft eine Ungenauigkeit in der ISO 27002 [5]: Dort wurde bei der Erläuterung des Controls A.8.1.1 aus der ISO 27001 nicht korrekt (sondern verkürzt) zitiert.

Diese Korrektur hat im Grunde **keine Auswirkungen** auf das ISMS einer Organisation, sofern man sich bei der Einrichtung des ISMS auf die korrekte Formulierung in der ISO 27001 bezogen hat.

Corrigendum 2   Die zweite Korrektur bezieht sich auf den Hauptteil der ISO 27001. In der 2015-er Ausgabe steht im NK 6:

> „Die Organisation muss einen Prozess für die Informationssicherheitsrisikobehandlung festlegen und anwenden, um:
> a) b) c) …
> d) eine Erklärung zur Anwendbarkeit zu erstellen, welche die erforderlichen Maßnahmen (siehe 6.1.3 b) und c)) und Gründe für deren Einbeziehung, unabhängig davon, ob sie nun umgesetzt sind oder nicht, sowie Gründe für die Nichteinbeziehung von Maßnahmen aus Anhang A enthält;"

In der 2017-er Fassung wurde der Aufzählungspunkt d abgeändert zu:

> „d) eine Erklärung zur Anwendbarkeit zu erstellen, welche

> - die erforderlichen Maßnahmen (siehe 6.1.3 b) und c));
> - Gründe für deren Einbeziehung;
> - ob sie umgesetzt sind oder nicht, sowie
> - Gründe für die Nichteinbeziehung von Maßnahmen aus Anhang A
>   enthält;"

Im alten Text war der Nebensatz „unabhängig davon, ob sie nun umgesetzt sind oder nicht" nur als Klarstellung dafür vorgesehen, welche Maßnahmen bzw. Gründe in das SoA aufzunehmen sind: Auch nicht umgesetzte Maßnahmen sind aufzunehmen.

Im neuen Text wird dagegen gefordert, dass für alle erforderlichen Maßnahmen im SoA explizit festgestellt wird, ob sie umgesetzt worden sind oder nicht (z. B. weil ihre Realisierung zeitlich verschoben wurde).

Beim Umstieg auf 2017-er Normfassung ist somit zu überprüfen, ob die vorhandene SoA-Tabelle bei jeder vorgesehenen bzw. erforderlichen Maßnahme den Status „umgesetzt" bzw. „nicht umgesetzt (, weil …)" erkennen lässt. Wenn das nicht der Fall ist, müssen hier entsprechende Informationen ergänzt werden.

Der Aufwand für die Umstellung auf die 2017-er Normausgabe [4] ist also im Grunde als gering einzuschätzen.

8.3   Neue Entwicklungen

An dieser Stelle einige grundsätzlichen Anmerkungen zum SoA und dem Anhang A der ISO 27001. In der Überschrift des Anhangs kommt das Wort *normativ* vor. Hieraus wird in der Regel geschlossen, dass alle Controls aus dem Anhang A zu bearbeiten sind (s. dazu unsere Ausführungen zu Beginn des Abschn. 6.1). Eigene Controls können hinzukommen und müssen dann in gleicher Weise bearbeitet werden.

Inzwischen läuft in den einschlägigen ISO-Arbeitsgruppen eine Diskussion darüber, ob Anwender der ISO-Norm den Anhang A überhaupt berücksichtigen müssen: Es ist vorstellbar, dass man sich ein gänzlich eigenes Set von Controls definiert (und in einem SoA verwendet), weil hiermit die Sicherheitsprobleme einer Organisation ggf. besser erfasst werden können, und den Anhang A somit komplett ignoriert.

Ein weiterer Diskussionspunkt: Eine gewisse Konfusion verursachen in der gesamten Normreihe die Formulierungen „Risiken für das ISMS" und „Risiken für die Informationsverarbeitung der Organisation". Sie werden in der Praxis weitgehend identisch interpretiert. Von der Sache her ist das aber eher nicht korrekt. Was ist also tatsächlich gemeint?

Man darf gespannt sein, ob und wie diese Fragen bei der nächsten Überarbeitung der Norm beantwortet werden.

Literatur

1. DIN EN ISO/IEC 27000 (2017-10) Informationstechnik – IT-Sicherheitsverfahren – Informationssicherheits-Managementsysteme – Überblick und Terminologie
2. DIN ISO/IEC 27001 (2008-09) Informationstechnik – IT-Sicherheitsverfahren: Informationssicherheits-Managementsysteme – Anforderungen
3. DIN ISO/IEC 27001 (2015-03) Informationstechnik – IT-Sicherheitsverfahren: Informationssicherheits-Managementsysteme – Anforderungen
4. DIN ISO/IEC 27001 (2017-06) Informationstechnik – IT-Sicherheitsverfahren: Informationssicherheits-Managementsysteme – Anforderungen
5. DIN ISO/IEC 27002 (2014-02) Informationstechnik – IT-Sicherheitsverfahren – Leitfaden für das Informationssicherheits-Management (s. Kap. 1 für eine aktuelle Normfassung)

6. ISO/IEC 27001 Mapping guide; bsi uk, www.bsigroup.com, 2013
7. ISO/IEC TR 27023 (2015-07) Information technology – Security techniques – Mapping the Revised Editions of ISO/IEC 27001 and ISO/IEC 27002
8. International Standard ISO/IEC 27001:2014: TECHNICAL CORRIGENDUM 1 vom 15.09.2014
9. International Standard ISO/IEC 27001:2014: TECHNICAL CORRIGENDUM 2 vom 01.12.2015 (in deutscher Sprache erscheinen als: DIN ISO/IEC 27001 Berichtigung 1:2017-03)

Interne Kontrollsysteme

9

> **Zusammenfassung** Der Begriff des internen Kontrollsystems ist mit der Verabschiedung und der Umsetzung des amerikanischen Sarbanes-Oxley Act populär geworden. Auch in deutschen Gesetzen, namentlich im Umfeld der Abgabenordnung, ist dieser Begriff schon länger gebräuchlich, allerdings im Anwendungsbereich auf die Behandlung buchhalterischer Verpflichtungen zur Gewährleistung der steuerlichen Nachprüfung beschränkt. Den gesetzlichen Vorgaben ist gemeinsam, dass sie keinerlei klare und abgeschlossene Definition eines solchen Kontrollsystems enthalten. Es werden lediglich in vorwiegend abstrakter Form Hinweise und Anforderungen an derartige Systeme gestellt, die in bestimmten thematischen Bereichen eines solchen Kontrollsystems anzuwenden sind. Letztlich stellt ein internes Kontrollsystem (IKS) nichts anders als die Gesamtheit der aufbau- und ablauforganisatorischen Regeln eines Unternehmens dar. Zutreffend ist auch, dass es sich bei einem IKS um so etwas wie das integrierte Management-System eines Unternehmens handelt, in dem auch die Informationssicherheit ein wichtiger Gegenstand ist.
>
> Je nach Prüfgegenstand kann der zu prüfende Teil des internen Kontrollsystems sehr stark variieren und sowohl die komplette Organisation, deren Finanzbereich, Prozesse, IT-Landschaften oder auch nur einzelne Systeme umfassen.

9.1   Problemstellung

Neben den gesetzlichen Anforderungen muss ein IKS weiteren externen Anforderungen und Anforderungskatalogen anderer Stakeholder eines IKS gerecht werden. Solche Stakeholder sind bzw. können sein:

- Mitarbeiter
- Institutionen der eigenen Organisation (Leitung, Bereiche, Abteilungen)

© Springer Fachmedien Wiesbaden GmbH, ein Teil von Springer Nature 2020

H. Kersten et al., *IT-Sicherheitsmanagement nach der neuen ISO 27001*,
Edition <kes>, https://doi.org/10.1007/978-3-658-27692-8_9

- Kunden
- Lieferanten
- der Staat
- Versicherungen
- Banken

Je nach Zweck, Zielrichtung, Markt und Eigenarten einer Unternehmung sind die zu berücksichtigenden Anforderungen an das IKS darüber hinaus individuell zu interpretieren. Ein standardisiertes IKS gibt es nicht und kann es von daher auch nicht geben. Es existieren auch keine Spezifikationen, die *Teilbereiche* eines IKS klar und widerspruchsfrei abschließend definieren. Hier ist stets Maßarbeit gefragt – universell anwendbare Blaupausen oder brauchbare Rezepte hierfür existieren nicht.

Grundsätzlich hat jede Organisation vom Beginn ihrer Existenz an ein mehr oder weniger wirksames und filigran ausgestaltetes internes Kontrollsystem. Dieses originäre IKS wird im Laufe des Lebens der Organisation mit immer neuen, zum großen Teil externen Anforderungen an das interne Kontrollsystem konfrontiert. Das System muss sich ständig einem wechselnden Umfeld anpassen, in dem die Organisation arbeitet. Ein IKS, das sich nicht verändert und nicht den wandelnden Aufgaben, Partnerschaften und Technologien, mit denen die Organisation in Berührung kommt, anpasst, verliert seine Daseinsberechtigung.

In einer Publikation aus dem Jahr 1988 wurde die amerikanische, an der New Yorker Börse notierte Firma Nordstrom mit einem sehr einfachen IKS vorgestellt, welches bis heute nur aus einer einzigen Regel[1] besteht:

> „Rule1: Use your good judgement in all situations. There will be no additional rules. Please feel free to ask your department manager, store manager or division general manager any question at any time."

Bei dem Unternehmen handelt es sich immerhin um eine Firma, die seit Jahrzehnten einen Spitzenplatz unter den „Fortune 100" einnimmt und als Bekleidungseinzelhandelskette zu den beliebtesten Arbeitgebern der USA gehört.

Man kann sich unschwer vorstellen, dass in der täglichen Arbeitspraxis eines solchen Serviceunternehmens, bei dem der Kundenkontakt und die Beratung des Kunden die entscheidende Rolle spielen, für die weit überwiegende Anzahl der im Verkauf tätigen Beschäftigten ein derart kodifiziertes IKS ausreichend ist. Man würde jedoch einem Mythos aufsitzen, wenn man tatsächlich davon ausginge, dass es auch in diesem Unternehmen keine weiteren ungeschriebenen und dokumentierten Regeln gäbe. Allein die bestehenden Konventionen über Öffnungszeiten, Arbeitszeiten, freundliches Verhalten, die Regeln der Corporate Governance sowie die Vorgaben des Sarbanes-Oxley Acts, der für börsennotierte Unternehmen in den USA gilt, lassen erwarten, dass es hier entgegen der offiziellen

---

[1] Karl Albrecht, At Americas Service, New York, 1988.

Version des Regelwerks noch mehr geben müsste. Tatsächlich wird man dann auf der Webseite des Unternehmens recht schnell weiterer Regelwerke, wie z. B. eines Code of Conduct, fündig. Soweit es den überwiegenden Teil der Beschäftigten angeht, kann man allerdings durchaus davon ausgehen, dass diese „inoffiziellen" Regeln sich im Allgemeinen auch ohne die Zuhilfenahme der zusätzlichen Dokumente durch Bemühung des eigenen Urteilsvermögens unmittelbar erschließen. Aus formalen und substanziellen Compliance-Gründen ist ein derart reduziertes Kontrollsystem aber streng genommen unzulässig. Die Darlegung vieler Aspekte eines internen Kontrollsystems bedarf der Formalisierung und der Dokumentation in Form von Regelwerken, die großenteils elektronisch oder textlich dokumentiert sein müssen, um einer objektiven Überprüfung zugänglich gemacht werden zu können.

Neben dem intrinsisch motivierten Regelungsbedarf werden interne Kontrollsysteme zunehmend durch externe Anforderungen beeinflusst. Die Herausforderung beim Design eines internen Kontrollsystems besteht nun darin, dieses System so zu gestalten, dass die Konflikte zwischen den unterschiedlichen und sich häufig widersprechenden externen Anforderungen möglichst entschärft werden. Gleichzeitig ist zu berücksichtigen, welche organisationskulturellen Anforderungen an die Managementmethoden mit dem Kontrollsystem in Einklang stehen müssen. Die verschiedenen Arten der Kontrollen und deren Ausprägungen stehen hierbei stets in einem Konflikt miteinander, der sich nicht ohne Betrachtung der speziellen Eigenheiten und Randbedingungen, unter denen eine Organisation besteht, annähernd optimal auflösen lässt. Stehen gut ausgebildete Mitarbeiter zur Erledigung hochkreativer und hoch wertschöpfungsintensiver Tätigkeiten bereit, so sind die Kontrollen sinnvollerweise eher auf die Unterstützung der Fähigkeiten zur Selbstkontrolle der Mitarbeiter als zu deren Überprüfung durch Fremdkontrolle auszurichten, da sie ansonsten die in derartigen Organisationen aktuell präferierten sogenannten agilen Arbeitsweisen konterkarieren würden. In anderen Organisationen oder Bereichen einer Organisation muss ein von Drillmethoden dominiertes, sehr starres Kontrollsystem sämtliche Ansätze zu agilem Arbeiten unterbinden, um erfolgreich oder compliant zu sein. Die bekannteste Quelle für externe Anforderungen an ein internes Kontrollsystem stellt das COSO-Modell dar. COSO steht für *Committee of Sponsoring Organizations of the Treadway Commission*. Die US-Senats-Kommission *National Commission on Fraudulent Financial Reporting* nahm 1985 ihre Arbeit unter dem Vorsitz von Senator Treadway auf und wurde hierbei von den wichtigsten US-Buchprüfervereinigungen unterstützt, die das Committee of the Sponsoring Organizations bis heute bilden. COSO ist vom sachlichen Anwendungsbereich und seitens der Herkunft auf die Finanzberichterstattung und die USA begrenzt. Hinsichtlich der Überprüfung und Gestaltung operativer Prozesse in den Betrieben wird COSO in den USA durch die SAS-Standards ergänzt (*Statement on Auditing Standards*). Im internationalen Bereich finden diese US-Regelwerke ihren generellen Eingang in den IFRS-Standards für den Finanzbereich und einer Reihe von ISO-Standards – darunter auch ISO 27001 – für den Bereich der betrieblichen Prozesse, sowie der ISAE (*International Standards for Assurance Engagements*) für die im Bereich des Finanzwesens einschlägigen operativen Prozesse.

Neben den ISO-Standards wird im Bereich der IT-Governance zur Etablierung eines hierfür maßgeblichen Teils eines internen Kontrollsystems häufig auf das COBIT-Modell [9] zurückgegriffen. Das Akronym stand ursprünglich für *Control Objectives for Information and Related Technology*. Bei dem Modell handelt es sich um ein Reifegradmodell (engl. *Capability Maturity Model*), bei dem die Umsetzung von Kriterien der IT-Governance nach einer Art „Notensystem" dahingehend bewertet wird, als dass die Gegebenheiten in der anwendenden Organisation nach ihrer Definiertheit und schließlich nach der Fähigkeit der anwendenden Organisation, diese selbst zu bewerten und weiterzuentwickeln, bemessen werden. Daneben existieren eine Reihe weiterer Modelle, die auf Teilbereiche der IT-Governance angewandt werden können – wie etwa für den Bereich der IT-Sicherheit der in Deutschland verbreitete IT-Grundschutz oder im Bereich der Cloud Security die Empfehlungen der Cloud Security Alliance.

In der Praxis ist die kaum mehr überschaubare Flut externer Regelwerke, denen ein IKS ausgesetzt ist, inzwischen zu einer schwer zu meisternden Herausforderung geworden. Die Entwicklung und Pflege eines nachhaltig betreibbaren und von allen Stakeholdern akzeptierten IKS setzt sorgsame Planung und Umsetzung voraus.

Hierbei ist es ein kaum zu bewältigendes Ansinnen, mit einem IKS sämtlichen externen Regelwerken *buchstabengetreu* Rechnung zu tragen. Allerdings entspricht es inzwischen der täglichen Praxis, dass die Unternehmen mit den unterschiedlichsten Regelwerken und Checklisten im Rahmen der Anbahnung neuer geschäftlicher Beziehungen und im Rahmen der Aufrechterhaltung bestehender Beziehungen konfrontiert sind. Es ist von daher von größtem Nutzen, wenn man auf derartige Anforderungskataloge mit dem eigenen IKS gut vorbereitet ist.

Ein gutes IKS trägt externen Regelwerken nicht dann sinnvoll Rechnung, wenn die dort enthaltenen Regeln buchstabengetreu repliziert werden. Vielmehr geht es darum, dass Ziele und Schutzzwecke der Regelwerke miteinander verträglich sind, d. h. dass die Regel entweder kompensiert wird, eine analoge Regelung am Platz ist oder eine Einigung über die Entbehrlichkeit einzelner Regeln getroffen werden kann.

Abgesehen von den Anforderungen an die Kontrolle der Finanzberichterstattung besteht im Bereich des Operational Auditing (deutsch: betrieblich-technische Verfahrensnachschau) nur im Bereich der ISO-Standards ein einigermaßen gut aufeinander abgestimmtes Anforderungswerk, welches einem IKS als Grundlage dienen kann und dem ggf. im Zuge von Zertifizierungen zusätzliche Vorteile im Hinblick auf die internationale Anerkennung von Überprüfungen abgewonnen werden können.

Von daher empfiehlt es sich im Bereich des operationellen Betriebs das IKS an den folgenden Standards auszurichten:

- ISO 9001 – Qualitätsmanagementsysteme [2]
- ISO 14001 – Umweltschutzmanagementsysteme [3]
- ISO 20000 – IT-Servicemanagementsysteme [4]
- ISO 22301 – Notfallmanagementsysteme [5]
- ISO 27001 – Informationssicherheitsmanagementsysteme [6]

- ISO-45001 – Arbeitssicherheitsmanagementsysteme [7]
- ISO 50001 – Energiemanagementsysteme [8]

Bei der Herausgabe dieser Standards achtet die ISO darauf, dass sie mit einheitlichen Textbausteinen unterlegt sind und durchgängig definierte Begriffe verwendet werden. Sie sind seit der Neufassung daher so aufeinander abgestimmt, dass redundanten Anstrengungen aufgrund unsachgemäßer Interpretationen und mangelndem Verständnis der Standards viel Boden entzogen wurde. Auch die Möglichkeiten einer integrierten Zertifizierung und Anerkennung nach diesen Standards sprechen für diese Standards.

Doch auch wenn ein IKS einer umfassenden Zertifizierung nach den oben genannten Standards unterliegt, heißt dies noch lange nicht, dass dieses System eine universelle Compliance in sämtlichen Situationen herstellt. Gegenstand einer Zertifizierung ist lediglich eine recht knappe Überprüfung der betrieblichen Organisation auf Basis der zum Zeitpunkt der Auditierung bekannten organisationsindividuellen Anforderungen. Eine solche Zertifizierung von Management-Systemen sagt kaum etwas aus über die Eigenschaften von Produkten und Leistungen, die die betroffene Organisation erbringt. Dementsprechend entstehen in jeder neuen Kunden-Lieferanten-Beziehung, die die Organisation eingeht, neue produkt- und servicebezogene Sichtweisen, denen das IKS gerecht werden muss. Entsprechend umfangreich und vielfältig sind die Festlegungen, die heutzutage im Bereich der Dokumentation und Überprüfung der Vertragsbeziehungen der Organisation zu treffen sind. Ein standardisiertes IKS oder Management-System gibt es nicht – die genannten Standards helfen lediglich dabei, ein maßgeschneidertes und auf individuelle Bedürfnisse abgestimmtes Management-System aufzubauen. Hierbei wird auf organisationsunabhängig auftretende allgemeingültige Elemente von Kontrollsystemen zurückgegriffen, wie etwa die

- Kontrolle von (Organisations-)Dokumenten,
- Kontrolle von Prüf-, Projekt-, Log- und anderen Aufzeichnungen,
- (interne) Auditierung,
- kontinuierliche Verbesserung,

um nur die wichtigsten Elemente zu nennen, die in allen genannten ISO-Standards wortgleich wiedergegeben sind.

Branchenspezifisch existieren weitere verbreitete Regelwerke, die in einem IKS zu berücksichtigen sind. So stellen auch die im Pharma- und medizintechnischen Bereich verbreiteten Regelwerke cGMP (*current Good Manufacturing Practices* der USA), GMP (*Good Manufacturing Practices* der EU) und GAMP (*Good Automated Manufacturing Practice* der Pharmaverbände) zahlreiche Anforderungen an interne Kontrollen und berücksichtigen die Informationstechnik und deren Sicherheit mit eigens erstellten Teilregelwerken. Die hierin enthaltenen Kontrollanforderungen erweisen sich nach aufwendiger Analyse meist als durch die auf Basis der oben genannten ISO-Standards bereits etablierten Kontrollen abgedeckt oder kompensiert.

Speziell für den Bereich der Auslagerung existieren darüber hinaus branchenübergreifende Regelwerke der Wirtschaftsprüferverbände. Diese firmieren unter dem Akronym SOC (Systems and Organization Control) – sie werden mit unterschiedlicher Durchdringungstiefe ausschließlich durch die Wirtschaftsprüfer angewandt und unter unterschiedlichen Bezeichnungen testiert (SOC1, Typ1 und Typ 2, SOC 2, SOC 3 für Serviceorganisationen vor allem aus dem IT-Bereich sowie SOC für Cybersecurity [11].

9.2   Beispiele

Die praktische Bedeutung interner Kontrollsysteme und deren Nachweisführung wollen wir durch typische Beispiele von Anforderungen aus internen Kontrollsystemen erläutern. Hierbei wurde Wert daraufgelegt, dass die angeführten Beispiele eine thematische Nähe zur IT-Sicherheit aufweisen.

Beispiel: „Hosting nach ISO 27001"
Eine Kunde wünscht ein Hosting seiner IT-Systeme und weist darauf hin, dass er Leistungen nur auf Basis seiner im Rahmen der Zertifizierung nach ISO 27001 festgelegten Prozesse und Anforderungen vergibt.

Es ist in einem solchen Fall keineswegs zwangsläufig ausreichend, wenn die leistende Organisation nun ihrerseits die Compliance durch den Verweis auf ein vielleicht existierendes Zertifikat erbringt. Vielmehr kann es je nach Sachlage und Bedeutung der ausgelagerten Hosting-Leistung angezeigt sein, im Einzelfall die angemessene Anwendung oder Kompensation jeder einzelnen Regel des IKS des Kunden zu prüfen. Die dann miteinander abzugleichenden Regelwerke umfassen häufig mehrere hundert Einzelanforderungen (nicht selten wird auch die 1000 der Grenze überschritten), die von unterschiedlichen Passwortrichtlinien, über die unterschiedliche Zulassung digitaler Zertifikate, die Implementierung von Kryptoalgorithmen bis hin zu völlig unterschiedlichen Sicherheitsparadigmen gehen können. Die Vernachlässigung derartiger Aspekte kann insbesondere dann, wenn sie mit wiederkehrenden Prüfungen verbunden sind und vor allem wenn dynamische Anforderungen vorhanden sind, leicht den geschäftlichen Erfolg einer originär lukrativen Vertragsbeziehung unterminieren.

Allein der Versuch einer organisationsübergreifenden Harmonisierung der entsprechenden Kontrollwerke der beteiligten Organisationen durch sogenanntes Kontrollmapping erfordert erheblichen Arbeitsaufwand bei recht mäßigem Erfolg. Von daher sollte nach Möglichkeit die Anwendung auf die tatsächlich betroffenen Leistungen fokussiert werden und keine Harmonisierung der kompletten Kontrollwerke angestrebt werden.

Hier ist man gut beraten, wenn man dem Kunden auferlegt, anhand einer aussagekräftigen Leistungsbeschreibung des Lieferanten exakt zu überprüfen, ob die konkret zu erfüllenden Kontrollen aus dem IKS des Kunden durch die vom Lieferanten gebotene Hostingleistung erfüllt werden. Die häufig geübte Praxis, hier einfach einen im Kontext der

konkret geforderten Leistung wenig fokussierten Kontrollkatalog abzufragen, führt regelmäßig zu hohem Aufwand mit mäßigem Effekt.

Beispiel: „Server nach BSI-Grundschutz"
Verlangt wird ein Server, der in allen Punkten den Anforderungen der jeweils neuesten
Fassung des BSI-Grundschutzkompendiums im Hinblick auf die Anwendung des Kunden
entspricht. Der Kunde, eine Bundesbehörde, weist darauf hin, dass der Server im Rahmen
einer Revision nach den Richtlinien [13] des BSI überprüft werden kann. Bei Beanstandungen der Revisoren muss der Dienstleister auf eigene Kosten Abhilfe schaffen.

Hier ist eine Zertifizierung des IKS weder auf Basis der ISO-Standards noch auf Basis
der Regeln des BSI notwendig; wenn diese dennoch vorliegt, ist sie wiederum nicht
zwangsläufig hinreichend. Zunächst einmal ist dem IKS des Serviceleisters der aktuelle
Schutzbedarf der Kundenanwendung regelmäßig unbekannt. Er bietet für gewöhnlich einen Standardserver an, der nach antizipierten Schutzbedarfen ausgerichtet ist, die der
Nachfrage am Markt möglichst nahekommen. Selbst wenn der Serviceleister eine entsprechende Zertifizierung durch das BSI nachweisen kann, bedeutet dies in keiner Weise, dass
er damit im Hinblick auf die betrachtete Kundenanwendung mit dem BSI-Grundschutz
compliant ist. Eine belastbare Überprüfung der Compliance ist nur auf Basis der 2019 erschienenen BSI-Richtlinie *IT-Grundschutz-Methodik im Kontext von Outsourcing* [12]
möglich. Im Zweifelsfall bedeutet dies, dass der ausgelagerte Server und der damit in
Verbindung stehende Teil der IT-Infrastruktur des Dienstleisters vollständig gemäß Grund-
schutzkompendium des BSI zu modellieren sind und auf dieser Basis ein Sicherheits-Check
vorzunehmen ist. Derartige Sicherheits-Checks können es leicht auf mehrere hundert Seiten Checklistenumfang bringen, die aufwendig zu beantworten sind. Doch auch wenn
dieser Sicherheits-Check mit überschaubarem Aufwand erfolgreich absolviert wurde, ist
man noch nicht „aus dem Schneider". Vielmehr muss dieser Check regelmäßig bei jeder
Fortschreibung des Grundschutzkompendiums wiederholt werden, zusätzlich müssen bei
Non-compliances entsprechende Anpassungen des ursprünglichen Standardproduktes erfolgen. Eine Übertragung der Prüfergebnisse auf andere ähnliche Server ist nicht möglich,
da auch hier wieder eine durchgängige Schutzbedarfsanalyse von der Geschäftsanwen-
dung des Kunden ausgehend erbracht werden müsste, um die Anforderungskataloge vollständig und zutreffend ermitteln zu können.

Beispiel: „IT-Services unter regelmäßiger Bereitstellung eines ISAE 3402-Reports"
Verlangt wird neben den eigentlichen IT-Dienstleistungen die regelmäßige Bereitstellung
eines ISAE-3402 Reports nebst Möglichkeit der Überprüfung der Erfüllung der Anforderungen durch einen Wirtschaftsprüfer. Anpassungen der IT-Services aufgrund von Beanstandungen des Wirtschaftsprüfers sind vom Serviceleister zu tragen.

Da Überprüfungen nach ISAE-3402 [10] auf Basis individueller Anforderungskataloge
der anwendenden Organisation erfolgen, ist keine sichere Aussage über die Erfüllung dieser Anforderungen auf Basis des IKS des Serviceleisters möglich – auch dann nicht, wenn
der Serviceleister selbst einen entsprechenden Report nach dem genannten ISAE-Standard

für seine eigene Zwecke hat erstellen lassen. Um hier zu einer gesicherten Aussage zu gelangen, ist eine komplette Überprüfung anhand des zutreffenden Teils des Regelwerks des Kunden notwendig. Da es sich hierbei um ein dynamisches Regelwerk handelt, welches im Rahmen des IKS des Kunden ständig an neue technische und organisatorische Gegebenheiten anzupassen ist, ist davor zu warnen, solche Vereinbarungen hinzunehmen. Im Falle von Änderungen sollte zumindest auf einem kostenpflichtigen Change (Vertragsanpassung) bestanden werden.

Beispiel: „PCI-DSS-Compliance"
Da auf den Servern Kreditkartendaten verarbeitet werden, muss für sämtliche Leistungen die Einhaltung des PCI-DSS [1] nachgewiesen werden.

Auch hier handelt es sich um eine Anforderung bzw. einen Anforderungskatalog, dem ein IKS weder mit noch ohne entsprechende Zertifizierung in dieser Pauschalität gerecht werden kann. Der verhältnismäßig überschaubare PCI-DSS-Katalog umfasst mehr als 200 Einzelkriterien mit meist sehr konkretem Charakter, die aber in Einzelfällen mit den Sicherheitsanforderungen von Anwendungen der Nichtkreditkartendatenverarbeitung in Konflikt stehen können. Aus diesem Grunde erfolgt in der Praxis regelmäßig eine Anwendung dieses Standards nur auf solche IT-Komponenten, bei denen dies unbedingt notwendig ist. Alle Server und IT-Komponenten, von denen unverschlüsselte PANs (Payment Account Number – Kreditkartennummern) ferngehalten werden können, sollten aus dem Scope des PCI-DSS herausgehalten werden. Eine einfache Integration dieses Regelwerks in das Regelwerk eines bestehenden IKS ist nicht möglich. Von daher sollte die Anwendung nur auf unabweisbare Bereiche erfolgen. Sind Standardleistungen nicht umfassend compliant zum PCI-DSS, sollte man bei der Vereinbarung einer derartigen Klausel eher zurückhaltend sein.

9.3 Handlungsempfehlung

Wegen der vielfältigen Bedingungen und Einflussfaktoren, denen ein IKS unterworfen ist, handelt es sich beim Aufbau und der Pflege eines solchen Systems interner Kontrollen um keine Spezialistentätigkeit, sondern um eine Tätigkeit, die interdisziplinäre Beteiligung erfordert und unter direkter Federführung der Leitung der anwendenden Organisation stehen muss. Die unkritische Anwendung von Kontrollen und die mangelnde Auflösung von Zielkonflikten stellen die größten Probleme bei der Pflege eines IKS dar.

Diese Probleme kommen unweigerlich dann zum Tragen, wenn IKS-Aufgaben an Spezialisten delegiert werden und nur für Compliance-Nachweise gepflegt werden. Bei der Zusammenarbeit unterschiedlicher Organisationen, sei es in der Kunden-Lieferanten-Beziehung oder sei es im Rahmen von Partnerschaften anderer Art, treffen unterschiedliche interne Kontrollsysteme aufeinander. Als geschlossene Systeme bieten die einzelnen Regelwerke jeweils für sich allein betrachtet einen angemessenen Schutz, der der Unternehmenskultur und den Schutzbedürfnissen der Einzelorganisation entspricht. In solchen

Situationen liegt die Kunst darin, die beiden internen Kontrollsysteme mit ihren unterschiedlichen Regelungen so in Einklang zu bringen, dass eine insgesamt befriedigende Kontrollsituation entsteht.

Dies ist insbesondere im Bereich der Informationssicherheit von Bedeutung, bei der die drei konkurrierenden Schutzziele der Integrität, der Verfügbarkeit und der Vertraulichkeit mit ökonomischen und funktionalen Zielen in weiteren Konflikten stehen. Sicherheit stellt keinen a priori definierbaren Zustand dar, der sich mit einem Standard beschreiben lässt – Sicherheit definiert sich im jeweiligen Kontext stets in einer anderen Weise. Praktiken, die in einem bestimmten Umfeld und lange Zeit als sicher galten, können sich leicht und sehr schnell in einem etwas anderen Umfeld als obsolet erweisen oder zu Unsicherheitsfaktoren wandeln. Es ist stets zu beachten, in welchem Kontext sie angewandt werden.

So können beispielsweise passwortbasierte Identifikations- und Authentisierungssysteme im Zusammenhang mit einer Single-Sign-On-Lösung durchaus ein vertretbares Sicherheitsniveau erzeugen, während bei Fehlen einer solchen SSO-Lösung die „beste" Passwortrichtlinie wegen der begrenzten mentalen Leistungsfähigkeiten der Nutzer häufig zur unsichersten Lösung wird und nur eine Illusion von Sicherheit erzeugt. Die kritiklose und unreflektierte Übertragung von Sicherheitsregeln, Sicherheitsstandards oder Rezepten von einer Organisation auf die andere stellt eine der größten Quellen von Risiken bei Änderung oder Erweiterung von Kontrollsystemen dar.

Fazit

Bei der Implementierung von externen Regelwerken in das IKS des anwendenden Unternehmens sollte darauf geachtet werden, dass der Abstraktheitsgrad der einzelnen Regeln bzw. Regelwerke den entsprechend notwendigen Anpassungen genügend Raum lässt. Dies ist bei den allgemein gehaltenen Regelwerken aus dem Bereich der internationalen Normung generell der Fall. Bei konkreteren Regelwerken, etwa aus dem Bereich staatlicher Organisationen oder von Fachverbänden der Wirtschaft, treten derartige Konflikte bei der Anwendung häufig zutage und lassen sich nur mühsam ausregeln. Ein weiteres Problem besteht in der mangelnden Abstimmung solcher Regelwerke aus Sicht des übergreifenden Ansatzes eines IKS sowie hinsichtlich der Aktualität der dort geforderten Details. Bei dem letztgenannten Typus von Regelwerken („nicht ISO") sollte von daher der Scope so eng wie möglich abgegrenzt werden, d. h. weniger die komplette Organisation, als nur die konkret geschuldeten Services, Werkleistungen oder Güter betreffenden Aspekte sollten in die jeweilige Darlegung des IKS einbezogen werden.

Literatur

1. Payment Card Industry (2018-05) Datensicherheitsstandard – Anforderungen und Sicherheitsbeurteilungsverfahren, Version 3.2.1, https://de.pcisecuritystandards.org

2. DIN EN ISO 9001 (2015-11) Qualitätsmanagementsysteme – Anforderungen
3. DIN EN ISO 14001 (2015-11) Umweltmanagementsysteme – Anforderungen mit Anleitung zur Anwendung
4. ISO/IEC 20000 (2010–2015) Informationstechnik – Service Management (mit mehreren Teilen)
5. DIN EN ISO 22301 (2014-12) Sicherheit und Schutz des Gemeinwesens – Business Continuity Management System – Anforderungen
6. DIN ISO/IEC 27001 (2017-06) Informationstechnik – IT-Sicherheitsverfahren: Informations-sicherheits-Managementsysteme – Anforderungen
7. ISO 45001 Occupational health and safety management systems – Requirements with guidance for use (Arbeitssicherheitsmanagementsysteme)
8. DIN EN ISO 50001 (2011–12) Energiemanagementsysteme – Anforderungen mit Anleitung zur Anwendung
9. COBIT (Control Objectives for Information and Related Technology) Version 5, unter www. isaca.org/cobit
10. ISAE 3402 (2011-06) Assurance Reports on Controls at a Service Organization, www.ifac.org/system/files/downloads/b014-2010-iaasb-handbook-isae-3402.pdf
11. www.aicpa.org/interestareas/frc/assuranceadvisoryservices/sorhome.html
12. IT-Grundschutz-Methodik im Kontext von Outsourcing, Version 2, www.bsi.de (unter Downloads), 2019
13. Informationssicherheitsrevision – Ein Leitfaden für die IS-Revision auf Basis von IT-Grundschutz, Version 3, www.bsi.de (unter Downloads), 2018

ISMS: Auswirkungen aktueller gesetzlicher Vorgaben

10

> **Zusammenfassung** In diesem Kapitel wollen wir das IT-Sicherheitsgesetz und die Datenschutz-Grundverordnung betrachten und skizzieren, ob und wie deren Anforderungen in einem ISMS berücksichtigt werden können.

10.1 Das IT-Sicherheitsgesetz

Das aktuelle IT-Sicherheitsgesetz (IT-SG) [4] ist in Deutschland maßgebend für Organisationen, die zu den sogenannten *kritischen Infrastrukturen* gehören. Das Gesetz nennt dafür die „Sektoren Energie, Informationstechnik und Telekommunikation, Transport und Verkehr, Gesundheit, Wasser, Ernährung sowie Finanz- und Versicherungswesen". Ob eine Organisation aus diesen Sektoren tatsächlich vom IT-SG betroffen ist, hängt von weiteren Rahmenbedingungen ab, die in einer entsprechenden Verordnung [7] zum IT-SG präzisiert worden sind.

Die vom IT-SG betroffenen Organisationen müssen für ihre IT-Systeme, Komponenten und Prozesse[1]

- angemessene organisatorische und technische Vorkehrungen treffen, um die Sicherheitsziele der Vertraulichkeit, Integrität, Verfügbarkeit und Authentizität zu gewährleisten, und zwar nach Stand der Technik,
- alle zwei Jahre die Erfüllung dieser Anforderungen gegenüber dem BSI nachweisen, z. B. durch Audits, Prüfungen oder Zertifizierungen,

---

[1] Soweit diese für die Tätigkeit innerhalb der kritischen Infrastruktur relevant sind.

© Springer Fachmedien Wiesbaden GmbH, ein Teil von Springer Nature 2020
H. Kersten et al., *IT-Sicherheitsmanagement nach der neuen ISO 27001*,
Edition <kes>, https://doi.org/10.1007/978-3-658-27692-8_10

- in der betrieblichen Praxis auftretende IT-Sicherheitsvorfälle analysieren und bei solchen, die die Sicherheitsziele „erheblich" stören, eine entsprechende Meldung an die zuständige Behörde (BSI) erstatten.

Die genannten Vorkehrungen bzw. Sicherheitsmaßnahmen sind *angemessen*, solange der dafür notwendige Aufwand in einem vernünftigen Verhältnis zu den Verlusten steht, die bei einer Verletzung der aufgeführten Sicherheitsziele entstehen würden.

Geeignete Sicherheitsmaßnahmen können z. B. durch Verbände in *branchenspezifischen Sicherheitsstandards (B3S)* beschrieben werden; sobald diese nach Feststellung des BSI zur Einhaltung des IT-SG geeignet sind, reicht es für die jeweils betroffenen Organisationen aus, die beschriebenen Maßnahmen umzusetzen: Individuelle Analysen und Abwägungen sind dann weitgehend überflüssig. Es ist davon auszugehen, dass zukünftig für eine Reihe von Branchen solche branchenspezifischen Sicherheitsstandards oder -kataloge erstellt werden.

Zurzeit hat die Bundesnetzagentur zwei Sicherheitskataloge [5, 6] für den Geltungsbereich des Energiewirtschaftsgesetzes herausgegeben. Darin wird gefordert, dass in diesem Sektor tätige, vom IT-SG betroffene Organisationen ein ISMS nach ISO 27001 [1] einrichten und aufrechterhalten müssen, und zwar unter Berücksichtigung der ISO 27002 [2] und ISO 27019 [3]. Weiterhin werden in den Sicherheitskatalogen Vorgaben für die Risikobeurteilung und Risikobehandlung gemacht. Die Zertifizierung des ISMS ist Pflicht.

Inzwischen hat das BSI weitere branchenspezifische Sicherheitsstandards als geeignet beurteilt, und zwar für die Sektoren Wasser/Abwasser, Ernährung, IT und TK, Energie, Gesundheit, Transport und Verkehr, Finanz- und Versicherungswesen. Nähere Informationen über den aktuellen Stand findet man unter www.bsi.de, Suchmaske: „B3S".

Es stellt sich nun die Frage, wie die Anforderungen des IT-SG, entsprechender Verordnungen und Sicherheitskataloge bei Aufbau und Betrieb eines ISMS berücksichtigt werden können.

Das ISMS als solches, sein Aufbau, seine Rollen und seine Teilprozesse sind nicht grundsätzlich tangiert, d. h. hieran braucht nichts geändert zu werden.

Soweit z. B. branchenspezifische Sicherheitskataloge (B3S) Vorgaben für die Risikobeurteilung und Risikobehandlung machen, sind die bisherigen Verfahren im ISMS entsprechend anzupassen bzw. zu erweitern. Dies würde z. B. für den Bereich der Energiewirtschaft der Fall sein.

Weiterhin sind einige Controls aus dem Anhang A unmittelbar vom IT-SG betroffen – wir wollen sie im Folgenden erläutern und beginnen mit der letzten Gruppe A.18.

Controlgruppe A.18: Compliance
Hier findet man unter A.18 das Control **A.18.1.1** „Bestimmung der anwendbaren Gesetzgebung und der vertraglichen Anforderungen".

Es ist klar, dass die IT-SG-Vorgaben (Gesetz inkl. Verordnungen und ggf. Sicherheitskataloge) zu den anwendbaren Gesetzen im Sinne von A.18.1.1 gehören. Insoweit sind sie
der ohnehin existierenden Liste solcher Vorgaben hinzuzufügen und entsprechend zu managen. Insbesondere muss organisiert werden, dass man rechtzeitig von Änderungen an
diesen Vorgaben erfährt.

Die IT-SG-Vorgaben und -Änderungen sind zu analysieren, ihre Umsetzung ist zu planen und zu dokumentieren. Das kann z. B. in einem Sicherheitskonzept, in einer Sicherheitsrichtlinie oder in einem separaten Dokument „Umsetzung des IT-SG" beschrieben
werden – wir wollen diese Beschreibung als *IT-SG-Policy* bezeichnen.

Für die skizzierten Aufgaben müssen entsprechende Zuständigkeiten bzw. Rollen festgelegt sein.

Unter **A.18.2.2** und **A.18.2.3** wird verlangt, dass *alle* anwendbaren Vorgaben der Organisation (Leit- und Richtlinien, Konzepte, technische und andere Standards) regelmäßig
auf Einhaltung durch eine unabhängige Stelle zu überprüfen sind. Dies gilt somit auch für
die IT-SG-Policy. Sie ist also in das vorhandene Prüfschema zu integrieren.

Da gemäß IT-SG bzw. Sicherheitskatalog ohnehin die Pflicht zur Durchführung von
Prüfungen oder Audits besteht, wird dies in der Praxis darauf hinauslaufen, dass sowohl die Nachweispflicht aus dem IT-SG als auch die Vorgabe aus den Controls
A.18.2.2/A.18.2.3 durch interne/externe Audits realisiert werden. Wo eine Zertifizierung verlangt wird, gilt die Nachweispflicht analog.

Controlgruppe A.16: Handhabung von Informationssicherheitsvorfällen
Nach IT-SG sind für Vorfälle der Kategorie „erheblich" (im Sinne des IT-SG) besondere
Verfahren einzuhalten, insbesondere Meldepflichten zu beachten.

Ein ISO-konformes ISMS besitzt natürlich stets ein Verfahren zur Analyse und Bewertung von Sicherheitsvorfällen und der Planung geeigneter Reaktionen auf solche Vorfälle.
Wir verweisen auf die Erläuterungen zur Controlgruppe A.16 im Kap. 6 dieses Buches.

Zur Bewertung der Schwere von Vorfällen und ihrer Bearbeitungspriorität existieren in
der Regel Bewertungsstufen: z. B. die Ziffern 1 bis 9 eines genutzten Ticket-Systems. An
solchen Stufen orientiert sich meist auch der grundsätzliche Ablauf der Reaktion auf einen
Vorfall.

Somit ist zu klären, welche Bewertungsstufen aus dem ISMS unter die Kategorie „erheblich" im Sinne des IT-SG fallen. Bei diesen Bewertungsstufen muss die Meldepflicht
beachtet werden: Nach der Analyse eines solchen Vorfalls muss eine Meldung erstellt und
an das BSI geleitet werden.

Natürlich gibt es auch Meldepflichten *innerhalb* der Organisation: Die entsprechende
Anforderung steht unter A.16.1.2. Man könnte die Meldung an das BSI logisch hieran
anschließen, d. h. auf der Basis interner Meldungen über schwere Sicherheitsvorfälle erstellt eine dafür zuständige Stelle eine Meldung, die über die Kontaktstelle (vgl. Text zur
Controlgruppe A.6 unten) an das BSI weitergeleitet wird.

Für diesen Ablauf muss die Organisation ein Verfahren einrichten und aufrechterhalten.

Controlgruppe A.17: Informationssicherheitsaspekte beim BCM

Man beachte, dass sich die Kategorie „erheblich" nach IT-SG nicht nur auf Aspekte der Vertraulichkeit und Integrität, sondern auch auf die *Verfügbarkeit* (von Daten, Systemen/ Netzen, Services) beziehen kann, soweit dieses Ziel für die Tätigkeit der Organisation relevant ist.

Bei den Geschäftsfortführungsplänen in der Controlgruppe A.17 muss deshalb beachtet werden, dass alle als „erheblich" eingestuften Ausfälle das Meldeverfahren an das BSI auslösen. Die Vorgehensweise haben wir zuvor unter A.18 beschrieben.

Controlgruppe A.6: Organisation der Informationssicherheit

Unter A.6.1.3 wird gefordert, dass Kontakte u. a. zu relevanten Behörden eingerichtet und aufrechterhalten werden. Darunter fällt im Zusammenhang mit der Meldepflicht natürlich der Kontakt zum BSI. Die Organisation kann sich dazu einer eigenen Kontaktstelle bedienen – oder z. B. eine übergeordnete Kontaktstelle eines Branchenverbands nutzen.

Jedenfalls sind der Kontakt zum BSI und die ausführende Stelle für die Meldung in der ISMS-Beschreibung zu A.6.1.3 oder in der IT-SG-Policy unter dem entsprechenden Punkt darzustellen.

Controlgruppe A.5: Informationssicherheitsrichtlinien

Alle Richtlinien sind nach A.5.2 regelmäßig daraufhin zu überprüfen, ob sie den Vorgaben entsprechen, angemessen und wirksam sind. Diese Forderung gilt auch für die IT-SG-Policy, die also einem regelmäßigen *Review-Verfahren* zu unterziehen ist.

Abhängig davon, welche Sicherheitsmaßnahmen in einem anzuwendenden Sicherheitskatalog (B3S) gefordert werden, können viele weitere Controls aus dem Anhang A betroffen sein. In einem konkreten ISMS müssen diese Forderungen den existierenden oder spezifischen eigenen Controls zugeordnet werden, ihre Umsetzung ist entsprechend zu beschreiben.

Fazit

Die Ausrichtung am IT-SG und ggf. an einem Sicherheitskatalog wirkt sich auf ein existierendes ISMS aus: Durch die Vorgaben kann die Ausgestaltung der Management-Elemente (z. B. die Risikobeurteilung) und die Umsetzung der Controls aus dem Anhang A beeinflusst werden. Die Situation erfordert eine detaillierte Analyse. Jedoch bietet der Ablauf grundsätzlich nichts Neues.

▶   Zum Zeitpunkt der Erstellung dieses Buches lag bereits ein Referentenentwurf für ein IT-Sicherheitsgesetz 2.0 vor, durch das weitere Sektoren in die kritische Infrastruktur aufgenommen werden sollen.

10.2   Die Datenschutz-Grundverordnung

Die Datenschutz-Grundverordnung (DSGVO) [9] regelt den Schutz personenbezogener Daten und betrifft alle Organisationen, die solche Daten verarbeiten und zumindest eine Niederlassung innerhalb der EU besitzen.[2] In Deutschland konkretisiert das Bundesdaten-schutzgesetz (BDSG) [10] die DSGVO und ergänzt sie dort, wo Öffnungsklauseln natio-nale Anpassungen ermöglichen.

Die Datenschutzbehörden des Bundes und der Länder haben das Standard-Datenschutz-modell (SDM) [8] veröffentlicht und zur Erprobung freigegeben, mit dem die rechtlichen Anforderungen der DSGVO in technisch-organisatorische Maßnahmen überführt werden können.

10.2.1   Einbeziehung des Datenschutzes in ein ISMS

Während der Hauptteil der ISO 27001 keine speziellen Anforderungen an die Verarbeitung *personenbezogener* Daten stellt, gibt es jedoch im (normativen) Anhang A der ISO 27001 das Control A.18.1.4 mit folgender Aussage[3]:

> „Die Privatsphäre und der Schutz von personenbezogener Information sind, soweit anwend-bar, entsprechend den Anforderungen der relevanten Gesetze und Vorschriften sichergestellt."

Hieraus folgt, dass eine Organisation im Bereich der EU die ISO 27001 nur dann vollumfänglich erfüllen kann, wenn die Regelungen der DSGVO eingehalten werden – und dies z. B. bei einem Audit auch nachweisbar ist.

Was ergibt sich hieraus für die Organisation und ihr ISMS im Detail? Wir geben einige Stichwörter:

- Der geschäftliche Kontext der Organisation (NA4.1/4.2) muss um alle maßgeblichen Datenschutz-spezifischen Regelungen ergänzt werden.
- Der Anwendungsbereich (Scope) des ISMS (NA 4.3) muss die betreffende Verarbei-tung personenbezogener Daten umfassen, d. h. er muss ggf. erweitert werden.

Hier ist anzumerken, dass von dieser Erweiterung auch die Inventarisierung der Assets der Organisation betroffen ist. Alles, was zur Verarbeitung der personenbezogenen Daten be-nötigt wird (Prozesse, IT-Anwendungen, die Daten selbst, IT-Systeme und Netzwerke usw.), ist in das Asset-Verzeichnis aufzunehmen. Dies hat auch zur Folge, dass die damit eng verbundenen Prozesse des Change & Configuration Managements sowie des Incident Managements auch auf den Datenschutz zu erweitern sind.

---

[2] Der Geltungsbereich der DSGVO kann sogar darüber hinausgehen, Näheres regelt Art. 3 DSGVO.
[3] Beachten Sie auch die Hinweise zum Control A.18.1.4 der ISO 27001 im Kap. 6.

- Aufbau, Realisierung, Aufrechterhaltung und fortlaufende Verbesserung des ISMS (NA 4.4) müssen folglich auch alle Datenschutz-relevanten Aspekte miteinbeziehen.
- Die Ziele für die Informationssicherheit (NA 5.1 a) müssen um die entsprechenden Datenschutz-Ziele erweitert bzw. ergänzt werden.

Zwar finden die bekannten ISMS-Ziele wie Vertraulichkeit, Verfügbarkeit und Integrität – mit leicht geänderter bzw. erweiterter Interpretation – auch beim Datenschutz Berücksichtigung, es kommen aber neue Ziele wie Datenminimierung, Transparenz, Nichtverkettung und Intervenierbarkeit hinzu. Im Standard-Datenschutzmodell (SDM) wird hier zusammenfassend von den *Gewährleistungszielen* gesprochen. Die Vorgabe neuer bzw. neuartiger Ziele führt natürlich auch zu neuen Aspekten in einem Managementsystem. Hier ist insbesondere anzumerken, dass die Controls aus Anhang A der Norm **nicht** auf diese neuen Gewährleistungsziele ausgerichtet sind, so dass es erforderlich sein könnte, hier eigene Controls zu definieren.

- Datenschutzaspekte sind auch bei der (Informationssicherheits-)Leitlinie zu berücksichtigen (NA 5.2), ebenso bei der Festlegung und Besetzung von verantwortlichen Rollen (NA 5.3).
- Die Umsetzung der Normkapitel 7 bis 10 der ISO 27001 wird im Hinblick auf die Einbeziehung des Datenschutzes ebenfalls einige Anpassungen zur Folge haben – wir wollen dies jedoch hier nicht weiter im Detail ausführen.
- Der „Einbau" des Datenschutzes in das ISMS hat jedoch größere Auswirkungen auf das NK 6, worin es grob gesagt um das Risikomanagement im ISMS geht: Risikoidentifizierung und -analyse, Risikobewertung und -behandlung. Hier wollen etwas tiefer einsteigen.

Im ISMS geht es darum, Risiken für die betreffende Organisation zu ermitteln, abzuschätzen und zu bewerten – und so zu mindern, dass die verbleibenden Risiken akzeptabel erscheinen.

Ein solches Risiko im Hinblick auf die Verarbeitung personenbezogener Daten durch die Organisation (den Verarbeiter) ist zum Beispiel, einen Verstoß gegen die DSGVO zu begehen – mit den in der DSGVO (Kap. VIII) angegebenen möglichen Konsequenzen. Dies ist ein klassisches Compliance-Risiko, wie es für alle anderen zu beachtenden Gesetze analog besteht.

Aus Sicht der DSGVO stehen dagegen die Risiken für die **Betroffenen** personenbezogener Daten im Vordergrund, d. h. Risiken für die Rechte und Freiheiten der betroffenen natürlichen Personen – ein ISMS betrachtet solche Risiken für andere Risiko-Objekte normalerweise nicht, sondern beschränkt sich auf die eigene Organisation als Risiko-Objekt.

Die Einbeziehung der neuen Risiko-Objekte (Betroffene) hat massive Auswirkungen auf die Identifizierung, Analyse, Bewertung und Behandlung von Risiken.

Identifizierung Identifizierte Risiken für die Organisation *können* auch zu Risiken für die Betroffenen führen – und umgekehrt. Eine Eins-zu-Eins Zuordnung ist aber offensichtlich nicht gegeben.

Analyse und Bewertung Hierbei werden zunächst Risiken nach der Höhe abgeschätzt – es ist klar, dass selbst beim gleichen Risiko die Risikohöhe für die Organisation und die Betroffenen differieren wird. Analog gilt das für die Bewertung von Risiken aus Sicht der Organisation einerseits und aus Sicht der Betroffenen andererseits.

Behandlung Die Behandlung von Risiken im ISMS bietet über Controls, eigene Maßnahmen sowie Behandlungsoptionen große Freiheitsgrade. Die Beurteilung der Risikominderung und eine mögliche Akzeptanz verbleibender Risiken ist im Sinne der ISO 27001 eine ureigene Angelegenheit der Organisation. Beim Datenschutz erscheint dies jedoch schon aus gesetzlicher Sicht stärker reglementiert und unterliegt der Prüfung durch Aufsichtsbehörden. Bei Anwendung des SDM werden ausgehend vom Schutzbedarf der personenbezogenen Daten – aus Sicht der Betroffenen – technisch-organisatorische Maßnahmen aus entsprechenden Bausteinen des SDM empfohlen, um die genannten Gewährleistungsziele erreichen zu können. Für den normalen Schutzbedarf empfiehlt auch das BSI in seinem Grundschutz-Baustein CON.2 die Anwendung des SDM.

Hinzu kommt, dass aus Datenschutzsicht schon vorab bei der Planung einer Verarbeitung personenbezogener Daten zu prüfen ist, ob für die geplante Verarbeitung eine ausreichende Rechtsgrundlage besteht und wo ggf. besonders hohe Risiken für die Rechte und Freiheiten natürlicher Personen entstehen könnten (Datenschutz-Folgenabschätzung, siehe weiter unten). Erst im zweiten Schritt ist zu analysieren, welche Risiken für die Betroffenen durch die Datenverarbeitung selbst entstehen und mit welchen technisch-organisatorischen diesen ausreichend begegnet werden kann.

Kurzum: Der gesamte Risikoprozess ist unter dem Blickwinkel der DSGVO anders zu gestalten, als dies typischerweise in einem klassischen ISMS der Fall ist: abweichende Risiko-Objekte und andersartige Verfahrenselemente.

Es erscheint daher sinnvoll, der Empfehlung aus dem SDM zu folgen, ein eigenes „Datenschutz-Managementsystem" einzurichten, das zwar Überschneidungen mit einem ISMS haben wird, aber diesem nicht einfach untergeordnet ist.

Bei der Risikobetrachtung im ISMS könnte man es bei der Analyse des genannten Compliance-Risikos belassen, während es im Datenschutz-Managementsystem vor allem um die Risiken für die betroffenen natürlichen Personen und ihre Behandlung gehen muss.

Natürlich kann das ISMS bei der Umsetzung der Bausteine des SDM unterstützen, da viele dort geforderte technische Maßnahmen im ISMS sozusagen Stand der Technik sind: Die gilt für die Themen der Kommunikationssicherheit, der Sicherheit der IT-Systeme, das Management von Berechtigungen usw.

10.2.2 Datenschutz-Folgenabschätzung

Von der DSGVO wird unter bestimmten Voraussetzungen die Durchführung einer **Datenschutz-Folgenabschätzung** (DSFA) gefordert. Die DSFA ist grundsätzlich nichts anderes als die bisherige Vorabkontrolle im alten BDSG.

Die DSFA ist nach Art. 35 DSGVO (Zitat) immer dann durchzuführen, wenn *„die Verarbeitung, insbesondere bei Verwendung neuer Technologien, aufgrund der Art, des Umfangs, der Umstände und der Zwecke der Verarbeitung voraussichtlich ein hohes Risiko für die Rechte und Freiheiten natürlicher Personen"* darstellt.

Diese Situation liegt unter anderem vor, wenn z. B.

- eine „systematische und umfassende Bewertung" von Personen, etwa im Sinne eines Profiling, vorgenommen werden soll, oder
- eine umfassende Überwachung öffentlich zugänglicher Bereiche stattfinden soll.

Für die Untersuchung mehrerer vergleichbarer Verarbeitungen mit ähnlich hohen Risiken kann eine einzige Abschätzung vorgenommen werden. Der Verantwortliche stimmt sich in der Regel bei der Durchführung einer DSFA mit dem Datenschutzbeauftragten ab.

Vereinfacht handelt es sich bei der DSFA um eine systematische Vorab-Risikoanalyse aus dem Blickwinkel der Betroffenen und ggf. berechtigter Interessen des für die Verarbeitung Verantwortlichen. Nach Artikel 35 (7) DSGVO muss eine Datenschutz-Folgenabschätzung mindestens Folgendes enthalten:

1. die exakte Beschreibung der geplanten Verarbeitungsvorgänge und der jeweiligen Verarbeitungszwecke
2. eine Bewertung der geplanten Verarbeitung hinsichtlich Notwendigkeit und Verhältnismäßigkeit in Bezug auf den verfolgten Zweck
3. die Evaluierung von Risiken für die Freiheiten sowie Rechte der Betroffenen
4. geplante Maßnahmen, mit deren Hilfe die Risiken bewältigt werden sollen.

Unter www.datenschutz.org/folgenabschaetzung/ findet man eine Checkliste für eine DSFA.

Literatur

1. DIN ISO/IEC 27001 (2017-06) Informationstechnik – IT-Sicherheitsverfahren: Informationssicherheits-Managementsysteme – Anforderungen
2. DIN ISO/IEC 27002 (2017-06) Informationstechnik – IT-Sicherheitsverfahren – Leitfaden für das Informationssicherheits-Management
3. DIN ISO/IEC TR 27019 (2018-08) Informationstechnik – Sicherheitsverfahren – Leitfaden für das Informationssicherheitsmanagement von Steuerungssystemen der Energieversorgung auf Grundlage der ISO/IEC 27002

4. IT-Sicherheitsgesetz: Gesetz zur Erhöhung der Sicherheit informationstechnischer Systeme vom 17.07.2015, BGBl. Teil I, 31 vom 24.07.2015

5. IT-Sicherheitskatalog gemäß § 11 Absatz 1a Energiewirtschaftsgesetz, Bundesnetzagentur, August 2015

6. IT-Sicherheitskatalog gemäß § 11 Absatz 1b Energiewirtschaftsgesetz, Bundesnetzagentur, August 2015

7. BSI-Kritisverordnung vom 22. April 2016 (BGBl. I S. 958), die durch Artikel 1 der Verordnung vom 21. Juni 2017 (BGBl. I S. 1903) geändert worden ist

8. Das Standard-Datenschutzmodell: Eine Methode zur Datenschutzberatung und -prüfung auf der Basis einheitlicher Gewährleistungsziele, V.1.1 – Erprobungsfassung, von der 95. Konferenz der unabhängigen Datenschutzbehörden des Bundes und der Länder am 25./26. April 2018 in Düsseldorf einstimmig beschlossen

9. Datenschutz-Grundverordnung: VERORDNUNG (EU) 2016/679 DES EUROPÄISCHEN PARLAMENTS UND DES RATES vom 27. April 2016 zum Schutz natürlicher Personen bei der Verarbeitung personenbezogener Daten, zum freien Datenverkehr und zur Aufhebung der Richtlinie 95/46/EG, Amtsblatt der Europäischen Union L 119/1 vom 04.05.2016

10. Bundesdatenschutzgesetz vom 30. Juni 2017 (BGBl. I S. 2097)

Fachbegriffe englisch/deutsch

Access Control Zutritts-, Zugriffs-, Zugangskontrolle
Asset (Information~) (Informations-)Wert, auch: Schutzobjekt
Asset Owner Verantwortlicher für ein Asset
Authentication Authentisierung
Availability Verfügbarkeit
Awareness (Security~) (Sicherheits~) Bewusstsein
Backdoor Hintertür (z. B. in Software)
Backup Sicherung, Sicherungskopie
Business Continuity Management Management der Aufrechterhaltung des Geschäftsbetriebs
Capacity Management Kapazitätsmanagement
Change Management Änderungsmanagement
Compliance Übereinstimmung mit bzw. Einhaltung von Vorgaben
Confidentiality Vertraulichkeit
Configuration Management Konfigurationsmanagement
Control (Sicherheits-)Anforderung, auch: Maßnahme
Control Objective Maßnahmenziel
Decryption Entschlüsselung
Desaster Notfall
Discretionary Access Control Benutzerbestimmbare Zugriffskontrolle
Encryption Verschlüsselung
Event (Security~) (Sicherheits-)Ereignis
Exploitation (Ease of ~) Ausnutzbarkeit [z. B. von Schwachstellen] (Einfachheit der)
Frequency Häufigkeit
Governance Ordnungsrahmen für die Leitung und Überwachung einer Organisation
Identification Identifizierung
Impact Auswirkung, Schaden(ausmaß)
Incident (Security~) (Sicherheits-)Vorfall
Incident Management Management von Sicherheitsvorfällen

© Springer Fachmedien Wiesbaden GmbH, ein Teil von Springer Nature 2020
H. Kersten et al., *IT-Sicherheitsmanagement nach der neuen ISO 27001*,
Edition <kes>, https://doi.org/10.1007/978-3-658-27692-8

Integrity Integrität

Intrusion Eindringen, Eindring-

Intrusion Detection Erkennen von Eindringversuchen

IT Security Manager IT-Sicherheitsbeauftragte(r)

Likelihood (Eintritts-)Wahrscheinlichkeit

Management Review Management-Bewertung

Mandatory Access Control Vorgeschriebene Zugriffskontrolle

Policy (Security~) Rahmenwerk, Regelwerk, Richtlinie (Sicherheitsleitlinie, Sicherheitspolitik)

Privacy Privatsphäre (dazu gehörend: personenbezogene Informationen)

Process Owner Prozessverantwortlicher

Protection Effect Schutzwirkung

Quality Management Qualitätsmanagement

Recovery Wiederherstellung (z. B. einer Datenbank)

Reporting Berichtswesen

Requirement (Security~) Anforderung (Sicherheits~)

Residual Risk Restrisiko bzw. verbleibendes Risiko

Restore Wiederherstellung aus einem Backup

Risk Analysis Risikoanalyse

Risk Assessment Risikobeurteilung

Risk Evaluation Risikobewertung

Risk Identification Risikoidentifizierung

Risk Owner Risiko-Verantwortlicher

Safeguard Sicherungs-, Schutzmaßnahme

Scope Anwendungsbereich (eines ISMS)

Scorecard Bewertungsliste

Security Policy Sicherheitsleitlinie

Self-Assessment Selbsteinschätzung

Statement of Applicability Erklärung zur Anwendbarkeit bzw. zur Eignung

Threat Bedrohung

Tool (Software~)Werkzeug

Vulnerability Verletzlichkeit, (ausnutzbare) Schwachstelle

Stichwortverzeichnis

© Springer Fachmedien Wiesbaden GmbH, ein Teil von Springer Nature 2020   267
H. Kersten et al., *IT-Sicherheitsmanagement nach der neuen ISO 27001*,
Edition <kes>, https://doi.org/10.1007/978-3-658-27692-8

Edition <kes>

Heinrich Kersten
Gerhard Klett

Business Continuity und IT-Notfallmanagement

Grundlagen, Methoden und Konzepte

<kes>

EBOOK INSIDE

Springer Vieweg